여러분의 합격을 응원하는

해커스PSAT의 특별 혜택

FREE 치명적 실수를 줄이는 오답노트(PDF)

해커스공무원 사이트(gosi.Hackers.com) 접속 후 로그인 ▶ 상단의 [교재·서점 → 무료 학습 자료] 클릭 ▶
교재 우측의 [자료받기] 클릭하여 이용

해커스PSAT 온라인 단과강의 **20% 할인쿠폰**

0B93D9F3K68K8000

해커스PSAT 사이트(psat.Hackers.com) 접속 후 로그인 ▶
우측 퀵배너 [쿠폰/수강권등록] 클릭 ▶ 위 쿠폰번호 입력 후 이용

* 등록 후 15일간 사용 가능(ID당 1회에 한해 등록 가능)

PSAT 패스 **10% 할인쿠폰**

K64AD9F87D39D000

해커스PSAT 사이트(psat.Hackers.com) 접속 후 로그인 ▶
우측 퀵배너 [쿠폰/수강권등록] 클릭 ▶ 위 쿠폰번호 입력 후 이용

* 등록 후 15일간 사용 가능(ID당 1회에 한해 등록 가능)

쿠폰 이용 관련 문의 **1588-4055**

해커스가 제안하는

상황판단 고득점 전략

1. 시험에 출제되는 **문제 유형**을 정확하게 파악해야 합니다.
2. 유형별 **문제풀이 핵심 전략**을 확실하게 익혀야 합니다.
3. **엄선된 기출문제**를 통해 체계적으로 학습해야 합니다.

해커스가 제안하는 상황판단 고득점 전략

1 시험에 출제되는 **문제 유형**을 정확하게 파악해야 합니다.

상황판단은 제시된 글과 조건에 따라 문제 상황을 판단·해결하는 능력을 평가하는 영역입니다. 크게 텍스트형, 법조문형, 계산형, 규칙형, 경우형 총 다섯 가지 유형으로 출제되며, 각 유형마다 평가하는 요소와 그에 따른 문제 풀이법이 다릅니다. 따라서 상황판단을 효과적으로 대비하기 위해서는 **시험에 출제되는 각 문제 유형을 정확하게 파악해야 합니다.**

영역	유형	평가 요소
상황판단	텍스트형	글의 이해 및 정보 추론 능력 평가
	법조문형	법조문의 이해 및 적용 능력 평가
	계산형	계산 조건의 이해 및 의사결정 능력 평가
	규칙형	규칙의 이해 및 분석, 능력 평가
	경우형	상황의 파악 및 문제해결 능력 평가

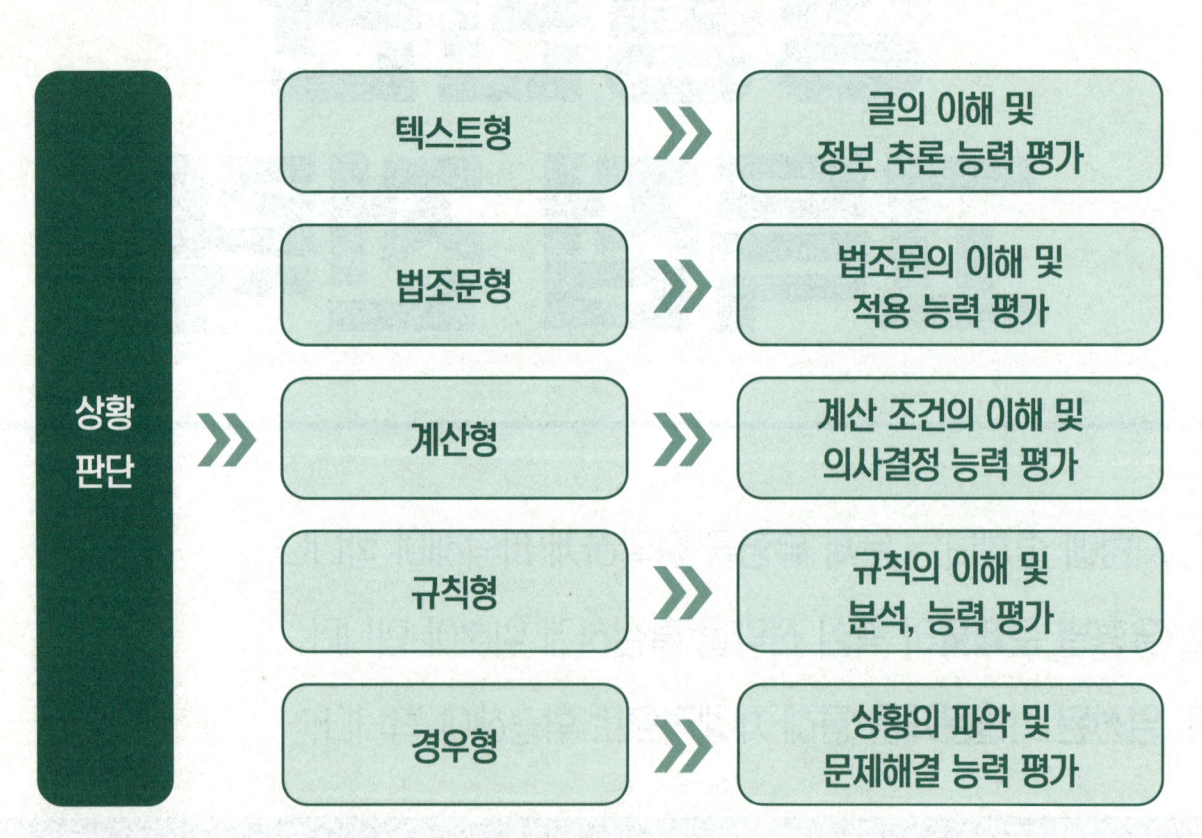

※ 7급 공채 및 5급 공채, 민간경력자 PSAT 출제 유형 기준

2 유형별 **문제풀이 핵심 전략**을 확실하게 익혀야 합니다.

상황판단은 문제에 제시된 정보와 조건을 이해하고 문제 상황을 판단·해결하는 능력을 평가하므로 사전에 암기한 지식을 통해 해결하기보다는 종합적인 사고를 요하는 문제가 출제됩니다. 따라서 상황판단 고득점을 달성하기 위해서는 **상황판단에서 출제되는 유형별 문제풀이 핵심 전략을 학습하여 문제에 대한 접근법을 습득하고, 문제에 적용할 수 있도록 확실하게 익혀야 합니다.**

유형별
문제풀이 핵심 전략 학습

↓

문제에 대한 접근법 습득

↓

문제 해결력 및
문제풀이의 정확성 향상

↓

상황판단 고득점 달성!

3 **엄선된 기출문제**를 통해 체계적으로 학습해야 합니다.

PSAT는 시험마다 난이도는 다르지만 매년 비슷한 유형으로 문제가 출제되고 있습니다. 민간경력자 PSAT와 동일하게 출제되었던 2024년 7급 공채 PSAT 역시 5급 공채 PSAT와 유사하게 출제되었으므로 역대 기출문제를 기반으로 7급 공채 PSAT를 준비해야 합니다. 그러나 단순히 많은 문제를 푸는 것만으로는 성적을 향상시킬 수 없습니다. 상황판단에서 출제되는 문제 유형을 체계적으로 파악하고, 각 문제 유형의 문제풀이 핵심 전략을 보다 효과적으로 익힐 수 있도록 PSAT 전문가가 역대 **PSAT 기출문제 중 7급 공채 PSAT 상황판단 대비를 위해 반드시 풀어야 하는 기출문제만을 엄선하였습니다.**

실전공략문제
기출문제를 시간에 맞춰
풀어보며 문제 풀이 능력
향상시키기

유형공략문제
기출문제로 유형별
문제풀이 핵심 전략
적용해보기

엄선된 기출문제

기출 엄선 모의고사
PSAT 전문가가 엄선한
기출 엄선 모의고사로
실전 대비하기

상황판단 완전 정복!

해커스PSAT

7급 PSAT 기본서

상황판단

해커스

길규범

이력

- (현) 해커스 5급, 7급 공채 PSAT 상황판단 강사
- (현) 해커스 7급 공채 PSAT 자료해석 강사
- (전) 베리타스 법학원 5급 공채 PSAT 상황판단 강사

저서

- 해커스 PSAT 길규범 상황판단 올인원 1, 2, 3권
- 해커스PSAT 7급 PSAT 유형별 기출 200제 상황판단
- 해커스PSAT 7급+민경채 PSAT 17개년 기출문제집 상황판단
- 해커스PSAT 7급 PSAT 기출문제집
- 해커스PSAT 7급 PSAT 기본서 상황판단
- 해커스PSAT 7급 PSAT 입문서
- PSAT 민간경력자 기출백서
- PSAT 상황판단 전국모의고사 400제
- 길규범 PSAT 상황판단 봉투모의고사
- PSAT 엄선 전국모의고사
- 30개 공공기관 출제위원이 집필한 NCS
- 국민건강보험공단 NCS 직업기초능력평가 봉투모의고사
- 547 5급 for 7급 엄선 봉투모의고사 (언어논리,상황판단)
- 길규범 상황판단 7급 PSAT 합격으로 가는 최종점검 봉투모의고사
- 길규범 PSAT 상황판단 텍스트 법조문 Workbook
- 최신 3개년 PSAT 피셋 가장 완벽한 올인원 기출해설집(언어논리, 자료해석, 상황판단)

서문

7급 공채 PSAT 상황판단, 어떻게 준비해야 하나요?

7급 공채 PSAT를 준비하는 수험생들 중 많은 분들이
어떻게 PSAT '상황판단'을 준비해야 할지 몰라 단순히 기출문제만 수없이 반복해서 풀곤 합니다.
상황판단은 '전략'과 '스킬'이 중요합니다.
60분 동안 25문제를 효율적으로 풀기 위한 '전략'이 필요하고,
같은 문제라도 더 빠르고 정확하게 해결할 수 있는 '스킬'을 체화해야 합니다.
상황판단은 다양한 형태의 문제가 출제되지만, 반복해서 출제되는 유형과 함정의 패턴이 존재하고
그에 따른 유형별 접근법과 전략도 정형화되어 있습니다.
따라서 그러한 유형별 접근법과 전략을 익히는 것이 상황판단을 공부하는 가장 효율적인 방법입니다.

해커스 PSAT연구소와 함께 출간한 **『해커스PSAT 7급 PSAT 기본서 상황판단』**은
상황판단의 유형별 전략을 제시하고 있습니다.
첫째, **'문제풀이 핵심 전략'**을 통해 **상황판단 문제 유형의 특징을 숙지하고 각 유형별 기본기를 학습**할 수 있도록
하였습니다.
둘째, **'유형공략문제'**를 통해 **유형별 풀이법을 자신의 것으로 숙지**하고, **'실전공략문제'**를 통해 **상황판단 문제풀이 능력을 향상**시킬 수 있도록 하였습니다.
셋째, **'기출 엄선 모의고사'**를 통해 **실전 감각을 키워 상황판단 고득점을 달성**할 수 있도록 하였습니다.

『해커스PSAT 7급 PSAT 기본서 상황판단』에는
5년간 점수를 20~30점 이상 상승시켰던 수험생으로서의 제 경험과
11년간 PSAT 상황판단 전문 강사로서 많은 수험생의 점수를 상승시켰던 노하우가 담겨 있습니다.
저는 상황판단 점수를 올리기 위해 혼자 많은 시간이 걸렸지만,
이제는 제가 여러분께 도움을 줄 수 있다는 점에 너무나 큰 보람을 느낍니다.
부디 이 교재가 많은 분들께 최종 합격으로 가는 길잡이가 되기를 바랍니다.
저 길규범 강사는 수험생 여러분들이 최종 합격의 꿈을 이룰 때까지 끝까지 함께 하겠습니다.

길규범

목차

3 계산형

4 규칙형

5 경우형

기출 엄선 모의고사

정답 · 해설

상황판단 고득점을 위한 이 책의 활용법

1 문제풀이 핵심 전략에 따라 유형별 문제풀이법을 학습한다.

· 유형별 문제풀이 핵심 전략을 통해 상황판단 문제를 빠르고 정확하게 푸는 방법을 익힐 수 있습니다. 또한 '길규범쌤의 응급처방'을 통해 유형별 문제풀이 팁 및 핵심 이론을 학습할 수 있습니다.

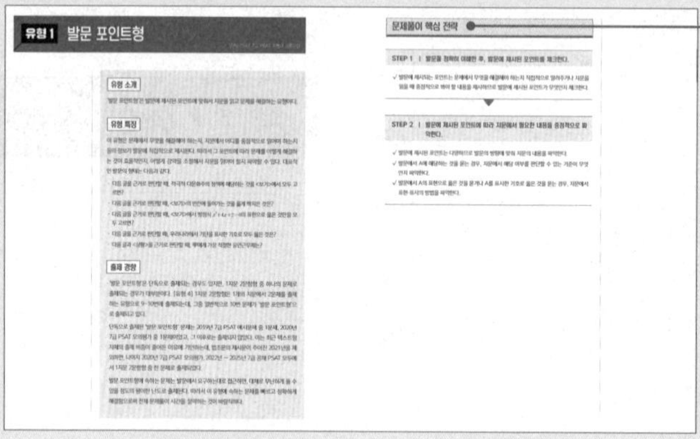

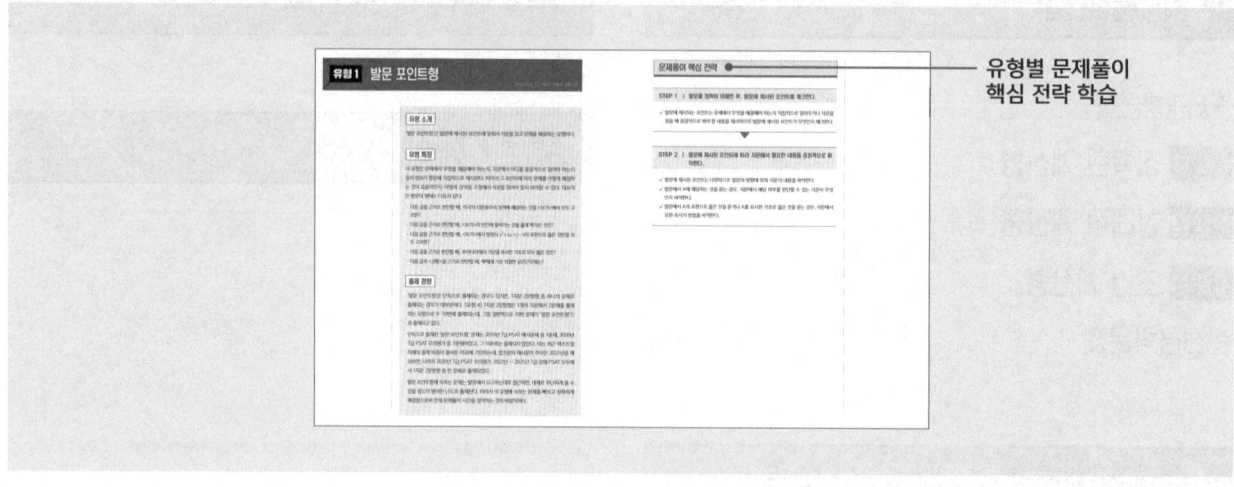

유형별 문제풀이
핵심 전략 학습

2 유형공략문제와 실력 UP 포인트로 문제풀이법을 완벽히 숙지한다.

· 유형공략문제에서 문제풀이 핵심 전략을 적용하여 유형별 문제풀이법을 완벽히 숙지할 수 있습니다. 특히 문제를 풀고 난 후, 실력 UP 포인트로 문제에서 반드시 확인하고 이해해야 하는 부분들을 점검함으로써 보다 심층적으로 학습할 수 있습니다.

심화 학습을 위한
실력 UP 포인트

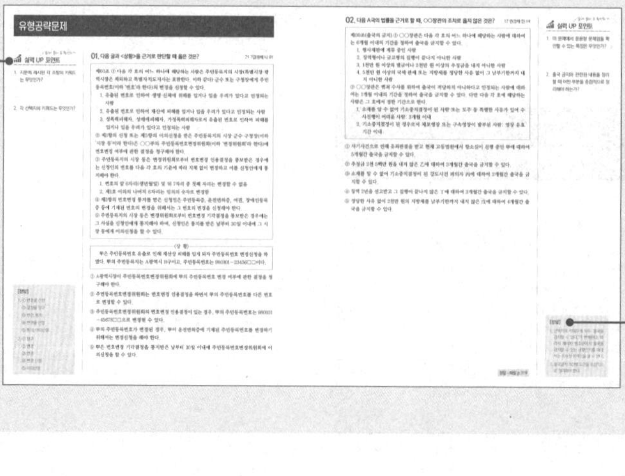

실력 UP 포인트
정답 확인

3 실전공략문제로 상황판단 문제풀이 능력을 향상시킨다.

· 권장 제한시간에 따라 실전공략문제를 풀어 보며 시간 관리 연습을 할 수 있고, 유형별 문제풀이 능력 또한 향상시킬 수 있습니다.

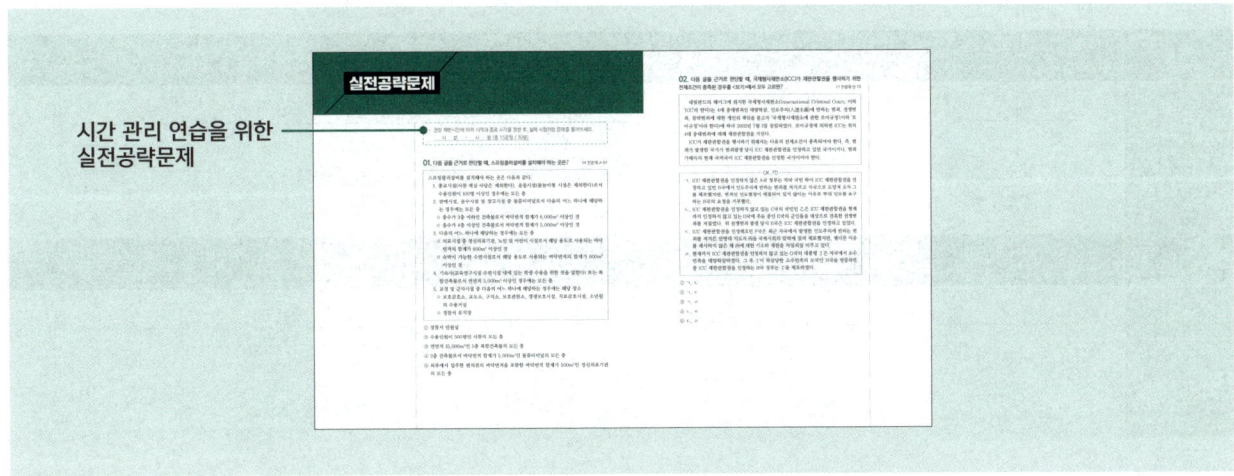

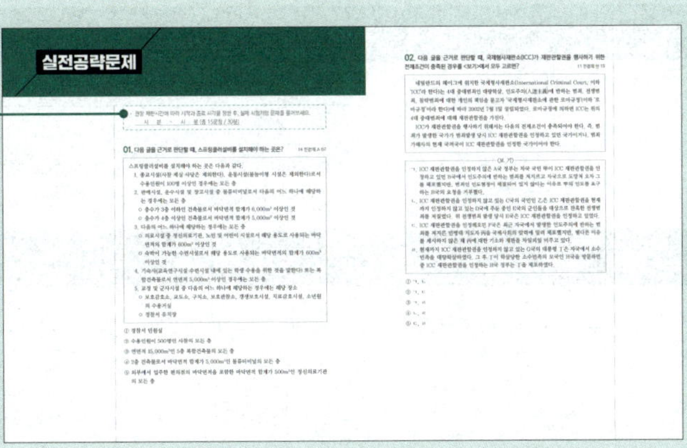

4 기출 엄선 모의고사를 통해 실전 감각을 극대화한다.

· 7급 공채 PSAT 대비를 위해 엄선된 기출문제를 제한시간 내에 풀어봄으로써 실전 감각을 극대화하고 완벽하게 실전에 대비할 수 있습니다.

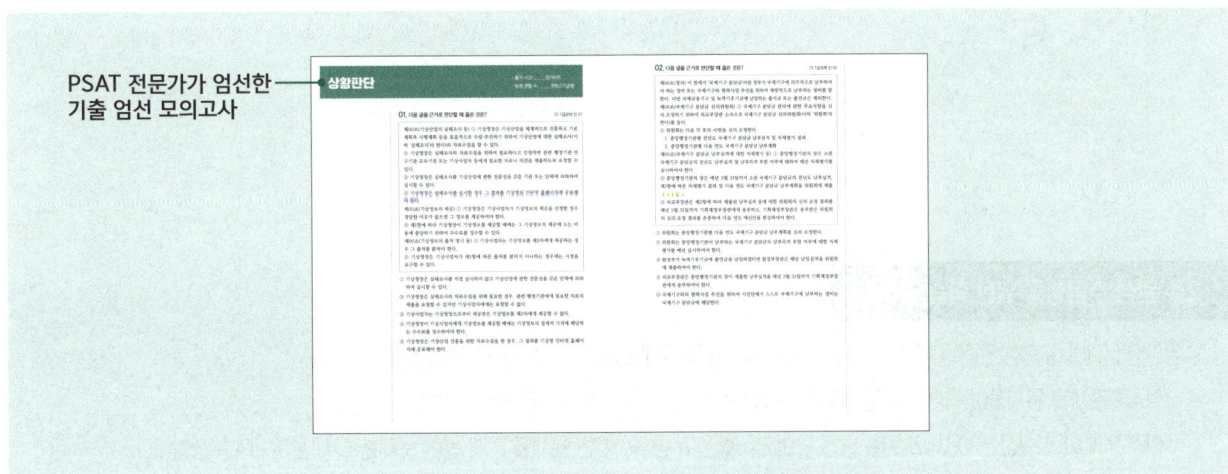

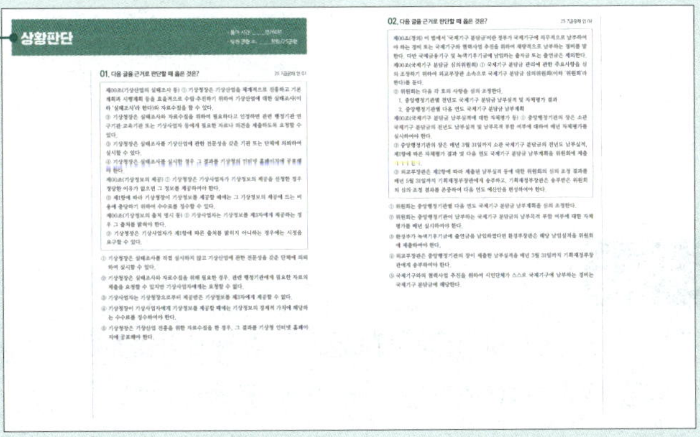

기간별 맞춤 학습 플랜

2주 완성 학습 플랜

이런 분에게 추천합니다!

· PSAT 상황판단을 학습한 경험이 있거나 시간이 부족하여 단기간에 PSAT 상황판단을 대비해야 하는 분

진도	1주차				
날짜	___월 ___일	___월 ___일	___월 ___일	___월 ___일	___월 ___일
학습 내용	1. 텍스트형 · 유형 1~5	1. 텍스트형 · 실전공략문제	2. 법조문형 · 유형 6~11	2. 법조문형 · 실전공략문제	3. 계산형 4. 규칙형 · 유형 12~15
진도	2주차				
날짜	___월 ___일	___월 ___일	___월 ___일	___월 ___일	___월 ___일
학습 내용	4. 규칙형 5. 경우형 · 유형 16~19	3. 계산형 · 실전공략문제	4. 규칙형 · 실전공략문제	5. 경우형 · 실전공략문제	기출 엄선 모의고사

2주 완성 수험생을 위한 학습 가이드

· 유형별 문제풀이 핵심 전략을 확인한 후, 핵심 전략이 기출문제에 어떻게 적용되는지 학습합니다.

· 유형공략문제를 문제풀이 핵심 전략을 적용하여 풀어보면서 문제풀이 핵심 전략을 익힙니다.

· 제한시간에 따라 실전공략문제와 기출 엄선 모의고사를 풀고 난 후, 틀린 문제와 풀지 못한 문제를 다시 풀어보며 복습합니다.

4주 완성 학습 플랜

이런 분에게 추천합니다!

- PSAT 상황판단을 처음 학습하거나 기본기가 부족하여 기초부터 탄탄하게 학습하고 싶은 분

진도	1주차				
날짜	___월___일	___월___일	___월___일	___월___일	___월___일
학습 내용	1. 텍스트형 · 유형 1~2	1. 텍스트형 · 유형 3~5	1. 텍스트형 · 실전공략문제	2. 법조문형 · 유형 6~8	2. 법조문형 · 유형 9~11
진도	2주차				
날짜	___월___일	___월___일	___월___일	___월___일	___월___일
학습 내용	2. 법조문형 · 실전공략문제	1. 텍스트형 복습	2. 법조문형 복습	3. 계산형 · 유형 12~14	3. 계산형 · 실전공략문제
진도	3주차				
날짜	___월___일	___월___일	___월___일	___월___일	___월___일
학습 내용	4. 규칙형 · 유형 15~17	4. 규칙형 · 실전공략문제	3. 계산형 복습	4. 규칙형 복습	5. 경우형 · 유형 18~19
진도	4주차				
날짜	___월___일	___월___일	___월___일	___월___일	___월___일
학습 내용	5. 경우형 · 실전공략문제	5. 경우형 복습	기출 엄선 모의고사	기출 엄선 모의고사 복습	전체 복습

4주 완성 수험생을 위한 학습 가이드

- 유형별로 제시된 문제풀이 핵심 전략을 꼼꼼히 학습한 후, 핵심 전략이 기출문제에 어떻게 적용되는지 핵심 전략을 단계별로 직접 적용해 보고 문제풀이 핵심 전략을 확실하게 이해합니다.
- 문제풀이 핵심 전략에 따라 유형공략문제를 풀어본 후, 실력 UP 포인트를 풀어보면서 문제에서 반드시 파악해야 하는 내용들을 확인합니다.
- 제한시간에 따라 실전공략문제와 기출 엄선 모의고사를 풀고 난 후, 틀린 문제와 풀지 못한 문제는 다시 풀어보며, 문제풀이 핵심 전략을 완벽하게 익힙니다.

7급 공채 및 PSAT 알아보기

7급 공채 알아보기

1. 7급 공채란?

7급 공채는 인사혁신처에서 학력, 경력에 관계없이 7급 행정직 및 기술직 공무원으로 임용되기를 원하는 불특정 다수인을 대상으로 실시하는 공개경쟁채용시험을 말합니다. 신규 7급 공무원 채용을 위한 균등한 기회 보장과 보다 우수한 인력의 공무원을 선발하는 데에 시험의 목적이 있습니다. 경력경쟁채용이나 지역인재채용과 달리 18세 이상(교정·보호 직렬은 20세 이상)의 연령이면서 국가공무원법 제33조에서 정한 결격사유에 저촉되지 않는 한, 누구나 학력 제한이나 응시상한 연령 없이 시험에 응시할 수 있습니다.

- **경력경쟁채용**: 공개경쟁채용시험에 의하여 충원이 곤란한 분야에 대해 채용하는 제도로서 다양한 현장 경험과 전문성을 갖춘 민간전문가를 공직자로 선발한다.
- **지역인재채용**: 자격요건을 갖춘 자를 학교별로 추천받아 채용하는 제도로서 일정 기간의 수습 근무를 마친 후 심사를 거쳐 공직자로 선발한다.

2. 7급 공채 채용 프로세스

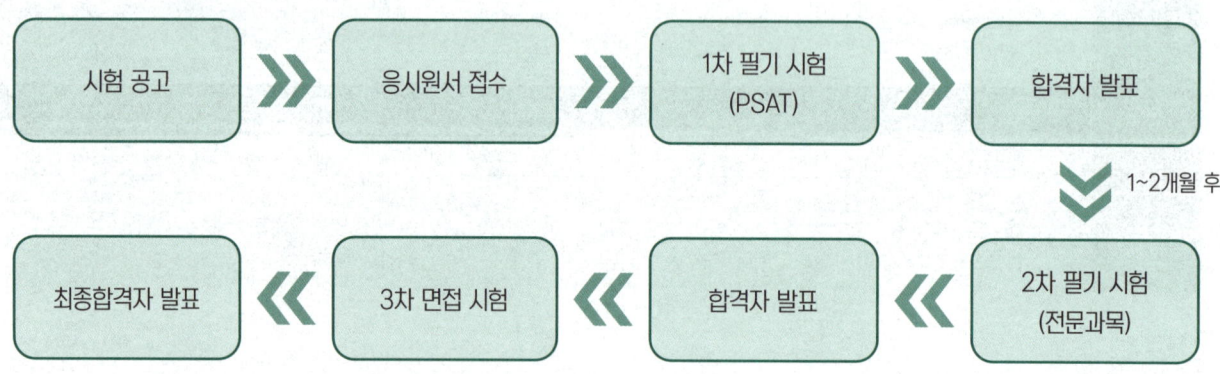

시험 공고 » 응시원서 접수 » 1차 필기 시험 (PSAT) » 합격자 발표

↓ 1~2개월 후

2차 필기 시험 (전문과목) » 합격자 발표 » 3차 면접 시험 » 최종합격자 발표

※ 상세 일정은 사이버국가고시센터(www.gosi.kr) 참고

7급 공채 PSAT 알아보기

1. PSAT란?

PSAT(Public Service Aptitude Test, 공직적격성평가)는 공직과 관련된 상황에서 발생하는 여러 가지 문제에 신속히 대처할 수 있는 문제해결의 잠재력을 가진 사람을 선발하기 위해 도입된 시험입니다. 즉, 특정 과목에 대한 전문 지식 보유 수준을 평가하는 대신, 공직자로서 지녀야 할 기본적인 자질과 능력 등을 종합적으로 평가하는 시험입니다. 이에 따라 PSAT는 이해력, 추론 및 분석능력, 문제해결능력 등을 평가하는 언어논리, 상황판단, 자료해석 세 가지 영역으로 구성됩니다.

2. 시험 구성 및 평가 내용

과목	시험 구성	평가 내용
언어논리	각 25문항/120분	글의 이해, 표현, 추론, 비판과 논리적 사고력 등을 평가함
상황판단		제시문과 표를 이해하여 상황 및 조건에 적용하고, 판단과 의사결정을 통해 문제를 해결하는 능력을 평가함
자료해석	25문항/60분	표, 그래프, 보고서 형태로 제시된 수치 자료를 이해하고 계산하거나 자료 간의 연관성을 분석하여 정보를 도출하는 능력을 평가함

※ 본 시험 구성은 2022년 시험부터 적용

상황판단 고득점 가이드

출제 유형 분석

상황판단은 제시된 글과 조건에 따라 문제 상황을 판단 · 해결하는 능력을 평가하는 영역으로, 크게 텍스트형, 법조문형, 계산형, 규칙형, 경우형의 다섯 가지 유형으로 나눌 수 있습니다. 2020년 모의평가부터 최근 실시된 2025년 시험까지 분석해보면, 텍스트형은 2021년 7급 공채 PSAT에서 예외적으로 한 문제도 출제되지 않은 것을 제외하고 매년 3~4문제가 출제되고 있습니다. 법조문형은 2021년 7급 공채 PSAT에서 예외적으로 9문제가 출제된 것을 제외하고 매년 5~7문제가 출제되고 있습니다. 이번 2025년 7급 공채 PSAT에서는 텍스트형이 3문제, 법조문형이 7문제 출제되었습니다.

계산형, 규칙형, 경우형은 각 유형별 평균 5~6문제씩 출제되었는데, 2025년 7급 공채 PSAT에서는 계산형이 4문제, 규칙형이 5문제, 경우형이 6문제가 출제되었습니다. 다섯 가지 유형 모두 제시된 글이나 조건 등을 이해하여 적용·판단하는 능력을 요구하므로 주어진 시간 내에 다양한 형태의 정보를 빠르고 정확하게 파악한 후 가장 효율적인 방법으로 해결해내는 능력이 필요합니다.

유형	세부 유형	유형 설명
텍스트형	· 발문 포인트형 · 일치부합형 · 응용형 · 1지문 2문항형 · 기타형	줄글 형태의 지문을 제시하고, 이를 토대로 필요한 정보를 올바르게 이해·추론할 수 있는지를 평가하는 유형
법조문형	· 발문 포인트형 · 일치부합형 · 응용형 · 법계산형 · 규정형 · 법조문소재형	법조문이나 법과 관련된 규정 및 줄글을 지문으로 제시하고 법조문을 정확히 이해할 수 있는지, 법·규정의 내용을 올바르게 응용할 수 있는지를 평가하는 유형
계산형	· 정확한 계산형 · 상대적 계산형 · 조건 계산형	수치가 제시된 지문이나 조건을 제시하고 이를 토대로 특정 항목의 최종 결괏값을 도출할 수 있는지, 결괏값을 올바르게 비교할 수 있는지를 평가하는 유형
규칙형	· 규칙 단순확인형 · 규칙 정오판단형 · 규칙 적용해결형	다양한 형태의 규칙을 제시하고, 규칙의 내용과 결과를 정확히 판단·적용할 수 있는지를 평가하는 유형
경우형	· 경우 확정형 · 경우 파악형	여러 가지 경우의 수가 가능한 문제 상황을 제시하고, 이를 정확히 분석하여 문제를 해결할 수 있는지를 평가하는 유형

출제 경향 분석 & 대비 전략

1. 출제 경향 분석

① 출제 유형

7급 공채 PSAT에서 출제되고 있는 문제는 2006년부터 시행되어 온 5급 공채 PSAT와 2011년부터 시행되어 온 민간경력자 PSAT에서 출제되어 온 유형과 동일합니다. 최근의 출제 경향은 기존 기출문제의 함정, 장치가 더 활발히 사용되고 있고, 동일한 접근법, 해결스킬로 빠르게 해결 가능한 문제가 다수 출제되고 있습니다.

② 난이도

50% 이하의 정답률을 보이는 변별력 있는 문제가 2021년 7급 공채 PSAT에서는 8문제, 2022년에는 5문제, 2023년에는 1문제, 2024년에는 5문제 출제되었으나, 2025년에는 50% 이하의 정답률을 보이는 변별력 있는 문제가 한 문제도 없었습니다. 이를 토대로 각 연도별 난도를 평가해 보면 2021년이 난이도 '상', 2020년 모의평가, 2022년, 2024년이 난이도 '중', 2023년, 2025년이 난이도 '하'였다고 평가할 수 있습니다.

③ 소재

상황판단 시험에 출제될 수 있는 소재의 범위가 매우 넓지만, 날짜 계산, 요일 계산, 점수 계산, 리그 소재, 암호 변환, 이동 규칙, 대응표, 순서, 배치, 가성비, 최선·차선 등의 소재가 반복적으로 출제되고 있습니다.

2. 대비 전략

① 상황판단의 문제 유형을 파악하고, 유형에 따른 풀이법을 학습해야 합니다.

상황판단 영역은 다양한 유형으로 구분되어 있고, 유형에 따라 효과적인 풀이법이 있습니다. 그렇기 때문에 유형에 따른 풀이법을 정확히 파악하고 준비하는 것이 중요합니다. 이에 따라 기출문제를 반복적으로 풀면서 정확하게 유형을 분석하는 능력을 기르고, 본 교재의 문제풀이 핵심 전략을 적용하여 빠르고 정확하게 문제를 풀이하는 연습이 필요합니다.

② 문제풀이에 필요한 정보를 정확하게 파악하는 능력을 길러야 합니다.

상황판단은 다양한 조건과 상황 등이 제시되므로 문제를 해결하기 위해 필요한 정보를 정확하게 파악하는 것이 중요합니다. 따라서 키워드를 중심으로 제시된 정보를 시각화·도표화하여 정리하거나, 관련 있는 조건끼리 묶어 그룹화하는 연습이 필요합니다.

③ 문제 풀이의 순서를 결정하는 판단력을 길러야 합니다.

상황판단은 PSAT 세 영역 중 특히 문제풀이에 시간이 부족한 경우가 많습니다. 한 문제를 풀이 하는 데 너무 오랜 시간이 소요된다면 다른 문제를 놓칠 가능성이 높으므로 문제의 난이도를 판별하여 풀 수 있는 문제부터 먼저 풀어야 합니다.

상황판단 고득점 가이드

7급 공채 PSAT 대표 기출문제 분석

기출문제 1

- 유형: 법조문형
- 세부 유형: 응용형

다음 글을 근거로 판단할 때, (A)~(E)의 요건과 <상황>의 ㉮~㉲를 옳게 짝지은 것은?

민법 제00조는 "고의 또는 과실로 인한 위법행위로 타인에게 손해를 가한 자는 그 손해를 배상할 책임이 있다."고 규정하고 있다. 이는 가해자의 불법행위로 피해자가 손해를 입은 경우, 가해자의 손해배상책임을 인정하는 규정이다. 이 규정에 따라 손해배상책임이 인정되기 위해서는 다음의 (A)~(E) 다섯 가지 요건을 모두 충족하여야 한다.

(A) 가해자에게 고의 또는 과실이 있어야 한다. 고의란 가해자가 불법행위의 결과를 인식하고 받아들이는 심리상태이며, 과실이란 가해자에게 무엇인가 준수해야 할 의무가 있음에도 부주의로 그 의무의 이행을 다하지 아니한 것을 말한다.

(B) 피해자의 손해를 야기할 수 있는 가해자의 행위(가해행위)가 있어야 한다.

(C) 가해행위가 위법한 행위이어야 한다. 일반적으로 법규에 어긋나는 행위는 위법한 행위에 해당한다.

(D) 피해자에게 손해가 발생해야 한다.

(E) 가해행위와 손해발생 사이에 인과관계가 있어야 한다. 가해행위가 없었더라면 손해가 발생하지 않았을 경우에 인과관계가 인정된다.

〈상 황〉

甲이 차량을 운전하다가 보행자 교통신호의 지시에 따라 횡단보도를 건너던 乙을 치어 乙에게 부상을 입혔다. 이 경우, ㉮ 甲이 차량으로 보행자 乙을 친 것, ㉯ 甲의 차량이 교통신호를 지키지 않아 도로교통법을 위반한 것, ㉰ 甲이 교통신호를 준수할 의무를 부주의로 이행하지 않은 것, ㉱ 횡단보도를 건너던 乙이 부상을 입은 것, ㉲ 甲의 차량이 보행자 乙을 치지 않았다면 乙이 부상을 입지 않았을 것이 (A)~(E) 요건을 각각 충족하기 때문에 甲의 손해배상책임이 인정된다.

① (A)－㉱
② (B)－㉮
③ (C)－㉲
④ (D)－㉰
⑤ (E)－㉯

[정답] ②

제시된 법조문을 파악하여 이를 특정 상황에 적용·응용하는 문제가 출제됩니다.

다양한 범주의 법조문이나 규정·규칙이 제시됩니다.

지문에 제시된 내용을 적용할 수 있는 구체적인 <상황>이 제시됩니다.

PSAT 전문가의 TIP

법조문 문제의 경우 정형화된 형식(조, 항, 호, 목)으로 출제되는 경우가 대부분이므로 다양한 소재의 법조문 문제를 풀어보면서 키워드 중심으로 관련 내용을 매칭하는 방법을 연습해야 합니다.

기출문제 2

- 유형: 규칙형
- 세부 유형: 규칙 적용해결형

다음 글과 <○○시 지도>를 근거로 판단할 때, ㉠에 들어갈 수 있는 것만을 <보기>에서 모두 고르면?

> 제시된 조건을 모두 고려하여 가능한 경우의 수를 판단하는 문제가 출제됩니다.

○○시는 지진이 발생하면 발생지점으로부터 일정 거리 이내의 시민들에게 지진발생문자를 즉시 발송하고 있다. X등급 지진의 경우에는 발생지점으로부터 반경 1km, Y등급 지진의 경우에는 발생지점으로부터 반경 2km 이내의 시민들에게 지진발생문자를 발송한다. 단, 수신차단을 해둔 시민에게는 지진발생문자를 보내지 않는다.
8월 26일 14시 정각 '가'지점에서 Y등급 지진이 일어났을 때 A~E 중 2명만 지진발생문자를 받았다. 5분 후 '나'지점에서 X등급 지진이 일어났을 때에는 C와 D만 지진발생문자를 받았다. 다시 5분 후 '나'지점에서 정서쪽으로 2km 떨어진 지점에서 Y등급 지진이 일어났을 때에는 (㉠)만 지진발생문자를 받았다. A~E 중에서 지진발생문자 수신차단을 해둔 시민은 1명뿐이다.

> 여러 경우의 수가 나올 수 있는 구체적인 상황이 제시되고, 문제를 해결할 수 있는 단서 조건이나 예외 조건이 함께 제시됩니다.

〈○○시 지도〉

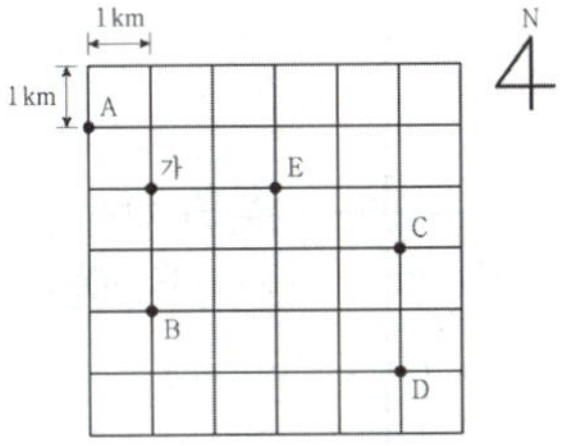

〈보 기〉

ㄱ. A　　ㄴ. B　　ㄷ. E
ㄹ. A와 E　　ㅁ. B와 E　　ㅂ. C와 E

> 선택지나 <보기>는 조건에 따라 도출 가능한 결과가 제시됩니다.

① ㄱ, ㄷ
② ㄱ, ㄹ
③ ㄹ, ㅂ
④ ㄴ, ㄷ, ㅁ
⑤ ㄴ, ㅁ, ㅂ

[정답] ④

PSAT 전문가의 TIP

기존 기출문제에 출제되었던 소재나 장치·함정이 반복해서 출제되는 경우가 많으므로 기출문제를 철저하게 분석하여 문제 특성별로 빠르게 해결할 수 있는 접근법 및 스킬을 숙지해야 합니다.

상황판단 고득점 가이드

기출문제 3

· 유형: 텍스트형

· 세부 유형: 응용형

다음 글과 <상황>을 근거로 판단할 때, 과거에 급제한 아들이 분재 받은 밭의 총 마지기 수는?

제시된 글을 읽고, 이를 <상황>에 적용하여 특정 정보를 도출하는 문제가 출제됩니다.

조선시대의 분재(分財)는 시기가 재주(財主) 생전인지 사후인지에 따라 구분할 수 있다. 별급(別給)은 재주 생전에 과거급제, 생일, 혼인, 출산, 감사표시 등 특별한 사유로 인해 이루어지는 분재였으며, 깃급[衿給]은 특별한 사유 없이 재주가 임종이 가까울 무렵에 하는 일반적인 분재였다.

인문, 사회, 역사, 예술 등 다양한 소재의 글이 줄글 형태로 제시됩니다.

재주가 재산을 분배하지 못하고 죽는 경우 재주 사후에 그 자녀들이 모여 재산을 분배하게 되는데, 이를 화회(和會)라고 했다. 화회는 재주의 3년 상(喪)을 마친 후에 이루어졌다. 자녀들이 재산을 나눌 때 재주의 유서나 유언이 남아 있으면 이에 근거하여 분재가 되었으나, 그렇지 못한 경우에는 합의하여 재산을 나누어 가졌다. 조선 전기에는 『경국대전』의 규정에 따랐는데, 친자녀 간 균분 분재를 원칙으로 하나 제사를 모실 자녀에게는 다른 친자녀 한 사람 몫의 5분의 1이 더 분재되었다. 그러나 이때에도 양자녀에게는 차별을 두도록 되어 있었다. 조선 중기 이후에는 『경국대전』의 규정이 그대로 지켜지지 못하고 장남에게 많은 재산이 우선적으로 분재되었다. 깃급과 화회 대상 재산에는 별급으로 받은 재산이 포함되지 않았다.

※ 분재: 재산을 나누어 줌
※ 재주: 분재되는 재산의 주인

〈상 황〉

지문에 제시된 내용을 적용할 수 있는 구체적인 <상황>이 제시됩니다.

○ 유서와 유언 없이 사망한 재주 甲의 분재 대상자는 아들 2명과 딸 2명이며, 이 중 딸 1명은 양녀이고 나머지 3명은 친자녀이다.
○ 甲이 별급한 재산은 과거에 급제한 아들 1명에게 밭 20마지기를 준 것과 두 딸이 시집갈 때 각각 밭 10마지기씩을 준 것이 전부였다.
○ 화회 대상 재산은 밭 100마지기이며 화회는 『경국대전』의 규정에 따라 이루어졌다.
○ 과거에 급제한 아들이 제사를 모시기로 하였으며, 양녀는 제사를 모시지 않는 친자녀 한 사람이 화회로 받은 몫의 5분의 4를 받았다.

① 30
② 35
③ 40
④ 45
⑤ 50

[정답] ⑤

PSAT 전문가의 TIP

지문의 내용을 <상황>에 적용하는 문제는 주어진 <상황>을 해결할 수 있는 판단기준을 지문에서 빠르고 정확하게 찾아낼 수 있어야 합니다.

기출문제 4

- 유형: 계산형
- 세부 유형: 조건 계산형

다음 글을 근거로 판단할 때, <보기>에서 옳은 것만을 모두 고르면?

여행을 좋아하는 甲은 ○○항공의 마일리지를 최대한 많이 적립하기 위해, 신용카드 이용금액에 따라 ○○항공의 마일리지를 제공해주는 A, B 두 신용카드 중 하나의 카드를 발급받기로 하였다. 각 신용카드의 ○○항공 마일리지 제공 기준은 다음과 같다.

〈A신용카드의 ○○항공 마일리지 제공 기준〉

1) 이용금액이 월 50만 원 이상 100만 원 이하일 경우
   - 이용금액 1,000원 당 1마일리지를 제공함.
2) 이용금액이 월 100만 원 초과 200만 원 이하일 경우
   - 100만 원 이하 이용금액은 1,000원 당 1마일리지를, 100만 원 초과 이용금액은 1,000원 당 2마일리지를 제공함.
3) 이용금액이 월 200만 원을 초과할 경우
   - 100만 원 이하 이용금액은 1,000원 당 1마일리지를, 100만 원 초과 200만 원 이하 이용금액은 1,000원 당 2마일리지를, 200만 원 초과 이용금액은 1,000원 당 3마일리지를 제공함.

〈B신용카드의 ○○항공 마일리지 제공 기준〉

1) 이용금액이 월 50만 원 이상 100만 원 이하일 경우
   - 이용금액 1,000원 당 1마일리지를 제공함.
2) 이용금액이 월 100만 원 초과 200만 원 이하일 경우
   - 100만 원 이하 이용금액은 1,000원 당 2마일리지를, 100만 원 초과 이용금액은 1,000원 당 1마일리지를 제공함.
3) 이용금액이 월 200만 원을 초과할 경우
   - 70만 원 이하 이용금액은 1,000원 당 3마일리지를, 70만 원 초과 이용금액은 1,000원 당 1마일리지를 제공함.

※ 마일리지 제공 시 이용금액 1,000원 미만은 버림

〈보 기〉

ㄱ. 신용카드 이용금액이 월 120만 원이라면, A신용카드가 B신용카드보다 마일리지를 더 많이 제공한다.
ㄴ. 신용카드 이용금액이 월 100만 원을 초과할 경우, A신용카드가 제공하는 마일리지와 B신용카드가 제공하는 마일리지가 같은 경우가 발생할 수 있다.
ㄷ. 신용카드 이용금액이 월 200만 원을 초과할 경우, B신용카드가 A신용카드보다 마일리지를 더 많이 제공한다.

① ㄱ ② ㄴ
③ ㄷ ④ ㄱ, ㄴ
⑤ ㄴ, ㄷ

[정답] ②

- 제시된 글 또는 조건을 바탕으로 특정 결괏값을 도출하고 이를 비교한 내용이 올바른지 파악하는 문제가 출제됩니다.
- 계산해야 하는 항목과 계산 방식 등의 조건이 제시된 지문이 줄글이나 표 등의 형태로 제시됩니다.
- 선택지나 <보기>는 계산한 결괏값을 판단·비교한 것으로 올바른 내용과 올바르지 않은 내용이 제시됩니다.

PSAT 전문가의 TIP

조건이 많이 제시되는 경우 많은 조건을 빠뜨리지 않고 정확하게 처리할 것이 요구됩니다. 따라서 조건을 체계적으로 이해하기 위한 연습을 꾸준히 해야 합니다.

해커스PSAT **7급 PSAT 기본서** 상황판단

PSAT 교육 1위, 해커스PSAT **psat.Hackers.com**

1 텍스트형

출제경향분석

유형 1 발문 포인트형

유형 2 일치부합형

유형 3 응용형

유형 4 1지문 2문항형

유형 5 기타형

실전공략문제

출제경향분석

1 텍스트형이란?

텍스트형은 줄글 형태의 지문을 제시하고, 이를 토대로 정보를 이해·추론·분석할 수 있는지를 평가하기 위한 유형이다. 문제의 형태를 보았을 때 언어논리 문제와 유사하다고 생각할 수 있으나, 텍스트형에서 제시되는 글은 정보 제시형이 대부분이라는 점에서 언어논리와 차이가 있다. 이에 따라 지문에 제시된 정보 중 문제 해결에 필요한 정보만을 빠르게 확인하는 것이 요구되는 유형이다.

2 세부 출제 유형

텍스트형은 발문에 포인트가 제시되는지의 여부와 문제의 풀이 방법에 따라 ① **발문 포인트형**, ② **일치부합형**, ③ **응용형**, ④ **1지문 2문항형**, ⑤ **기타형** 총 5가지 세부 유형으로 출제된다.

발문 포인트형	발문에 문제 해결의 중요한 포인트가 있어 이를 통해 얻은 힌트로 문제를 해결하는 유형
일치부합형	지문에 제시된 정보 제시형의 줄글을 선택지나 <보기>에서 묻는 내용 위주로 빠르게 확인하여 문제를 해결하는 유형
응용형	지문에 제시된 내용을 이해한 후, 이를 선택지나 <보기>에 응용·적용하여 문제를 해결하는 유형
1지문 2문항형	1개의 지문으로 2개의 문제(일치부합형+응용형 또는 응용형+응용형)를 해결하는 유형
기타형	· 병렬형: 병렬 구조로 제시되는 지문을 읽고 제시된 내용의 공통점 또는 차이점을 비교하거나 관계 파악을 통해 문제를 해결하는 유형 · 논증형: 지문의 주장을 뒷받침하는 근거를 찾거나 선택지 또는 <보기>에 제시된 내용이 지문의 입장을 지지하는지 여부 등을 판단하는 유형

3 출제 경향

1. 텍스트형은 2020년 7급 PSAT 모의평가에서는 4문제가 출제되었으나 7급 공채 PSAT이 실제 도입된 첫 해인 2021년에는 한 문제도 출제되지 않았다. 그 후로 2022년에 한 번 4문제가 출제된 후, 2023년부터 최근 2025년까지는 계속 매년 3문제가 출제되었다.
2. 2022년 7급 공채 PSAT에서는 일치부합형 1문제, 응용형 1문제, 1지문 2문항형 1세트 2문제가 출제되어 총 4문제가 출제되었고, 2023년부터 2025년까지는 매년 일치부합형 1문제, 1지문 2문항형 1세트 2문제가 출제되어 총 3문제가 출제되었다. 매년 텍스트형 세 문제 모두 정답률은 90% 안팎으로 평이하게 출제되고 있다.
3. 1지문 2문항형에서는 지문이 텍스트 또는 법조문으로 주어지는데, 텍스트로 주어지는 경우가 더 많기 때문에 출제 비중은 매년 평균 3문제가 유지될 것으로 예상된다. 2021년 7급 PSAT에서는 1지문 2문항형 제시문이 법조문으로 제시되어 텍스트형이 출제되지 않았던 것이다.

4 대비 전략

텍스트형은 기본적으로 제시된 지문을 이해·추론·분석하여 정확하게 정보를 파악할 수 있는지 평가하므로 언어논리와 마찬가지로 기본적인 독해력, 이해력을 요구한다. 다만 통독을 하여 문제를 해결하는 언어논리와는 달리 상황판단은 통독을 하지 않고도 문제를 해결할 수 있어 문제 풀이법에서 차이가 있다. 이에 따라 상황판단 텍스트형에 맞는 문제 접근법과 풀이법을 학습하는 것이 필요하다. 이는 다른 유형을 풀이하는 데도 필수적으로 요구되는 능력이기 때문에 텍스트형의 문제 해결 스킬을 배우고 익히는 것은 매우 중요하다.

1. 정보처리능력, 정보이해능력을 키우기 위해 다양한 정보 제시형 글을 읽는 연습을 한다.
2. 지문을 처음부터 끝까지 다 읽지 않고 문제를 해결할 수 있는 방법과 문제풀이 시간을 단축할 수 있는 방법을 연습한다.
3. 세부 유형별 효율적인 문제 접근법과 풀이법을 학습하여 새로운 문제가 등장하더라도 준비된 핵심 전략으로 빠르고 정확하게 풀이할 수 있도록 연습한다.
4. 틀린 문제는 오답노트를 만들어 자신의 약점을 파악하거나 반복되는 실수를 체크하여, 약점을 보완하고 같은 실수가 반복되지 않도록 연습한다.

유형 1 발문 포인트형

유형 소개

'발문 포인트형'은 발문에 제시된 포인트에 맞춰서 지문을 읽고 문제를 해결하는 유형이다.

유형 특징

이 유형은 문제에서 무엇을 해결해야 하는지, 지문에서 어디를 중점적으로 읽어야 하는지 등의 정보가 발문에 직접적으로 제시된다. 따라서 그 포인트에 따라 문제를 어떻게 해결하는 것이 효율적인지, 어떻게 강약을 조절해서 지문을 읽어야 할지 파악할 수 있다. 대표적인 발문의 형태는 다음과 같다.

- 다음 글을 근거로 판단할 때, 적극적 다문화주의 정책에 해당하는 것을 <보기>에서 모두 고르면?
- 다음 글을 근거로 판단할 때, <보기>의 빈칸에 들어가는 것을 옳게 짝지은 것은?
- 다음 글을 근거로 판단할 때, <보기>에서 방정식 $x^3+4x+2=0$의 표현으로 옳은 것만을 모두 고르면?
- 다음 글을 근거로 판단할 때, 우리나라에서 기단을 표시한 기호로 모두 옳은 것은?
- 다음 글과 <상황>을 근거로 판단할 때, 甲에게 가장 적절한 유연근무제는?

출제 경향

- '발문 포인트형'은 단독으로 출제되는 경우도 있지만, 1지문 2문항형 중 하나의 문제로 출제되는 경우가 대부분이다. [유형 4] 1지문 2문항형은 1개의 지문에서 2문제를 출제하는 유형으로 9~10번에 출제되는데, 그중 일반적으로 10번 문제가 '발문 포인트형'으로 출제되고 있다.
- 단독으로 출제된 '발문 포인트형' 문제는 2019년 7급 PSAT 예시문제 중 1문제, 2020년 7급 PSAT 모의평가 중 1문제이었고, 그 이후로는 출제되지 않았다. 이는 최근 텍스트형 자체의 출제 비중이 줄어든 이유에 기인하는데, 법조문의 제시문이 주어진 2021년을 제외하면, 나머지 2020년 7급 PSAT 모의평가, 2022년 ~ 2025년 7급 공채 PSAT 모두에서 1지문 2문항형 중 한 문제로 출제되었다.
- 발문 포인트형에 속하는 문제는 발문에서 요구하는대로 접근하면, 대체로 무난하게 풀 수 있을 정도의 평이한 난도로 출제된다. 따라서 이 유형에 속하는 문제를 빠르고 정확하게 해결함으로써 전체 문제풀이 시간을 절약하는 것이 바람직하다.

문제풀이 핵심 전략

STEP 1 | 발문을 정확히 이해한 후, 발문에 제시된 포인트를 체크한다.

√ 발문에 제시되는 포인트는 문제에서 무엇을 해결해야 하는지 직접적으로 알려주거나 지문을 읽을 때 중점적으로 봐야 할 내용을 제시하므로 발문에 제시된 포인트가 무엇인지 체크한다.

STEP 2 | 발문에 제시된 포인트에 따라 지문에서 필요한 내용을 중점적으로 파악한다.

√ 발문에 제시된 포인트는 다양하므로 발문의 방향에 맞춰 지문의 내용을 파악한다.

√ 발문에서 A에 해당하는 것을 묻는 경우, 지문에서 해당 여부를 판단할 수 있는 기준이 무엇인지 파악한다.

√ 발문에서 A의 표현으로 옳은 것을 묻거나 A를 표시한 기호로 옳은 것을 묻는 경우, 지문에서 표현·표시의 방법을 파악한다.

문제풀이 핵심 전략 적용

기출 예제

다음 글을 근거로 판단할 때, 적극적 다문화주의 정책에 해당하는 것을 <보기>에서 모두 고르면?

11 민경채 인 12

한 사회 내의 소수집단을 위한 정부의 정책 가운데 다문화주의 정책은 크게 소극적 다문화주의 정책과 적극적 다문화주의 정책으로 구분할 수 있다. 소극적 다문화주의 정책은 소수집단과 그 구성원들에 대한 차별적인 대우를 철폐하는 것이다. 한편 적극적 다문화주의 정책은 이와 다른 정책을 그 내용으로 하는데, 크게 다음 네 가지로 구성된다. 첫째, 소수집단의 고유한 관습과 규칙이 일반 법체계에 수용되도록 한다. 둘째, 소수집단의 원활한 사회진출을 위해 특별한 지원을 제공한다. 셋째, 소수집단의 정치참여의 기회를 확대시킨다. 넷째, 일정한 영역에서 소수집단에게 자치권을 부여한다.

〈보 기〉

ㄱ. 교육이나 취업에서 소수집단 출신에게 불리한 차별적인 규정을 폐지한다.
ㄴ. 의회의원 비례대표선거를 위한 각 정당명부에서 소수집단 출신 후보자의 공천비율을 확대한다.
ㄷ. 공무원 시험이나 공공기관 입사 시험에서 소수집단 출신에게 가산점을 부여한다.
ㄹ. 특정 지역의 다수 주민을 이루는 소수집단에게 그 지역의 치안유지를 위한 자치경찰권을 부여한다.

① ㄱ, ㄷ
② ㄴ, ㄷ
③ ㄴ, ㄹ
④ ㄱ, ㄴ, ㄹ
⑤ ㄴ, ㄷ, ㄹ

STEP 1

발문을 정확히 이해한 후, 발문에 제시된 포인트를 체크한다. 발문에서 적극적 다문화주의 정책에 해당하는 것을 묻고 있으므로 이에 체크한다.

STEP 2

발문에서 다문화주의 정책에 해당하는 것을 묻고 있으므로 다문화주의 정책에 해당하는 것과 해당하지 않는 것을 판단할 수 있는 기준을 파악한다.

지문에서 적극적 다문화주의 정책은 네 가지로 구성된다.

첫 번째	소수집단의 고유한 관습과 규칙이 일반 법체계에 수용되도록 함
두 번째	소수집단의 원활한 사회진출을 위해 특별한 지원을 제공함
세 번째	소수집단의 정치참여 기회를 확대함
네 번째	일정한 영역에서 소수집단에게 자치권을 부여함

이에 따라 각 <보기>가 적극적 다문화주의 정책에 해당하는지 비교한다.

ㄴ. 적극적 다문화주의 정책 내용 중 세 번째 내용에 포함됨을 알 수 있다.

ㄷ. 적극적 다문화주의 정책 내용 중 두 번째 내용에 포함됨을 알 수 있다.

ㄹ. 적극적 다문화주의 정책 내용 중 네 번째 내용에 포함됨을 알 수 있다.

따라서 정답은 ⑤이다.

오답 체크

ㄱ. 교육이나 취업에서 소수집단 출신에게 불리한 차별적인 규정을 폐지하는 것은 소극적 다문화주의 정책에 해당함을 알 수 있다.

유형공략문제

실력 UP 포인트

문제 풀이 후 확인하기

1. 발문에 따라 지문에서 중점적으로 파악해야 하는 내용은 무엇인가?

2. 지문에 제시된 용어 중 생소한 용어는 무엇인가?

01. 다음 글에 나타난 사상에 가장 근접한 것은? 06 5급견습 인 02

> 뜰에서 춤추는 사람이 64명인데, 이 가운데서 1명을 선발하여 우보(羽葆)※를 잡고 맨 앞에 서서 춤추는 사람들을 지휘하게 한다. 우보를 잡고 지휘하는 자의 지휘가 절주(節奏)에 잘 맞으면 모두들 존대하여 '우리 무사(舞師)님' 하지만, 그 지휘가 절주에 맞지 않으면 모두들 그를 끌어내려 다시 이전의 반열(班列)로 복귀시키고 유능한 지휘자를 다시 뽑아 올려놓고 '우리 무사님' 하고 존대한다. 그를 끌어내린 것도 대중(大衆)이고 올려놓고 존대한 것도 대중이다. 대저 올려놓고 존대하다가 다른 사람을 올렸다고 해서 교체한 대중을 탓한다면, 이것이 어찌 이치에 맞는 일이겠는가.

※ 우보: 새의 깃으로 장식한 의식용의 아름다운 일산(日傘)

① 입법권은 직접적으로 시민의 뜻에 기초하고 있으므로 다른 권력보다 우월한 최고권력이며, 집행권은 법률을 집행하는 권력이다. 동맹권은 선전포고, 강화(講和), 조약 체결 등 외교관계를 처리하는 권력으로서, 이 권력은 변하는 국제 정세에 좌우되므로 입법권이 정하는 일반규범에 구속되지 않는다.

② 인간은 자연 상태에서 생명, 자유, 재산에 대한 자연법상의 권리를 평등하게 가지고 태어났으며, 이 자연권을 보장받기 위해 정부에 권력을 위임하였고, 정부가 그 책무를 다하지 못할 때에는 저항하여 정부를 재구성할 권리를 갖는다.

③ 인간은 무정부 상태에서 생명과 재산에 대한 위협을 느끼며, 이러한 상태에서 벗어나기 위해 강력한 정부에 의한 질서를 필요로 한다. 그 결과 사람들은 자신의 행동의 자유를 지배자에게 맡기기 위한 일종의 계약을 맺게 된다.

④ 지도자는 전체사회의 이익 즉 공익을 대표하는 반면, 국민은 개인적인 욕구를 표현하는데 이것이 공익과 반드시 일치하지는 않는다.

⑤ 개인 간의 계약으로 사회가 성립된다는 발상이야말로 무의미하다. 인간은 본선상 사회적 존재이므로, 정치적 사회는 인간 본성에 합치되는 자연스러운 현상이다.

[정답]

1. 사상
발문에서 '사상'에 대한 것을 묻고 있으므로 지문에서 '사상'에 대한 내용을 찾아야 한다. 이때 '사상'은 지문의 구체적인 정보가 아닌 중심 내용에 가깝다. 따라서 지문을 꼼꼼히 파악하는 것이 아닌 전체적인 흐름을 파악해야 한다.

2. '우보', '절주', '무사', '반열' 등
지문에서 생소한 용어를 제시하는 경우, 이를 파악하기 위해 오랜 시간이 소요될 수 있다.

02. 甲의 견해에 근거할 때 정치적으로 가장 불안정할 것으로 예상되는 정치체제의 유형은?

08 5급공채 창 06

> 민주주의 정치체제 분류는 선거제도와 정부의 권력구조(의원내각제 혹은 대통령제)를 결합시키는 방식에 따라 크게 A, B, C, D, E 다섯 가지 유형으로 나눌 수 있다. A형은 의원들이 비례대표제에 의해 선출되는 의원내각제의 형태다. 비례대표제는 총 득표수에 비례해서 의석수를 배분하는 방식이다. B형은 단순다수대표제 방식으로 의원들을 선출하는 의원내각제의 형태다. 단순다수대표제는 지역구에서 1인의 의원을 선출하는 방식이다. C형은 의회 의원들을 단순다수대표 선거제도에 의해 선출하는 대통령제 형태다. D형의 경우 의원들은 비례대표제 방식을 통해 선출하며 권력구조는 대통령제를 선택하고 있는 형태다. 마지막으로 E형은 일종의 혼합형으로 권력구조에서는 상당한 권한을 가진 선출직 대통령과 의회에 기반을 갖는 수상이 동시에 존재하는 형태다. 의회 의원은 단순다수대표제에 의해 선출된다.
>
> 한편 甲은 "한 국가의 정당체제는 선거제도에 의해 영향을 받는다. 민주주의 국가들에 대한 비교 연구 결과에 의하면 비례대표제를 의회 선거제도로 운용하고 있는 국가들의 정당체제는 대정당과 더불어 군소정당이 존립하는 다당제 형태가 일반적이다. 전국을 다수의 지역구로 나누고 그 지역구별로 1인을 선출하는 단순다수대표제의 경우 군소정당 후보자들에게 불리하며, 따라서 두 개의 지배적인 정당이 출현하는 양당제의 형태가 자리 잡게 된다. 또한 정치적 안정 여부는 정당체제가 어떤 권력구조와 결합하는가에 따라 결정된다. 의원내각제는 양당제와 다당제 모두와 조화되어 정치적 안정을 도모할 수 있는 반면 혼합형과 대통령제의 경우 정당체제가 양당제일 경우에만 정치적으로 안정되는 현상을 보인다."고 주장하였다.

① A형

② B형

③ C형

④ D형

⑤ E형

정답 · 해설 p.304

실력 UP 포인트

문제 풀이 후 확인하기

1. 발문에 따라 지문에서 중점적으로 파악해야 하는 내용은 무엇인가?

2. 지문에서 먼저 파악해야 할 단락은 무엇인가?

[정답]

1. 甲의 견해, 정치체제의 유형

지문의 내용 중 甲의 견해를 찾은 후, 어떤 정치체제의 유형이 정치적으로 가장 불안정할 것으로 예상되는지를 파악해야 한다.

2. 두 번째 단락

甲의 견해에 근거하여 정치체제의 유형을 파악하므로 甲의 견해가 무엇인지 먼저 파악한다.

유형 2 일치부합형

유형 소개

'일치부합형'은 크게 일반 키워드형과 특수 키워드형으로 구분할 수 있다. 일반 키워드형은 선택지나 <보기>의 키워드를 중심으로 지문을 읽고, 선택지나 <보기>의 내용이 지문의 내용에 부합하는지를 판단하는 유형이다. 특수 키워드형은 지문과 선택지 또는 <보기>에 제시되는 비한글 요소를 활용하여 지문을 읽고, 선택지나 <보기>의 내용이 지문의 내용에 부합하는지를 판단하는 유형이다.

유형 특징

일반 키워드형은 발문에 포인트가 없어 지문을 어떻게 읽어야 할지 알아내기 어려우므로 각 선택지나 <보기>에서 키워드를 파악하고 지문에서 키워드가 나오는 부분을 집중하여 읽으며 문제를 풀이해야 한다. 특수 키워드형은 지문과 선택지 또는 <보기>에 숫자, 한자, 알파벳, 특수문자 등의 비한글 요소가 제시된다. 대표적인 발문의 형태는 다음과 같다.

- 다음 글을 근거로 판단할 때, <보기>에서 옳은 것만을 모두 고르면?
- 다음 글을 근거로 추론할 때, <보기>에서 옳은 것만을 모두 고르면?
- 다음 글을 근거로 판단할 때 옳은 것은?

출제 경향

- 일치부합형은 2020년 모의평가부터 최근 25년까지 6개년 치 기출 중 21년을 제외하고 매년 1문제씩 출제되었다. 5급 공채 PSAT의 경우 2018년 이전까지는 텍스트형 문제에서 일치부합형의 출제 비중이 매우 높았으나, 2019년 이후 텍스트형의 출제 비중 자체가 급격히 줄어들면서 일치부합형보다는 응용형의 문제가 더 많이 출제되고 있는 추세이다.
- 예전만큼의 민경채 기출에서의 출제 비중 만큼은 아니지만, 7급 공채 PSAT에서도, 5급 공채 PSAT에서도 단독문제로는 1문제 정도씩 출제되고 있고, 1지문 2문항형에서도 2문제 중 1문제는 일치부합형인 경우가 많다. 평이한 난도로 출제되고 있는 만큼, 이 유형에 속하는 문제를 빠르고 정확하게 해결함으로써 전체 문제풀이 시간을 절약하여야 한다.

문제풀이 핵심 전략

STEP 1 | 지문을 읽기 전에 선택지나 <보기>를 먼저 읽고, 선택지나 <보기>에서 키워드 또는 비한글 요소를 체크한다.

[일반 키워드형]

√ 발문에 포인트가 없는 경우, 지문을 읽기 전에 각 선택지나 <보기>를 대표할 수 있는 키워드를 찾는다.

√ 키워드를 모두 기억하기에는 부담이 있으므로 키워드에 ○, △, 밑줄 등으로 체크한다.

√ 선택지나 <보기>의 키워드를 확인하면서 제시된 지문의 소재, 각 선택지나 <보기>에서 묻고자 하는 내용을 예측한다.

[특수 키워드형]

√ 지문과 선택지 또는 <보기>에 비한글 요소가 포함된 경우, 해당 요소를 포함한 단어 등을 키워드로 체크한다.

▼

STEP 2 | 체크한 키워드 또는 비한글 요소를 바탕으로 지문에 강약을 두어 가며 읽는다.

[일반 키워드형]

√ 지문을 읽을 때 키워드와 관련한 내용이 나오면 해당 부분을 집중적으로 읽고, 바로 관련 선택지나 <보기>의 내용과 비교하여 정오를 판단한다.

[특수 키워드형]

√ 선택지나 <보기>에서 체크한 비한글 요소와 유사한 부분을 지문에서 찾아 매칭한 후, 해당 부분을 집중적으로 읽어 정오를 판단한다.

길규범쌤의 응급처방

지문에 강약을 두어 읽는 법

· 지문의 전체적인 내용을 하나하나 세세하게 읽지 않고 지문의 주요 흐름에 따라 크게 읽다가, 선택지나 <보기>에서 묻는 내용을 중점적으로 확인한다. 즉, 선택지나 <보기>에서 문제되고 있지 않은 내용은 가볍게 빠르게 읽고 지나가도 무방하다.

한자어가 많은 지문을 읽는 법

· 지문에서 낯설거나 어려운 용어는 대부분 한자어이므로 한자어가 나오면 문제가 어렵다고 체감하는 경우가 많다. 그러나 지문에 제시되는 한자어를 모두 이해하는 것이 아니라, 선택지나 <보기>에 쓰이는 단어 위주로만 파악하면 오히려 어렵게 느껴지는 한자어를 키워드로 활용함으로써 문제를 빠르게 풀이할 수 있다.

문제풀이 핵심 전략 적용

기출 예제

다음 글을 근거로 판단할 때, <보기>에서 옳은 것만을 모두 고르면? 14 민경채 A 01

우리나라는 건국헌법 이래 문화국가의 원리를 헌법의 기본원리로 채택하고 있다. 우리 현행 헌법은 전문에서 '문화의 …(중략)… 영역에 있어서 각인(各人)의 기회를 균등히' 할 것을 선언하고 있을 뿐 아니라, 문화국가를 실현하기 위하여 보장되어야 할 정신적 기본권으로 양심과 사상의 자유, 종교의 자유, 언론·출판의 자유, 학문과 예술의 자유 등을 규정하고 있다. 개별성·고유성·다양성으로 표현되는 문화는 사회의 자율영역을 바탕으로 한다고 할 것이고, 이들 기본권은 견해와 사상의 다양성을 그 본질로 하는 문화국가원리의 불가결의 조건이라고 할 것이다.

문화국가원리는 국가의 문화국가실현에 관한 과제 또는 책임을 통하여 실현되므로 국가의 문화정책과 밀접한 관계를 맺고 있다. 과거 국가절대주의 사상의 국가관이 지배하던 시대에는 국가의 적극적인 문화간섭정책이 당연한 것으로 여겨졌다. 이와 달리 오늘날에는 국가가 어떤 문화현상에 대하여도 이를 선호하거나 우대하는 경향을 보이지 않는 불편부당의 원칙이 가장 바람직한 정책으로 평가받고 있다. 오늘날 문화국가에서의 문화정책은 그 초점이 문화 그 자체에 있는 것이 아니라 문화가 생겨날 수 있는 문화풍토를 조성하는 데 두어야 한다.

문화국가원리의 이러한 특성은 문화의 개방성 내지 다원성의 표지와 연결되는데, 국가의 문화육성의 대상에는 원칙적으로 모든 사람에게 문화창조의 기회를 부여한다는 의미에서 모든 문화가 포함된다. 따라서 엘리트문화뿐만 아니라 서민문화, 대중문화도 그 가치를 인정하고 정책적인 배려의 대상으로 하여야 한다.

〈보 기〉

ㄱ. 우리나라 건국헌법에서는 문화국가원리를 채택하지 않았다.
ㄴ. 문화국가원리에 의하면 엘리트문화는 정부의 정책적 배려대상이 아니다.
ㄷ. 다양한 문화가 생겨날 수 있는 문화풍토를 조성하는 정책은 문화국가원리에 부합한다.
ㄹ. 국가절대주의 사상의 국가관이 지배하던 시대에는 국가가 특정 문화만을 선호하여 지원할 수 있었다.

① ㄱ
② ㄴ
③ ㄱ, ㄷ
④ ㄷ, ㄹ
⑤ ㄱ, ㄷ, ㄹ

STEP 1

발문에 포인트가 없는 문제이므로 <보기>에서 키워드를 찾아 체크한다.

ㄱ. 우리나라 건국헌법, 채택하지 않았다.

ㄴ. 엘리트문화, 정부의 정책적 배려 대상

ㄷ. 다양한 문화가 생겨날 수 있는 문화풍토를 조성하는 정책

ㄹ. 국가절대주의 사상의 국가관, 국가가 특정 문화만을 선호하여 지원

키워드를 통해 제시된 지문은 '문화국가원리'에 대한 글임을 파악한다.

STEP 2

체크한 키워드를 바탕으로 지문에 강약을 두어 가며 읽는다.

ㄷ. 두 번째 단락 마지막 문장에서 오늘날 문화국가에서의 문화정책은 그 초점이 문화가 생겨날 수 있는 문화풍토를 조성하는 데 두어야 함을 알 수 있다.

ㄹ. 두 번째 단락 두 번째 문장에서 과거 국가절대주의 사상의 국가관이 지배하던 시대에는 국가의 적극적인 문화간섭정책이 당연한 것으로 여겼다고 했고, 세 번째 문장에서 오늘날에는 국가가 어떤 문화현상에 대하여도 이를 선호하거나 우대하는 경향을 보이지 않는 것이 바람직하다고 했으므로 국가절대주의 사상의 국가관이 지배하던 시대에는 국가가 특정 문화만을 선호하여 지원할 수 있었음을 알 수 있다.

따라서 정답은 ④이다.

오답 체크

ㄱ. 첫 번째 단락 첫 번째 문장에서 우리나라는 건국헌법 이래 문화국가의 원리를 헌법의 기본원리로 채택하고 있다고 했으므로 옳지 않다. 지문에 제시된 내용을 반대로 진술하고 있어 오답이다.

ㄴ. 마지막 단락 마지막 문장에서 엘리트문화, 서민문화, 대중문화 모두 그 가치를 인정하고 정책적인 배려의 대상으로 하여야 한다고 했으므로 옳지 않다. 지문에 제시된 내용을 반대로 진술하고 있어 오답이다.

유형공략문제

실력 UP 포인트

문제 풀이 후 확인하기

1. 신재생에너지는 무엇으로 구성되는가?

2. 신재생에너지 중 폐기물이 전체 에너지에서 차지하는 비율이 2%를 넘는가? 만약 넘는다면 판단하는 방법은 무엇인가?

[정답]

1. 신에너지+재생가능에너지

2. 1) 77%는 십의 자리와 일의 자리 수가 같으므로 동일한 유효자리 숫자를 자리수 조정만 하면 된다. → 1.68+0.168=1.848

   2) 2.4%의 3/4(=75%)은 1.8이다. 따라서 77%는 이보다 2%p정도 큰 숫자이므로 2.4의 77%는 2%를 넘지는 않는다.

01. 다음 글에 부합하는 것은? 11 민경채 인 01

> 녹색성장에서 중요시되고 있는 것은 신재생에너지 분야이다. 유망 산업으로 주목받고 있는 신재생에너지 분야는 국가의 성장동력으로 집중 육성될 필요가 있다. 우리 정부가 2030년까지 전체 에너지 중 신재생에너지의 비율을 11%로 확대하려는 것은 탄소 배출량 감축과 성장동력 육성이라는 두 마리 토끼를 잡기 위한 전략이다. 우리나라에서 신재생에너지란 수소, 연료전지, 석탄 가스화 복합발전 등의 신에너지와 태양열, 태양광, 풍력, 바이오, 수력, 지열, 폐기물 등의 재생가능에너지를 통칭해 부르는 용어이다. 2007년을 기준으로 신재생에너지의 구성비를 살펴보면 폐기물이 77%, 수력이 14%, 바이오가 6.6%, 풍력이 1.4%, 기타가 1%이었으며, 이들 신재생에너지가 전체 에너지에서 차지하는 비율은 2.4%에 불과했다.
>
> 따라서 정부는 '에너지 및 자원 사업 특별회계'와 '전력 기금'으로 신재생에너지 기술개발 지원사업을 확대할 필요가 있다. 특히 산업파급효과가 큰 태양광, 연료전지, 풍력 분야에 대한 국산화 지원과 더불어 예산 대비 보급효과가 큰 바이오 연료, 폐기물 연료 분야에 대한 지원을 강화하기 위한 정책도 개발되어야 한다. 이러한 지원정책과 함께 정부는 신재생에너지의 공급을 위한 다양한 규제정책도 도입해야 할 것이다.

① 환경보전을 위해 경제성장을 제한하고 삶의 질을 높여야 한다.

② 신에너지가 전체 에너지에서 차지하는 비율은 재생가능에너지보다 크다.

③ 2007년을 기준으로 폐기물을 이용한 에너지가 전체 에너지에서 차지하는 비율은 매우 낮다.

④ 정부는 녹색성장을 위해 규제정책을 포기하고 시장친화정책을 도입해야 한다.

⑤ 산업파급효과가 큰 에너지 분야보다 예산 대비 보급효과가 큰 에너지 분야에 대한 지원이 시급하다.

02. 다음 글을 근거로 판단할 때, <보기>에서 옳은 것만을 모두 고르면? 13 민경채 인 03

건축은 자연으로부터 인간을 보호하기 위한 인위적인 시설인 지붕을 만들기 위한 구축술(構築術)에서 시작되었다고 할 수 있다. 우리가 중력의 법칙이 작용하는 곳에 살고 있는 이상 지붕은 모든 건축에서 고려해야 할 필수적인 요소이다. 건축은 바닥과 벽 그리고 지붕의 세 요소로 이루어진다. 하지만 인류 최초의 건축 바닥은 지면이었고 별도의 벽은 없었다. 뿔형이나 삼각형 단면 구조에 의해 이루어지는 지붕이 벽의 기능을 하였을 뿐이다.

그러나 지붕만 있는 건축으로는 넓은 공간을 만들 수 없다. 천장도 낮아서 공간의 효율성이 떨어지고 불편했다. 따라서 공간에 대한 욕구가 커지고 건축술이 발달하면서 건축은 점차 수직으로 선 구조체가 지붕을 받치는 구조로 발전하였다. 그로 인해 지붕의 처마는 지면에서 떨어질 수 있게 되었고, 수직의 벽도 출현하게 되었다. 수직 벽체의 출현은 건축의 발달 과정에서 획기적인 전환이었다. 이후 수직 벽체는 건축구조에서 가장 중요한 부분의 하나가 되었고, 그것을 만드는 재료와 방법에 따라서 다양한 구조와 형태의 건축이 출현하였다.

흙을 사용하여 수직 벽체를 만드는 건축 방식에는 항토(夯土)건축과 토담, 전축(塼築) 등의 방식이 있다. 항토건축은 거푸집을 대고 흙 또는 흙에 강회(생석회)와 짚여물 등을 섞은 것을 넣고 다져 벽을 만든 것이다. 토담 방식은 햇볕에 말려 만든 흙벽돌을 쌓아올려 벽을 만든 것이다. 그리고 전축은 흙벽돌을 고온의 불에 구워 만든 전돌을 이용해 벽을 만든 것이다.

항토건축은 기단이나 담장, 혹은 성벽을 만드는 구조로 사용되었을 뿐 대형 건축물의 구조방식으로는 사용되지 않았고, 토담 방식으로 건물을 지은 예는 많지 않았다. 한편 전축은 전탑, 담장, 굴뚝 등에 많이 활용되었고 조선 후기에는 화성(華城)의 건설에 이용되었다. 여름철에 비가 많고 겨울이 유난히 추운 곳에서는 수분의 침투와 동파를 막기 위해서 높은 온도에서 구워낸 전돌을 사용해야 했는데, 경제적인 부담이 커서 대량생산을 할 수 없었다.

〈보 기〉

ㄱ. 수직 벽체를 만들게 됨에 따라서 지붕만 있는 건축물보다는 더 넓은 공간의 건축물을 지을 수 있게 되었다.
ㄴ. 항토건축 방식은 대형 건축물의 수직 벽체로 활용되었을 뿐 성벽에는 사용되지 않았다.
ㄷ. 토담 방식은 흙을 다져 전체 벽을 만든 것으로 당시 대부분의 건축물에 활용되었다.
ㄹ. 화성의 건설에 이용된 전축은 높은 온도에서 구워낸 전돌을 사용한 것이다.

① ㄱ, ㄴ
② ㄱ, ㄹ
③ ㄴ, ㄷ
④ ㄱ, ㄷ, ㄹ
⑤ ㄴ, ㄷ, ㄹ

문제 풀이 후 확인하기

실력 UP 포인트

1. 지문에 제시된 한자어 중 <보기>에도 제시되는 용어는 무엇인가?

2. 지문에서 중점으로 읽어야 할 단락은 무엇인가?

[정답]

1. 항토(夯土)건축, 전축(塼築), 화성(華城)
ㄴ에 항토건축, ㄹ에 화성, 전축이 제시된다.

2. 세 번째, 네 번째 단락
세 번째, 네 번째 단락은 비한글 요소인 한자어가 제시되어 있고, ㄴ, ㄹ에서 해당 용어를 제시하고 있으므로 세 번째, 네 번째 단락을 중점으로 파악한다.

실력 UP 포인트

문제 풀이 후 확인하기

1. 각 선택지별로 본문에서 확인해야 할 중요 키워드는 무엇인가?

2. 이 문제에서 주로 묻는 것은 무엇인가?

[정답]

1. ① 수확 시기
   ② 재배 기간
   ③ 가공
   ④ 보릿고개
   ⑤ 보리, 콩, 조
2. 서로 다른지, 더 짧은지, 더 심해지는지 등 비교를 정확히 할 수 있는지를 묻는다.

03. 다음 글을 근거로 판단할 때 옳은 것은? 22 7급공채 가 05

조선 시대 쌀의 종류에는 가을철 논에서 수확한 벼를 가공한 흰색 쌀 외에 밭에서 자란 곡식을 가공함으로써 얻게 되는 회색 쌀과 노란색 쌀이 있었다. 회색 쌀은 보리의 껍질을 벗긴 보리쌀이었고, 노란색 쌀은 조의 껍질을 벗긴 좁쌀이었다.

남부 지역에서는 보리가 특히 중요시되었다. 가을 곡식이 바닥을 보이기 시작하는 봄철, 농민들의 희망은 들판에 넘실거리는 보리뿐이었다. 보리가 익을 때까지는 주린 배를 움켜쥐고 생활할 수밖에 없었고, 이를 보릿고개라 하였다. 그것은 보리를 수확하는 하지, 즉 낮이 가장 길고 밤이 가장 짧은 시기까지 지속되다가 사라지는 고개였다. 보리 수확기는 여름이었지만 파종 시기는 보리 종류에 따라 달랐다. 가을철에 파종하여 이듬해 수확하는 보리는 가을보리, 봄에 파종하여 그해 수확하는 보리는 봄보리라고 불렀다.

적지 않은 농부들은 보리를 수확하고 그 자리에 다시 콩을 심기도 했다. 이처럼 같은 밭에서 1년 동안 보리와 콩을 교대로 경작하는 방식을 그루갈이라고 한다. 그렇지만 모든 콩이 그루갈이로 재배된 것은 아니었다. 콩 수확기는 가을이었으나, 어떤 콩은 봄철에 파종해야만 제대로 자랄 수 있었고 어떤 콩은 여름에 심을 수도 있었다. 한편 조는 보리, 콩과 달리 모두 봄에 심었다. 그래서 봄철 밭에서는 보리, 콩, 조가 함께 자라는 것을 볼 수 있었다.

① 흰색 쌀과 여름에 심는 콩은 서로 다른 계절에 수확했다.
② 봄보리의 재배 기간은 가을보리의 재배 기간보다 짧았다.
③ 흰색 쌀과 회색 쌀은 논에서 수확된 곡식을 가공한 것이었다.
④ 남부 지역의 보릿고개는 가을 곡식이 바닥을 보이는 하지가 지나면서 더 심해졌다.
⑤ 보리와 콩이 함께 자라는 것은 볼 수 있었지만, 조가 이들과 함께 자라는 것은 볼 수 없었다.

정답 · 해설 p.305

유형 3 응용형

유형 소개

'응용형'은 단순히 숨은그림찾기를 하듯이 지문과 선택지 또는 <보기>의 일치부합 여부를 판단하는 것이 아니라 제시된 지문의 내용을 이해한 후, 그 내용을 응용하여 선택지나 <보기>를 해결해야 하는 유형이다. 응용형의 대표적인 형태는 제시된 지문을 토대로 특정 값을 계산하여 정답을 찾는 문제이다.

유형 특징

이 유형은 발문에 포인트가 없기 때문에, 발문을 통해서는 응용형임을 알아채기 어렵다. 따라서 지문, 선택지나 <보기>를 통해서 응용형임을 알아내야 한다. 응용형 문제의 선택지를 보면, 선택지마다 큰따옴표가 사용되기도 하고, 지문의 내용을 찾아 정오판단을 해야 하는 문장 형식이 아니라 대화체 형식으로 제시되는 특징을 보인다.

- "우리 과장님은 의사결정을 할 때 이성적 판단을 하기보다는 기존의 관행을 따르는 경향이 있습니다." (중앙부처 A 사무관)
- "이번에 새로 온 우리 부처의 ○○○사무관은 어려운 이야기는 많이 합니다만, 제가 보기에는 사안의 본질을 잘 파악하지 못하는 것 같습니다." (중앙부처 B 주무관)
- "우리 부처의 8급 공무원이 민원인의 입장에서 일을 처리한다면 행정서비스의 만족도를 더 높일 수 있을 것 같습니다." (중앙부처 C 사무관)
- "사실 관리자에게 중요한 것은 정치적 능력입니다. 일을 추진하다가 발생하는 부서 간의 갈등이나 오해 같은 것을 풀어 주는 일이 그분들의 업무죠." (중앙부처 D 주무관)
- "요즘 들어온 7, 9급 공무원들은 6시만 되면 퇴근을 하려고 하더군요. 조직을 위해 희생하고자 하는 마음이 없어 매우 안타깝습니다." (중앙부처 E 과장)

출제 경향

- '응용형'은 2019년 7급 PSAT 예시문제 4문제 중 1문제가 포함되어 있었다. 그 후 2020년 모의평가부터 최근 25년까지 6개년 치 기출 중 20년과 22년에 1문제씩 출제되었다.
- 텍스트형에서 난도를 높일 수 있는 문제가 응용형에 속하는 문제인데, 23년부터 25년까지는 '응용형'에 속하는 문제가 출제되지 않았기 때문에 최근 3년간 텍스트형의 난도는 매우 평이했다.
- 제시된 내용에 대한 이해를 토대로 어느 정도의 응용이 필요하기 때문에 지문과 선택지 또는 <보기>를 단순 비교하여 정오판단하는 일치부합형 문제보다는 난도가 높다.
- 참고로 5급 공채 PSAT의 경우 2019년을 기점으로 텍스트형 중 일치부합형의 출제 비중은 급격히 작아졌지만, 응용형의 출제 비중이 늘어났다. 5급 공채 PSAT에서는 매년 1문제 이상 최대 4문제까지 꾸준히 출제되고 있는 유형이다. 따라서 7급 공채 PSAT에서도 변별력 있는 문제를 출제한다면 1문제 정도는 출제될 가능성이 높다.

문제풀이 핵심 전략

STEP 1 | 지문에 제시된 정보와 선택지 또는 <보기>를 통해서 응용형 문제임을 확인한다.

√ 발문에 특별한 포인트가 없으므로 지문에 제시된 정보와 선택지 또는 <보기>에서 응용형의 특징을 찾는다.

√ 지문에는 글의 이해를 돕거나 정보를 제시하기 위해 표나 그림 등의 추가 정보가 제시되는 경우가 있고, 선택지나 <보기>에는 유사한 표현이 반복되거나 동일한 용어가 반복된다.

STEP 2 | 응용형 문제임이 파악되었다면 지문을 어떻게 읽을지 판단한다.

√ 선택지나 <보기>에 유사한 표현이 반복되는 경우 지문에서 그와 관련된 내용을 찾아 파악하고, 동일한 용어가 반복되는 경우 먼저 그 용어의 의미를 파악한다.

√ 소재나 읽는 방식 등에 따라 발췌독이 가능한 경우도 있으므로 지문을 처음부터 차근차근 읽을지 발췌독을 할지 자신에게 맞는 접근법과 해결 방법을 적용한다.

길규범쌤의 응급처방

선택지나 <보기>에 유사한 표현이 반복될 때 지문을 읽는 방법

· '60kg 성인의 경우', '80kg 성인의 경우'와 같은 말이 반복되는 경우, 지문에서 몸무게 관련 내용을 찾아 이를 반영한다.

· '관점 A에 따르면', '관점 B에 따르면'과 같은 말이 반복되는 경우, '관점 A'와 '관점 B'의 내용을 먼저 파악한다.

문제풀이 핵심 전략 적용

기출 예제

다음 글을 근거로 판단할 때 옳지 않은 것은? 19 민경채 나 04

조선시대 임금에게 올리는 진지상을 수라상이라 하였다. 수라는 올리는 시간 순서에 따라 각각 조(朝)수라, 주(晝)수라, 석(夕)수라로 구분되고, 조수라 전에 밥 대신 죽을 주식으로 올리는 죽(粥)수라도 있었다. 수라상은 두 개의 상, 즉 원(元)반과 협(狹)반에 차려졌다.

수라 전후에 반과(盤果)상이나 미음(米飮)상이 차려지기도 했는데, 반과상은 올리는 시간 순서에 따라 조다(早茶), 주다(晝茶), 만다(晩茶), 야다(夜茶) 등을 앞에 붙여서 달리 불렀다. 반과상은 국수를 주식으로 하고, 찬과 후식류를 자기(磁器)에 담아 한 상에 차렸다. 미음상은 미음을 주식으로 하고, 육류 음식인 고음(膏飮)과 후식류를 한 상에 차렸다.

다음은 경복궁을 출발한 행차 첫째 날과 둘째 날에 임금에게 올리기 위해 차린 전체 상차림이다.

첫째 날		둘째 날	
장소	상차림	장소	상차림
노량참	조다반과	화성참	죽수라
노량참	조수라	화성참	조수라
시흥참	주다반과	화성참	주다반과
시흥참	석수라	화성참	석수라
시흥참	야다반과	화성참	야다반과
중로	미음		

① 행차 둘째 날에 협반은 총 1회 사용되었다.

② 화성참에서는 미음이 주식인 상이 차려지지 않았다.

③ 행차 첫째 날 낮과 둘째 날 낮에는 주수라가 차려지지 않았다.

④ 행차 첫째 날 밤과 둘째 날 밤에는 후식류를 자기에 담은 상차림이 있었다.

⑤ 국수를 주식으로 한 상은 행차 첫째 날과 둘째 날을 통틀어 총 5회 차려졌다.

STEP 1

발문에서 포인트를 확인할 수 없으므로 지문에 제시된 정보와 선택지를 통해서 응용형 문제임을 확인한다.

지문에는 첫째 날과 둘째 날의 장소와 상차림에 대한 정보가 표로 제시되어 있음을 알 수 있다. ②, ③, ⑤에서 확인해야 하는 내용은 특정 상차림이 차려졌는지 여부이므로 선택지 3개에서 파악해야 할 내용이 유사함을 알 수 있다.

STEP 2

추가 정보로 표가 제시되었고, 선택지에 각 수라상의 종류가 언급되고 있다. 이에 따라 지문을 읽을 때는 각 수라상을 '차리는 방법'을 정확히 파악해야 한다. 또한 역사 소재의 지문으로 낯선 한자어가 많이 등장하므로 천천히 읽고 해결하는 것이 바람직하다. 글의 길이가 길지 않으므로 천천히 읽더라도 오랜 시간이 소요되지는 않을 것이다.

① 첫 번째 단락에서 협반은 수라상이 차려지는 상이고, 수라에는 죽수라, 조수라, 주수라, 석수라가 있다고 했으므로 행사 둘째 날에 협반은 총 3회 사용되었음을 알 수 있다.

따라서 정답은 ①이다.

유형공략문제

문제 풀이 후 확인하기

실력 UP 포인트

1. '도(°)', '분(′)', '초(″)' 간의 관계를 정리하면 다음 빈칸에 들어갈 말은 무엇인가?

   1°(1도) = (　　　　)′(분)
   = (　　　　)″(초)

2. 2.0을 초과해서도 시력을 측정할 수 있다면, 천문학자 A의 시력은 몇이라고 볼 수 있는가?

[정답]

1. 60, 3,600
   1°의 1/60이 1′이고, 1′의 1/60이 1″이므로 1°=60′=3,600″의 관계임을 알 수 있다.
2. 1.0의 12배인 12.0이다.

01. 다음 글을 근거로 판단할 때, <보기>에서 옳은 것만을 모두 고르면? 19 민경채 나 14

> 현대적 의미의 시력 검사법은 1909년 이탈리아의 나폴리에서 개최된 국제안과학회에서 란돌트 고리를 이용한 검사법을 국제 기준으로 결정하면서 탄생하였다. 란돌트 고리란 시력 검사표에서 흔히 볼 수 있는 C자형 고리를 말한다. 란돌트 고리를 이용한 시력 검사에서는 5m 거리에서 직경이 7.5mm인 원형 고리에 있는 1.5mm 벌어진 틈을 식별할 수 있는지 없는지를 판단한다. 5m 거리의 1.5mm이면 각도로 따져서 약 1′(1분)에 해당한다. 1°(1도)의 1/60이 1′이고, 1′의 1/60이 1″(1초)이다.
>
> 이 시력 검사법에서는 구분 가능한 최소 각도가 1′일 때를 1.0의 시력으로 본다. 시력은 구분 가능한 최소 각도와 반비례한다. 예를 들어 구분할 수 있는 최소 각도가 1′의 2배인 2′이라면 시력은 1.0의 1/2배인 0.5이다. 만약 이 최소 각도가 0.5′이라면, 즉 1′의 1/2배라면 시력은 1.0의 2배인 2.0이다. 마찬가지로 최소 각도가 1′의 4배인 4′이라면 시력은 1.0의 1/4배인 0.25이다. 일반적으로 시력 검사표에는 2.0까지 나와 있지만 실제로는 이보다 시력이 좋은 사람도 있다. 천문학자 A는 5″까지의 차이도 구분할 수 있었던 것으로 알려져 있다.

〈보 기〉

ㄱ. 구분할 수 있는 최소 각도가 10′인 사람의 시력은 0.1이다.
ㄴ. 천문학자 A의 시력은 12인 것으로 추정된다.
ㄷ. 구분할 수 있는 최소 각도가 1.25′인 甲은 구분할 수 있는 최소 각도가 0.1′인 乙보다 시력이 더 좋다.

① ㄱ
② ㄱ, ㄴ
③ ㄴ, ㄷ
④ ㄱ, ㄷ
⑤ ㄱ, ㄴ, ㄷ

02. 다음 글을 근거로 추론할 때, <보기>에서 옳은 것을 모두 고르면?

13 5급공채 인 22

물은 공기와 더불어 생명을 유지하는 데 필요한 가장 기본적인 요소로서 성인의 경우 체중의 약 60%를 차지하고 있다. 체내에서 물은 여러 가지 생리기능을 담당하는 용매로서 영양소를 운반하고, 체온조절을 하는 등 여러 기능을 수행한다.

사람은 물이 일정 비율 이상 부족하면 생명을 유지할 수 없다. 사람은 체내에 수분이 2%가 부족하면 심한 갈증을 느끼고, 5%가 부족하면 혼수상태에 빠지며, 12%가 부족하면 사망하게 된다. 따라서 우리의 몸은 항상 일정한 양의 수분을 보유하기 위해 수분배출량과 섭취량이 균형을 이루어야 한다. 성인의 경우, 1일 기준으로 700ml를 호흡으로, 200ml를 땀으로, 1,500ml를 소변으로, 100ml를 대변으로 수분을 배출하므로 우리는 그 만큼의 수분을 매일 섭취하여야 한다.

일반적으로 1일 수분섭취량의 약 30%는 음식을 통해 공급받는다. 우리가 매일 섭취하는 음식은 종류에 따라 수분함량이 다르다. 예를 들어 상추는 수분함량이 96%나 되지만 감자는 80%, 쌀밥은 66%, 버터는 20%이며 김은 10%에 불과하다.

※ 단, 물 1,000ml의 무게는 1,000g이다.

〈보 기〉

ㄱ. 60kg 성인의 경우, 체내에서 차지하는 수분의 무게는 약 36kg이다.
ㄴ. 80kg 성인의 경우, 체내에서 약 4,760ml의 수분이 부족하면 사망하게 된다.
ㄷ. 70kg 성인의 경우, 성인 1일 기준 수분배출량만큼의 수분이 부족하면 혼수상태에 빠질 수 있다.
ㄹ. 성인 1일 기준 수분배출량의 30%를 상추와 쌀밥만으로 섭취한다고 할 때, 상추 400g과 쌀밥 300g이면 충분하다.

① ㄱ, ㄴ
② ㄱ, ㄷ
③ ㄴ, ㄷ
④ ㄴ, ㄹ
⑤ ㄱ, ㄷ, ㄹ

문제 풀이 후 확인하기

실력 UP 포인트

1. 지문의 내용 중 문제 해결에 불필요한 부분은 무엇인가?

2. 5%의 값을 빠르게 구하는 방법은 무엇인가?

[정답]
1. 체내에서 물이 수행하는 기능에 대한 설명
2. 원래 수치 값에서 맨 끝자리 숫자 '0'을 떼거나 맨 오른쪽에 소수점 한자리를 만들어서 10% 값으로 바꾼 후, 10%의 절반을 구한다.

문제 풀이 후 확인하기

실력 UP 포인트

1. 甲국 A시에서는 자체예산을 어디에 얼마씩 투입하는가?

2. 甲국 A시에서 쓸 수 있는 돈으로 지문에 언급된 것은 무엇인가?

3. 甲국 A시에서는 자체예산 증가분의 몇 %를 기타사업에 투입하는가? 또 중앙정부로부터 받은 교부금의 몇 %를 기타사업에 투입하는가?

[정답]

1. 甲국 A시에서는 자체예산을 공공서비스와 기타사업에 항상 절반씩 투입한다.
2. 자체예산, 교부금
3. 자체예산 증가분의 50%, 중앙정부로부터 받은 교부금의 20%를 기타사업에 투입한다.

03. 다음 글과 <상황>을 근거로 판단할 때 옳은 것은? 23 5급공채 가 06

교부금은 중앙정부가 지방정부에 제공하는 재정지원의 한 종류이다. 중앙정부가 지방정부에 일정 금액의 교부금을 지급하면 이는 지방정부의 예산이 그만큼 증가한 것과 같은 결과를 가져온다. 따라서 교부금 지급이 해당 지역의 공공서비스 공급에 미치는 영향은 지방정부의 자체예산이 교부금과 동일한 금액만큼 증가한 경우의 영향과 같을 것으로 예상된다.

그런데 지방재정에 관한 실증연구 결과를 보면 이러한 예상은 잘 들어맞지 않는다. 현실에서는 교부금 형태로 발생한 추가적 재원 중 공공서비스의 추가적 공급에 사용되는 비중이 지방정부의 자체예산 증가분 중 공공서비스의 추가적 공급에 사용되는 비중보다 높다. 자체예산을 공공서비스와 기타사업에 항상 절반씩 투입하는 甲국 A시에서는 자체예산 증가분의 경우, 그 50%를 공공서비스의 추가적 공급에 투입하고 나머지는 기타사업에 투입한다. 그런데 중앙정부로부터 교부금을 받은 경우에는 그중 80%를 공공서비스의 추가적 공급에 투입하고 나머지를 기타사업에 투입한다.

〈상 황〉

甲국 A시의 올해 예산은 100억 원이었으며, 모두 자체예산이었다. 중앙정부는 내년에 20억 원의 교부금을 A시에 지급하기로 하였다. A시의 내년도 자체예산은 올해와 마찬가지로 100억 원이다.

① A시가 내년에 기타사업에 지출하는 총 금액은 60억 원일 것이다.
② A시는 내년에 기타사업에 지출하는 총 금액을 올해보다 4억 원 증가시킬 것이다.
③ A시는 내년에 공공서비스 공급에 지출하는 총 금액을 올해와 동일하게 유지할 것이다.
④ A시는 내년에 공공서비스 공급에 지출하는 총 금액을 올해보다 50% 증가시킬 것이다.
⑤ A시는 내년에 공공서비스 공급에 지출하는 총 금액을 올해보다 10억 원 증가시킬 것이다.

정답 · 해설 p.306

유형 4 1지문 2문항형

유형 소개

1지문 2문항형은 지문이 하나가 제시되고, 이와 관련된 문제가 2문제 출제되는 유형이다. 이때 출제되는 2문제는 발문 포인트형, 일치부합형, 응용형 중 2문제가 조합되어 출제된다.

유형 특징

이 유형은 일반적으로 일치부합형과 응용형 또는 일치부합형과 발문 포인트형으로 출제되지만, 때에 따라서는 응용형과 발문 포인트형으로만 출제되기도 한다. 2020년 7급 PSAT 모의평가에 출제된 1지문 2문항형의 발문 형태는 다음과 같다.

· 윗글을 근거로 판단할 때, <보기>에서 옳은 것만을 모두 고르면?
· 윗글과 다음 <조건>을 근거로 판단할 때, '3·1운동!'을 옳게 변환한 것은?

출제 경향

· 7급 공채 PSAT와 시험 구성이 25문제, 60분으로 동일한 민간경력자 PSAT에서는 2011년 첫 도입시기부터 2021년까지 1지문 2문항형이 한 번도 출제되지 않았던 반면, 7급 공채 PSAT에서는 2020년 7급 PSAT 모의평가에서부터 1지문 2문항형이 매년 출제되고 있다.

· 20년 모의평가, 21년 기출에서는 1지문 2문항이 23번, 24번에 위치하였다. 국가직 7급 PSAT 도입 첫해인 21년에는 7급 공채 PSAT와 민간경력자 PSAT 문제가 15문제가 겹쳤고 10문제가 서로 다르게 출제되었다가, 2022년부터는 7급 공채 PSAT와 민간경력자 PSAT 문제가 완전히 동일해졌고, 지금은 매년 9번, 10번의 위치에 1지문 2문항형이 출제되고 있다.

· '1지문 2문항형'은 1개의 지문으로 단순 독해와 독해한 내용을 응용·적용하는 능력을 모두 평가하므로 체감 난도가 높아질 수 있다. 특히 5급 공채 PSAT에서는 1지문 2문항형의 지문으로 법조문보다 일반 텍스트가 제시되는 경우가 훨씬 많았으나, 2021년 7급 공채 PSAT에서는 법조문이 지문으로 출제되어 난도가 다소 높았다. 그러나 법조문이 제시되더라도 접근법이나 문제 해결 스킬은 달라지지 않으므로 평소에 접근법·문제 해결 스킬을 숙지해 둔다면 수월하게 해결할 수 있다

· 민간경력자 기출문제 중에는 없는 유형이기 때문에 연습을 위해서는 5급 기출문제로 연습을 해야하는 유형이다.

문제풀이 핵심 전략

STEP 1 | 발문 또는 선택지나 <보기>를 보고, 2문제가 어떤 유형으로 조합되었는지 파악한다.

√ 1지문 2문항형은 발문 포인트형, 일치부합형, 응용형 중에서 2문제가 조합되어 출제된다.

STEP 2 | 파악된 유형에 따라 해당 문제를 빠르고 정확하게 해결한다.

√ 각각의 문제가 어떤 유형의 문제인지 파악했다면, 유형별로 연습한 접근법·문제 해결 스킬에 따라 빠르고 정확하게 해결한다.

√ 발문 포인트형은 발문에 제시된 포인트에 맞춰 지문의 내용을 파악한다.

√ 일치부합형은 선택지나 <보기>에서 체크한 내용을 중심으로 지문에 강약을 두어 내용을 파악한다.

√ 응용형은 선택지나 <보기>에 반복되는 유사한 표현, 단어와 관련된 부분을 지문에서 찾아 내용을 파악한다.

길규범쌤의 응급처방

발문 포인트형 또는 응용형을 대비하는 방법

· 상황판단 텍스트형에는 계산을 해야 해결되거나 지문 내용을 이해한 후 새로운 상황에 응용해야 해결되는 문제가 자주 출제되는데, 소재가 바뀌어서 다른 문제처럼 보이더라도 일치부합형과 접근법·문제 해결 스킬은 동일하다. 따라서 기출문제를 잘 분석하여 접근법을 익히는 것이 중요하다.

문제풀이 핵심 전략 적용

기출 예제

※ 다음 글을 읽고 물음에 답하시오. [01~02]

다윈은 1881년에 『지렁이의 활동과 분변토의 형성』이라는 글을 발표하였다. 그는 지렁이가 분변토(똥)로 내보내는 거름의 양을 설명하면서, 4천 평방미터의 밭에 지렁이 5만 마리가 살 수 있고 이들이 1년에 18톤의 거름을 만들어 낸다고 하였다.

다윈이 무엇보다 주목한 것은 토양의 성질을 바꾸는 지렁이의 능력이었다. 다윈은 "지렁이들이 주로 하는 일은 흙의 거친 입자를 체질하듯 걸러내어 더 부드럽게 하고, 식물의 작은 입자들을 흙과 섞으며, 창자 분비물로 흙을 흠뻑 적셔버리는 것이다"라고 하였다. 지렁이는 토양을 소화하여 분변토를 만드는데, 그 과정에서 유기물질을 완전히 분해한다. 즉, 지렁이는 토양의 화학적 상태를 변화시켜 토양의 비옥도와 생산성을 향상시키는 중요한 역할을 담당하는 것이다.

당대의 사람들은 다윈의 주장이 과장됐다고 생각했다. 그때까지만 해도 지렁이는 주로 식물의 뿌리를 훼손하고, 잔디를 똥으로 더럽히는 하찮은 동물로 여겨졌다. 당대 사람들이 생각한 지렁이의 이로운 점은 흙에 구멍을 뚫어 배수작용을 도와주는 정도였다. 지렁이가 생명이 자라는 데 도움이 되는 방향으로 흙을 바꾸는 일을 한다고 생각한 다윈과는 달리, 대부분의 사람들은 지렁이가 그런 중요한 역할을 하기에는 너무 작고 연약하다고 인식했다.

다윈은 자신을 비난하는 사람들에 대해 "사람들은 계속해서 반복되는 원인이 일으키는 결과를 제대로 평가하지 못하며, 그것은 흔히 과학의 발전을 막는다"라고 하였다. 비록 다윈의 주장은 당시 사람들의 주목을 끌지 못했지만 오늘날 지렁이를 연구하는 과학자들에게 다윈의 연구는 일종의 시금석(試金石)이자 숙고의 대상이 되었다. 지난 100여 년 동안 지렁이를 연구해 온 현대 과학자들은 지렁이가 폐기물 및 음식물 쓰레기 처리, 농업생산량 증대, 미용산업 발전에도 핵심적인 역할을 할 수 있음을 밝혀냈다.

01. 위의 글을 근거로 판단할 때, <보기>에서 옳은 것만을 모두 고르면? 16 5급공채 4 39

〈보 기〉

ㄱ. 다윈은 1881년 연구 발표와 동시에 지렁이에 대한 당대 사람들의 기존 인식을 바꿀 수 있었다.
ㄴ. 다윈에 따르면, 지렁이는 흙을 체질하듯 걸러내고 식물의 작은 입자를 흙과 섞을 수 있다.
ㄷ. 현대 과학자들은 지렁이가 폐기물 및 음식물 쓰레기 처리에도 도움을 줄 수 있음을 밝혀냈다.
ㄹ. 현대에 와서야 지렁이가 흙에 구멍을 내어 배수작용을 도와준다는 것이 밝혀졌다.

① ㄱ, ㄴ
② ㄱ, ㄷ
③ ㄱ, ㄹ
④ ㄴ, ㄷ
⑤ ㄴ, ㄹ

02. 4천 평방미터의 밭에 지렁이 5만 마리가 살고 있다고 가정할 때, 다윈의 관찰대로라면 지렁이 한 마리가 1년에 만들어 내는 거름의 양은? (단, 지렁이 한 마리가 만들어 내는 거름의 양은 동일하다) 16 5급공채 4 40

① 27g
② 36g
③ 180g
④ 270g
⑤ 360g

STEP 1

발문과 <보기>를 보고, 각 문제의 유형을 파악한다.

1번은 발문에 포인트가 없고, <보기>에 동일한 표현이나 단어가 반복되지 않으므로 일치부합형이다.

2번은 발문에서 지렁이 한 마리가 1년에 만들어 내는 거름의 양을 묻고 있으므로 관련된 내용을 본문에서 찾아 거름의 양을 계산하면 해결되는 발문 포인트형이다.

STEP 2

01. 일치부합형이므로 <보기>에서 키워드를 확인한 후, 이와 관련된 내용을 지문에서 찾아 문제를 해결한다.

ㄴ. 두 번째 단락에 다윈의 견해가 제시된다. 이에 따르면 다윈은 지렁이가 흙의 거친 입자를 체질하듯 걸러내어 더 부드럽게 하고, 식물의 작은 입자들을 흙과 섞으며, 창자 분비물로 흙을 흠뻑 적셔버린다고 보았다.

ㄷ. 마지막 단락에 따르면 지난 100여 년 동안 지렁이를 연구해 온 현대 과학자들은 지렁이가 폐기물 및 음식물 쓰레기 처리, 농업생산량 증대, 미용산업 발전에도 핵심적인 역할을 할 수 있음을 밝혀냈다.

따라서 정답은 ④이다.

오답 체크

ㄱ. 첫 번째 단락에 따르면 다윈은 1881년에 『지렁이의 활동과 분변토의 형성』이라는 글을 발표하였다. 그런데 세 번째 단락에서 당대의 사람들은 다윈의 주장이 과장됐다고 생각했고, 네 번째 단락에서 다윈의 주장은 당시 사람들의 주목을 끌지 못했다고 했으므로 기존 인식을 바꿀 수 없었음을 알 수 있다.

ㄹ. 세 번째 단락에 따르면, 흙에 구멍을 뚫어 배수작용을 도와주는 정도가 지렁이의 이로운 점이라는 것은 현대에 와서가 아니라, 다윈의 주장이 나왔을 당시인 1881년쯤에도 당대 사람들이 생각하고 있던 것이었다.

02. 발문에 따라 거름의 양을 계산할 수 있는 내용을 지문에서 찾는다.

첫 번째 단락에 따르면 다윈은 4천 평방미터의 밭에 지렁이 5만 마리가 살 수 있고 이들이 1년에 18톤의 거름을 만들어 낸다고 하였다. 이를 정리하면 다음과 같다.

- 4천 평방미터의 밭: 지렁이 5만 마리=1년에 18톤의 거름
- 문제에서는 4천 평방미터의 밭에 지렁이 5만 마리가 살고 있다고 가정할 때, 다윈의 관찰대로라면 지렁이 한 마리가 1년에 만들어 내는 거름의 양을 묻고 있고, 지렁이 한 마리가 만들어 내는 거름의 양은 동일하다고 했으므로, 1년 18톤의 거름을 5만 마리로 균등하게 나눈 값을 계산한다. 18톤=18,000,000g이므로 18,000,000÷50,000=360g/1마리이다.

따라서 다윈의 관찰대로라면 지렁이 한 마리가 1년에 만들어 내는 거름의 양은 360g이다.

유형공략문제

실력 UP 포인트

문제 풀이 후 확인하기

1. 각 선택지의 키워드는 무엇인가?

2. 이 글의 특징은 무엇인가?

3. 그렇다면 어떻게 읽어야 할 것인가?

※ 다음 글을 읽고 물음에 답하시오. [01~02]

향수를 만드는 데 사용되는 향료는 천연향료와 합성향료로 나눌 수 있다. 천연향료에는 꽃, 잎, 열매 등의 원료에서 추출한 식물성 향료와 사향, 용연향 등의 동물성 향료가 있다. 합성향료는 채취하기 어렵거나 소량 생산되는 천연향료의 성분을 화학적으로 합성한 것이다. 오늘날 향수의 대부분은 천연향료와 합성향료를 배합하여 만들어진다.

천연향료는 다양한 방법을 통해 얻을 수 있는데, 다음 3가지 방법이 대표적이다. 첫째, 가장 널리 쓰이는 방법은 수증기 증류법이다. 이는 향수 원료에 수증기를 통과시켜서 농축된 향의 원액인 향유를 추출하는 방법이다. 이 방법은 원료를 고온으로 처리하기 때문에 열에 약한 성분이 파괴된다는 단점이 있으나, 한꺼번에 많은 양을 값싸게 얻을 수 있다는 장점이 있다. 둘째, 압착법은 과일 껍질 등과 같은 원료를 압착해서 향유를 얻는 방법이다. 열에 비교적 강하며 물에 잘 녹지 않는 향료에는 수증기 증류법이 이용되지만, 감귤류처럼 열에 약한 것에는 압착법이 이용된다. 셋째, 흡수법은 지방과 같은 비휘발성 용매를 사용하여 향유를 추출하는 방법이다. 원료가 고가이고 향유의 함유량이 적으며 열에 약하고 물에 잘 녹는 경우에는 흡수법이 이용된다.

한편, A국에서 판매되는 향수는 EDC, EDT, EDP, Parfum으로 나뉜다. 이는 부향률, 즉 향료의 함유량 정도에 따른 구분이다. 향수는 부향률이 높을수록 향이 강하고 지속시간이 길다. 먼저 EDC(Eau De Cologne)는 부향률이 2~5%로 지속시간이 1~2시간이다. 향의 지속시간이 가장 짧고 잔향이 거의 없으며, 향이 가볍고 산뜻하다. EDT(Eau De Toilette)는 부향률이 5~15%로 3~5시간 지속되며 일반적으로 가장 많이 사용된다. EDP(Eau De Parfum)는 부향률이 15~20%로 5~8시간 지속된다. 풍부한 향을 가지고 있으며, 오랜 시간 향이 유지되는 것을 선호하는 사람들에게 알맞다. Parfum은 부향률이 20~30%로 8~10시간 지속되며, 가장 향이 강하고 오래간다.

01. 윗글을 근거로 판단할 때 옳은 것은?

23 7급공채 인 09

① EDP의 부향률이 EDC의 부향률보다 높다.

② 흡수법은 많은 양의 향유를 값싸게 얻을 수 있는 방법이다.

③ 오늘날 많이 사용되는 향수의 대부분은 식물성 천연향료로 만들어진다.

④ 고가이고 향유의 함유량이 적은 원료에서 향유를 추출하고자 할 때는 흡수법보다는 압착법이 이용된다.

⑤ 부향률이 높은 향수일수록 향이 오래 지속되므로, 부향률이 가장 높은 향수가 일반적으로 가장 많이 사용된다.

[정답]

1. ①, ⑤ 부향률
   ② 흡수법
   ③ 식물성 천연향료
   ④ 흡수법, 압착법
2. 첫 번째 단락에는 향수를 만드는 데 사용되는 향료의 종류, 두 번째 단락에는 천연향료를 얻을 수 있는 다양한 방법, 마지막 단락에는 부향률, 즉 향료의 함유량 정도에 따른 향수의 여러 종류가 제시되어 있다.
3. 제시된 여러 종류의 내용을 서로 바꿔서 함정을 팔 것이 예상되므로 정확히 구분해 가면서 읽어야 한다.

02. 윗글과 <대화>를 근거로 판단할 때, 甲~戊 중 가장 늦은 시각까지 향수의 향이 남아 있는 사람은?

23 7급공채 인 10

〈대 화〉

甲: 나는 오늘 오후 4시에 향수를 뿌렸어. 내 향수에는 EDC라고 적혀 있었어.

乙: 난 오늘 오전 9시 30분에 향수를 뿌렸는데, 우리 중 내가 뿌린 향수의 향이 가장 강해.

丙: 내 향수의 부향률은 18%라고 적혀 있네. 나는 甲보다 5시간 전에 향수를 뿌렸어.

丁: 난 오늘 오후 2시에 戊와 함께 향수 가게에 들렀어. 난 가자마자 EDT라고 적힌 향수를 뿌렸고, 戊는 나보다 1시간 뒤에 EDP라고 적힌 걸 뿌렸어.

① 甲

② 乙

③ 丙

④ 丁

⑤ 戊

문제 풀이 후 확인하기

실력 UP 포인트

1. 이 문제를 해결할 수 있는 근거는 제시문의 몇 번째 단락에 있는가?

2. 부향률과 지속시간의 관계는 무엇인가?

3. 오후 2시를 표현할 수 있는 또 다른 표현은 무엇인가?

[정답]

1. 마지막 단락

2. 비례관계

3. 14시

이 문제에서 오전과 오후의 시간이 혼동된다면, 12시간 기준이 아닌 24시간 기준으로 계산해 보는 것도 좋다.

문제 풀이 후 확인하기

실력 UP 포인트

1. 지문에 제시되는 '제도'의 종류로는 무엇이 있는가?

2. 국민의 제안 이후 사업심사와 우선순위 결정과정에서도 국민의 참여가 가능한 제도는 무엇인가?

[정답]

1. 국민참여예산제도, 국민제안제도, 주민참여예산제도

2. 국민참여예산제도

※ 다음 글을 읽고 물음에 답하시오. [03~04]

'국민참여예산제도'는 국가 예산사업의 제안, 심사, 우선순위 결정과정에 국민을 참여케 함으로써 예산에 대한 국민의 관심도를 높이고 정부 재정운영의 투명성을 제고하기 위한 제도이다. 이 제도는 정부의 예산편성권과 국회의 예산심의·의결권 틀 내에서 운영된다.

국민참여예산제도는 기존 제도인 국민제안제도나 주민참여예산제도와 차이점을 지닌다. 먼저 '국민제안제도'가 국민들이 제안한 사항에 대해 관계부처가 채택 여부를 결정하는 방식이라면, 국민참여예산제도는 국민의 제안 이후 사업심사와 우선순위 결정과정에도 국민의 참여를 가능하게 함으로써 국민의 역할을 확대하는 방식이다. 또한 '주민참여예산제도'가 지방자치단체의 사무를 대상으로 하는 반면, 국민참여예산제도는 중앙정부가 재정을 지원하는 예산사업을 대상으로 한다.

국민참여예산제도에서는 3~4월에 국민사업제안과 제안사업 적격성 검사를 실시하고, 이후 5월까지 각 부처에 예산안을 요구한다. 6월에는 예산국민참여단을 발족하여 참여예산 후보사업을 압축한다. 7월에는 일반국민 설문조사와 더불어 예산국민참여단 투표를 통해 사업선호도 조사를 한다. 이러한 과정을 통해 선호순위가 높은 후보사업은 국민참여예산사업으로 결정되며, 8월에 재정정책자문회의의 논의를 거쳐 국무회의에서 정부예산안에 반영된다. 정부예산안은 국회에 제출되며, 국회는 심의·의결을 거쳐 12월까지 예산안을 확정한다.

예산국민참여단은 일반국민을 대상으로 전화를 통해 참여의사를 타진하여 구성한다. 무작위로 표본을 추출하되 성·연령·지역별 대표성을 확보하는 통계적 구성방법이 사용된다. 예산국민참여단원은 예산학교를 통해 국가재정에 대한 교육을 이수한 후, 참여예산 후보사업을 압축하는 역할을 맡는다. 예산국민참여단이 압축한 후보사업에 대한 일반국민의 선호도는 통계적 대표성이 확보된 표본을 대상으로 한 설문을 통해, 예산국민참여단의 사업선호도는 오프라인 투표를 통해 조사한다.

정부는 2017년에 2018년도 예산을 편성하면서 국민참여예산제도를 시범 도입하였는데, 그 결과 6개의 국민참여예산사업이 선정되었다. 2019년도 예산에는 총 39개 국민참여예산사업에 대해 800억 원이 반영되었다.

03. 윗글을 근거로 판단할 때 옳은 것은?

22 7급공채 가 09

① 국민제안제도에서는 중앙정부가 재정을 지원하는 예산사업의 우선순위를 국민이 정할 수 있다.

② 국민참여예산사업은 국회 심의·의결 전에 국무회의에서 정부예산안에 반영된다.

③ 국민참여예산제도는 정부의 예산편성권 범위 밖에서 운영된다.

④ 참여예산 후보사업은 재정정책자문회의의 논의를 거쳐 제안된다.

⑤ 예산국민참여단의 사업선호도 조사는 전화설문을 통해 이루어진다.

04. 윗글과 <상황>을 근거로 판단할 때, 甲이 보고할 수치를 옳게 짝지은 것은?

22 7급공채 가 10

〈상 황〉

2019년도 국민참여예산사업 예산 가운데 688억 원이 생활밀착형사업 예산이고 나머지는 취약계층지원사업 예산이었다. 2020년도 국민참여예산사업 예산 규모는 2019년도에 비해 25% 증가했는데, 이 중 870억 원이 생활밀착형사업 예산이고 나머지는 취약계층지원사업 예산이었다. 국민참여예산제도에 관한 정부부처 담당자 甲은 2019년도와 2020년도 각각에 대해 국민참여예산사업 예산에서 취약계층지원사업 예산이 차지한 비율을 보고하려고 한다.

	2019년도	2020년도
①	13%	12%
②	13%	13%
③	14%	13%
④	14%	14%
⑤	15%	14%

정답 · 해설 p.308

문제 풀이 후 확인하기

실력 UP 포인트

1. 총 예산 중 생활밀착형사업이 차지하는 비율이 14%라는 것은 동시에 무엇을 의미하는가?

2. 112/800를 계산하기 위해 112를 어떻게 인식하는 것이 좋은가?

[정답]

1. 취약계층지원사업 예산이 총 예산에서 차지하는 비율이 86%임을 의미한다.
2. '112=80+32'로 인식하면 80은 800의 10%이고, 32는 800의 1%인 8의 4배이다. 따라서 112는 800의 14%이다.

유형 5 기타형

유형 소개

'기타형'은 크게 병렬형과 논증형으로 구분할 수 있다. 병렬형은 줄글의 형태로 제시된 지문이 甲·乙, A학자·B학자, A이론·B이론·C이론 등과 같이 분절 형태인 유형이다. 이러한 형태의 경우 지문의 내용이 병렬적인 경우가 많으므로 문제 해결에 필요한 부분 위주로 발췌독한다. 논증형은 지문의 주장 또는 입장을 뒷받침하는 근거를 찾거나, 선택지나 <보기>에 제시된 내용이 지문과 같은 입장인지 다른 입장인지를 구분하는 유형이다.

유형 특징

병렬형은 발문이 일치부합형과 유사한 경우가 많아 발문을 통한 유형 구분이 쉽지 않다. 그러나 지문이 '甲, 乙' 또는 'O'로 단락이 구분되어 있어 지문의 형태를 통해 구분할 수 있다. 논증형은 발문, 선택지나 <보기>를 통해 유형을 쉽게 구분할 수 있다. 논증형의 대표적인 발문과 선택지 형태는 각각 다음과 같다.

· 다음 글을 뒷받침할 근거로 제시될 수 있는 것만을 <보기>에서 모두 고르면?

· 공무원의 경과실로 인한 직무상 불법행위로 국민에게 손해가 발생한 경우, 국가 또는 공공단체가 피해자에게 배상책임을 진다는 점에서는 [다수의견], [별개의견], [반대의견]의 입장이 모두 일치한다.

출제 경향

· '기타형'은 기존에 출제된 텍스트형에 속하는 모든 문제를 빠짐없이 유형 구분하기 위해 필요한 유형으로, 7급 공채 PSAT(= 민간경력자 PSAT), 5급 공채 PSAT에서 모두 출제 빈도가 높은 편은 아니다. 최근 7급 공채 PSAT와 5급 공채 PSAT에서는 거의 출제되지 않고 있다. 이는 텍스트형의 출제 비중이 줄어든 것에 기인한 바가 클 것이다. 5급 공채 PSAT에서는 시험 도입 초창기인 2000년대 후반에는 많이 출제되었으며, 2010년대에는 2~3년에 1~2문제씩 적절한 난도로 출제되었다가, 2020년대에는 출제 비중이 현저하게 줄어든 유형이다. 7급 공채 PSAT에서는 아직 출제된 적 없다.

· 이 유형은 기본적으로 난도가 높지 않다. 따라서 이 유형에 속하는 문제를 빠르고 정확하게 해결함으로써 전체 문제풀이 시간을 절약하여야 한다.

문제풀이 핵심 전략

STEP 1 | 발문, 지문, 선택지나 <보기>를 통해 병렬형 또는 논증형 문제임을 확인한다.

[병렬형]

√ 지문이 분절 형태로 단락이 구분되어 있다면 병렬형에 해당한다.

√ 지문이 분절 형태가 아니더라도 선택지나 <보기>에 병렬적으로 제시된 항목이 나타난다면 병렬형에 해당한다.

[논증형]

√ 발문, 선택지나 <보기>에 주장, 입장, 근거 등의 단어가 제시된다면 논증형에 해당한다.

STEP 2 | 선택지나 <보기> 중 빠른 해결이 가능한 것부터 골라서 해결한다.

[병렬형]

√ 지문은 처음부터 차곡차곡 읽는 것이 아니라 선택지나 <보기> 중 빠른 해결이 가능한 것부터 골라서 해결한다. 이때 비한글 장치가 있다면 이를 활용한다.

√ 병렬적인 내용 중 한 가지만 묻는 것부터 해결하고, 두 개 이상의 내용을 동시에 묻는 것은 후순위로 해결한다.

√ 병렬적인 내용 중에 길이가 짧은 내용을 먼저 보고 해결하거나, 위치상 뒤쪽에 있는 내용을 먼저 확인하는 것도 빠른 해결을 가능하게 한다.

√ 내용을 확인할 때는 공통인 부분과 차이가 나는 부분을 파악하면서 읽는다.

[논증형]

√ 입장 또는 주장이 대립되도록 양극단으로 내용을 구분한다. 내용을 자세하게 확인하는 것보다는 큰 틀에서 이분법적으로 사고하는 것이 빠른 해결에 도움이 된다.

문제풀이 핵심 전략 적용

기출 예제

다음 글을 읽고 <보기>에서 옳게 추론한 것을 모두 고르면? 11 민경채 인 09

甲: 한 사회에서 무엇이 옳은가는 그 사회의 도덕률에 의해 결정됩니다. 그런데 서로 다른 사회에는 서로 다른 도덕률이 존재하기 마련입니다. 이는 결국 어떤 특정 사회의 규칙이 다른 사회의 규칙보다 더 좋다고 판단할 수 있는 객관적인 기준이 없다는 것을 의미합니다. 또한 우리 사회의 도덕률이라고 해서 특별한 지위를 갖고 있는 것은 아니며, 많은 도덕률 중의 하나일 뿐임을 의미합니다. 무엇보다도 다른 사회 구성원의 행위를 우리 사회의 잣대로 판단하려 하는 것은 오만한 태도임을 기억해야 합니다. 따라서 우리는 다른 문화의 관습에 대해 관용적이고 개방적인 태도를 취해야 합니다.

乙: 甲의 입장을 받아들이는 경우 다음과 같은 문제가 발생할 수 있습니다. 첫째, 우리는 더 이상 다른 사회의 관습이 우리 사회의 관습보다 도덕적으로 열등하다고 말할 수 없을 것입니다. 둘째, 다른 사회의 규칙을 비판하는 것이 허용되지 않을 뿐만 아니라 우리 사회의 규칙을 비판하는 것 또한 허용되지 않을 것입니다. 셋째, 어쩌면 가장 심각한 문제는 우리가 보편적 도덕과 도덕적 진보에 관한 일체의 믿음을 갖지 못하게 된다는 것입니다. 따라서 무조건적인 관용은 결코 바람직하지 않습니다.

〈보 기〉

ㄱ. 甲은 일부 이슬람 국가에서 여성들에게 운전면허증을 발급하지 않는 관습을 다른 국가가 비판하는 것이 옳지 않다고 주장할 것이다.

ㄴ. 乙은 싱가포르 정부가 절도죄로 체포된 자에게 태형(笞刑)을 가한 일을 야만적인 행위라며 비난한 미국 정부의 행동을 정당하다고 옹호할 것이다.

ㄷ. 甲은 다른 사회의 문화에 대한 상대주의적 태도가 자국 문화의 절대적 우월성에 대한 믿음으로 이어질 것으로 본다.

ㄹ. 乙은 서로 다른 문화를 가진 사회들 간에 도덕적 수준의 차이가 존재할 수 있다고 본다.

① ㄱ, ㄴ

② ㄱ, ㄷ

③ ㄷ, ㄹ

④ ㄱ, ㄴ, ㄹ

⑤ ㄴ, ㄷ, ㄹ

STEP 1

지문에 甲과 乙이 병렬적으로 제시되고, 분절 형태로 단락이 구분되어 있으므로 병렬형임을 알 수 있다. 또한 <보기>에서 ㄱ, ㄷ은 甲에 관해서 묻고, ㄴ, ㄹ은 乙에 관해서 묻고 있다.

STEP 2

내용을 확인할 때 공통인 부분과 차이가 나는 부분을 파악하면서 읽는다. 甲과 乙은 상반된 주장을 하고 있으므로 甲과 乙의 상반된 주장과 그 근거를 명확히 구분해서 읽어야 한다.

ㄱ. 甲은 무엇보다도 다른 사회 구성원의 행위를 우리 사회의 잣대로 판단하려 하는 것은 오만한 태도이며, 우리는 다른 문화의 관습에 대해 관용적이고 개방적인 태도를 취해야 한다고 주장하고 있다. 즉, 어떤 나라의 관습에 대해서 다른 국가의 잣대로 판단하려 하는 것은 오만한 태도이기 때문에 甲은 일부 이슬람 국가에서 여성들에게 운전면허증을 발급하지 않는 관습을 다른 국가가 비판하는 것이 옳지 않다고 주장할 것이다.

ㄴ. 乙은 甲의 입장을 받아들이는 경우 다른 사회의 규칙을 비판하는 것이 허용되지 않을 뿐만 아니라 우리 사회의 규칙을 비판하는 것 또한 허용되지 않는다는 문제가 발생할 수 있다고 본다. 즉, 다른 사회의 규칙뿐만 아니라 우리 사회의 규칙도 비판하는 것이 허용되어야 한다는 것이다. 또한 무조건적인 관용은 바람직하지 않다고 주장한다. 이와 같은 乙의 입장에 따를 때 싱가포르 정부가 절도죄로 체포된 자에게 태형을 가한 일을 야만적인 행위라며 비난한 미국 정부의 행동은 정당하다고 옹호할 것이다.

ㄹ. 乙은 甲의 입장을 받아들이는 경우 우리는 더 이상 다른 사회의 관습이 우리 사회의 관습보다 도덕적으로 열등하다고 말할 수 없다는 문제가 발생할 수 있다고 주장한다. 다른 사회의 관습이 우리 사회의 관습보다 도덕적으로 열등하다고 말할 수 있어야 한다는 것이다. 이에 따르면 乙은 서로 다른 문화를 가진 사회들 간에 도덕적 수준의 차이가 존재할 수 있다고 본다.

따라서 정답은 ④이다.

오답 체크

ㄷ. 甲은 한 사회에서 무엇이 옳은가는 그 사회의 도덕률에 의해 결정되는데, 서로 다른 사회에는 서로 다른 도덕률이 존재하기 마련이고, 이는 결국 어떤 특정 사회의 규칙이 다른 사회의 규칙보다 더 좋다고 판단할 수 있는 객관적인 기준이 없다는 것을 의미한다고 본다. 이처럼 甲은 특정한 도덕률이 더 좋다고 판단할 수도 없고 특별한 지위를 갖는 것도 아니기 때문에 어느 것이 더 우월하다고 판단하지 않는다.

유형공략문제

실력 UP 포인트

문제 풀이 후 확인하기

1. 상관관계는 무엇인가?

2. 인과관계는 무엇인가?

01. 다음 글을 근거로 판단할 때, <보기>에서 옳은 것을 모두 고르면? 12 민경채 인 06

○ A학자는 청소년들이 폭력성이 강한 드라마를 자주 보면 폭력성향이 강해지고, 이것이 청소년 폭력행위의 증가로 이어진다고 주장한다. 따라서 텔레비전에서 폭력성이 강한 드라마가 방영되는 것에 대해 심각한 우려를 표명하고 있다.

○ B학자는 폭력성이 강한 드라마가 일부 청소년들 사이에서 인기가 높고, 청소년들의 폭력행위도 늘어나고 있다는 사실을 인식하고 있다. 하지만 폭력성향이 강한 청소년들은 폭력을 일삼는 드라마에 더 끌리는 경향이 있을 뿐, 이를 시청한다고 해서 청소년 폭력행위가 증가하는 것은 아니라고 주장한다.

〈보 기〉

ㄱ. A의 주장에 따르면, 텔레비전에서 폭력물을 방영하는 것을 금지한다면 청소년 폭력행위는 줄어들 것이다.

ㄴ. A의 주장에 따르면, 남성 청소년들은 여성 청소년들보다 폭력물에서 보이는 세계가 현실이라고 믿는 경향이 더 강하다.

ㄷ. B의 주장에 따르면, 폭력물을 자주 본다는 것은 강한 폭력성향의 원인이 아니라 결과이다.

ㄹ. A와 B의 주장에 따르면, 청소년 폭력성향과 폭력물 시청은 상관관계가 있다.

① ㄱ

② ㄱ, ㄷ

③ ㄴ, ㄹ

④ ㄱ, ㄷ, ㄹ

⑤ ㄴ, ㄷ, ㄹ

[정답]

1. 두 변량 중 한쪽이 증가함에 따라, 다른 한쪽이 증가 또는 감소할 때 두 변량 관계. 즉, 일정한 수치로 계산되어 두 대상이 서로 관련성이 있다고 추측되는 관계를 말한다.

2. 두 가지 이상의 과정·사건·변인들 간에 어떤 현상이 다른 현상을 일으키는 원인이 되는 관계. 즉, 어떤 사실과 다른 사실 사이의 원인과 결과 관계를 말한다.

02. 다음 글을 근거로 판단할 때, <보기>에서 옳은 것만을 모두 고르면? 16 5급공채 4 28

1989년 독일 통일 직후, 체제가 다른 구동독에서 교육받아 양성되고 활동했던 판사·검사들의 자격유지를 둘러싸고 논쟁이 벌어졌다.

판사·검사들의 자격유지에 반대하는 주장의 논거는 다음과 같다.

논거 1: 구동독에서 전체주의 국가의 체제지도이념에 따라 소송을 수행해 온 판사·검사들은 자유민주적 법치국가에 부합하는 국가관이 결여되어 있고, 오히려 그들은 과거 관여한 재판의 결과로 야기된 체제 불법에 대하여 책임을 져야 한다.

논거 2: 구동독과 구서독은 법체제뿐만 아니라 소송의 전 과정에 큰 차이가 있었기 때문에, 구동독에서 법학 교육을 받고 판사·검사로 양성된 자들을 구서독 질서를 기준으로 작동하고 있는 통일독일의 사법체제 내로 받아들인다는 것은 소송수행능력 차원에서도 인정되기 어렵다.

판사·검사들의 자격유지에 찬성하는 주장의 논거는 다음과 같다.

논거 1: 구동독 출신 판사·검사들을 통일독일의 사법체제 내로 받아들이지 않는다면, 당장 상당히 넓은 지역에서 재판 정지상태가 야기될 것이다.

논거 2: 구서독 출신 판사·검사들은 구동독 지역의 생활관계의 고유한 관점들을 고려하지 못하여 구동독 주민들로부터 신뢰받기 어렵고, 이러한 점은 재판에서 불복과 다툼의 원인이 될 것이다.

한편, 구동독 지역인 튀링엔 주의 경우 1990년 10월 3일 판사·검사의 자격유지 여부를 위한 적격심사를 한 결과, 전체 194명의 판사 중 101명이, 141명의 검사 중 61명이 심사를 통과하여 판사·검사로 계속 활동하게 되었다.

〈보 기〉

ㄱ. 구동독 판사·검사의 자격유지를 반대하는 입장에서는, 이들이 구동독 전체주의 체제에서 오랜 기간 교육받고 생활하면서 형성된 국가관을 가지고 있다는 점을 문제로 제기했을 것이다.

ㄴ. 구동독 판사·검사의 자격유지를 찬성하는 입장에서는, 기존 판사·검사들의 공백으로 인한 재판업무의 마비를 우려했을 것이다.

ㄷ. 구동독 판사·검사의 자격유지를 찬성하는 입장에서는, 구동독 주민들의 관점에서 이들의 생활관계상 특수성을 이해하고 주민들의 신뢰를 받을 수 있는 판사·검사가 필요하다고 주장했을 것이다.

ㄹ. 튀링엔 주의 경우 1990년 10월 3일 적격심사 결과, 판사들보다 검사들 중 통일독일의 판사·검사로서 적합한 인물이 보다 많았다고 할 수 있다.

① ㄱ, ㄴ

② ㄱ, ㄴ, ㄷ

③ ㄱ, ㄴ, ㄹ

④ ㄱ, ㄷ, ㄹ

⑤ ㄴ, ㄷ, ㄹ

정답 · 해설 p.310

실력 UP 포인트

문제 풀이 후 확인하기

1. '적합한 인물이 보다 많았다'고 판단할 수 있는 기준은 무엇인가?

2. 논증형 문제를 풀 때 가장 먼저 해야 하는 것은 무엇인가?

[정답]

1. 절대 수치로 판단할 수도 있고, 비율로 판단할 수도 있다.

2. 양측의 입장 또는 주장을 명확하게 구분해야 한다.

실전공략문제

· 권장 제한시간에 따라 시작과 종료 시각을 정한 후, 실제 시험처럼 문제를 풀어보세요.
　　시　　분　~　　시　　분 (총 11문항 / 22분)

01. 다음 제시문의 주장과 부합하는 사례로 적절한 것은? 　08 5급공채 창 22

> 인체가 수많은 세포로 이루어져 있듯이 문화도 수많은 문화요소로 이루어진다. 한 사회의 문화를 구성하고 있는 요소들은 그 사회 안에서 발생한 것이 대부분이지만, 다른 사회로부터 문화요소가 전해져 오는 경우도 적지 않다. 한 문화의 어떤 요소는 다른 문화권에 알려지면서, 후자에게 새로운 발명이 일어나도록 자극하는 경우도 있다. 이처럼 사람들은 다른 사회의 문화와 접촉하더라도 이를 스스로 변형하며, 새로운 활동을 통하여 문화를 창출하기도 한다. 다른 사회의 문화를 접촉하는 경우에도 한 사회가 다른 사회의 문화 모두를 받아들이는 것이 아니라 선택적으로 변용한다. 결국 다른 문화와의 접촉은 단지 추가적인 문화요소의 등장을 의미하는 것뿐만 아니라 창조적인 역할을 수행하기도 한다.

① 고유의 문자가 없었던 체로키족이 영어의 알파벳에서 아이디어를 얻어 체로키 문자를 고안하였다.

② 중국의 고전을 한글로 번역하는 과정에서 글의 이해를 돕기 위하여 한글 옆에 한자를 병기하였다.

③ 과거에 거리나 무게를 측정할 때 사용하였던 '리'나 '근'과 같은 단위는 사라지고 미터나 그램과 같은 서구의 단위를 사용하고 있다.

④ 해외에서 유행 중인 스키니진(skinny jean)을 국내 연예인이 입고 방송에 출연한 이후 청소년 사이에서 스키니진이 유행하고 있다.

⑤ 전통적으로 내려오던 활의 원리를 이용하여 거문고나 가야금보다 다양한 음정을 낼 수 있는 현악기를 개발한 후에 살펴보니 서양의 하프와 유사한 형태였다.

02. 다음 글을 근거로 판단할 때, ㉠과 ㉡에 들어갈 수를 옳게 짝지은 것은? 20 7급모의 08

올림픽은 원칙적으로 4년에 한 번씩 개최되는 세계 최대 규모의 스포츠 대회이다. 제1회 하계 올림픽은 1896년 그리스 아테네에서, 제1회 동계 올림픽은 1924년 프랑스 샤모니에서 개최되었다. 그런데 두 대회의 차수(次數)를 계산하는 방식은 서로 다르다.

올림픽 사이의 기간인 4년을 올림피아드(Olympiad)라 부르는데, 하계 올림픽의 차수는 올림피아드를 기준으로 계산한다. 이전 대회부터 하나의 올림피아드만큼 시간이 흐르면 올림픽 대회 차수가 하나씩 올라가게 된다. 대회가 개최되지 못해도 올림피아드가 사라지는 것은 아니기 때문에 대회 차수에는 영향을 미치지 않는다. 실제로 하계 올림픽은 제1·2차 세계대전으로 세 차례(1916년, 1940년, 1944년) 개최되지 못하였는데, 1912년 제5회 스톡홀름 올림픽 다음으로 1920년에 벨기에 안트베르펜에서 개최된 올림픽은 제7회 대회였다. 마찬가지로 1936년 제11회 베를린 올림픽 다음으로 개최된 1948년 런던 올림픽은 제(㉠)회 대회였다. 반면에 동계 올림픽의 차수는 실제로 열린 대회만으로 정해진다. 동계 올림픽은 제2차 세계대전으로 두 차례(1940년, 1944년) 열리지 못하였는데, 1936년 제4회 동계 올림픽 다음 대회인 1948년 동계 올림픽은 제5회 대회였다. 이후 2020년 전까지 올림픽이 개최되지 않은 적은 없다.

1992년까지 동계·하계 올림픽은 같은 해 치러졌으나 그 이후로는 IOC 결정에 따라 분리되어 2년 격차로 개최되었다. 1994년 노르웨이 릴레함메르에서 열린 동계 올림픽 대회는 이 결정에 따라 처음으로 하계 올림픽에 2년 앞서 치러진 대회였다. 이를 기점으로 동계 올림픽은 지금까지 4년 주기로 빠짐없이 개최되고 있다.

대한민국은 1948년 런던 하계 올림픽에 처음 출전하여, 1976년 제21회 몬트리올 하계 올림픽과 1992년 제(㉡)회 알베르빌 동계 올림픽에서 각각 최초로 금메달을 획득하였다.

	㉠	㉡
①	12	16
②	12	21
③	14	16
④	14	19
⑤	14	21

03. 다음 글을 근거로 판단할 때 옳지 않은 것은?

20 5급공채 나 26

> 개발도상국으로 흘러드는 외국자본은 크게 원조, 부채, 투자가 있다. 원조는 다른 나라로부터 지원받는 돈으로, 흔히 해외 원조 혹은 공적개발원조라고 한다. 부채는 은행 융자와 정부 혹은 기업이 발행한 채권으로, 투자는 포트폴리오 투자와 외국인 직접투자로 이루어진다. 포트폴리오 투자는 경영에 대한 영향력보다는 경제적 수익을 추구하기 위한 투자이고, 외국인 직접투자는 회사 경영에 일상적으로 영향력을 행사하기 위한 투자이다.
>
> 개발도상국에 유입되는 이러한 외국자본은 여러 가지 문제점을 보이고 있다. 해외 원조는 개발도상국에 대한 경제적 효과가 있다고 여겨져 왔으나 최근 경제학자들 사이에서는 그러한 경제적 효과가 없다는 주장이 점차 힘을 얻고 있다.
>
> 부채는 변동성이 크다는 단점이 지적되고 있다. 특히 은행 융자는 변동성이 큰 것으로 유명하다. 예컨대 1998년 개발도상국에 대하여 이루어진 은행 융자 총액은 500억 달러였다. 하지만 1998년 러시아와 브라질, 2002년 아르헨티나에서 일어난 일련의 금융 위기가 개발도상국을 강타하여 1999~2002년의 4개년 동안에는 은행 융자 총액이 연평균 −65억 달러가 되었다가, 2005년에는 670억 달러가 되었다. 은행 융자만큼 변동성이 큰 것은 아니지만, 채권을 통한 자본 유입 역시 변동성이 크다. 외국인은 1997년에 380억 달러의 개발도상국 채권을 매수했다. 그러나 1998~2002년에는 연평균 230억 달러로 떨어졌고, 2003~2005년에는 연평균 440억 달러로 증가했다.
>
> 한편 포트폴리오 투자는 은행 융자만큼 변동성이 크지는 않지만 채권에 비하면 변동성이 크다. 개발도상국에 대한 포트폴리오 투자는 1997년의 310억 달러에서 1998~2002년에는 연평균 90억 달러로 떨어졌고, 2003~2005년에는 연평균 410억 달러에 달했다.

① 개발도상국에 대한 투자는 경제적 수익뿐만 아니라 회사 경영에 영향력을 행사하기 위해서도 이루어질 수 있다.

② 해외 원조는 개발도상국에 대한 경제적 효과가 없다고 주장하는 경제학자들이 있다.

③ 개발도상국에 유입되는 외국자본에는 해외 원조, 은행 융자, 채권, 포트폴리오 투자, 외국인 직접투자가 있다.

④ 개발도상국에 대한 2005년의 은행 융자 총액은 1998년의 수준을 회복하지 못하였다.

⑤ 1998~2002년과 2003~2005년의 연평균을 비교할 때, 개발도상국에 대한 포트폴리오 투자가 채권보다 증감액이 크다.

04. 다음 글을 근거로 판단할 때 옳은 것은? 12 민경채 인 02

한복(韓服)은 한민족 고유의 옷이다. 삼국시대의 사람들은 저고리, 바지, 치마, 두루마기를 기본적으로 입었다. 저고리와 바지는 남녀 공용이었으며, 상하귀천에 관계없이 모두 저고리 위에 두루마기를 덧입었다. 삼국시대 이후인 남북국시대에는 서민과 귀족이 모두 우리 고유의 두루마기인 직령포(直領袍)를 입었다. 그런데 귀족은 직령포를 평상복으로만 입었고, 서민과 달리 의례와 같은 공식적인 행사에는 입지 않았다. 고려시대에는 복식 구조가 크게 변했다. 특히 귀족층은 중국옷을 그대로 받아들여 입었지만, 서민층은 우리 고유의 복식을 유지하여, 복식의 이중 구조가 나타났다. 조선시대에도 한복의 기본 구성은 지속되었다. 중기나 후기에 들어서면서 한복 디자인은 한층 단순해졌고, 띠 대신 고름을 매기 시작했다. 조선 후기에는 마고자와 조끼를 입기 시작했는데, 조끼는 서양 문물의 영향을 받은 것이었다.

한편 조선시대 관복에는 여러 종류가 있었다. 곤룡포(袞龍袍)는 임금이 일반 집무를 볼 때 입었던 집무복[상복: 常服]으로, 그 흉배(胸背)에는 금색실로 용을 수놓았다. 문무백관의 상복도 곤룡포와 모양은 비슷했다. 그러나 무관 상복의 흉배에는 호랑이를, 문관 상복의 흉배에는 학을 수놓았다. 무관들이 주로 대례복으로 입었던 구군복(具軍服)은 무관 최고의 복식이었다. 임금도 전쟁 시에는 구군복을 입었는데, 임금이 입었던 구군복에만 흉배를 붙였다.

※ 흉배는 왕을 비롯한 문무백관이 입던 관복의 가슴과 등에 덧붙였던 사각형의 장식품이다.

① 남북국시대의 서민들은 직령포를 공식적인 행사에도 입었다.

② 고려시대에는 복식 구조가 크게 변하여 모든 계층에서 중국옷을 그대로 받아들여 입는 현상이 나타났다.

③ 조선시대 중기에 들어서면서 고름을 매기 시작했고, 후기에는 서양 문물의 영향으로 인해 마고자를 입기 시작했다.

④ 조선시대 무관이 입던 구군복의 흉배에는 호랑이가 수놓아져 있었다.

⑤ 조선시대 문관의 경우 곤룡포와 비슷한 모양의 상복에 호랑이가 수놓아진 흉배를 붙였다.

05. 다음 글과 <보기>의 내용이 부합하는 것만을 모두 고르면? 10 5급공채 선 01

> 해양환경보호를 위한 전문가 그룹의 최근 보고서에 의하면 전 세계 해양오염의 발생원인은 육상기인(起因) 77%, 해상기인 12%, 육상폐기물의 해양투기 10% 등이다. 육상기인의 약 60%는 육상으로부터의 직접유입이고, 약 40%는 대기를 통한 유입이다. 육상폐기물 해양투기의 대부분은 항로 확보 및 수심유지를 위한 준설물질이 차지하고 있다. 반면에 우리나라의 경우에는 하수오니(오염물질을 포함한 진흙), 축산분뇨 등 유기물질의 해양투기량이 준설물질의 투기량을 훨씬 능가하고 있는 실정이다.
>
> 국제사회는 1970년대부터 이미 육상폐기물 해양투기규제협약과 선박으로부터의 해양오염방지협약 등 국제협약을 발효하여 해양오염에 대한 문제의식을 고취시켰다. 또한 1990년대에 접어들면서 육상기인 오염에 대하여 그 중요성을 인식하고 '육상활동으로부터 해양환경보호를 위한 범지구적 실천기구'를 발족하여 육상기인 오염에 대한 관리를 강화하고 있다.
>
> 우리나라에서는 1977년 해양오염방지법을 제정하여 주로 선박 및 해양시설로부터의 해양오염을 규제해 왔으며, 1995년 씨프린스 호 사고 이후로는 선박기름 유출사고 등에 대비한 방제능력을 강화해 왔다. 1996년 해양수산부 설치 이후에는 보다 적극적인 해양환경보호활동에 나섰다. 또한 해양환경관리법을 제정하여 해양환경의 종합적 관리기반을 구축할 수 있도록 입법체계 정비를 추진하였으며, 오염된 해역에 대한 오염총량관리제의 도입도 추진하였다.

〈보 기〉

ㄱ. 우리나라의 육상폐기물 해양투기 중 항로 확보 등을 위한 준설물질의 해양투기 비율이 높으므로 이에 대한 대책 마련이 우선적으로 필요하다.

ㄴ. 세계적으로 해양오염을 야기하는 오염원을 보면, 대기를 통해 해양으로 유입되는 육상기인의 비율이 육상폐기물 해양투기의 비율보다 크다.

ㄷ. 우리나라에서는 해양수산부 설치 이전에는 관련법이 없었으므로 선박으로부터의 해양오염방지협약 등 국제협약을 직접 적용하여 해양환경을 관리했다.

ㄹ. 우리나라에서는 육상기인 해양오염이 유류오염사고로 인한 해양오염보다 심하다.

① ㄱ

② ㄴ

③ ㄱ, ㄴ

④ ㄴ, ㄹ

⑤ ㄷ, ㄹ

06. 다음 글을 근거로 판단할 때 옳은 것은? 18 민경채 가 01

정책의 쟁점 관리는 정책 쟁점에 대한 부정적 인식을 최소화하여 정책의 결정 및 집행에 우호적인 환경을 조성하기 위한 행위를 말한다. 이는 정책 쟁점이 미디어 의제로 전환된 후부터 진행된다.

정책의 쟁점 관리에서는 쟁점에 대한 지식수준과 관여도에 따라 공중(公衆)의 유형을 구분하여 공중의 특성에 맞는 전략적 대응방안을 제시한다. 어떤 쟁점에 대해 지식수준과 관여도가 모두 낮은 공중은 '비활동 공중'이라고 한다. 그러나 쟁점에 대한 지식수준이 낮더라도 쟁점에 노출되어 쟁점에 대한 관여도가 높아지게 되면 이들은 '환기 공중'으로 변화한다. 이러한 환기 공중이 쟁점에 대한 지식수준까지 높아지면 지식수준과 관여도가 모두 높은 '활동 공중'으로 변하게 된다. 쟁점에 대한 지식수준이 높지만 관여도가 높지 않은 공중은 '인지 공중'이라고 한다.

인지 공중은 사회의 다양한 쟁점에 관한 지식을 가지고 있지만 적극적으로 활동하지 않아 이른바 행동하지 않는 지식인이라고도 불리는데, 이들의 관여도를 높여 활동 공중으로 이끄는 것은 매우 어렵다. 이 때문에 이들이 정책 쟁점에 긍정적 태도를 가지게 하는 것만으로도 전략적 성공이라고 볼 수 있다. 반면 환기 공중은 지식수준은 낮지만 쟁점 관여도가 높은 편이어서 문제 해결에 필요한 지식을 얻게 된다면 활동 공중으로 변화한다. 따라서 이들에게는 쟁점에 대한 미디어 노출을 증가시키거나 다른 사람과 쟁점에 대해 토론하게 함으로써 지식수준을 높이는 전략을 취할 필요가 있다. 한편 활동 공중은 쟁점에 대한 지식수준과 관여도가 모두 높기 때문에 조직화될 개연성이 크고, 자신의 목적을 이루기 위해 시간과 노력을 아낌없이 투자할 자세가 되어 있다. 정책의 쟁점 관리를 제대로 하려면 이들이 정책을 우호적으로 판단할 수 있도록 하는 다양한 전략을 마련하여야 한다.

① 정책의 쟁점 관리는 정책 쟁점이 미디어 의제로 전환되기 전에 이루어진다.

② 어떤 쟁점에 대한 지식수준이 높지만 관여도가 낮은 공중을 비활동 공중이라고 한다.

③ 비활동 공중이 어떤 쟁점에 노출되면서 관여도가 높아지면 환기 공중으로 변한다.

④ 공중은 한 유형에서 다른 유형으로 변화할 수 없기 때문에 정책의 쟁점 관리를 할 필요가 없다.

⑤ 인지 공중의 경우, 쟁점에 대한 미디어 노출을 증가시키고 다른 사람과 쟁점에 대해 토론하게 만든다면 활동 공중으로 쉽게 변한다.

07. 다음 글을 근거로 판단할 때, <보기>에서 옳은 것만을 모두 고르면? 15 민경채 인 05

방사선은 원자핵이 분열하면서 방출되는 것으로 우리의 몸속을 비집고 들어오면 인체를 구성하는 분자들에 피해를 준다. 인체에 미치는 방사선 피해 정도는 'rem'이라는 단위로 표현된다. 1rem은 몸무게 1g당 감마선 입자 5천만 개가 흡수된 양으로 사람의 몸무게를 80kg으로 가정하면 4조 개의 감마선 입자에 해당한다. 감마선은 방사선 중에 관통력이 가장 강하다. 체르노빌 사고 현장에서 소방대원의 몸에 흡수된 감마선 입자는 각종 보호 장구에도 불구하고 400조 개 이상이었다.

만일 우리 몸이 방사선에 100rem 미만으로 피해를 입는다면 별다른 증상이 없다. 이처럼 가벼운 손상은 몸이 스스로 짧은 시간에 회복할 뿐만 아니라, 정상적인 신체 기능에 거의 영향을 미치지 않는다. 이 경우 '문턱효과'가 있다고 한다. 일정량 이하 바이러스가 체내에 들어오는 경우 우리 몸이 스스로 바이러스를 제거하여 질병에 걸리지 않는 것도 문턱효과의 예라 할 수 있다. 방사선에 200rem 정도로 피해를 입는다면 머리카락이 빠지기 시작하고, 몸에 기운이 없어지고 구역질이 난다. 항암 치료로 방사선 치료를 받는 사람에게 이런 증상이 나타나는 것을 본 적이 있을 것이다. 300rem 정도라면 수혈이나 집중적인 치료를 받지 않는 한 방사선 피폭에 의한 사망 확률이 50%에 달하고, 1,000rem 정도면 한 시간 내에 행동불능 상태가 되어 어떤 치료를 받아도 살 수 없다.

※ 모든 감마선 입자의 에너지는 동일하다.

〈보 기〉

ㄱ. 몸무게 120kg 이상인 사람은 방사선에 300rem 정도로 피해를 입은 경우 수혈이나 치료를 받지 않아도 사망할 확률이 거의 없다.
ㄴ. 몸무게 50kg인 사람이 500조 개의 감마선 입자에 해당하는 방사선을 흡수한 경우 머리카락이 빠지기 시작하고 구역질을 할 것이다.
ㄷ. 인체에 유입된 일정량 이하의 유해 물질이 정상적인 신체 기능에 거의 영향을 주지 않으면서 우리 몸에 의해 자연스럽게 제거되는 경우 문턱효과가 있다고 할 수 있다.
ㄹ. 체르노빌 사고 현장에 투입된 몸무게 80kg의 소방대원 A가 입은 방사선 피해는 100rem 이상이었다.

① ㄱ, ㄴ
② ㄴ, ㄷ
③ ㄱ, ㄴ, ㄹ
④ ㄱ, ㄷ, ㄹ
⑤ ㄴ, ㄷ, ㄹ

08. 다음 글을 근거로 판단할 때, <보기>에서 옳은 것만을 모두 고르면? 17 민경채 나 03

지진의 강도는 '리히터 규모'와 '진도'로 나타낼 수 있다. 리히터 규모는 미국 지질학자인 찰스 리히터가 지진의 강도를 절대적 수치로 나타내기 위해 제안한 개념이다. 리히터 규모는 지진계에 기록된 지진파의 최대 진폭을 측정하여 수학적으로 계산한 값이며, 지진이 발생하면 각 지진마다 고유의 리히터 규모 값이 매겨진다. 리히터 규모는 지진파의 최대 진폭이 10배가 될 때마다 1씩 증가하는데, 이 때 지진에너지는 약 32배가 된다. 리히터 규모는 소수점 아래 한 자리까지 나타내는데, 예를 들어 'M5.6' 또는 '규모 5.6'의 지진으로 표시된다.

진도는 지진이 일어났을 때 어떤 한 지점에서 사람이 느끼는 정도와 건물의 피해 정도 등을 상대적으로 등급화한 수치로, 동일한 지진에 대해서도 각 지역에 따라 진도가 달라질 수 있다. 예를 들어, 어떤 지진이 발생했을 때 발생 지점에서 거리가 멀어질수록 진도는 낮게 나타난다. 또한 진도는 각 나라별 실정에 따라 다른 기준이 채택된다. 우리나라는 12단계의 '수정 메르칼리 진도'를 사용하고 있으며, 진도를 나타내는 수치는 로마 숫자를 이용하여 '진도 Ⅲ'과 같이 표시한다. 표시되는 로마 숫자가 클수록 지진을 느끼는 정도나 피해의 정도가 크다는 것을 의미한다.

〈보 기〉

ㄱ. M5.6인 지진을 진도로 표시하면 나라별로 다르게 표시될 수 있다.
ㄴ. M4.0인 지진의 지진파 최대 진폭은 M2.0인 지진의 지진파 최대 진폭의 100배이다.
ㄷ. 진도 Ⅱ인 지진이 일어났을 때, 어떤 한 지점에서 사람이 느끼는 정도와 건물의 피해 정도는 진도 Ⅳ인 지진의 2배이다.
ㄹ. M6.0인 지진의 지진에너지는 M3.0인 지진의 1,000배이다.

① ㄱ, ㄴ
② ㄱ, ㄷ
③ ㄴ, ㄷ
④ ㄴ, ㄹ
⑤ ㄷ, ㄹ

※ 다음 글을 읽고 물음에 답하시오. [09~10]

독립운동가 김우전 선생은 일제강점기 광복군으로 활약한 인물로, 광복군의 무전통신을 위한 한글 암호를 만든 것으로 유명하다. 1922년 평안북도 정주 태생인 선생은 일본에서 대학에 다니던 중 재일학생 민족운동 비밀결사단체인 '조선민족 고유문화유지계몽단'에 가입했다. 1944년 1월 일본군에 징병돼 중국으로 파병됐지만 같은 해 5월 말 부대를 탈출해 광복군에 들어갔다.

1945년 3월 미 육군 전략정보처는 일본이 머지않아 패망할 것으로 보아 한반도 진공작전을 계획하고 중국에서 광복군과 함께 특수훈련을 하고 있었다. 이 시기에 선생은 한글 암호인 W−K(우전킴) 암호를 만들었다. W−K 암호는 한글의 자음과 모음, 받침을 구분하여 만들어진 암호체계이다. 자음과 모음을 각각 두 자리 숫자로, 받침은 자음을 나타내는 두 자리 숫자의 앞에 '00'을 붙여 네 자리로 표시한다.

W−K 암호체계에서 자음은 '11~29'에, 모음은 '30~50'에 순서대로 대응된다. 받침은 자음 중 ㄱ~ㅎ을 이용하여 '0011'부터 '0024'에 순서대로 대응된다. 예를 들어 '김'은 W−K 암호로 변환하면 'ㄱ'은 11, 'ㅣ'는 39, 받침 'ㅁ'은 0015이므로 '11390015'가 된다. 같은 방식으로 '1334001114390016'은 '독립'으로, '1340243000121334001114390016153000121742'는 '대한독립만세'로 해독된다. 모든 숫자를 붙여 쓰기 때문에 상당히 길지만 네 자리씩 끊어 읽으면 된다.

하지만 어렵사리 만든 W−K 암호는 결국 쓰이지 못했다. 작전 준비가 한창이던 1945년 8월 일본이 갑자기 항복했기 때문이다. 이 암호에 대한 기록은 비밀에 부쳐져 미국 국가기록원에 소장되었다가 1988년 비밀이 해제되어 세상에 알려졌다.

※ W−K 암호체계에서 자음의 순서는 ㄱ, ㄴ, ㄷ, ㄹ, ㅁ, ㅂ, ㅅ, ㅇ, ㅈ, ㅊ, ㅋ, ㅌ, ㅍ, ㅎ, ㄲ, ㄸ, ㅃ, ㅆ, ㅉ이고, 모음의 순서는 ㅏ, ㅑ, ㅓ, ㅕ, ㅗ, ㅛ, ㅜ, ㅠ, ㅡ, ㅣ, ㅐ, ㅒ, ㅔ, ㅖ, ㅘ, ㅙ, ㅚ, ㅝ, ㅞ, ㅟ, ㅢ이다.

09. 윗글을 근거로 판단할 때, <보기>에서 옳은 것만을 모두 고르면? 20 7급모의 23

〈보 기〉

ㄱ. 김우전 선생은 일본군에 징병되었을 때 무전통신을 위해 W−K 암호를 만들었다.
ㄴ. W−K 암호체계에서 한글 단어를 변환한 암호문의 자릿수는 4의 배수이다.
ㄷ. W−K 암호체계에서 '183000152400'은 한글 단어로 해독될 수 없다.
ㄹ. W−K 암호체계에서 한글 '궤'는 '11363239'로 변환된다.

① ㄱ, ㄴ

② ㄴ, ㄷ

③ ㄷ, ㄹ

④ ㄱ, ㄴ, ㄹ

⑤ ㄱ, ㄷ, ㄹ

10. 윗글과 다음 <조건>을 근거로 판단할 때, '3·1운동!'을 옳게 변환한 것은? 20 7급모의 24

〈조 건〉

숫자와 기호를 표현하기 위하여 W-K 암호체계에 다음의 규칙이 추가되었다.

○ 1~9의 숫자는 차례대로 '51~59', 0은 '60'으로 변환하고, 끝에 '00'을 붙여 네 자리로 표시한다.

○ 온점(.)은 '70', 가운뎃점(·)은 '80', 느낌표(!)는 '66', 물음표(?)는 '77'로 변환하고, 끝에 '00'을 붙여 네 자리로 표시한다.

① 53008000510018360012133400186600

② 53008000510018360012133500186600

③ 53007000510018360012133400187700

④ 5370005118360012133400176600

⑤ 5380005118360012133500177700

11. 다음 글과 <상황>을 근거로 판단할 때, 과거에 급제한 아들이 분재 받은 밭의 총 마지기 수는?

19 7급예시 03

> 조선시대의 분재(分財)는 시기가 재주(財主) 생전인지 사후인지에 따라 구분할 수 있다. 별급(別給)은 재주 생전에 과거급제, 생일, 혼인, 출산, 감사표시 등 특별한 사유로 인해 이루어지는 분재였으며, 깃급[衿給]은 특별한 사유 없이 재주가 임종이 가까울 무렵에 하는 일반적인 분재였다.
>
> 재주가 재산을 분배하지 못하고 죽는 경우 재주 사후에 그 자녀들이 모여 재산을 분배하게 되는데, 이를 화회(和會)라고 했다. 화회는 재주의 3년 상(喪)을 마친 후에 이루어졌다. 자녀들이 재산을 나눌 때 재주의 유서나 유언이 남아 있으면 이에 근거하여 분재가 되었으나, 그렇지 못한 경우에는 합의하여 재산을 나누어 가졌다. 조선 전기에는 『경국대전』의 규정에 따랐는데, 친자녀 간 균분 분재를 원칙으로 하나 제사를 모실 자녀에게는 다른 친자녀 한 사람 몫의 5분의 1이 더 분재되었다. 그러나 이때에도 양자녀에게는 차별을 두도록 되어 있었다. 조선 중기 이후에는 『경국대전』의 규정이 그대로 지켜지지 못하고 장남에게 많은 재산이 우선적으로 분재되었다. 깃급과 화회 대상 재산에는 별급으로 받은 재산이 포함되지 않았다.

※ 분재: 재산을 나누어 줌
※ 재주: 분재되는 재산의 주인

〈상 황〉

- 유서와 유언 없이 사망한 재주 甲의 분재 대상자는 아들 2명과 딸 2명이며, 이 중 딸 1명은 양녀이고 나머지 3명은 친자녀이다.
- 甲이 별급한 재산은 과거에 급제한 아들 1명에게 밭 20마지기를 준 것과 두 딸이 시집갈 때 각각 밭 10마지기씩을 준 것이 전부였다.
- 화회 대상 재산은 밭 100마지기이며 화회는 『경국대전』의 규정에 따라 이루어졌다.
- 과거에 급제한 아들이 제사를 모시기로 하였으며, 양녀는 제사를 모시지 않는 친자녀 한 사람이 화회로 받은 몫의 5분의 4를 받았다.

① 30

② 35

③ 40

④ 45

⑤ 50

정답 · 해설 p.311

해커스PSAT **7급 PSAT 기본서** 상황판단

2 법조문형

출제경향분석

유형 6 발문 포인트형

유형 7 일치부합형

유형 8 응용형

유형 9 법계산형

유형 10 규정형

유형 11 법조문소재형

실전공략문제

출제경향분석

1 법조문형이란?

법조문형은 지문으로 법조문이 제시되거나 법조문 형식은 아니지만, 법조문과 관련된 내용이 제시되어 지문을 정확하게 이해할 수 있는지 또는 지문을 근거로 특정 상황에 적용·판단할 수 있는지 평가하기 위한 유형이다.

2 세부 출제 유형

법조문형은 발문에 포인트가 있는지의 여부에 따라 ① **발문 포인트형**과 나머지로 구분되고, 문제 해결 방법에 따라 ② **일치부합형**과 ③ **응용형**으로 구분된다. 발문 포인트형과 응용형이 결합한 형태가 ④ **법계산형**이다. 또한 지문의 특성에 따라 ⑤ **규정형**, ⑥ **법조문소재형**으로도 구분된다.

발문 포인트형	발문에 문제를 풀이하는 포인트가 있어 이를 통해 얻는 힌트로 문제를 해결하는 유형
일치부합형	법조문에 표제가 있어 이를 활용하여 문제를 해결하거나 법조문에 표제가 없어 지문에서의 효과, 선택지나 <보기>에서의 서술어를 키워드로 활용하여 문제를 해결하는 유형
응용형	법조문 등 제시된 지문의 내용을 이해한 후, 이를 선택지나 <보기>에 응용·적용하거나 특정 상황에 응용·적용하여 문제를 해결하는 유형
법계산형	법조문의 내용을 토대로 사칙연산의 계산을 함으로써 문제를 해결하는 유형
규정형	법조문이 아닌 규정·규칙이 제시되어 이를 토대로 문제를 해결하는 유형
법조문소재형	법과 관련된 내용이지만 글의 형식이 법조문이 아닌 텍스트, 표, ○ 등의 형식으로 제시되어 이를 토대로 문제를 해결하는 유형

3 출제 경향

1. 법조문형은 7급 공채 PSAT에서는 2019년 7급 PSAT 예시문제 4문제 중 1문제, 2020년에 6문제, 2021년에 9문제, 2022년에 5문제, 2023년에 7문제, 2024년에 5문제, 2025년에 7문제가 출제되었다.
2. 7급 공채 PSAT에서는 텍스트형과 법조문형을 합한 '득점포인트형'이 8~10문제 꾸준히 출제되고 있다. 2021년에 텍스트형이 한 문제도 출제되지 않고 법조문형이 최대 9문제가 출제되어 법조문형의 비중이 가장 높았다. 2024년에 텍스트형이 3문제, 법조문형은 5문제가 출제되어 득점포인트형이 총 8문제로 텍스트형도 법조문형도 출제 비중이 낮았다가, 2025년 기출에서는 텍스트형은 그대로 3문제가 유지된 반면 법조문형이 7문제로 증가하였다. 5급 공채 PSAT에서는 2018년까지는 법조문형이 7~8문제가 출제되어 오다가, 텍스트형의 비중이 줄어든 2019년부터는 10~12문제가 출제되고 있어 출제 비중이 높아진 상태로 유지되고 있다.
3. 2020년 7급 PSAT 모의평가에서는 법조문형의 난도가 다소 높은 편이었으나, 2021년 이후로는 대부분의 문제가 85% 이상의 정답률을 보이고 있다. 다만 2022~2023년 7급 공채 PSAT에서는 25번 문제가 각각 50%대 중반, 70%대 후반의 정답률을 보여 정답률이 다소 낮은 편이었으나, 이는 문제가 어려운 것보다는 문제 배치가 맨 마지막이다 보니 시간 부족으로 정확하게 풀지 못하는 경우도 많았다. 2024년부터는 25번에 법조문 문제가 출제되지 않고 있다. 법조문형은 문제의 난도를 빠르게 파악할 수 있으므로, 응용형 또는 법계산형이 아닌 이상 난도가 평이한 문제가 대부분이므로 되도록 실수하지 않도록 주의해야 한다.

4 대비 전략

법조문형은 제시된 법조문을 이해·추론·분석하여 정확하게 파악하는 것을 요구하는 만큼 법조문에 대한 이해도를 높일 필요가 있다. 이때 법조문은 '건조체', '만연체'이고, 법조문만의 표현이나 용어 등을 사용하므로 많은 문제를 풀이하면서 법조문에 익숙해질 수 있도록 한다.

1. 세부 유형별 효율적인 문제 접근법과 풀이법을 학습하여 새로운 문제가 등장하더라도 준비된 핵심 전략으로 빠르고 정확하게 풀이할 수 있도록 연습한다.
2. 법조문은 건조체와 만연체를 쓰고 있으므로 법조문의 핵심을 파악할 수 있도록 요건과 효과를 끊어 읽는 연습을 한다.
3. 기출문제를 풀이함으로써 법조문의 구조와 형식, 법조문에서 쓰이는 표현 또는 용어 등에 익숙해지도록 연습한다.
4. 기출문제를 다양한 방식으로 변형해 보거나, 출제 가능한 포인트를 찾아보는 연습을 한다.

유형 6 발문 포인트형

유형 소개

법조문형의 '발문 포인트형'은 발문에 제시된 포인트에 맞춰서 지문을 읽고 문제를 해결하는 유형이다.

유형 특징

이 유형은 발문에 문제에서 해결해야 하는 것이 무엇인지 직접적으로 제시되거나 법조문을 읽을 때 중점적으로 봐야 할 내용이 제시된다. 이에 따라 발문을 통해 문제를 어떻게 해결하는 것이 효율적인지 파악할 수 있다. 대표적인 발문의 형태는 다음과 같다.

- 다음 규정을 근거로 판단할 때, '차'에 해당하는 것을 <보기>에서 모두 고르면?
- 다음 <약관>의 규정에 근거할 때, 신용카드사용이 일시정지 또는 해지될 수 없는 경우는?
- 다음 글을 근거로 판단할 때, <보기>에서 인공임신중절수술이 허용되는 경우만을 모두 고르면?
- 다음 글을 근거로 판단할 때, 스프링클러설비를 설치해야 하는 곳은?

출제 경향

- 법조문형의 '발문 포인트형'은 7급 공채 PSAT에서는 2021년에 1문제, 2022년에 1문제, 2024년에 1문제가 출제되었다. 5급 공채 PSAT에서는 발문 포인트형에 해당하는 문제가 거의 매년 꾸준히 1~2문제씩 출제되고 있다. 특히 최근 5급 공채 PSAT에서는 동일한 해결 스킬을 사용하여 빠른 해결이 가능한 문제가 반복되어 출제되기도 하므로, 출제 장치 및 해결 스킬을 잘 준비해 둘 필요가 있다.
- 5급 공채 PSAT에서는 간혹 난도가 있는 문제가 출제되기도 하지만, 7급 공채 PSAT에서는 대체로 평이한 난도로 출제되고 있다.

문제풀이 핵심 전략

STEP 1 | 발문을 정확히 이해한 후, 발문에 제시된 포인트를 체크한다.

√ 발문에 제시되는 포인트는 문제에서 무엇을 어떻게 해결하는지 직접적으로 알려주거나 법조문을 어떻게 읽어야 할지, 무엇을 중점적으로 봐야 할지를 제시하므로 발문에 제시된 포인트를 체크한다.

STEP 2 | 발문에 제시된 포인트에 따라 지문에서 필요한 내용을 중점적으로 파악한다.

√ 발문에 제시된 포인트가 다양하므로 포인트에 맞춰 지문의 내용을 파악한다.

√ 발문의 특정 내용이 법조문에 따라 '해당하는지 여부', '가능한지 여부' 등을 판단해야 하므로 문제에서 요구하는 '판단의 기준'을 명확히 파악한다.

길규범쌤의 응급처방

법조문의 구조

· 법조문은 일정한 '요건'에 해당하면 그에 따른 '효과'가 발생함을 기본 형태로 한다. 기본적으로 법조문의 구조는 어떠한 경우가 발생할 것을 가정하고 그에 따른 효과를 규정하는 형식을 취한다.

<table>
<tr><td colspan="2">요건</td><td>어떤 행위에 앞서 갖추어져야 하는 조건 또는 행위를 할 때 지켜야 하는 방식·절차, 시기·기간 등을 말한다.</td></tr>
<tr><td rowspan="2">효과</td><td>협의</td><td>요건이 갖추어졌을 때 어떤 행위가 강제(의무)·허용·금지되는 상태를 의미한다.</td></tr>
<tr><td>광의</td><td>요건을 갖춘 행위로 인해서 발생하는 새로운 후속 효과를 의미한다.</td></tr>
</table>

예를 들어 '민사에 관한 분쟁의 당사자는 법원에 조정을 신청할 수 있다.'라는 조문이 있다면 '민사에 관한 분쟁의 당사자'가 요건이고, '법원에 조정을 신청할 수 있다.'가 효과가 된다.

문제풀이 핵심 전략 적용

기출 예제

다음 규정을 근거로 판단할 때, '차'에 해당하는 것을 <보기>에서 모두 고르면?

11 민경채 인 03

제00조(정의) 이 법에서 사용하는 용어의 정의는 다음과 같다.
1. '차'라 함은 다음의 어느 하나에 해당하는 것을 말한다.
   가. 자동차
   나. 건설기계
   다. 원동기장치자전거
   라. 자전거
   마. 사람 또는 가축의 힘이나 그 밖의 동력에 의하여 운전되는 것. 다만, 철길이나 가설된 선에 의하여 운전되는 것과 유모차 및 보행보조용 의자차는 제외한다.
2. '자동차'라 함은 철길이나 가설된 선에 의하지 아니하고 원동기를 사용하여 운전되는 차(견인되는 자동차도 자동차의 일부로 본다)를 말한다.
3. '원동기장치자전거'라 함은 다음 각 목의 어느 하나에 해당하는 차를 말한다.
   가. 이륜자동차 가운데 배기량 125cc 이하의 이륜자동차
   나. 배기량 50cc 미만(전기를 동력으로 하는 경우에는 정격출력 0.59kw 미만)의 원동기를 단 차

〈보 기〉

ㄱ. 경운기
ㄴ. 자전거
ㄷ. 유모차
ㄹ. 기차
ㅁ. 50cc 스쿠터

① ㄱ, ㄴ

② ㄴ, ㄷ

③ ㄷ, ㄹ

④ ㄱ, ㄴ, ㅁ

⑤ ㄴ, ㄹ, ㅁ

STEP 1

발문에서 제시되는 포인트는 문제에서 무엇을 어떻게 해결하는지 직접적으로 알려주거나 법조문을 어떻게 읽어야 할지, 무엇을 중점적으로 봐야 할지를 제시하므로 발문에 제시된 포인트를 체크한다. 이 문제의 경우 '차'에 해당하는 것을 묻고 있으므로 발문의 '차'에 해당하는 것을 체크한다.

STEP 2

'차'에 해당하는 것을 판단해야 하므로 법조문에서 '차'에 해당하는 것과 관련된 내용을 중점으로 파악한다.

ㄱ. 법조문 제1호 가목 및 제2호에서 '자동차'라 함은 철길이나 가설된 선에 의하지 아니하고 원동기를 사용하여 운전되는 차를 말한다고 했으므로 경운기는 차에 해당함을 알 수 있다.

ㄴ. 법조문 제1호 라목에서 자전거는 차에 해당한다고 했으므로 자전거는 차에 해당함을 알 수 있다.

ㅁ. 법조문 제1호 다목 및 제3호 가목에서 이륜자동차 가운데 배기량 125cc 이하의 이륜자동차는 차에 해당한다고 했으므로 50cc 스쿠터는 차에 해당함을 알 수 있다.

따라서 정답은 ④이다.

오답 체크

ㄷ. 법조문 제1호 마목에서 유모차 및 보행보조용 의자차는 차에서 제외한다고 했으므로 유모차는 차에 해당하지 않음을 알 수 있다.

ㄹ. 법조문 제1호 마목에서 철길이나 가설된 선에 의하여 운전되는 것은 차에서 제외한다고 했으므로 기차는 차에 해당하지 않음을 알 수 있다.

유형공략문제

실력 UP 포인트

문제 풀이 후 확인하기

1. 충족 여부를 확인해야 하는 두 가지 기준은 무엇인가?

2. 수질검사 빈도에서 혼동할 수 있는 지점은 무엇인가?

[정답]

1. 수질검사빈도, 수질기준

2. 매일, 매주, 매월, 매 분기

01. 다음 글과 <상황>을 근거로 판단할 때, 수질검사빈도와 수질기준을 둘 다 충족한 검사지점만을 모두 고르면?

21 7급공채 나 15

□□법 제00조(수질검사빈도와 수질기준) ① 기초자치단체의 장인 시장·군수·구청장은 다음 각 호의 구분에 따라 지방상수도의 수질검사를 실시하여야 한다.

1. 정수장에서의 검사
   가. 냄새, 맛, 색도, 탁도(濁度), 잔류염소에 관한 검사: 매일 1회 이상
   나. 일반세균, 대장균, 암모니아성 질소, 질산성 질소, 과망간산칼륨 소비량 및 증발잔류물에 관한 검사: 매주 1회 이상
   단, 일반세균, 대장균을 제외한 항목 중 지난 1년간 검사를 실시한 결과, 수질기준의 10퍼센트를 초과한 적이 없는 항목에 대하여는 매월 1회 이상
2. 수도꼭지에서의 검사
   가. 일반세균, 대장균, 잔류염소에 관한 검사: 매월 1회 이상
   나. 정수장별 수도관 노후지역에 대한 일반세균, 대장균, 암모니아성 질소, 동, 아연, 철, 망간, 잔류염소에 관한 검사: 매월 1회 이상
3. 수돗물 급수과정별 시설(배수지 등)에서의 검사
   일반세균, 대장균, 암모니아성 질소, 동, 수소이온 농도, 아연, 철, 잔류염소에 관한 검사: 매 분기 1회 이상

② 수질기준은 아래와 같다.

항목	기준	항목	기준
대장균	불검출/100mL	일반세균	100CFU/mL 이하
잔류염소	4mg/L 이하	질산성 질소	10mg/L 이하

〈상 황〉

甲시장은 □□법 제00조에 따라 수질검사를 실시하고 있다. 甲시 관할의 검사지점(A~E)은 이전 검사에서 매번 수질기준을 충족하였고, 이번 수질검사에서 아래와 같은 결과를 보였다.

검사지점	검사대상	검사결과	검사빈도
정수장 A	잔류염소	2mg/L	매일 1회
정수장 B	질산성 질소	11mg/L	매일 1회
정수장 C	일반세균	70CFU/mL	매월 1회
수도꼭지 D	대장균	불검출/100mL	매주 1회
배수지 E	잔류염소	2mg/L	매주 1회

※ 제시된 검사대상 외의 수질검사빈도와 수질기준은 모두 충족한 것으로 본다.

① A, D　② B, D　③ A, D, E　④ A, B, C, E　⑤ A, C, D, E

02. 정부포상 대상자 추천의 제한요건에 관한 다음 규정을 근거로 판단할 때, 2011년 8월 현재 정부포상 대상자로 추천을 받을 수 있는 자는? 11 민경채 인 18

> 1) 형사처벌 등을 받은 자
> 가) 형사재판에 계류 중인 자
> 나) 금고 이상의 형을 받고 그 집행이 종료된 후 5년을 경과하지 아니한 자
> 다) 금고 이상의 형의 집행유예를 받은 경우 그 집행유예의 기간이 완료된 날로부터 3년을 경과하지 아니한 자
> 라) 금고 이상의 형의 선고유예를 받은 경우에는 그 기간 중에 있는 자
> 마) 포상추천일 전 2년 이내에 벌금형 처벌을 받은 자로서 1회 벌금액이 200만 원 이상이거나 2회 이상의 벌금형 처분을 받은 자
> 2) 공정거래관련법 위반 법인 및 그 임원
> 가) 최근 2년 이내 3회 이상 고발 또는 과징금 처분을 받은 법인 및 그 대표자와 책임 있는 임원 (단, 고발에 따른 과징금 처분은 1회로 간주)
> 나) 최근 1년 이내 3회 이상 시정명령 처분을 받은 법인 및 그 대표자와 책임 있는 임원

① 금고 1년 형을 선고 받아 복역한 후 2009년 10월 출소한 자

② 2011년 8월 현재 형사재판에 계류 중인 자

③ 2010년 10월 이후 현재까지, 공정거래관련법 위반으로 3회 시정명령 처분을 받은 기업의 대표자

④ 2010년 1월, 교통사고 후 필요한 구호조치를 하지 않아 500만 원의 벌금형 처분을 받은 자

⑤ 2009년 7월 이후 현재까지, 공정거래관련법 위반으로 고발에 따른 과징금 처분을 2회 받은 기업

문제 풀이 후 확인하기

실력 UP 포인트

1. 선택지를 두 개의 그룹으로 나눈다면 어떻게 나눌 수 있는가?

2. '호'와 '목'의 특징은 무엇인가?

[정답]

1. 형사처벌 등을 받은 자: ①, ②, ④
   공정거래관련법 위반 법인 및 그 임원: ③, ⑤
2. 요건을 말하거나 병렬적으로 열거되는 경우에 쓰인다.

문제 풀이 후 확인하기

실력 UP 포인트

1. 발문에서 묻는 내용은 법조문 중 어느 부분에서 중점적으로 확인할 수 있는가?

2. 출생을 사유로 처음 등록하는 경우에 등록기준지는 누구의 등록기준지를 따르는가?

[정답]

1. 제OO조 제2항
2. 자녀가 따르는 성과 본을 가진 부 또는 모

03. 다음 글과 <상황>을 근거로 판단할 때, 김가을의 가족관계등록부에 기록해야 하는 내용이 아닌 것은?

22 7급공채 가 02

제00조 ①가족관계등록부는 전산정보처리조직에 의하여 입력·처리된 가족관계 등록사항에 관한 전산정보자료를 제□□조의 등록기준지에 따라 개인별로 구분하여 작성한다.

② 가족관계등록부에는 다음 사항을 기록하여야 한다.

1. 등록기준지
2. 성명·본·성별·출생연월일 및 주민등록번호
3. 출생·혼인·사망 등 가족관계의 발생 및 변동에 관한 사항

제□□조 출생을 사유로 처음 등록을 하는 경우에는 등록기준지를 자녀가 따르는 성과 본을 가진 부 또는 모의 등록기준지로 한다.

〈상 황〉

경기도 과천시 ☆☆로 1－11에 거주하는 김여름(金海 김씨)과 박겨울(密陽 박씨) 부부 사이에 2021년 10월 10일 경기도 수원시 영통구 소재 병원에서 남자아이가 태어났다. 이 부부는 태어난 아이의 이름을 김가을로 하고 과천시 ▽▽주민센터에 출생신고를 하였다. 김여름의 등록기준지는 부산광역시 남구 ◇◇로 2－22이며, 박겨울은 서울특별시 마포구 △△로 3－33이다.

① 서울특별시 마포구 △△로 3－33

② 부산광역시 남구 ◇◇로 2－22

③ 2021년 10월 10일

④ 金海

⑤ 남

정답·해설 p.316

유형 7 일치부합형

유형 소개

법조문형의 '일치부합형'은 법조문이 지문으로 제시되고, 제시된 법조문의 일부분을 정확히 이해하여 선택지나 <보기>의 내용이 올바른지 판단하는 유형이다.

유형 특징

이 유형은 기본적으로 발문에 포인트가 없어, 선택지나 <보기>에서 키워드를 잡은 후 관련된 법조문과 매칭해서 해결해야 한다. 제시된 법조문은 조문 제목인 표제가 있거나 표제가 없는 형태로 제시되며, 표제의 유무에 따라 문제 풀이 접근법 및 풀이법이 다르다. 대표적인 발문의 형태는 다음과 같다.

· 다음 규정을 근거로 판단할 때, <보기>에서 옳은 것을/옳지 않은 것을 모두 고르면?
· 다음 글을 근거로 판단할 때, <보기>에서 옳은 것만을 모두 고르면?
· 다음 A국의 규정을 근거로 판단할 때 옳은 것은?
· 다음 글을 근거로 판단할 때 옳은 것은?
· 동산 X를 甲, 乙, 丙 세 사람이 공유하고 있다. 다음 A국의 규정을 근거로 판단할 때, <보기>에서 옳은 것만을 모두 고르면?

출제 경향

· 법조문형의 '일치부합형'은 법조문형에서 가장 기본이 되는 유형이면서 가장 출제 비중이 높은 유형이다. 7급 공채 PSAT에서는 2020년 모의평가에서는 법조문형 총 6문제 중 한 문제도 없었는데, 2021년에는 9문제 중 5문제가, 2022년에는 총 5문제 중 3문제가, 2023년에는 7문제 중 7문제가, 2024년에 5문제 중 4문제가 출제되어 출제 비중이 매우 높았고, 2025년에도 2023년과 마찬가지로 법조문형 7문제 모두 일치부합형으로 출제되었다.

· 2021~2025년 7급 공채 PSAT에서 법조문형의 '일치부합형'에 속하는 문제는 매년 모두 평이하게 출제되었다. 일반적으로 정답률은 80%대 중반인데 높으면 90%대 중반까지 올라가기도 한다. 따라서 법조문형의 '일치부합형'은 속도와 정확도를 모두 잡아야 하는 유형이다.

문제풀이 핵심 전략

STEP 1 | 선택지나 <보기>에서 키워드를 체크한다.

√ 선택지나 <보기>에서 대표할 수 있는 용어 또는 서술어를 키워드로 체크한다.

√ 키워드를 파악하기 쉽도록 키워드에 ○, △, 밑줄 등으로 표시한다.

STEP 2 | 제시된 법조문에서 표제의 유무를 확인한 후, 표제의 유무에 따라 문제를 풀이한다.

[표제가 있는 경우]

√ 각 조문별 표제를 확인하고, 조문별로 어떤 내용을 포함하고 있는지 파악한다.

√ 선택지나 <보기>의 키워드와 유사한 표제의 조문을 찾아 비교한다.

√ 표제가 있는 조문의 항이 여러 개로 구성된 경우, 각 항의 효과 부분을 확인한 후, 선택지나 <보기>의 키워드와 연결되는 항을 매칭하여 비교한다.

[표제가 없는 경우]

√ 각 항마다 효과 부분에서 키워드를 체크한다.

√ 여러 항 중 동일한 효과 부분이 있다면 효과 부분 외에 주어나 목적어 등을 키워드로 체크한다.

√ 선택지나 <보기>의 키워드와 관련된 항을 찾아 서로 비교한다.

문제풀이 핵심 전략 적용

기출 예제

다음 글을 근거로 판단할 때, <보기>에서 옳은 것만을 모두 고르면? 14 민경채 A 18

제00조 ① 개발부담금을 징수할 수 있는 권리(개발부담금 징수권)와 개발부담금의 과오납금을 환급받을 권리(환급청구권)는 행사할 수 있는 시점부터 5년간 행사하지 아니하면 소멸시효가 완성된다.
② 제1항에 따른 개발부담금 징수권의 소멸시효는 다음 각 호의 어느 하나의 사유로 중단된다.
1. 납부고지
2. 납부독촉
3. 교부청구
4. 압류

③ 제2항에 따라 중단된 소멸시효는 다음 각 호의 어느 하나에 해당하는 기간이 지난 시점부터 새로이 진행한다.
1. 고지한 납부기간
2. 독촉으로 재설정된 납부기간
3. 교부청구 중의 기간
4. 압류해제까지의 기간

④ 제1항에 따른 환급청구권의 소멸시효는 환급청구권 행사로 중단된다.

※ 개발부담금이란 개발이익 중 국가가 부과·징수하는 금액을 말한다.
※ 소멸시효는 일정한 기간 권리자가 권리를 행사하지 않으면 권리가 소멸하는 것을 말한다.

〈보 기〉

ㄱ. 개발부담금 징수권의 소멸시효는 고지한 납부기간이 지난 시점부터 중단된다.
ㄴ. 국가가 개발부담금을 징수할 수 있는 때로부터 3년간 징수하지 않으면 개발부담금 징수권의 소멸시효가 완성된다.
ㄷ. 국가가 개발부담금을 징수할 수 있는 날로부터 2년이 경과한 후 납부의무자에게 납부고지하면, 개발부담금 징수권의 소멸시효가 중단된다.
ㄹ. 납부의무자가 개발부담금을 기준보다 많이 납부한 경우, 그 환급을 받을 수 있는 때로부터 환급청구권을 3년간 행사하지 않으면 소멸시효가 완성된다.

① ㄱ
② ㄷ
③ ㄱ, ㄹ
④ ㄴ, ㄷ
⑤ ㄴ, ㄹ

STEP 1

각 <보기>에서 대표할 수 있는 용어 또는 서술어를 키워드로 체크하고, 키워드를 파악하기 쉽도록 키워드에 ○, △, 밑줄 등으로 표시한다. <보기>에서 서술어를 키워드로 체크하면 ㄱ은 '중단', ㄴ은 '완성', ㄷ은 '중단', ㄹ은 '완성'이므로 이를 표시한다.

STEP 2

제시된 법조문에서 표제의 유무를 확인한 후, 표제의 유무에 따라 문제를 풀이한다. 이 문제의 경우 표제가 없으므로 각 항마다 효과 부분에서 키워드를 체크하면 제1항은 '완성', 제2항은 '중단', 제3항은 '진행', 제4항은 '중단'이다. 이때 제2항과 제4항의 효과 부분이 '중단'으로 동일하므로 효과 부분 외에 주어를 추가로 체크한다. 이에 따라 제2항은 '개발부담금 징수권의 소멸시효', 제4항은 '환급청구권의 소멸시효'를 체크한 후, 선택지나 <보기>의 키워드와 매칭되는 항을 찾아 서로 비교한다.

ㄷ. 키워드는 '중단'이고, '개발부담금 징수권의 소멸시효'를 제시하고 있으므로 법조문 제2항과 비교한다. 법조문 제2항에서 납부고지를 하면 개발부담금 징수권의 소멸시효는 중단된다고 했으므로 국가가 개발부담금을 징수할 수 있는 날로부터 2년이 경과한 후 납부의무자에게 납부고지하면, 개발부담금 징수권의 소멸시효가 중단됨을 알 수 있다.

따라서 정답은 ②이다.

오답 체크

ㄱ. 키워드는 '중단'이고, '개발부담금 징수권의 소멸시효'를 제시하고 있으므로 법조문 제2항과 먼저 비교한다. 법조문 제2항에서 중단 사유 중 '고지한 납부기간'이 없고, 법조문 제3항에서 중단된 소멸시효는 고지한 납부기간이 지난 시점부터 소멸시효가 새로이 진행된다고 했으므로 개발부담금 징수권의 소멸시효는 고지한 납부기간이 지난 시점부터 중단되는 것이 아닌 소멸시효가 새로이 진행됨을 알 수 있다.

ㄴ. 키워드는 '완성'이므로 법조문 제1항과 비교한다. 법조문 제1항에서 개발부담금 징수권은 3년이 아닌 5년간 행사하지 아니하면 소멸시효가 완성됨을 알 수 있다.

ㄹ. 키워드는 '완성'이므로 법조문 제1항과 비교한다. 환급청구권은 3년이 아닌 5년간 행사하지 아니하면 소멸시효가 완성됨을 알 수 있다.

유형공략문제

실력 UP 포인트

문제 풀이 후 확인하기

1. <보기>의 서술어를 키워드로 체크하면 각각 무엇인가?

2. 네 번째 법조문의 키워드는 무엇인가?

3. 네 번째 법조문의 키워드가 연결되는 <보기>는 무엇인가?

[정답]

1. ㄱ: 취소
   ㄴ: 면제
   ㄷ: 보상
   ㄹ: 신청
2. 제1항: 취소, 각 호의 어느 하나에 해당하는 경우
   제2항: 취소, 사용·수익을 허가한 행정자산을 국가나 지방자치단체가 직접 공용 또는 공공용으로 사용하기 위하여 필요로 하게 된 경우
   제3항: 보상
   제1항과 제2항의 경우 키워드가 '취소'로 동일하므로 주어나 목적어를 키워드로 체크한다.
3. ㄱ, ㄷ
   ㄱ은 '취소'의 키워드를 제시하고 있으므로 제4조 제1항 또는 제4조 제2항과 관련된다. ㄷ은 '보상'의 키워드를 제시하고 있으므로 제4조 제3항과 관련된다.

01. 다음 글을 근거로 판단할 때, <보기>에서 옳은 것만을 모두 고르면? 19 민경채 나 01

제00조 지방자치단체의 장은 행정재산에 대하여 그 목적 또는 용도에 장애가 되지 않는 범위에서 사용 또는 수익을 허가할 수 있다.

제00조 ① 행정재산의 사용·수익허가기간은 그 허가를 받은 날부터 5년 이내로 한다.

② 지방자치단체의 장은 허가기간이 끝나기 전에 사용·수익허가를 갱신할 수 있다.

③ 제2항에 따라 사용·수익허가를 갱신 받으려는 자는 사용·수익허가기간이 끝나기 1개월 전에 지방자치단체의 장에게 사용·수익허가의 갱신을 신청하여야 한다.

제00조 ① 지방자치단체의 장은 행정재산의 사용·수익을 허가하였을 때에는 매년 사용료를 징수한다.

② 지방자치단체의 장은 행정재산의 사용·수익을 허가할 때 다음 각 호의 어느 하나에 해당하면 제1항에도 불구하고 그 사용료를 면제할 수 있다.

1. 국가나 다른 지방자치단체가 직접 해당 행정재산을 공용·공공용 또는 비영리 공익사업용으로 사용하려는 경우
2. 천재지변이나 재난을 입은 지역주민에게 일정기간 사용·수익을 허가하는 경우

제00조 ① 지방자치단체의 장은 행정재산의 사용·수익허가를 받은 자가 다음 각 호의 어느 하나에 해당하면 그 허가를 취소할 수 있다.

1. 지방자치단체의 장의 승인 없이 사용·수익의 허가를 받은 행정재산의 원상을 변경한 경우
2. 해당 행정재산의 관리를 게을리하거나 그 사용 목적에 위배되게 사용한 경우

② 지방자치단체의 장은 사용·수익을 허가한 행정재산을 국가나 지방자치단체가 직접 공용 또는 공공용으로 사용하기 위하여 필요로 하게 된 경우에는 그 허가를 취소할 수 있다.

③ 제2항의 경우에 그 취소로 인하여 해당 허가를 받은 자에게 손실이 발생한 경우에는 이를 보상한다.

〈보 기〉

ㄱ. A시의 장은 A시의 행정재산에 대하여 B기업에게 사용허가를 했더라도 국가가 그 행정재산을 직접 공용으로 사용하기 위해 필요로 하게 된 경우, 그 허가를 취소할 수 있다.

ㄴ. C시의 행정재산에 대하여 C시의 장이 천재지변으로 주택을 잃은 지역주민에게 임시 거처로 사용하도록 허가한 경우, C시의 장은 그 사용료를 면제할 수 있다.

ㄷ. D시의 행정재산에 대하여 사용허가를 받은 E기업이 사용 목적에 위배되게 사용한다는 이유로 허가가 취소되었다면, D시의 장은 E기업의 손실을 보상하여야 한다.

ㄹ. 2014년 3월 1일에 5년 기한으로 F시의 행정재산에 대하여 수익허가를 받은 G가 허가 갱신을 받으려면, 2019년 2월 28일까지 허가 갱신을 신청하여야 한다.

① ㄱ, ㄴ ② ㄴ, ㄷ ③ ㄷ, ㄹ
④ ㄱ, ㄴ, ㄹ ⑤ ㄴ, ㄷ, ㄹ

02. 다음 글을 근거로 판단할 때 옳은 것은?

13 민경채 인 05

법 제00조(정의) 이 법에서 "재외동포"란 다음 각 호의 어느 하나에 해당하는 자를 말한다.

1. 대한민국의 국민으로서 외국의 영주권(永住權)을 취득한 자 또는 영주할 목적으로 외국에 거주하고 있는 자(이하 "재외국민"이라 한다)
2. 대한민국의 국적을 보유하였던 자(대한민국정부 수립 전에 국외로 이주한 동포를 포함한다) 또는 그 직계비속(直系卑屬)으로서 외국국적을 취득한 자 중 대통령령으로 정하는 자(이하 "외국국적동포"라 한다)

시행령 제00조(재외국민의 정의) ① 법 제00조 제1호에서 "외국의 영주권을 취득한 자"라 함은 거주국으로부터 영주권 또는 이에 준하는 거주목적의 장기체류자격을 취득한 자를 말한다.

② 법 제00조 제1호에서 "영주할 목적으로 외국에 거주하고 있는 자"라 함은 해외이주자로서 거주국으로부터 영주권을 취득하지 아니한 자를 말한다.

제00조(외국국적동포의 정의) 법 제00조 제2호에서 "대한민국의 국적을 보유하였던 자(대한민국정부 수립 이전에 국외로 이주한 동포를 포함한다) 또는 그 직계비속으로서 외국국적을 취득한 자 중 대통령령이 정하는 자"란 다음 각 호의 어느 하나에 해당하는 자를 말한다.

1. 대한민국의 국적을 보유하였던 자(대한민국정부 수립 이전에 국외로 이주한 동포를 포함한다. 이하 이 조에서 같다)로서 외국국적을 취득한 자
2. 부모의 일방 또는 조부모의 일방이 대한민국의 국적을 보유하였던 자로서 외국국적을 취득한 자

① 대한민국 국민은 재외동포가 될 수 없다.

② 재외국민이 되기 위한 필수 요건은 거주국의 영주권 취득이다.

③ 할아버지가 대한민국 국적을 보유하였던 미국 국적자는 재외국민이다.

④ 대한민국 국민으로서 회사업무를 위해 중국출장 중인 사람은 외국국적동포이다.

⑤ 과거에 대한민국 국적을 보유하였던 자로서 현재 브라질 국적을 취득한 자는 외국국적동포이다.

문제 풀이 후 확인하기

실력 UP 포인트

1. 법조문의 내용에 따를 때, 다음 빈칸에 들어갈 말은 무엇인가?

   재외동포는 (　　) 또는 (　　) 에 해당하는 자를 말한다.

2. 법조문에서 요건이 여러 개일 때 주의해서 확인해야 할 점은 무엇인가?

[정답]

1. 재외국민, 외국국적동포
2. 요건이 'and'로 연결되는지 'or'로 연결되는지 확인해야 한다.

실력 UP 포인트

문제 풀이 후 확인하기

1. 초일을 산입하지 않고 2021년 8월 30일부터 6개월 이내에 우수기업 신청을 해야 한다면, 신청은 언제까지 해야 하는가?

2. 법조문의 내용에 따를 때, 다음 빈칸에 들어갈 말은 각각 무엇인가?

   A부 장관은 인증받은 우수기업을 6개월마다 재평가하여
   1) 거짓이나 그 밖의 부정한 방법으로 인증을 받은 경우 인증을 (　　　　)
   2) 양도·양수·합병 등에 의하여 인증받은 요건이 변경된 경우 인증을 (　　　　)

[정답]

1. 2022년 2월 28일
2. 1) 취소하여야 한다.
   2) 취소할 수 있다.

03. 다음 글을 근거로 판단할 때 옳은 것은?

22 7급공채 가 01

> 제00조 재해경감 우수기업(이하 '우수기업'이라 한다)이란 재난으로부터 피해를 최소화하기 위한 재해경감활동으로 우수기업 인증을 받은 기업을 말한다.
>
> 제00조 ① 우수기업으로 인증받고자 하는 기업은 A부 장관에게 신청하여야 한다.
>
> ② A부 장관은 제1항에 따라 신청한 기업의 재해경감활동에 대하여 다음 각 호의 기준에 따라 평가를 실시하고 우수기업으로 인증할 수 있다.
>
> 1. 재난관리 전담조직을 갖출 것
> 2. 매년 1회 이상 종사자에게 재난관리 교육을 실시할 것
> 3. 재해경감활동 비용으로 총 예산의 5% 이상 할애할 것
> 4. 방재관련 인력을 총 인원의 2% 이상 갖출 것
>
> ③ 제2항 각 호의 충족 여부는 매년 1월 말을 기준으로 평가하며, 모든 요건을 갖춘 경우 우수기업으로 인증한다. 다만 제3호의 경우 최초 평가에 한하여 해당 기준을 3개월 내에 충족할 것을 조건으로 인증할 수 있다.
>
> ④ 제3항에서 정하는 평가 및 인증에 소요되는 비용은 신청하는 자가 부담한다.
>
> 제00조 A부 장관은 인증받은 우수기업을 6개월마다 재평가하여 다음 각 호의 어느 하나에 해당하는 때에는 인증을 취소할 수 있다. 다만 제1호의 경우에는 인증을 취소하여야 한다.
>
> 1. 거짓이나 그 밖의 부정한 방법으로 인증을 받은 경우
> 2. 인증 평가기준에 미달되는 경우
> 3. 양도·양수·합병 등에 의하여 인증받은 요건이 변경된 경우

① 처음 우수기업 인증을 받고자 하는 甲기업이 총 예산의 4%를 재해경감활동 비용으로 할애하였다면, 다른 모든 기준을 충족하였더라도 우수기업으로 인증받을 여지가 없다.

② A부 장관이 乙기업을 평가하여 2022. 2. 25. 우수기업으로 인증한 경우, A부 장관은 2022. 6. 25.까지 재평가를 해야 한다.

③ 丙기업이 우수기업 인증을 신청하는 경우, 인증에 소요되는 비용은 A부 장관이 부담한다.

④ 丁기업이 재난관리 전담조직을 갖춘 것처럼 거짓으로 신청서를 작성하여 우수기업으로 인증을 받은 경우라도, A부 장관은 인증을 취소하지 않을 수 있다.

⑤ 우수기업인 戊기업이 己기업을 흡수합병하면서 재평가 당시 일시적으로 방재관련 인력이 총 인원의 1.5%가 되었더라도, A부 장관은 戊기업의 인증을 취소하지 않을 수 있다.

04. 다음 글을 근거로 판단할 때 옳은 것은?

23 7급공채 인 25

제○○조(정의) 이 법에서 사용하는 용어의 뜻은 다음과 같다.
1. "한부모가족"이란 모자가족 또는 부자가족을 말한다.
2. "모(母)" 또는 "부(父)"란 다음 각 목의 어느 하나에 해당하는 자로서 아동인 자녀를 양육하는 자를 말한다.
   가. 배우자와 사별 또는 이혼하거나 배우자로부터 유기된 자
   나. 정신이나 신체의 장애로 장기간 노동능력을 상실한 배우자를 가진 자
   다. 교정시설·치료감호시설에 입소한 배우자 또는 병역복무 중인 배우자를 가진 자
   라. 미혼자
3. "아동"이란 18세 미만(취학 중인 경우에는 22세 미만을 말하되, 병역의무를 이행하고 취학 중인 경우에는 병역의무를 이행한 기간을 가산한 연령 미만을 말한다)의 자를 말한다.

제□□조(지원대상자의 범위) ① 이 법에 따른 지원대상자는 제○○조 제1호부터 제3호까지의 규정에 해당하는 자로 한다.
② 제1항에도 불구하고 부모가 사망하거나 그 생사가 분명하지 아니한 아동을 양육하는 조부 또는 조모는 이 법에 따른 지원대상자가 된다.

제△△조(복지 급여 등) ① 국가나 지방자치단체는 지원대상자의 복지 급여 신청이 있으면 다음 각 호의 복지 급여를 실시하여야 한다.
1. 생계비
2. 아동교육지원비
3. 아동양육비

② 이 법에 따른 지원대상자가 다른 법령에 따라 지원을 받고 있는 경우에는 그 범위에서 이 법에 따른 급여를 실시하지 아니한다. 다만, 제1항 제3호의 아동양육비는 지급할 수 있다.
③ 제1항 제3호의 아동양육비를 지급할 때에 다음 각 호의 어느 하나에 해당하는 경우에는 예산의 범위에서 추가적인 복지 급여를 실시하여야 한다.
1. 미혼모나 미혼부가 5세 이하의 아동을 양육하는 경우
2. 34세 이하의 모 또는 부가 아동을 양육하는 경우

① 5세인 자녀를 홀로 양육하는 자가 지원대상자가 되기 위해서는 미혼자여야 한다.

② 배우자와 사별한 자가 18개월간 병역의무를 이행한 22세의 대학생 자녀를 양육하는 경우, 지원대상자가 될 수 없다.

③ 부모의 생사가 불분명한 6세인 손자를 양육하는 조모에게는 복지 급여 신청이 없어도 생계비를 지급하여야 한다.

④ 30세인 미혼모가 5세인 자녀를 양육하는 경우, 아동양육비를 지급할 때 추가적인 복지 급여를 실시할 수 없다.

⑤ 지원대상자가 다른 법령에 따른 지원을 받고 있는 경우에도 국가나 지방자치단체는 아동양육비를 지급할 수 있다.

정답·해설 p.317

문제 풀이 후 확인하기

실력 UP 포인트

1. 이 법에 따른 지원대상자가 다른 법령에 따라 지원을 받고 있더라도 급여를 실시할 수 있는 복지 급여는 무엇인가?

2. 제○○조(정의) 제2호의 각 목, 제△△조(복지 급여 등) 제3항의 각 호 간의 관계는 무엇인가?

[정답]

1. 아동양육비
2. or 관계
   요건이 각 호 또는 각 목으로 열거된 경우 and 관계인지 or 관계인지를 구분하여야 한다.

유형 8 응용형

유형 소개

법조문형의 '응용형'은 단순히 내용의 일치부합 여부를 판단하는 것이 아니라, 제시된 법조문의 내용을 이해한 후, 선택지나 <보기>에 이를 응용·적용하거나 제시된 법조문의 내용을 <상황> 또는 <정보> 등에 응용·적용하여 선택지나 <보기>의 옳고 그름을 판단하는 유형이다.

유형 특징

이 유형은 법과 관련된 지문이 제시되고, 선택지나 <보기>는 해당 법조문의 내용을 응용·적용했을 때 올바른지를 판단하는 내용으로 구성된다. 또한 <상황>이나 <정보> 등이 추가로 제시되기도 한다. 텍스트형의 응용형과 지문의 형태에만 차이가 있을 뿐, 특징이나 풀이법은 동일하다.

출제 경향

- 법조문형의 '응용형'은 2020년 7급 PSAT 모의평가에서 5문제가 출제되어 출제 비중이 높았는데, 2021년 실제 시험이 도입된 이후로는 출제비중이 높지 않았다. 2021년에는 9문제 중 2문제가, 2022년에는 5문제 중 2문제가, 2023년에는 한 문제도 출제되지 않았고, 2024년에는 5문제 중 1문제가 출제되었고, 2025년에는 법조문형 모든 문제가 일치부합형으로 출제되어 응용형은 출제되지 않았다.
- 2020년 7급 PSAT 모의평가에 출제된 응용형의 문제는 <상황>이 주어지기도 했고 난도는 다소 높았으나, 이후 2021년, 2022년, 2024년 7급 공채 PSAT에 출제된 응용형의 난도는 평이하였다. 응용형은 제시문이 까다롭게 주어지거나 또는 어려운 소재가 활용되는 경우, <상황>이 복잡하게 주어지는 경우에는 난도가 상승할 수 있는 유형이므로, 기출문제를 모두 풀어보면서 충분히 연습해 두어야 한다.

문제풀이 핵심 전략

STEP 1 | 지문을 읽기 전에 지문에 제시된 정보가 무엇인지, 추가로 제시된 정보가 있는지, 선택지나 <보기>에 반복적으로 나타나는 키워드가 무엇인지 체크한다.

√ 발문에 큰 특징이 없는 문제가 대부분이므로 지문과 정보, 선택지나 <보기> 등을 통해 유형을 파악한다.

√ 지문에 줄글 외에 표 등으로 정리된 정보가 제시되는 문제, 선택지나 <보기>에 키워드가 반복적으로 등장하는 문제, 지문 외에 정보가 추가로 제시되는 문제는 응용형이다.

STEP 2 | 지문을 읽으면서 선택지나 <보기>와 관련된 내용을 이해한 후 이를 응용·적용한다.

√ 지문을 처음부터 차근차근 읽으며 선택지나 <보기>와 관련된 내용이 나올 경우 선택지나 <보기>를 확인하여 지문의 내용과 비교한다.

√ 지문에서 선택지나 <보기>의 키워드와 관련 있는 부분을 먼저 찾고 해당 부분만 읽으며 내용을 비교할 수 있다.

√ <상황>이나 <정보> 등이 추가로 제시된 경우, 상황 속 인물들의 관계나 상황이 발생한 시기 등을 정확히 정리한다. 이때, 경우에 따라서는 <상황>이나 <정보> 등을 읽지 않고도 정답이 도출되는 문제가 있으므로 <상황>이나 <정보> 등의 추가 정보는 문제 해결에 반드시 필요한 부분만 활용한다.

길규범쌤의 응급처방

법 관련 지문을 읽을 때 유의 사항

· 법조문이나 법 소재의 지문을 읽을 때는 예외나 단서 조항을 놓치지 않도록 유의해야 한다. 최근 기출문제들은 예외나 단서 조항을 활용하여 함정을 파는 경우가 매우 많다.

문제풀이 핵심 전략 적용

기출 예제

다음 규정을 근거로 판단할 때, <보기>에서 옳은 것을 모두 고르면? 11 민경채 인 14

제00조(감사) ① 감사는 총회에서 선임한다.
② 감사는 감사업무를 총괄하며, 감사결과를 총회에 서면으로 보고하여야 한다.
제00조(감사의 보조기구) ① 감사는 직무수행을 위하여 감사인과 직원으로 구성된 보조기구를 둔다.
② 단체장은 다음 각 호의 어느 하나에 해당하는 자를 감사인으로 임명할 수 있다.
1. 4급 이상으로 그 근무기간이 1년 이상이 경과된 자로서, 계약심사·IT·회계·인사분야 업무에서 3년 이상 근무한 경력이 있는 자
2. 공인회계사(CPA), 공인내부감사사(CIA) 또는 정보시스템감사사(CISA) 자격증을 갖고 있는 직원

③ 제2항에도 불구하고 다음 각 호의 결격사유 중 어느 하나에 해당하는 자는 감사인이 될 수 없다.
1. 형사처벌을 받은 자
2. 징계 이상의 처분을 받은 날로부터 3년이 경과되지 않은 자

④ 감사가 당해 감사업무에 필요하다고 인정할 때에는 소관부서장과 협의하여 그 소속 직원으로 하여금 감사업무를 수행하게 할 수 있다.

〈보 기〉

ㄱ. 계약심사 업무를 4년 간 담당한 5급 직원 甲은 원칙적으로 감사인으로 임명될 수 있다.
ㄴ. 정보시스템감사사 자격증을 가지고 있고 규정에 정한 결격사유가 없는 경력 2년의 5급 직원 乙은 감사인으로 임명될 수 있다.
ㄷ. 2년 전 징계를 받은 적이 있고 공인내부감사사 자격증을 가지고 있는 직원 丙은 감사인으로 임명될 수 있다.
ㄹ. 감사는 인사부서장과 협의하여, 계약심사 업무를 2년 간 담당하고 현재 인사부서에서 일하고 있는 5급 직원 丁으로 하여금 감사업무를 수행하게 할 수 있다.

① ㄱ, ㄴ
② ㄱ, ㄷ
③ ㄴ, ㄷ
④ ㄴ, ㄹ
⑤ ㄷ, ㄹ

STEP 1

<보기> ㄱ, ㄴ, ㄷ에 키워드 '임명'이 반복적으로 나타나므로 응용형 문제임을 알 수 있다.

STEP 2

임명과 관련된 내용이 나오는 두 번째 법조문(감사의 보조기구) 제2항 및 제3항을 정리하면 감사인의 자격요건은 1) 4급 이상으로 그 근무기간이 1년 이상이 경과된 자로서, 계약심사·IT·회계·인사분야 업무에서 3년 이상 근무한 경력이 있는 자 또는 2) 공인회계사(CPA), 공인내부감사사(CIA) 또는 정보시스템감사사(CISA) 자격증을 갖고 있는 직원이다.

그럼에도 불구하고 1) 형사처벌을 받은 자 또는 2) 징계 이상의 처분을 받은 날로부터 3년이 경과되지 않은 자는 결격사유에 해당하므로 감사인이 될 수 없다. 해당 내용과 <보기>를 매칭하여 비교하면 다음과 같다.

ㄴ. 감사인의 자격요건 1) 또는 2) 중에서 乙은 2)에 해당하고 규정에서 정한 결격사유도 없으므로 감사인으로 임명될 수 있다.

ㄹ. 丁은 감사인으로 임명되는 것이 아니므로 두 번째 조문 제2항과 제3항을 검토할 필요가 없다. 두 번째 법조문 제4항에서 감사가 당해 감사업무에 필요하다고 인정할 때에는 소관부서장과 협의하여 그 소속 직원으로 하여금 감사업무를 수행하게 할 수 있다고 했으므로 감사가 당해 감사업무에 필요하다고 인정할 때에는 소관부서장인 인사부서장과 협의하여 그 소속직원인 丁으로 하여금 감사업무를 수행하게 할 수 있다.

따라서 정답은 ④이다.

오답 체크

ㄱ. 직원 甲은 자격요건 중 1)과 관련해서 판단할 수 있다. ⓐ 4급 이상으로 그 근무기간이 1년 이상이 경과된 자, ⓑ 계약심사·IT·회계·인사분야 업무에서 3년 이상 근무한 경력이 있는 자라는 ⓐ, ⓑ 요건을 모두 갖추어야 하는데, 甲은 ⓑ의 요건은 갖추었지만 5급 직원이므로 ⓐ의 요건은 갖추지 못하였다. 따라서 직원 甲은 감사인으로 임명될 수 없다.

ㄷ. 직원 丙은 결격사유 중 2)에 해당하므로 감사인으로 임명될 수 없다.

유형공략문제

실력 UP 포인트

문제 풀이 후 확인하기

1. 지문에 제시된 각 조항의 키워드는 무엇인가?

2. 각 선택지의 키워드는 무엇인가?

[정답]

1. ① 변경을 신청
   ② 결정을 청구
   ③ 변경, 통지
   ④ 변경을 신청
   ⑤ 통지, 이의신청
2. ① 청구
   ② 변경
   ③ 변경
   ④ 변경 신청
   ⑤ 이의신청

01. 다음 글과 <상황>을 근거로 판단할 때 옳은 것은? 21 7급공채 나 01

제00조 ① 다음 각 호의 어느 하나에 해당하는 사람은 주민등록지의 시장(특별시장·광역시장은 제외하고 특별자치도지사는 포함한다. 이하 같다)·군수 또는 구청장에게 주민등록번호(이하 '번호'라 한다)의 변경을 신청할 수 있다.

1. 유출된 번호로 인하여 생명·신체에 위해를 입거나 입을 우려가 있다고 인정되는 사람
2. 유출된 번호로 인하여 재산에 피해를 입거나 입을 우려가 있다고 인정되는 사람
3. 성폭력피해자, 성매매피해자, 가정폭력피해자로서 유출된 번호로 인하여 피해를 입거나 입을 우려가 있다고 인정되는 사람

② 제1항의 신청 또는 제5항의 이의신청을 받은 주민등록지의 시장·군수·구청장(이하 '시장 등'이라 한다)은 ○○부의 주민등록번호변경위원회(이하 '변경위원회'라 한다)에 번호변경 여부에 관한 결정을 청구해야 한다.

③ 주민등록지의 시장 등은 변경위원회로부터 번호변경 인용결정을 통보받은 경우에는 신청인의 번호를 다음 각 호의 기준에 따라 지체 없이 변경하고 이를 신청인에게 통지해야 한다.

1. 번호의 앞 6자리(생년월일) 및 뒤 7자리 중 첫째 자리는 변경할 수 없음
2. 제1호 이외의 나머지 6자리는 임의의 숫자로 변경함

④ 제3항의 번호변경 통지를 받은 신청인은 주민등록증, 운전면허증, 여권, 장애인등록증 등에 기재된 번호의 변경을 위해서는 그 번호의 변경을 신청해야 한다.

⑤ 주민등록지의 시장 등은 변경위원회로부터 번호변경 기각결정을 통보받은 경우에는 그 사실을 신청인에게 통지해야 하며, 신청인은 통지를 받은 날부터 30일 이내에 그 시장 등에게 이의신청을 할 수 있다.

〈상 황〉

甲은 주민등록번호 유출로 인해 재산상 피해를 입게 되자 주민등록번호 변경신청을 하였다. 甲의 주민등록지는 A광역시 B구이고, 주민등록번호는 980101－23456□□이다.

① A광역시장이 주민등록번호변경위원회에 甲의 주민등록번호 변경 여부에 관한 결정을 청구해야 한다.

② 주민등록번호변경위원회는 번호변경 인용결정을 하면서 甲의 주민등록번호를 다른 번호로 변경할 수 있다.

③ 주민등록번호변경위원회의 번호변경 인용결정이 있는 경우, 甲의 주민등록번호는 980101－45678□□으로 변경될 수 있다.

④ 甲의 주민등록번호가 변경된 경우, 甲이 운전면허증에 기재된 주민등록번호를 변경하기 위해서는 변경신청을 해야 한다.

⑤ 甲은 번호변경 기각결정을 통지받은 날부터 30일 이내에 주민등록번호변경위원회에 이의신청을 할 수 있다.

02. 다음 A국의 법률을 근거로 할 때, ○○장관의 조치로 옳지 않은 것은? 12 민경채 인 14

> 제00조(출국의 금지) ① ○○장관은 다음 각 호의 어느 하나에 해당하는 사람에 대하여는 6개월 이내의 기간을 정하여 출국을 금지할 수 있다.
> 1. 형사재판에 계류 중인 사람
> 2. 징역형이나 금고형의 집행이 끝나지 아니한 사람
> 3. 1천만 원 이상의 벌금이나 2천만 원 이상의 추징금을 내지 아니한 사람
> 4. 5천만 원 이상의 국세·관세 또는 지방세를 정당한 사유 없이 그 납부기한까지 내지 아니한 사람
>
> ② ○○장관은 범죄 수사를 위하여 출국이 적당하지 아니하다고 인정되는 사람에 대하여는 1개월 이내의 기간을 정하여 출국을 금지할 수 있다. 다만 다음 각 호에 해당하는 사람은 그 호에서 정한 기간으로 한다.
> 1. 소재를 알 수 없어 기소중지결정이 된 사람 또는 도주 등 특별한 사유가 있어 수사진행이 어려운 사람: 3개월 이내
> 2. 기소중지결정이 된 경우로서 체포영장 또는 구속영장이 발부된 사람: 영장 유효기간 이내

① 사기사건으로 인해 유죄판결을 받고 현재 고등법원에서 항소심이 진행 중인 甲에 대하여 5개월간 출국을 금지할 수 있다.

② 추징금 2천 5백만 원을 내지 않은 乙에 대하여 3개월간 출국을 금지할 수 있다.

③ 소재를 알 수 없어 기소중지결정이 된 강도사건 피의자 丙에 대하여 2개월간 출국을 금지할 수 있다.

④ 징역 2년을 선고받고 그 집행이 끝나지 않은 丁에 대하여 3개월간 출국을 금지할 수 있다.

⑤ 정당한 사유 없이 2천만 원의 지방세를 납부기한까지 내지 않은 戊에 대하여 4개월간 출국을 금지할 수 있다.

정답 · 해설 p.319

문제 풀이 후 확인하기

실력 UP 포인트

1. 이 문제에서 응용형 문제임을 확인할 수 있는 특징은 무엇인가?

2. 출국 금지와 관련된 내용을 정리할 때 어떤 부분을 중점적으로 정리해야 하는가?

[정답]

1. 선택지의 키워드에 모두 '출국을 금지할 수 있다.'가 반복된다. 따라서 제시된 법조문에서 출국을 금지할 수 있는 상황인지를 파악하는 응용형 문제임을 알 수 있다.
2. 출국금지 기간별 요건을 중점적으로 정리해야 한다.

유형 9 법계산형

유형 소개

'법계산형'은 법조문 또는 법 관련 소재가 지문으로 제시되고, 이를 이해한 후 내용을 적용·응용하여 계산함으로써 해결하는 유형이다.

유형 특징

이 유형은 발문에 포인트가 있기 때문에 발문 포인트형에 속하나, 체감 난도가 높은 문제이므로 유형을 따로 구분하여 파악한다. 세금 계산, 의사·의결정족수 계산, 상속액 계산, (정당)보조금 계산, 여비 계산 등 계산과 관련된 법조문이 제시되거나, 그 밖에 법조문 소재의 계산의 근거가 되는 지문이 제시된다. 시기(기간)을 계산하거나 금액을 계산하는 것이 가장 일반적이다. 대표적인 발문의 형태는 다음과 같다.

- A국에서는 부동산을 매매·상속 등의 방법으로 취득하는 사람은 취득세, 농어촌특별세, 등록세, 지방교육세를 납부하여야 한다. 다음 글을 근거로 할 때, 자경농민인 甲이 공시지가 3억 5천만 원의 농지를 상속받아 주변농지의 시가 5억 원으로 신고한 경우, 甲이 납부하여야 할 세금액은?
- 다음 글을 근거로 판단할 때, <사례>에서 甲이 乙에게 지급을 청구하여 받을 수 있는 최대 손해배상액은?
- 다음 규정과 서울에서 대전으로 출장을 다녀온 <甲의 지출내역>에 근거하였을 때, 甲이 정산 받는 여비의 총액은?
- 다음 글과 <상황>을 근거로 판단할 때, 甲이 납부해야 할 수수료를 옳게 짝지은 것은?

출제 경향

- '법계산형'은 자주 출제되는 편은 아니지만, 5급 공채 PSAT에서는 법계산형의 문제가 출제될 경우 변별력 있는 문제가 되는 경우가 많으므로 반드시 대비가 필요한 유형이다. 민간경력자 PSAT에서 2011년에 3문제, 2013년에 1문제, 2016년에 1문제, 2019년에 1문제가 출제된 이후 7급 공채 PSAT에서는 아직 출제되지 않았다. 민간경력자 PSAT에서 출제된 '법계산형'은 난도가 높지 않다.
- 5급 공채 PSAT에서는 법계산형에 해당하는 문제가 난도가 높은 변별력 있는 문제로 출제되는 경우가 많다. 세금, 과징금이나 과태료, 보조금 등의 금액 계산, 날짜 계산 등의 소재가 반복해서 출제되고 있다. 만약 처음 접하는 소재의 법계산형 문제가 출제된다면 풀이 시간 소요도 클 뿐만 아니라 체감 난도도 높을 수 있어 기존의 기출문제를 통해 법계산형을 빠르게 해결할 수 있는 스킬을 잘 대비해 둘 필요가 있다.

문제풀이 핵심 전략

STEP 1 | 소재나 발문을 통해 법계산형 문제임을 확인한다.

√ 의사·의결정족수, 세금액, 가산금, 상속액, (정당)보조금, 과징금, 수수료, 여비, 변제금액, 날짜(기간) 등을 계산해야 하는 소재가 출제되었다면 법계산형에 해당하는 문제이다.

STEP 2 | 계산 방법을 정확하게 파악한 후 문제를 풀이한다.

√ 제시된 지문에서 계산에 필요한 부분이 무엇인지 찾고, 해당 부분을 중심으로 내용을 이해한다. 특히 예외나 단서 조항을 반드시 체크한다.

√ 사례가 제시되어 해당 사례에 법조문의 내용을 적용해야 하는 경우, 사례에 등장하는 인물들의 관계나 금액, 시기 등을 정확히 정리한다.

문제풀이 핵심 전략 적용

기출 예제

다음 글과 <상황>을 근거로 판단할 때, 甲이 납부해야 할 수수료를 옳게 짝지은 것은?

19 민경채 나 03

특허에 관한 절차를 밟는 사람은 다음 각 호의 수수료를 내야 한다.

1. 특허출원료
   가. 특허출원을 국어로 작성된 전자문서로 제출하는 경우: 매건 46,000원. 다만 전자문서를 특허청에서 제공하지 아니한 소프트웨어로 작성하여 제출한 경우에는 매건 56,000원으로 한다.
   나. 특허출원을 국어로 작성된 서면으로 제출하는 경우: 매건 66,000원에 서면이 20면을 초과하는 경우 초과하는 1면마다 1,000원을 가산한 금액
   다. 특허출원을 외국어로 작성된 전자문서로 제출하는 경우: 매건 73,000원
   라. 특허출원을 외국어로 작성된 서면으로 제출하는 경우: 매건 93,000원에 서면이 20면을 초과하는 경우 초과하는 1면마다 1,000원을 가산한 금액
2. 특허심사청구료: 매건 143,000원에 청구범위의 1항마다 44,000원을 가산한 금액

〈상 황〉

甲은 청구범위가 3개 항으로 구성된 총 27면의 서면을 작성하여 1건의 특허출원을 하면서, 이에 대한 특허심사도 함께 청구한다.

	국어로 작성한 경우	외국어로 작성한 경우
①	66,000원	275,000원
②	73,000원	343,000원
③	348,000원	343,000원
④	348,000원	375,000원
⑤	349,000원	375,000원

STEP 1

소재가 수수료이고, 발문이 '甲이 납부해야 할 수수료'이므로 계산이 필요한 법계산형 문제임을 알 수 있다.

STEP 2

계산에 필요한 부분만 정확히 이해하여 빠르고 정확하게 문제를 풀이한다.

· 국어로 작성한 경우

특허출원료: 제1호 나목에 따라 계산한다. 매건 66,000원에 서면이 20면을 초과하는 경우 초과하는 1면마다 1,000원을 가산한 금액이므로 66,000+7,000=73,000원이다.

특허심사청구료: 제2호에 따라 계산한다. 매건 143,000원에 청구범위의 1항마다 44,000원을 가산한 금액이므로 143,000원+(44,000×3)=275,000원이다.

이에 따라 甲이 납부해야 할 수수료는 국어로 작성한 경우 73,000원+275,000원=348,000원이다.

· 외국어로 작성한 경우

특허출원료: 제1호 라목에 따라 계산한다. 매건 93,000원에 서면이 20면을 초과하는 경우 초과하는 1면마다 1,000원을 가산한 금액이므로 93,000원+7,000원=100,000원이다.

특허심사청구료: 제2호에 따라 계산한다. 매건 143,000원에 청구범위의 1항마다 44,000원을 가산한 금액이므로 143,000+(44,000×3)=275,000원이다.

이에 따라 甲이 납부해야 할 수수료는 외국어로 작성한 경우 100,000+275,000=375,000원이다.

따라서 정답은 ④이다.

유형공략문제

실력 UP 포인트

문제 풀이 후 확인하기

1. 사례를 간략히 한다면, 다음 빈칸에 들어갈 말은 무엇인가?

   甲은 (　　　)이고, (　　　)를 (　　　)받았으며, 공시지가는 (　　　)인데, 주변농지의 시가 (　　　)으로 (　　　)하였다.

2. 5억 원의 2%와 5억 원의 0.8%는 얼마인가?

3. 이 문제에 제시된 세금의 종류는 총 몇 가지가 있는가? 그중에 몇 가지를 구해야 하는가?

[정답]

1. 자경농민, 농지, 상속, 3억 5천만 원, 5억 원, 신고
2. 1,000만 원, 400만 원

   A%는 A/100, 0.B%는 B/1,000임을 적용하여 구한다.
3. 7가지, 4가지

   취득세, 농어촌특별세, 등록세, 지방교육세, 신고불성실가산세, 상속세, 증여세 총 7가지의 세금이 제시되어 있다. 그중에 신고불성실가산세, 상속세, 증여세를 제외한 나머지 4가지를 구해야 한다.

01. A국에서는 부동산을 매매·상속 등의 방법으로 취득하는 사람은 취득세, 농어촌특별세, 등록세, 지방교육세를 납부하여야 한다. 다음 글을 근거로 할 때, 자경농민인 甲이 공시지가 3억 5천만 원의 농지를 상속받아 주변농지의 시가 5억 원으로 신고한 경우, 甲이 납부하여야 할 세금액은? (단, 신고불성실가산세, 상속세, 증여세 등은 고려하지 않는다) 11 민경채 인 20

〈부동산 취득시 납부하여야 할 세금의 산출방법〉

○ 취득세는 부동산 취득 당시 가액에 2%의 세율을 곱하여 산정한다. 다만 자경농민이 농지를 상속으로 취득하는 경우에는 취득세가 비과세된다. 그리고 농어촌특별세는 결정된 취득세액에 10%의 세율을 곱하여 산정한다.

○ 등록세는 부동산 취득 당시 가액에 0.8%의 세율을 곱하여 산정한다. 다만 자경농민이 농지를 취득하는 때 등록세의 세율은 상속의 경우 취득가액의 0.3%, 매매의 경우 1%이다. 그리고 지방교육세는 결정된 등록세액에 20%의 세율을 곱하여 산정한다.

○ 부동산 취득 당시 가액은 취득자가 신고한 가액과 공시지가(시가표준액) 중 큰 금액으로 하며, 신고 또는 신고가액의 표시가 없는 때에는 공시지가를 과세표준으로 한다.

① 75만 원

② 126만 원

③ 180만 원

④ 280만 원

⑤ 1,280만 원

02. 다음 규정과 서울에서 대전으로 출장을 다녀온 <甲의 지출내역>에 근거하였을 때, 甲이 정산 받는 여비의 총액은? 11 민경채 인 23

제00조(여비의 종류) 여비는 운임·숙박비·식비·일비 등으로 구분한다.
1. 운임: 여행 목적지로 이동하기 위해 교통수단을 이용함에 있어 소요되는 비용을 충당하기 위한 여비
2. 숙박비: 여행 중 숙박에 소요되는 비용을 충당하기 위한 여비
3. 식비: 여행 중 식사에 소요되는 비용을 충당하기 위한 여비
4. 일비: 여행 중 출장지에서 소요되는 교통비 등 각종 비용을 충당하기 위한 여비

제00조(운임의 지급) ① 운임은 철도운임·선박운임·항공운임으로 구분한다.
② 국내 철도운임은 [별표 1]에 따라 지급한다.

제00조(일비·숙박비·식비의 지급) ① 국내 여행자의 일비·숙박비·식비는 [별표 1]에 따라 지급한다.
② 일비는 여행일수에 따라 지급한다.
③ 숙박비는 숙박하는 밤의 수에 따라 지급한다. 다만, 출장기간이 2일 이상인 경우에 지급액은 출장기간 전체의 총액한도 내 실비로 계산한다.
④ 식비는 여행일수에 따라 지급한다.

[별표 1] 국내 여비 지급표

(단위: 원)

철도운임	선박운임	항공운임	일비 (1일당)	숙박비 (1박당)	식비 (1일당)
실비 (일반실)	실비 (2등급)	실비	20,000	실비 (상한액: 40,000)	20,000

〈甲의 지출내역〉

(단위: 원)

항목	1일차	2일차	3일차
KTX 운임(일반실)	20,000		20,000
대전 시내 버스요금	5,000	10,000	2,000
대전 시내 택시요금			10,000
식비	10,000	30,000	10,000
숙박비	45,000	30,000	

① 182,000원
② 187,000원
③ 192,000원
④ 230,000원
⑤ 235,000원

정답 · 해설 p.320

문제 풀이 후 확인하기
실력 UP 포인트

1. 대전 시내 버스 요금, 대전 시내 택시요금은 여비의 종류 중 무엇에 포함되는가?

2. 지급 방법에서 일비 및 식비와 숙박비의 가장 큰 차이는 무엇인가?

[정답]
1. 일비에 포함된다.
2. 일비 및 식비는 여행일수에 따라 지급되는데, 숙박비는 숙박하는 밤에 따라 지급된다.

유형 10 규정형

유형 소개

'규정형'은 제시된 지문을 기준으로 더욱 세분화 한 유형이다. 지문이 법조문의 형태가 아니라 법과 유사한 규정·규칙 형태로 제시된다. 예를 들어 쓰레기 분리배출 규정, A도서관 자료 폐기 지침, 건강보험 급여 제도 등이 제시된다면 규정형에 해당한다.

유형 특징

이 유형은 지문이 법조문 형식이 아닌 규정·규칙의 형태로 제시된다. 이에 따라 일치부합형과 유사하게 문제 풀이를 할 수 있고, 제시된 규정·규칙을 모두 읽지 않아도 문제 풀이를 할 수 있다는 특징이 있다.

출제 경향

- '규정형'은 출제 비중이 높지 않은 유형이다. 2021년 7급 공채 PSAT에서는 16번 문제 1문제가 출제되었고, 2022년 이후로는 2025년 7급 공채 PSAT까지 출제되지 않고 있다. 그러나 5급 공채 및 민간경력자 PSAT에서 출제 비중이 높지는 않더라도 간헐적으로는 출제되어 온 유형이므로 대비해 두는 것이 필요하다.
- 5급 공채 및 민간경력자 PSAT에서 대체로 평이한 난도로 출제되며, 2021년 7급 공채 PSAT에서 출제된 문제도 평이한 난도로 출제되었다.

문제풀이 핵심 전략

STEP 1 | 지문의 소재 및 형태를 통해 규정형 문제임을 확인한다.

√ 문제를 풀이하기 전에 지문의 소재 및 형태를 빠르게 확인한다.

√ 지문의 소재가 '사업, 프로그램, 지원 방법, 지침, 계약' 등으로, 법조문의 형태까지는 아니지만 규정·규칙의 수준의 형태로 제시될 만한 소재가 활용된다.

√ 지문으로 규정·규칙이 제시되므로 규정형 문제임을 확인할 수 있다.

STEP 2 | 규정형 문제임을 파악하였다면, 문제 해결에 필요한 부분만 체크하여 풀이한다.

√ 발문과 선택지 또는 <보기> 등을 활용하여 문제를 어떻게 빠르고 정확하게 해결할지 판단한다.

√ 발문에 포인트가 있는지, 선택지나 <보기>에 키워드가 있는지 등을 확인하여 문제를 풀이한다.

문제풀이 핵심 전략 적용

기출 예제

다음 글을 근거로 판단할 때, <보기>에서 옳은 것만을 모두 고르면? 14 민경채 A 05

□ 사업개요

1. 사업목적

○ 취약계층 아동에게 맞춤형 통합서비스를 제공하여 아동의 건강한 성장과 발달을 도모하고, 공평한 출발기회를 보장함으로써 건강하고 행복한 사회구성원으로 성장할 수 있도록 지원함

2. 사업대상

○ 0세~만 12세 취약계층 아동

※ 0세는 출생 이전의 태아와 임산부를 포함

※ 초등학교 재학생이라면 만 13세 이상도 포함

□ 운영계획

1. 지역별 인력구성

○ 전담공무원: 3명

○ 아동통합서비스 전문요원: 4명 이상

※ 아동통합서비스 전문요원은 대상 아동 수에 따라 최대 7명까지 배치 가능

2. 사업예산

○ 시·군·구별 최대 3억 원(국비 100%) 한도에서 사업 환경을 반영하여 차등지원

※ 단, 사업예산의 최대 금액은 기존사업지역 3억 원, 신규사업지역 1억 5천만 원으로 제한

〈보 기〉

ㄱ. 임신 6개월째인 취약계층 임산부는 사업대상에 해당되지 않는다.

ㄴ. 내년 초등학교 졸업을 앞둔 만 14세 취약계층 학생은 사업대상에 해당한다.

ㄷ. 대상 아동 수가 많은 지역이더라도 해당 사업의 전담공무원과 아동통합서비스 전문요원을 합한 인원은 10명을 넘을 수 없다.

ㄹ. 해당 사업을 신규로 추진하고자 하는 △△시는 사업예산을 최대 3억 원까지 국비로 지원받을 수 있다.

① ㄱ, ㄴ

② ㄱ, ㄹ

③ ㄴ, ㄷ

④ ㄴ, ㄹ

⑤ ㄷ, ㄹ

STEP 1

문제를 풀이하기 전에 지문의 소재 및 형태를 빠르게 확인한다. 이 문제의 경우 아동통합서비스 규정·규칙이 줄글 형태로 제시되었으므로 규정형 문제임을 알 수 있다.

STEP 2

제시된 사업 개요와 운영계획을 처음부터 꼼꼼하게 읽고 해결하는 것이 아니라 필요한 부분을 중심으로 읽는다. 이에 따라 발문이나 <보기>에서 문제 해결에 필요한 부분이 무엇인지 체크한다. 지문에서 사업개요를 제시할 때는 '사업대상'이 문제 풀이에 필요한 부분이 될 수 있으므로 '2. 사업 대상' 내용을 확인하여 ㄱ과 ㄴ을 먼저 풀이한다. 이때 각주(※) 내용을 반드시 체크한다.

ㄱ. 사업개요의 2. 사업대상에서 취약계층 아동에게 제공되는 맞춤형 통합서비스는 기본적으로 0세~만 12세의 취약계층 아동을 대상으로 한다고 했고, 0세는 출생 이전의 태아와 임산부를 포함한다고 했으므로 임신 6개월째인 취약계층 임산부는 사업대상에 해당함을 알 수 있다. '해당한다'와 '해당하지 않는다'를 반대로 활용한 오답이다.

ㄴ. 사업개요의 2. 사업대상에서 초등학교 재학생이라면 만 13세 이상도 포함한다고 했고, 내년 초등학교 졸업을 앞둔 만 14세 취약계층 학생은 만 13세 이상의 초등학교 재학생이므로 사업대상에 해당함을 알 수 있다.

이후 '운영계획'의 내용을 확인하여 나머지 <보기>를 풀이한다.

ㄷ. 운영계획의 1. 지역별 인력구성에서 전담공무원이 3명이고 아동통합서비스 전문요원은 대상 아동 수에 따라 최대 7명까지 배치 가능함을 알 수 있다. 따라서 대상 아동 수가 많은 지역이더라도 전담 공무원과 아동통합서비스 전문요원을 합한 인원은 10명을 넘을 수 없음을 알 수 있다.

ㄹ. 운영계획의 2. 사업예산에서 시·군·구별 최대 3억 원(국비 100%) 한도에서 사업 환경을 반영하여 차등지원 함을 알 수 있다. 이때 사업예산의 최대 금액은 기존사업지역 3억 원, 신규사업지역 1억 5천만 원으로 제한된다고 했고, 해당 사업을 신규로 추진하고자 하는 △△시는 신규사업지역이므로 사업예산을 최대 3억 원이 아닌 1억 5천만 원까지 국비로 지원받을 수 있음을 알 수 있다. 기존사업지역 3억 원과 신규사업지역 1억 5천만 원을 바꿔서 활용한 오답이다.

따라서 정답은 ③이다.

유형공략문제

문제 풀이 후 확인하기

실력 UP 포인트

1. 직계존속과 직계비속의 뜻은 무엇인가?

2. 이상의 반대 개념과 초과의 반대 개념은 무엇인가?

3. 지문에서 오답 함정으로 활용하는 장치는 무엇인가?

01. 다음 글에 근거할 때, <보기>의 甲, 乙 각각의 부양가족 수가 바르게 연결된 것은? (단, 위 각 세대 모든 구성원은 주민등록표상 같은 주소에 등재되어 있고 현실적으로 생계를 같이하고 있다)

12 민경채 인 03

부양가족이란 주민등록표상 부양의무자와 세대를 같이하는 사람으로서 해당 부양의무자의 주소에서 현실적으로 생계를 같이하는 다음 중 어느 하나에 해당하는 사람을 말한다.

1. 배우자
2. 본인 및 배우자의 60세(여성인 경우에는 55세) 이상의 직계존속과 60세 미만의 직계존속 중 장애의 정도가 심한 사람
3. 본인 및 배우자의 20세 미만의 직계비속과 20세 이상의 직계비속 중 장애의 정도가 심한 사람
4. 본인 및 배우자의 형제자매 중 장애의 정도가 심한 사람

※ '장애의 정도가 심한 사람'이란 다음 중 어느 하나에 해당하는 사람을 말한다.
가. 장애등급 제1급부터 제6급까지
나. 상이등급 제1급부터 제7급까지
다. 장해등급 제1급부터 제6급까지

〈보 기〉

ㄱ. 부양의무자 甲은 배우자, 75세 아버지, 15세 자녀 1명, 20세 자녀 1명, 장애 6급을 가진 39세 처제 1명과 함께 살고 있다.
ㄴ. 부양의무자 乙은 배우자, 58세 장인과 56세 장모, 16세 조카 1명, 18세 동생 1명과 함께 살고 있다.

	甲	乙
①	4명	2명
②	4명	3명
③	5명	2명
④	5명	3명
⑤	5명	4명

[정답]

1. 직계존속: 조상으로부터 바로 이어져 직선적으로 내려와 자기에 이르기까지의 혈족
직계비속: 자기로부터 바로 이어져 직선적으로 내려가서 후예에 이르는 혈족
직계존속과 직계비속의 개념은 5급 공채 PSAT에서 2007년 31번 문제로 출제된 이후 개념 설명 없이 빈출되고 있는 개념이다.
2. '이상'의 반대 개념: 미만
'초과'의 반대 개념: 이하
3. 단서 조항, 각주
단서 조항 및 각주는 함정을 만들 때 자주 활용하는 장치이다.

정답 · 해설 p.321

유형 11 법조문소재형

유형 소개

'법조문소재형'은 규정형과 마찬가지로 제시된 지문을 기준으로 더욱 세분화한 유형이다. 지문은 내용상 법과 관련되어 있으나 형태가 법조문이 아닌 글이 제시된다.

유형 특징

이 유형은 지문이 줄글 또는 표의 형태로 제시된다. 또한 지문에서 조건을 제시하는 형식처럼 '○' 기호로 내용이 구분되기도 한다. 다음은 법조문소재형 지문의 예시이다.

○ 상호를 양도하기 위해서는 영업을 폐지하여야 한다. 영업을 함께 양도하는 경우에도 상호를 양도할 수 있다.

○ 영업주(상점주인)가 자신을 대신하여 물건을 판매할 지배인을 고용한 경우, 지배인은 물건을 판매하면서 영업주를 위하여 판매한다고 고객에게 표시하지 않아도 그 판매행위는 영업주가 한 행위와 같은 것으로 본다.

출제 경향

· '법조문소재형'은 2021년 7급 공채 PSAT에서 1문제가 출제되었고, 2022년과 2023년 7급 공채 PSAT에서는 출제되지 않았다가 2024년 7급 공채 PSAT에서는 다시 1문제가 출제되었다. 최근 2025년 7급 공채 PSAT에서는 출제되지 않았다. 한편 7급 공채 PSAT 도입 이전 민간경력자 PSAT에서는 매년 꾸준히 1문제 이상 출제되어 왔다.

· 최근 5급 공채 PSAT에서는 2019년 이후 텍스트형의 출제 비중이 줄어들면서 법조문소재형의 출제 비중이 급격히 증가하였다. 증가한 법조문형의 문제가 모두 법조문을 제시문으로 주고 묻는다기보다는 제시문을 줄글이나 표, '○' 등의 형식으로 다양하게 주고 묻는 문제가 출제되고 있다. 특히 2019년 5급 공채 PSAT에서는 <표>의 형식으로 내용이 제시된 법조문소재형이 4문제가 출제되기도 하였다.

· '법조문소재형'은 난도가 대체로 평이한 편이며, 2024년 7급 공채 PSAT에서 출제된 문제도 '직계존 · 비속' 등 기존 기출문제를 통해 빈출 개념을 잘 준비해 두었다면 쉽게 해결할 수 있는 문제였다.

문제풀이 핵심 전략

STEP 1 | 지문의 소재 및 형태를 통해 법조문소재형임을 확인한다.

√ 문제를 풀이하기 전에 지문의 소재 및 형태를 빠르게 확인한다.

√ 지문의 소재가 법·규정과 관련된 내용으로 활용되었고, 지문이 줄글 또는 표 형태로 제시되었다면 법조문소재형이다.

STEP 2 | 지문에서 문제 해결에 필요한 부분만 체크하여 풀이한다.

√ 일반적인 정오판단만 하면 되는 문제라면 제시된 지문 전체를 차근차근 읽기보다는 문제 해결에 필요한 부분만 체크하여 해당 내용을 중심으로 문제를 풀이한다.

문제풀이 핵심 전략 적용

기출 예제

甲, 乙, 丙, 丁은 A국의 건강보험 가입자이다. 다음 글을 근거로 판단할 때, <보기>에서 옳지 않은 것을 모두 고르면?

12 민경채 인 01

A국의 건강보험공단(이하 '공단'이라 한다)이 제공하는 건강보험의 급여는 현물급여와 현금급여로 나눌 수 있다. 현물급여는 지정된 요양기관(병·의원)을 통하여 가입자 및 피부양자에게 직접 의료서비스를 제공하는 것으로, 요양급여와 건강검진이 있다. 요양급여는 가입자 및 피부양자의 질병·부상·출산 등에 대한 지정된 요양기관의 진찰, 처치·수술 기타의 치료, 재활, 입원, 간호 등을 말한다. 또한 공단은 질병의 조기 발견과 그에 따른 요양급여를 제공하기 위하여 가입자 및 피부양자에게 2년마다 1회 무료로 건강검진을 실시한다.

현금급여는 가입자 또는 피부양자가 긴급하거나 기타 부득이한 사유로 인하여 지정된 요양기관 이외의 의료기관에서 질병·부상·출산 등에 대하여 요양을 받은 경우와 요양기관 외의 장소에서 출산을 한 경우, 공단이 그 요양급여에 상당하는 금액을 가입자 또는 피부양자에게 요양비로 지급하는 것을 말한다. 이러한 요양비를 지급받기 위하여 요양을 제공받은 자는 요양기관이 발행한 요양비용명세서나 요양내역을 기재한 영수증 등을 공단에 제출하여야 한다. 또한 본인부담액보상금도 현금급여에 해당한다. 이는 전체 보험가입자의 보험료 수준별로 하위 50%는 연간 200만 원, 중위 30%는 연간 300만 원, 상위 20%는 연간 400만 원의 진료비를 초과하는 경우, 그 초과액을 공단이 부담하는 제도이다.

〈보 기〉

ㄱ. 甲의 피부양자는 작년에 이어 올해도 질병의 조기 발견을 위해 공단이 지정한 요양기관으로부터 건강검진을 무료로 받을 수 있다.

ㄴ. 乙이 갑작스러운 진통으로 인해 자기 집에서 출산한 경우, 공단으로부터 요양비를 지급받을 수 있다.

ㄷ. 丙이 혼자 섬으로 낚시를 갔다가 다리를 다쳐 낚시터에서 그 마을 주민으로부터 치료를 받은 경우, 공단으로부터 요양비를 지급받을 수 있다.

ㄹ. 상위 10% 수준의 보험료를 내고 있는 丁이 진료비로 연간 400만 원을 지출한 경우, 진료비의 일부를 공단으로부터 지원받을 수 있다.

① ㄱ, ㄴ

② ㄴ, ㄷ

③ ㄷ, ㄹ

④ ㄱ, ㄴ, ㄹ

⑤ ㄱ, ㄷ, ㄹ

STEP 1

지문의 소재 및 형태를 통해 법조문소재형 문제임을 확인한다. 건강보험 급여라는 법·규정과 관련된 소재가 활용되었고, 지문이 줄글 형태이므로 규정형 문제에 해당함을 알 수 있다.

STEP 2

ㄱ. 첫 번째 단락에서 공단은 질병의 조기 발견과 그에 따른 요양급여를 제공하기 위하여 가입자 및 피부양자에게 2년마다 1회 무료로 건강검진을 실시함을 알 수 있다. 이에 따라 2년마다 1회가 무료이므로 甲의 피부양자가 작년에 질병의 조기 발견을 위해 공단이 지정한 요양기관으로부터 건강검진을 무료로 받았다면 작년에 이어 올해도 무료로 건강검진을 받을 수는 없음을 알 수 있다.

ㄷ. 두 번째 단락에서 현금급여는 가입자 또는 피부양자가 긴급하거나 기타 부득이한 사유로 인하여 지정된 요양기관 이외의 의료기관에서 질병·부상·출산 등에 대하여 요양을 받은 경우, 공단이 그 요양급여에 상당하는 금액을 가입자 또는 피부양자에게 요양비로 지급하는 것임을 알 수 있다. 이때 丙이 마을 주민으로부터 치료를 받은 경우는 '요양기관 이외의 의료기관에서 부상에 대하여 요양을 받은 경우'에 해당하지 않고, 丙은 요양기관이 발행한 요양비용명세서나 요양내역을 기재한 영수증 등을 공단에 제출할 수 없으므로 공단으로부터 요양비를 지급받을 수 없음을 알 수 있다.

ㄹ. 두 번째 단락에서 현금급여에 해당하는 본인부담액보상금은 전체 보험가입자의 보험료 수준별로 하위 50%는 연간 200만 원, 중위 30%는 연간 300만 원, 상위 20%는 연간 400만 원의 진료비를 초과하는 경우, 그 초과액을 공단이 부담하는 제도임을 알 수 있다. 丁은 상위 10% 수준의 보험료를 내고 있으므로 상위 20%에 해당한다. 이 경우 연간 400만 원의 진료비를 초과하는 경우, 그 초과액을 공단이 부담하게 되는데, 丁이 진료비로 정확히 연간 400만 원을 지출한다면 400만 원을 초과하는 것은 아니므로 진료비의 일부를 공단으로부터 지원받을 수 없음을 알 수 있다.

따라서 정답은 ⑤이다.

오답 체크

ㄴ. 두 번째 단락에서 현금급여는 가입자 또는 피부양자가 긴급하거나 기타 부득이한 사유로 인하여 지정된 요양기관 이외의 장소에서 출산을 한 경우, 공단이 그 요양급여에 상당하는 금액을 가입자 또는 피부양자에게 요양비로 지급하는 것이라고 했으므로 乙이 갑작스러운 진통으로 인해 자기 집에서 출산한 경우, 공단으로부터 요양비를 지급받을 수 있음을 알 수 있다.

유형공략문제

실력 UP 포인트

문제 풀이 후 확인하기

1. 각 <보기>의 키워드는 무엇인가?

2. 이 문제와 해결방법이 유사한 유형은 무엇인가?

[정답]

1. ㄱ. 납부
   ㄴ. 납부
   ㄷ. 납부
   ㄹ. 납부
2. 응용형
   키워드 매칭만으로는 문제를 해결하기 어려우므로 응용형처럼 해결해야 한다.

01. 다음 글을 근거로 판단할 때, <보기>에서 옳지 않은 것을 모두 고르면? 13 외교관 인 06

정부는 미술품 및 문화재를 소장한 자가 이를 판매해 발생한 이익에 대해 소정세율의 기타소득세를 부과하는 법률을 시행하고 있다. 이 법률에서는 '대통령령으로 정하는 서화(書畵)·골동품'으로 개당·점당 또는 조(2개 이상이 함께 사용되는 물품으로서 통상 짝을 이루어 거래되는 것을 말한다)당 양도가액이 6,000만 원 이상인 것을 과세 대상 으로 규정하고 있다. 다만 양도일 현재 생존하고 있는 국내 원작자의 작품은 과세 대상에서 제외한다. 또한 국보와 보물 등 국가지정문화재의 거래 및 양도도 제외한다.

대통령령으로 정하는 서화·골동품이란 (i)회화, 데생, 파스텔(손으로 그린 것에 한정하며, 도안과 장식한 가공품은 제외한다) 및 콜라주와 이와 유사한 장식판, (ii)판화·인쇄화 및 석판화의 원본, (iii)골동품(제작 후 100년을 넘은 것에 한정한다)을 말한다.

법률에 따르면 대통령령으로 정하는 서화·골동품을 6,000만 원 이상으로 판매하는 경우, 양도차액의 80~90%를 필요경비로 인정하고, 나머지 금액인 20~10%를 기타소득으로 간주하여 이에 대해 기타소득세를 징수하게 된다. 작품의 보유 기간이 10년 미만일 때는 양도차액의 80%가, 10년 이상일 때는 양도차액의 90%가 필요경비로 인정된다. 기타소득세의 세율은 작품 보유기간에 관계 없이 20%이다. 예를 들어 1,000만 원에 그림을 구입하여 10년 후 6,000만 원에 파는 사람은 양도차액 5,000만 원 가운데 90%(4,500만 원)를 필요경비로 공제받고, 나머지 금액 500만 원에 대해 기타소득세가 부과된다. 따라서 결정세액은 100만 원이다.

※ 양도가액이란 판매가격을 의미하며, 양도차액은 구매가격과 판매 가격과의 차이를 말한다.

〈보 기〉

ㄱ. A가 석판화의 복제품을 12년 전 1,000만 원에 구입하여 올해 5,000만 원에 판매한 경우, 이에 대한 기타소득세 100만 원을 납부하여야 한다.
ㄴ. B가 보물로 지정된 고려시대의 골동품 1점을 5년 전 1억 원에 구입하여 올해 1억 5,000만 원에 판매한 경우, 이에 대한 기타소득세 200만 원을 납부하여야 한다.
ㄷ. C가 현재 생존하고 있는 국내 화가의 회화 1점을 15년 전 100만 원에 구입하여 올해 1억 원에 판매한 경우, 이에 대한 기타소득세를 납부하지 않아도 된다.
ㄹ. D가 작년에 세상을 떠난 국내 화가의 회화 1점을 15년 전 1,000만 원에 구입하여 올해 3,000만 원에 판매한 경우, 이에 대한 기타소득세 40만 원을 납부하여야 한다.

① ㄱ, ㄴ
② ㄱ, ㄷ
③ ㄷ, ㄹ
④ ㄱ, ㄴ, ㄹ
⑤ ㄴ, ㄷ, ㄹ

정답 · 해설 p.322

실전공략문제

· 권장 제한시간에 따라 시작과 종료 시각을 정한 후, 실제 시험처럼 문제를 풀어보세요.
  시 분 ~ 시 분 (총 15문항 / 30분)

01. 다음 글을 근거로 판단할 때, 스프링클러설비를 설치해야 하는 곳은? 14 민경채 A 07

스프링클러설비를 설치해야 하는 곳은 다음과 같다.

1. 종교시설(사찰·제실·사당은 제외한다), 운동시설(물놀이형 시설은 제외한다)로서 수용인원이 100명 이상인 경우에는 모든 층
2. 판매시설, 운수시설 및 창고시설 중 물류터미널로서 다음의 어느 하나에 해당하는 경우에는 모든 층
   ○ 층수가 3층 이하인 건축물로서 바닥면적 합계가 6,000m^2 이상인 것
   ○ 층수가 4층 이상인 건축물로서 바닥면적 합계가 5,000m^2 이상인 것
3. 다음의 어느 하나에 해당하는 경우에는 모든 층
   ○ 의료시설 중 정신의료기관, 노인 및 어린이 시설로서 해당 용도로 사용되는 바닥면적의 합계가 600m^2 이상인 것
   ○ 숙박이 가능한 수련시설로서 해당 용도로 사용되는 바닥면적의 합계가 600m^2 이상인 것
4. 기숙사(교육연구시설·수련시설 내에 있는 학생 수용을 위한 것을 말한다) 또는 복합건축물로서 연면적 5,000m^2 이상인 경우에는 모든 층
5. 교정 및 군사시설 중 다음의 어느 하나에 해당하는 경우에는 해당 장소
   ○ 보호감호소, 교도소, 구치소, 보호관찰소, 갱생보호시설, 치료감호시설, 소년원의 수용거실
   ○ 경찰서 유치장

① 경찰서 민원실

② 수용인원이 500명인 사찰의 모든 층

③ 연면적 15,000m^2인 5층 복합건축물의 모든 층

④ 2층 건축물로서 바닥면적 합계가 5,000m^2인 물류터미널의 모든 층

⑤ 외부에서 입주한 편의점의 바닥면적을 포함한 바닥면적 합계가 500m^2인 정신의료기관의 모든 층

02. 다음 글을 근거로 판단할 때, 국제형사재판소(ICC)가 재판관할권을 행사하기 위한 전제조건이 충족된 경우를 <보기>에서 모두 고르면? 11 민경채 인 19

> 네덜란드의 헤이그에 위치한 국제형사재판소(International Criminal Court, 이하 'ICC'라 한다)는 4대 중대범죄인 대량학살, 인도주의(人道主義)에 반하는 범죄, 전쟁범죄, 침략범죄에 대한 개인의 책임을 묻고자 '국제형사재판소에 관한 로마규정'(이하 '로마규정'이라 한다)에 따라 2002년 7월 1일 설립되었다. 로마규정에 의하면 ICC는 위의 4대 중대범죄에 대해 재판관할권을 가진다.
>
> ICC가 재판관할권을 행사하기 위해서는 다음의 전제조건이 충족되어야 한다. 즉, 범죄가 발생한 국가가 범죄발생 당시 ICC 재판관할권을 인정하고 있던 국가이거나, 범죄 가해자의 현재 국적국이 ICC 재판관할권을 인정한 국가이어야 한다.

〈보 기〉

ㄱ. ICC 재판관할권을 인정하지 않은 A국 정부는 자국 국민 甲이 ICC 재판관할권을 인정하고 있던 B국에서 인도주의에 반하는 범죄를 저지르고 자국으로 도망쳐 오자 그를 체포했지만, 범죄인 인도협정이 체결되어 있지 않다는 이유로 甲의 인도를 요구하는 B국의 요청을 거부했다.

ㄴ. ICC 재판관할권을 인정하지 않고 있는 C국의 국민인 乙은 ICC 재판관할권을 현재까지 인정하지 않고 있는 D국에 주둔 중인 E국의 군인들을 대상으로 잔혹한 전쟁범죄를 저질렀다. 위 전쟁범죄 발생 당시 E국은 ICC 재판관할권을 인정하고 있었다.

ㄷ. ICC 재판관할권을 인정해오던 F국은 최근 자국에서 발생한 인도주의에 반하는 범죄를 저지른 민병대 지도자 丙을 국제사회의 압력에 밀려 체포했지만, 별다른 이유를 제시하지 않은 채 丙에 대한 기소와 재판을 차일피일 미루고 있다.

ㄹ. 현재까지 ICC 재판관할권을 인정하지 않고 있는 G국의 대통령 丁은 자국에서 소수민족을 대량학살하였다. 그 후 丁이 학살당한 소수민족의 모국인 H국을 방문하던 중 ICC 재판관할권을 인정하는 H국 정부는 丁을 체포하였다.

① ㄱ, ㄴ

② ㄱ, ㄷ

③ ㄱ, ㄹ

④ ㄴ, ㄹ

⑤ ㄷ, ㄹ

03. 다음 글을 근거로 판단할 때 옳은 것은?

21 7급공채 나 02

제00조 ① 각 중앙관서의 장은 그 소관 물품관리에 관한 사무를 소속 공무원에게 위임할 수 있고, 필요하면 다른 중앙관서의 소속 공무원에게 위임할 수 있다.
② 제1항에 따라 각 중앙관서의 장으로부터 물품관리에 관한 사무를 위임받은 공무원을 물품관리관이라 한다.
제00조 ① 물품관리관은 물품수급관리계획에 정하여진 물품에 대하여는 그 계획의 범위에서, 그 밖의 물품에 대하여는 필요할 때마다 계약담당공무원에게 물품의 취득에 관한 필요한 조치를 할 것을 청구하여야 한다.
② 계약담당공무원은 제1항에 따른 청구가 있으면 예산의 범위에서 해당 물품을 취득하기 위한 필요한 조치를 하여야 한다.
제00조 물품은 국가의 시설에 보관하여야 한다. 다만 물품관리관이 국가의 시설에 보관하는 것이 물품의 사용이나 처분에 부적당하다고 인정하거나 그 밖에 특별한 사유가 있으면 국가 외의 자의 시설에 보관할 수 있다.
제00조 ① 물품관리관은 물품을 출납하게 하려면 물품출납공무원에게 출납하여야 할 물품의 분류를 명백히 하여 그 출납을 명하여야 한다.
② 물품출납공무원은 제1항에 따른 명령이 없으면 물품을 출납할 수 없다.
제00조 ① 물품출납공무원은 보관 중인 물품 중 사용할 수 없거나 수선 또는 개조가 필요한 물품이 있다고 인정하면 그 사실을 물품관리관에게 보고하여야 한다.
② 물품관리관은 제1항에 따른 보고에 의하여 수선이나 개조가 필요한 물품이 있다고 인정하면 계약담당공무원이나 그 밖의 관계 공무원에게 그 수선이나 개조를 위한 필요한 조치를 할 것을 청구하여야 한다.

① 물품출납공무원은 물품관리관의 명령이 없으면 자신의 재량으로 물품을 출납할 수 없다.
② A중앙관서의 장이 그 소관 물품관리에 관한 사무를 위임하고자 할 경우, B중앙관서의 소속 공무원에게는 위임할 수 없다.
③ 계약담당공무원은 물품을 국가의 시설에 보관하는 것이 그 사용이나 처분에 부적당하다고 인정하는 경우, 그 물품을 국가 외의 자의 시설에 보관할 수 있다.
④ 물품수급관리계획에 정해진 물품 이외의 물품이 필요한 경우, 물품관리관은 필요할 때마다 물품출납공무원에게 물품의 취득에 관한 필요한 조치를 할 것을 청구해야 한다.
⑤ 물품출납공무원은 보관 중인 물품 중 수선이 필요한 물품이 있다고 인정하는 경우, 계약담당공무원에게 수선에 필요한 조치를 할 것을 청구해야 한다.

04. 다음 글을 근거로 판단할 때, <보기>에서 옳은 것만을 모두 고르면? 18 민경채 가 05

제00조 ① 민사에 관한 분쟁의 당사자는 법원에 조정을 신청할 수 있다.
② 조정을 신청하는 당사자를 신청인이라고 하고, 그 상대방을 피신청인이라고 한다.
제00조 ① 신청인은 다음 각 호의 어느 하나에 해당하는 곳을 관할하는 지방법원에 조정을 신청해야 한다.
1. 피신청인의 주소지, 피신청인의 사무소 또는 영업소 소재지, 피신청인의 근무지
2. 분쟁의 목적물 소재지, 손해 발생지

② 조정사건은 조정담당판사가 처리한다.
제00조 ① 조정담당판사는 사건이 그 성질상 조정을 하기에 적당하지 아니하다고 인정하거나 신청인이 부당한 목적으로 조정신청을 한 것임을 인정하는 경우에는 조정을 하지 아니하는 결정으로 사건을 종결시킬 수 있다. 신청인은 이 결정에 대해서 불복할 수 없다.
② 조정담당판사는 신청인과 피신청인 사이에 합의가 성립되지 아니한 경우 조정 불성립으로 사건을 종결시킬 수 있다.
③ 조정담당판사는 신청인과 피신청인 사이에 합의된 사항이 조정조서에 기재되면 조정 성립으로 사건을 종결시킨다. 조정조서는 판결과 동일한 효력이 있다.
제00조 다음 각 호의 어느 하나에 해당하는 경우에는 조정신청을 한 때에 민사소송이 제기된 것으로 본다.
1. 조정을 하지 아니하는 결정이 있는 경우
2. 조정 불성립으로 사건이 종결된 경우

〈보 기〉

ㄱ. 신청인은 피신청인의 근무지를 관할하는 지방법원에 조정을 신청할 수 있다.
ㄴ. 조정을 하지 아니하는 결정을 조정담당판사가 한 경우, 신청인은 이에 대해 불복할 수 있다.
ㄷ. 신청인과 피신청인 사이에 합의된 사항이 기재된 조정조서는 판결과 동일한 효력을 갖는다.
ㄹ. 조정 불성립으로 사건이 종결된 경우, 사건이 종결된 때를 민사소송이 제기된 시점으로 본다.
ㅁ. 조정담당판사는 신청인이 부당한 목적으로 조정신청을 한 것으로 인정하는 경우, 조정 불성립으로 사건을 종결시킬 수 있다.

① ㄱ, ㄷ
② ㄴ, ㄹ
③ ㄱ, ㄷ, ㄹ
④ ㄱ, ㄷ, ㅁ
⑤ ㄴ, ㄹ, ㅁ

05. 다음 글과 <상황>을 근거로 판단할 때, <보기>에서 옳은 것만을 모두 고르면?

19 민경채 나 11

> 제00조 ① 기획재정부장관은 각 국제금융기구에 출자를 할 때에는 국무회의의 심의를 거쳐 대통령의 승인을 받아 미합중국통화 또는 그 밖의 자유교환성 통화나 금(金) 또는 내국통화로 그 출자금을 한꺼번에 또는 분할하여 납입할 수 있다.
> ② 기획재정부장관은 제1항에 따라 내국통화로 출자하는 경우에 그 출자금의 전부 또는 일부를 국무회의의 심의를 거쳐 대통령의 승인을 받아 내국통화로 표시된 증권으로 출자할 수 있다.
> 제00조 ① 기획재정부장관은 전조(前條) 제2항에 따라 출자한 증권의 전부 또는 일부에 대하여 각 국제금융기구가 지급을 청구하면 지체 없이 이를 지급하여야 한다.
> ② 기획재정부장관은 제1항에 따른 지급의 청구를 받은 경우에 지급할 재원(財源)이 부족하여 그 청구금액의 전부 또는 일부를 지급할 수 없을 때에는 국무회의의 심의를 거쳐 대통령의 승인을 받아 한국은행으로부터 차입하여 지급하거나 한국은행으로 하여금 그 금액에 상당하는 증권을 해당 국제금융기구로부터 매입하게 할 수 있다.

〈상 황〉

> 기획재정부장관은 적법한 절차에 따라 A국제금융기구에 일정액을 출자한다.

〈보 기〉

> ㄱ. 기획재정부장관은 출자금을 자유교환성 통화로 납입할 수 있다.
> ㄴ. 기획재정부장관은 출자금을 내국통화로 분할하여 납입할 수 없다.
> ㄷ. 출자금 전부를 내국통화로 출자하는 경우, 그 중 일부액을 미합중국통화로 표시된 증권으로 출자할 수 있다.
> ㄹ. 만약 출자금을 내국통화로 표시된 증권으로 출자한다면, A국제금융기구가 그 지급을 청구할 경우에 한국은행장은 지체 없이 이를 지급하여야 한다.

① ㄱ

② ㄴ

③ ㄱ, ㄹ

④ ㄷ, ㄹ

⑤ ㄴ, ㄷ, ㄹ

06. 다음 글과 <상황>을 근거로 판단할 때 옳은 것은?

23 7급공채 인 04

제○○조(허가신청) ① 대기관리권역에서 총량관리대상 오염물질을 배출량 기준을 초과하여 배출하는 사업장을 설치하거나 이에 해당하는 사업장으로 변경하려는 자는 환경부장관으로부터 사업장 설치의 허가를 받아야 한다. 허가받은 사항을 변경하는 경우에도 같다.
② 제1항의 허가 또는 변경허가를 받으려는 자는 사업장의 설치 또는 변경의 허가신청서를 환경부장관에게 제출하여야 한다.
제□□조(허가제한) 환경부장관은 제○○조 제1항에 따른 설치 또는 변경의 허가신청을 받은 경우, 그 사업장의 설치 또는 변경으로 인하여 지역배출허용총량의 범위를 초과하게 되면 이를 허가하여서는 아니 된다.
제□□조(허가취소 등) ① 사업자가 거짓이나 그 밖의 부정한 방법으로 제○○조 제1항에 따른 허가 또는 변경허가를 받은 경우, 환경부장관은 그 허가 또는 변경허가를 취소할 수 있다.
② 환경부장관은 다음 각 호의 자에 대하여 해당 사업장의 폐쇄를 명할 수 있다.
1. 거짓이나 그 밖의 부정한 방법으로 제○○조 제1항에 따른 허가 또는 변경허가를 받은 자
2. 제○○조 제1항에 따른 허가 또는 변경허가를 받지 아니하고 사업장을 설치·운영하는 자

제◇◇조(벌칙) 다음 각 호의 어느 하나에 해당하는 자는 7년 이하의 징역 또는 2억 원 이하의 벌금에 처한다.
1. 제○○조 제1항에 따른 허가 또는 변경허가를 받지 아니하고 사업장을 설치하거나 변경한 자
2. 제△△조 제2항에 따른 사업장폐쇄명령을 위반한 자

〈상 황〉

甲~戊는 대기관리권역에서 총량관리대상 오염물질을 배출량 기준을 초과하여 배출하는 사업장을 설치하려 한다.

① 甲이 사업장 설치의 허가를 받은 경우, 이후 허가받은 사항을 변경하는 때에는 별도의 허가가 필요없다.
② 乙이 허가를 받지 않고 사업장을 설치한 경우, 7년의 징역과 2억 원의 벌금에 처한다.
③ 丙이 허가를 받지 않고 사업장을 설치·운영한 경우, 환경부장관은 해당 사업장의 폐쇄를 명할 수 있다.
④ 丁이 사업장 설치의 허가를 신청한 경우, 그 설치로 인해 지역배출허용총량의 범위를 초과하더라도 환경부장관은 이를 허가할 수 있다.
⑤ 戊가 사업장 설치의 허가를 부정한 방법으로 받은 경우에도 환경부장관은 그 허가를 취소할 수 없다.

07. 다음 글을 근거로 판단할 때 옳은 것은?

16 민경채 5 16

> 토지와 그 정착물을 부동산이라 하고, 부동산 이외의 물건을 동산이라 한다. 계약(예: 매매, 증여 등)에 의하여 부동산의 소유권을 취득하려면 양수인(예: 매수인, 수증자) 명의로 소유권이전등기를 마쳐야 한다. 반면에 상속·공용징수(강제수용)·판결·경매나 그 밖의 법률규정에 의하여 부동산의 소유권을 취득하는 경우에는 등기를 필요로 하지 않는다. 다만 등기를 하지 않으면 그 부동산을 처분하지 못한다. 한편 계약에 의하여 동산의 소유권을 취득하려면 양도인(예: 매도인, 증여자)이 양수인에게 그 동산을 인도하여야 한다.

① 甲이 자신의 부동산 X를 乙에게 1억 원에 팔기로 한 경우, 乙이 甲에게 1억 원을 지급할 때 부동산 X의 소유권을 취득한다.

② 甲의 부동산 X를 경매를 통해 취득한 乙이 그 부동산을 丙에게 증여하고 인도하면, 丙은 소유권이전등기 없이 부동산 X의 소유권을 취득한다.

③ 甲이 점유하고 있는 자신의 동산 X를 乙에게 증여하기로 한 경우, 甲이 乙에게 동산 X를 인도하지 않더라도 乙은 동산 X의 소유권을 취득한다.

④ 甲의 상속인으로 乙과 丙이 있는 경우, 乙과 丙이 상속으로 甲의 부동산 X에 대한 소유권을 취득하려면 乙과 丙 명의로 소유권이전등기를 마쳐야 한다.

⑤ 甲과의 부동산 X에 대한 매매계약에 따라 乙이 甲에게 매매대금을 지급하였더라도 乙 명의로 부동산 X에 대한 소유권이전등기를 마치지 않은 경우, 乙은 그 소유권을 취득하지 못한다.

08. 다음 규정에 근거할 때, 수수료 총액이 가장 많은 것은?
12 5급공채 인 09

제00조 특허출원 관련 수수료는 다음 각 호와 같다.
1. 특허출원료
가. 출원서를 서면으로 제출하는 경우: 매건 5만 8천 원 (단, 출원서의 첨부서류 중 명세서, 도면 및 요약서의 합이 20면을 초과하는 경우 초과하는 1면마다 1천 원을 가산한다)
나. 출원서를 전자문서로 제출하는 경우: 매건 3만 8천 원
2. 출원인변경신고료
가. 상속에 의한 경우: 매건 6천 5백 원
나. 법인의 분할·합병에 의한 경우: 매건 6천 5백 원
다. 「기업구조조정 촉진법」 제15조 제1항의 규정에 따른 약정을 체결한 기업이 경영정상화계획의 이행을 위하여 행하는 영업양도의 경우: 매건 6천 5백 원
라. 가목 내지 다목 외의 사유에 의한 경우: 매건 1만 3천 원

제00조 특허권 관련 수수료는 다음 각 호와 같다.
1. 특허권의 실시권 설정 또는 그 보존등록료
가. 전용실시권: 매건 7만 2천 원
나. 통상실시권: 매건 4만 3천 원
2. 특허권의 이전등록료
가. 상속에 의한 경우: 매건 1만 4천 원
나. 법인의 분할·합병에 의한 경우: 매건 1만 4천 원
다. 「기업구조조정 촉진법」 제15조 제1항의 규정에 따른 약정을 체결한 기업이 경영정상화계획의 이행을 위하여 행하는 영업양도의 경우: 매건 1만 4천 원
라. 가목 내지 다목 외의 사유에 의한 경우: 매건 5만 3천 원
3. 등록사항의 경정·변경(행정구역 또는 지번의 변경으로 인한 경우 및 등록명의인의 표시변경 또는 경정으로 인한 경우는 제외한다)·취소·말소 또는 회복등록료: 매건 5천 원

① 특허출원 5건을 신청한 A가 사망한 후, A의 단독 상속인 B가 출원인을 변경하고자 할 때의 출원인변경신고료
② C가 자기 소유의 특허권 9건을 말소하는 경우의 등록료
③ D가 특허출원 1건에 대한 40면 분량의 특허출원서를 전자문서로 제출하는 경우의 특허출원료
④ E소유의 특허권 1건의 통상실시권에 대한 보존등록료
⑤ F주식회사가 G주식회사를 합병하면서 획득한 G주식회사 소유의 특허권 4건에 대한 이전등록료

09. 다음은 ○○사의 <여비규정>과 <국외여비정액표>이다. 이 회사의 A 이사가 아래 여행일정에 따라 국외출장을 가는 경우, 총일비, 총숙박비, 총식비는 각각 얼마인가? (다만 국가간 이동은 모두 항공편으로 한다)

10 5급공채 선 08

〈여비규정〉

제00조(여비의 종류) 여비는 운임·일비·숙박비·식비·이전비·가족여비 및 준비금 등으로 구분한다.

제00조(여행일수의 계산) 여행일수는 여행에 실제로 소요되는 일수에 의한다. 국외여행의 경우에는 국내 출발일은 목적지를, 국내 도착일은 출발지를 여행하는 것으로 본다.

제00조(여비의 구분계산) ① 여비 각 항목은 구분하여 계산한다.

② 같은 날에 여비액을 달리하여야 할 경우에는 많은 액을 기준으로 지급한다. 다만 숙박비는 숙박지를 기준으로 한다.

제00조(일비·숙박비·식비의 지급) ① 국외여행자의 경우는 〈국외여비정액표〉에서 정하는 바에 따라 지급한다.

② 일비는 여행일수에 따라 지급한다.

③ 숙박비는 숙박하는 밤의 수에 따라 지급한다. 다만 항공편 이동 중에는 따로 숙박비를 지급하지 아니한다.

④ 식비는 여행일수에 따라 이를 지급한다. 다만 항공편 이동 중 당일의 식사 기준시간이 모두 포함되어 있는 경우는 식비를 제공하지 않는다.

⑤ 식사 시간은 현지 시각 08시(조식), 12시(중식), 18시(석식)를 기준으로 한다.

〈국외여비정액표〉

(단위: 달러)

구분	국가등급	일비	숙박비	식비(1일 기준)
이사	다	80	233	102
	라	70	164	85

〈A 이사의 여행일정〉

1일째: (06 : 00) 출국
2일째: (07 : 00) 갑국(다 등급지역) 도착
　　　(18 : 00) 만찬
3일째: (09 : 00) 회의
　　　(15 : 00) 갑국 출국
　　　(17 : 00) 을국(라 등급지역) 도착
4일째: (09 : 00) 회의
　　　(18 : 00) 만찬
5일째: (22 : 00) 을국 출국
6일째: (20 : 00) 귀국

※ 시각은 현지 기준이고, 날짜변경선의 영향은 없는 것으로 가정한다.

	총일비(달러)	총숙박비(달러)	총식비(달러)
①	440	561	374
②	440	725	561
③	450	561	374
④	450	561	561
⑤	450	725	561

10. 다음 글을 근거로 판단할 때, <보기>에서 고액현금거래 보고 대상에 해당되는 사람을 모두 고르면? (단, 모든 금융거래는 1거래일 내에 이루어진 것으로 가정한다) 13 외교관 인 26

> 금융기관은 현금(외국통화는 제외)이나 어음·수표와 같이 현금과 비슷한 기능의 지급수단(이하 '현금 등'이라 한다)으로 1거래일 동안 같은 사람 명의로 이루어진 금융거래를 통해 거래상대방에게 지급한 총액이 2,000만 원 이상 또는 영수(領收)한 총액이 2,000만 원 이상인 경우, 이러한 고액현금 거래 사실을 관계기관에 보고하여야 한다. 다만 금융기관 사이 또는 금융기관과 국가·지방자치단체 사이에서 이루어지는 현금 등의 지급 또는 영수는 보고대상에서 제외된다.
>
> 이러한 고액현금거래 보고대상에는 금융기관 창구에서 이루어지는 현금거래뿐만 아니라 현금자동입출금기상에서의 현금입출금 등이 포함된다. 하지만 계좌이체, 인터넷뱅킹 등 회계상의 가치이전만 이루어지는 금융거래는 보고대상에 해당하지 않는다.

〈보 기〉

- ○ A는 甲은행의 자기 명의 계좌에 100,000달러를 입금하고, 3,000만 원을 100만 원권 자기앞수표로 인출하였다.
- ○ B는 乙은행의 자기 명의 계좌에서 세종시 세무서에서 부과된 소득세 3,000만 원을 계좌이체를 통해 납부하였다.
- ○ C는 丙은행의 자기 명의 계좌에서 현금 1,500만 원을, 丙은행의 배우자 명의 계좌에서 현금 1,000만 원을 각각 인출하였다.
- ○ D는 丁은행의 자기 명의 a, b계좌에서 현금 1,000만 원을 각각 인출하였다.
- ○ E는 戊은행의 자기 명의 계좌에 현금 1,900만 원을 입금하고, 戊은행의 F 명의 계좌로 인터넷뱅킹을 통해 100만 원을 이체하였다.

① A, B

② A, D

③ A, B, D

④ B, C, E

⑤ C, D, E

11. 다음 글을 근거로 판단할 때 옳은 것은? 24 7급공채 사 01

> 제00조 ① A부장관은 클라우드컴퓨팅(cloud computing)에 관한 정책의 효과적인 수립·시행에 필요한 산업 현황과 통계를 확보하기 위한 실태조사(이하 '실태조사'라 한다)를 할 수 있다.
> ② A부장관은 실태조사를 위하여 필요한 경우에는 클라우드컴퓨팅서비스 제공자나 그 밖의 관련 기관 또는 단체에 자료의 제출이나 의견의 진술 등을 요청할 수 있다.
> ③ A부장관은 클라우드컴퓨팅의 발전과 이용 촉진 및 이용자 보호와 관련된 중앙행정기관(이하 '관계 중앙행정기관'이라 한다)의 장이 요구하는 경우 실태조사 결과를 통보하여야 한다.
> ④ A부장관은 실태조사를 할 때에는 다음 각 호의 사항을 내용에 포함하여야 한다.
> 1. 클라우드컴퓨팅 관련 기업 현황 및 시장 규모
> 2. 클라우드컴퓨팅기술 및 클라우드컴퓨팅서비스의 이용·보급 현황
> 3. 클라우드컴퓨팅 산업의 인력 현황 및 인력 수요 전망
> 4. 클라우드컴퓨팅 관련 연구개발 및 투자 규모
>
> ⑤ 실태조사는 현장조사, 서면조사, 통계조사 및 문헌조사 등의 방법으로 실시하되, 효율적인 실태조사를 위하여 필요한 경우에는 정보통신망 및 전자우편 등의 전자적 방식으로 실시할 수 있다.
> 제00조 ① 관계 중앙행정기관의 장은 클라우드컴퓨팅기술 및 클라우드컴퓨팅서비스에 관한 연구개발사업을 추진할 수 있다.
> ② 관계 중앙행정기관의 장은 기업·연구기관 등에 제1항에 따른 연구개발사업을 수행하게 하고 그 사업 수행에 드는 비용의 전부 또는 일부를 지원할 수 있다.
> 제00조 국가와 지방자치단체는 클라우드컴퓨팅기술 및 클라우드컴퓨팅서비스의 발전과 이용 촉진을 위하여 조세감면을 할 수 있다.

① 실태조사는 전자적 방식으로 실시하는 것을 원칙으로 하되, 필요한 경우 현장조사, 서면조사 등의 방법으로 실시할 수 있다.

② 클라우드컴퓨팅기술 및 클라우드컴퓨팅서비스의 발전과 이용 촉진을 위하여 지방자치단체가 조세감면을 할 수는 없다.

③ A부장관은 실태조사의 내용에 클라우드컴퓨팅 산업의 인력 현황을 포함해야 하지만, 인력 수요에 대한 전망을 포함시킬 필요는 없다.

④ A부장관은 관계 중앙행정기관의 장에게 실태조사 결과를 요구할 수 있고, 이 경우 관계 중앙행정기관의 장은 그 결과를 A부장관에게 통보하여야 한다.

⑤ 관계 중앙행정기관의 장이 연구기관에 클라우드컴퓨팅기술 및 클라우드컴퓨팅서비스에 관한 연구개발사업을 수행하게 한 경우, 그 사업 수행에 드는 비용을 지원할 수 있다.

12. 다음 글을 근거로 판단할 때 옳은 것은?

24 5급공채 나 02

제○○조(문화관광형시장의 지정·육성) ① 시장·군수·구청장(이하 '시장 등'이라 한다)은 직접 또는 상인조직을 대표하는 자가 신청하는 경우 시·도지사의 승인을 받아 문화관광형시장을 지정할 수 있다. 이 경우 시·도지사는 중소벤처기업부장관 및 문화체육관광부장관과 협의를 거쳐 승인 여부를 결정하여야 한다.
② 시장 등은 문화관광형시장을 지정한 경우에는 그 지정 내용과 육성계획을 중소벤처기업부장관과 시·도지사에게 제출하여야 한다.
③ 정부와 지방자치단체는 지정된 문화관광형시장을 육성하기 위하여 다음 각 호의 사항을 지원할 수 있다.
1. 문화관광형시장으로 육성하기 위하여 필요한 공공시설과 편의시설의 설치 및 개량
2. 기념품 및 지역특산품의 개발과 판매시설 설치
3. 지역특성을 반영한 축제·행사·문화공연 개최
4. 시장·상점가와 지역 문화·관광자원을 연계한 상품 및 문화·관광 콘텐츠의 개발과 홍보
5. 문화관광형시장의 상인 및 상인조직에 대한 교육

제□□조(문화관광형시장 지정의 해제) ① 시·도지사는 지정된 문화관광형시장이 다음 각 호의 어느 하나에 해당하는 경우에는 그 지정을 해제할 수 있다.
1. 문화관광형시장을 지정한 날부터 3개월 이내에 제○○조 제2항에 따라 지정 내용과 육성계획이 제출되지 아니한 경우
2. 문화관광형시장을 지정한 날부터 2년 이내에 제○○조 제2항의 육성계획이 추진되지 아니한 경우

② 시·도지사는 문화관광형시장의 지정을 해제하려는 경우에는 시장 등 및 그 밖의 이해관계인에게 의견진술의 기회를 주어야 한다.
③ 시·도지사는 문화관광형시장의 지정을 해제한 때에는 그 내용을 중소벤처기업부장관, 문화체육관광부장관 및 시장 등에게 통보하여야 한다.

① 시·도지사는 개별 상인의 신청에 따라 문화관광형시장을 지정할 수 있다.
② 문화관광형시장의 지정을 해제한 때에는 시·도지사가 그 내용을 중소벤처기업부장관에게 통보할 필요가 없다.
③ 시·도지사는 문화관광형시장의 지정 해제를 함에 있어 이해관계인에게 의견진술의 기회를 줄 필요는 없다.
④ 지방자치단체는 지정된 문화관광형시장을 육성하기 위해 지역특산품의 개발과 판매시설 설치를 지원할 수 있지만, 기념품 개발과 판매시설 설치는 지원할 수 없다.
⑤ 시장·군수·구청장이 문화관광형시장을 지정한 날부터 3개월 이내에 그 지정 내용과 육성계획을 제출하지 않은 경우, 시·도지사는 그 지정을 해제할 수 있다.

13. 다음 글을 근거로 판단할 때 옳은 것은?

24 5급공채 나 05

> 제○○조(건축물에 대한 미술작품의 설치 등) ① 일정 규모 이상의 건축물을 건축하려는 자(이하 '건축주'라 한다)는 제4항에 따른 금액을 사용하여 회화·조각·공예 등 건축물 미술작품(이하 '미술작품'이라 한다)을 설치하여야 한다.
> ② 건축주는 건축물에 미술작품을 설치하려는 경우 해당 건축물이 소재하는 지역을 관할하는 시·도지사에게 해당 미술작품의 가격과 예술성 등에 대한 감정·평가를 받아야 한다.
> ③ 제1항에 따라 미술작품을 설치해야 하는 건축물은 다음 각 호의 어느 하나에 해당되는 건축물로서 연면적이 1만 제곱미터(증축하는 경우에는 증축되는 부분의 연면적이 1만 제곱미터) 이상인 것으로 한다.
> 1. 공동주택(기숙사 및 공공건설임대주택은 제외한다)
> 2. 문화 및 집회시설 중 공연장·집회장 및 관람장
> 3. 업무시설
>
> ④ 미술작품의 설치에 사용해야 하는 금액은 다음과 같다.
> 1. 제3항 제1호의 공동주택: 건축비용의 1천분의 1
> 2. 제3항 제1호 이외의 건축물: 건축비용의 1천분의 5
> 3. 제1호 및 제2호에도 불구하고 제3항 제1호부터 제3호까지의 건축물로서 건축주가 국가 또는 지방자치단체인 건축물: 건축비용의 1백분의 1
>
> 제□□조(건축물에 대한 미술작품의 설치 등) ① 건축주(국가 및 지방자치단체는 제외한다)는 제○○조 제4항에 따른 금액을 미술작품의 설치에 사용하는 대신에 문화예술진흥기금에 출연할 수 있다.
> ② 제1항에 따라 문화예술진흥기금에 출연하는 금액은 제○○조 제4항에 따른 금액의 1백분의 70에 해당하는 금액으로 한다.
> ③ 건축물의 설계변경으로 건축비용이 인상됨에 따라 제○○조 제4항에 따른 금액이 종전에 제○○조 제2항에 따른 감정·평가를 거친 금액보다 커진 경우에는 그 차액을 문화예술진흥기금에 출연하는 것으로 미술작품을 변경하여 설치하는 것을 갈음할 수 있다.

① A지방자치단체가 건축비용 30억 원으로 연면적 1만 5천 제곱미터의 공연장을 건립하려는 경우, 미술작품 설치에 1천 5백만 원을 사용하여야 한다.

② B지방자치단체가 건축비용 25억 원으로 연면적 1만 제곱미터 이상의 업무시설을 건립하려는 경우, 미술작품을 설치하는 대신에 1,750만 원을 문화예술진흥기금에 출연하여도 된다.

③ C회사가 건축비용 10억 원으로 기존 연면적 7천 제곱미터의 업무시설을 전체 연면적 1만 2천 제곱미터의 업무시설로 증축하려는 경우, 미술작품을 설치할 필요가 없다.

④ D대학교가 건축비용 20억 원으로 연면적 1만 제곱미터의 기숙사를 건립하려는 경우, 미술작품의 설치에 200만 원을 사용하여야 한다.

⑤ E회사가 건축비용 40억 원으로 연면적 1만 제곱미터의 집회장을 건립하면서 2천만 원의 미술작품을 설치하기로 한 후, 설계변경으로 건축비용이 45억 원으로 늘어났다면 2천만 원을 문화예술진흥기금에 출연하여야 한다.

14. 다음 글을 근거로 판단할 때 옳은 것은?

25 7급공채 인 04

제00조(의료 해외진출의 신고) ① 의료 해외진출을 하려는 의료기관의 개설자는 보건복지부장관에게 신고하여야 한다.
② 보건복지부장관은 제1항에 따른 신고를 한 의료기관의 개설자에게 의료 해외진출의 신고확인증을 발급하여야 한다.
제00조(외국인환자 유치에 대한 등록) ① 외국인환자를 유치하려는 의료기관은 다음 각 호의 요건을 갖추어 특별시장·광역시장·특별자치시장·도지사 또는 특별자치도지사(이하 '시·도지사'라 한다)에게 등록하여야 한다.
1. 외국인환자를 유치하려는 진료과목별로 전문의를 1명 이상 둘 것
2. 의료배상공제조합 또는 보건복지부령으로 정하는 의료사고배상책임보험에 가입하였을 것

② 외국인환자를 유치하려는 비의료기관은 다음 각 호의 요건을 갖추어 시·도지사에게 등록하여야 한다.
1. 보건복지부령으로 정하는 보증보험에 가입하였을 것
2. 국내에 사무소를 설치하였을 것

③ 시·도지사는 제1항에 따라 등록한 의료기관(이하 '외국인환자 유치의료기관'이라 한다) 및 제2항에 따라 등록한 비의료기관(이하 '외국인환자 유치사업자'라 한다)에게 등록증을 발급하여야 한다.
④ 제1항 및 제2항에 따른 등록의 유효기간은 등록일부터 3년으로 한다.
⑤ 제4항에 따른 유효기간이 만료된 후 계속하여 외국인환자를 유치하려는 자는 유효기간이 만료되기 전에 그 등록을 갱신하여야 한다.

① 의료 해외진출을 하려는 의료기관의 개설자는 시·도지사에게 등록하여야 한다.
② 외국인환자 유치를 위해 시·도지사에게 등록하려는 의료기관이 보건복지부령으로 정하는 의료사고배상책임보험에 가입하지 않는다면 의료배상공제조합에는 가입하여야 한다.
③ 외국인환자 유치사업자는 등록일부터 3년이 지난 후에도 그 등록의 갱신 없이 계속하여 외국인환자를 유치할 수 있다.
④ 외국인환자를 유치하려는 비의료기관이 시·도지사에게 등록하기 위해서는 진료과목별로 전문의 1명 이상을 두어야 한다.
⑤ 시·도지사는 국내에 사무소를 설치하지 않은 비의료기관에게 외국인환자 유치사업자 등록증을 발급할 수 있다.

15. 다음 글을 근거로 판단할 때 옳은 것은?

25 7급공채 인 13

> 제○○조(소방활동 종사명령, 소방활동 비용지급) ① 소방대장은 화재가 발생한 현장에서 소방활동을 위하여 필요할 때에는 그 현장에 있는 사람으로 하여금 사람을 구출하는 일 또는 불을 끄거나 불이 번지지 아니하도록 하는 일을 하게 할 수 있다.
> ② 제1항에 따른 명령에 따라 소방활동에 종사한 사람은 시·도지사로부터 소방활동의 비용을 지급받을 수 있다. 다만 다음 각 호의 어느 하나에 해당하는 사람의 경우에는 그러하지 아니하다.
> 1. 건물·차량·선박·산림·인공구조물 또는 물건(이하 '소방대상물'이라고 한다)에 화재가 발생한 경우 그 소방대상물의 소유자·관리자 또는 점유자
> 2. 고의 또는 과실로 화재를 발생시킨 사람
> 3. 화재 또는 구조·구급 현장에서 물건을 가져간 사람
>
> 제□□조(강제처분 등) ① 소방대장은 사람을 구출하거나 불이 번지는 것을 막기 위하여 필요할 때에는 화재가 발생하거나 불이 번질 우려가 있는 소방대상물 및 토지에 대한 일시적 사용·사용제한 등 소방활동에 필요한 처분을 할 수 있다.
> ② 소방대장은 소방활동을 위하여 긴급하게 출동할 때에는 소방자동차의 통행과 소방활동에 방해가 되는 주차 또는 정차된 차량 및 물건 등을 제거하거나 이동시킬 수 있다.
> ③ 소방대장은 제2항에 따른 소방활동에 방해가 되는 주차 또는 정차된 차량의 제거나 이동을 위하여 관할 지방자치단체 등 관련 기관에 견인차량과 인력 등에 대한 지원을 요청할 수 있다.
> ④ 시·도지사는 제3항에 따라 견인차량과 인력 등을 지원한 자에게 비용을 지급할 수 있다.
>
> 제△△조(손실보상) 소방청장 또는 시·도지사는 다음 각 호의 어느 하나에 해당하는 자에게 손실보상을 하여야 한다.
> 1. 제○○조 제1항에 따른 소방활동 종사로 인하여 사망하거나 부상을 입은 자
> 2. 제□□조 제2항에 따른 처분으로 인하여 손실을 입은 자. 다만 법령을 위반하여 소방자동차의 통행과 소방활동에 방해가 된 경우는 제외한다.

① 화재가 발생한 건물의 소유자가 소방대장의 소방활동 종사명령에 따라 해당 건물에서 사람을 구출하는 일을 한 경우, 그는 소방활동의 비용을 지급받을 수 있다.

② 과실로 화재를 발생시킨 사람이 소방대장의 소방활동 종사명령에 따라 불을 끄는 일을 하던 중 부상을 입은 경우, 그는 손실보상을 받을 수 없다.

③ 소방대장은 사람을 구출하기 위하여 필요할 때에는 불이 번질 우려가 있는 토지의 사용을 일시적으로 제한할 수 있다.

④ 소방대장이 화재진압을 위한 소방자동차의 긴급 출동에 방해가 되는 불법 주차 차량을 이동시키던 중 그 차량이 파손된 경우, 해당 차량을 주차한 소유자는 손실보상을 받는다.

⑤ 소방청장은 소방대장의 요청에 따라 견인차량을 지원한 자에게 견인비용을 지급하여야 한다.

정답·해설 p.323

해커스PSAT **7급 PSAT 기본서** 상황판단

PSAT 교육 1위, 해커스PSAT **psat.Hackers.com**

3 계산형

출제경향분석

유형 12 정확한 계산형

유형 13 상대적 계산형

유형 14 조건 계산형

실전공략문제

출제경향분석

1 계산형이란?

계산형은 지문으로 계산에 필요한 조건이 주어지고, 사칙연산 위주의 계산을 통해 조건에 부합하는 최종 결괏값을 정확하게 도출할 수 있는지, 결괏값의 상대적인 크기 비교를 할 수 있는지를 평가하기 위한 유형이다.

2 세부 출제 유형

계산형은 계산 방법에 따라 ① **정확한 계산형**, ② **상대적 계산형**, 복잡한 계산 조건의 제시 여부에 따라 ③ **조건 계산형**으로 구분되어 총 3가지 세부 유형으로 출제된다.

정확한 계산형	풀이 과정에서 특정 결괏값을 도출하여 문제를 해결하는 유형
상대적 계산형	특정 결괏값을 정확하게 도출하지 않고, 크다, 작다, 같다 등의 상대적인 비교를 통해 문제를 해결하는 유형
조건 계산형	계산 조건이 다소 복잡하게 주어지고, 이를 정확하게 이해하고 응용하여 문제를 해결하는 유형

3 출제 경향

1. 계산형은 2019년 7급 공채 PSAT 예시문제 중 1문제, 2020년 7급 PSAT 모의평가와 2021년 7급 공채 PSAT에서 각각 5문제, 2022년 7급 공채 PSAT에서는 6문제, 2023년 7급 공채 PSAT에서는 6문제, 2024년 7급 공채 PSAT에서는 7문제로 그 출제 비중이 점차 높아지다가, 최근 2025년 7급 공채 PSAT에서는 4문제가 출제되어 역대 가장 출제 비중이 낮았다.

2. 계산형은 출제 비중이 높은 편인데, 쉬운 문제도 출제되는 반면 난도가 높은 문제도 출제되고 있어 문제별 난이도의 편차가 심한 편이다. 2024년 7급 공채 PSAT에서는 20%대 초반의 정답률과 30%대 중반의 정답률의 문제부터 80%대 후반의 정답률을 보인 문제까지 있었고, 최근 2025년 7급 공채 PSAT에서도 50%대 후반의 정답률의 문제부터 90%대 중반의 정답률의 문제까지 출제되었다.

3. 변별력 있는 문제로 조건 계산형의 문제가 어렵게 출제되기도 한다는 것이 특징이다. 이는 5급 공채 PSAT의 출제 경향과도 유사하다. 계산형에서도 빈출되는 소재, 유형, 장치가 반복적으로 출제되고 있는데, 2023년 7급 공채 PSAT에서도 주차비, 대안비교, 점수계산, 요일계산 등의 문제가 출제되었고, 2024년 7급 공채 PSAT에서는 대안비교, 합 과정, 주기, 상쇄 등의 문제가 출제되었다. 2025년 7급 공채 PSAT에서도 2개 차이내기, 비교우위 따지기, 고정 · 가변비용 구분하기, 둘 중 대체하기 등의 문제가 출제되었다. 따라서 계산형에서 변별력 있는 문제를 빠르고 정확하게 해결하기 위해서는 기출문제를 철저하게 분석해 두어야 한다.

4 대비 전략

계산형은 기존에 나오는 소재가 반복해서 출제되는 경우가 많고, 기존 기출문제에서 활용되었던 장치가 반복해서 출제되기 때문에 기출문제를 철저하게 분석해야 한다. 따라서 계산형을 대비하기 위해서는 최대한 많은 기출문제를 풀이하면서 유형별 접근법과 가장 빠른 풀이법을 정리해두는 것이 필요하다.

1. 사칙연산을 풀이할 때 실수해서 틀리지 않기 위해 빠르고 정확하게 풀이하는 연습을 한다.
2. 최종 결괏값을 정확히 구하지 않고 상대적인 계산을 통해 비교하는 연습을 한다.
3. 동일한 결괏값을 도출하더라도 그 값을 구하기까지의 계산 방법이 여러 가지이므로 자신에게 맞는 풀이법을 찾아 체화하는 연습을 한다.
4. 기출문제에서 자주 활용된 장치나 소재에 익숙해지기 위해 기출문제를 최대한 많이 풀이한다.

유형 12 정확한 계산형

유형 소개

'정확한 계산형'은 발문에서 요구하는 특정 항목의 수치를 계산하여 최종 결괏값을 도출하는 유형이다. 예를 들어, '甲이 향후 1년 간 자동차를 유지하는데 소요될 총비용은?'이라는 발문이 제시되었다면, 자동차를 유지하는 데 소요될 비용이 얼마인지 정확하게 계산하여 최종 결괏값을 도출하여야 문제가 해결된다.

유형 특징

이 유형은 주로 요금, 비용, 금액, 가격 등을 묻는 문제가 출제되고, 시차, 날짜, 요일 등을 계산해야 하는 문제가 출제되기도 한다. 계산형에서 연습한 풀이법, 스킬은 텍스트형이나 법조문형의 응용형에서 계산을 필요로 하는 경우에도 적용이 가능하다. 대표적인 발문의 형태는 다음과 같다.

- 甲은 ○○주차장에 4시간 45분 간 주차했던 차량의 주차 요금을 정산하려고 한다. 이 주차장에서는 총 주차 시간 중 최초 1시간의 주차 요금을 면제하고, 다음의 <주차 요금 기준>에 따라 요금을 부과한다. 甲이 지불해야 할 금액은?
- 다음 글과 <상황>을 근거로 판단할 때, A사무관이 3월 출장여비로 받을 수 있는 총액은?

출제 경향

- '정확한 계산형'은 2020년 7급 PSAT 모의평가에서 2문제가 출제되었고, 2021년 7급 공채 PSAT에서는 계산형 5문제 중 4문제가 정확한 계산을 필요로 하는 문제였다. 2022년 7급 공채 PSAT에서는 계산형 6문제 중 4문제가, 2023년 7급 공채 PSAT에서도 계산형 6문제 중 4문제가 정확한 계산을 해야 정답을 구할 수 있었다. 2024년 7급 공채 PSAT에서는 계산형 7문제 중 정확한 계산을 해야 해결되는 문제는 6문제가 출제되었다. 2025년 7급 공채 PSAT에서는 4문제 중 2문제가 출제되었다.
- 조건을 반영하여 특정 결괏값을 정확하게 계산해야 하는 문제로, 그중 조건의 이해가 어렵고 문제 해결의 관건이 된다고 판단되는 문제는 '조건 계산형'으로 분류하는 것도 가능하다. 주로 평이한 난도로 출제되나 조건 처리가 복잡해지고 어려워지는 경우에는 매우 변별력 있는 문제로 출제되기도 한다. 5의 배수, 3의 배수 성질, 간격, A당 B, 속력, 주기 등의 소재나 장치가 사용되므로 기존 기출문제를 잘 분석해 두는 것이 반드시 필요하다.

문제풀이 핵심 전략

STEP 1 | 계산에 필요한 정보 및 계산 과정을 정확히 파악한다.

√ 발문에 계산해야 할 항목이 무엇인지 확인하고, 계산에 필요한 정보를 확인한다. 이때 발문에 문제 해결에 도움이 되는 정보나 규칙이 제시되기도 하므로 발문을 꼼꼼히 체크한다.

√ 계산에 필요한 정보를 시각화하거나 조건을 그룹화하여 효율적으로 파악한다. 이때 계산 과정을 정확히 파악하기 위해 단서 조건을 놓치지 않도록 주의한다.

STEP 2 | 특정 결괏값을 정확하게 도출하기 위한 방법을 활용하여 문제를 효율적으로 계산한다.

√ 계산 결과의 유효자리 숫자 중 끝자리를 확인하거나 범위를 확인하는 방법을 통해 특정 결괏값을 정확하게 도출한다.

√ 계산 과정에서 반복되는 단위(주기)나 규칙성을 발견하면 보다 문제를 효율적으로 풀이할 수 있다.

길규범쌤의 응급처방

특정 결괏값을 정확히 도출하는 방법

· 정확한 계산형은 올바른 결괏값을 도출해야 정답을 맞힐 수 있으므로 계산 과정을 정확히 파악해야 한다. 이때 홀수·짝수, 양수·음수, 자릿수, 나머지를 확인하거나 배수 성질을 이용하는 방법 등을 활용할 수 있다.

문제풀이 핵심 전략 적용

기출 예제

갑은 고려시대 정3품 관리이며, 중등전 논 100결을 소유하고 있지만 직접 경작하지 않고 다른 사람에게 차경(借耕)하도록 하였다. 다음 <자료>를 참고하여 갑의 연간 수입을 옳게 계산한 것은?

07 5급공채 재 07

〈자료 1〉

- ○ 고려시대에는 토지의 비옥도에 따라 생산량 차이가 많이 났기 때문에 국가는 토지 지급, 조세 수취 등을 위해 논과 밭을 모두 상등전·중등전·하등전의 세 등급으로 나누어 관리하였다.
- ○ 고려시대 농민은 자기 소유지를 경작한 경우 연간 생산량의 1/10을 국가에 조세로 납부했고, 다른 사람의 소유지를 차경한 경우는 연간 생산량의 1/2을 토지 소유자에게 소작료로 납부하였다.
- ○ 고려시대 관리는 관직복무 대가로 녹봉 뿐만 아니라, 전시과 제도에 의거하여 농민이 납부할 조세를 대신 수취할 권리를 받았다. 녹봉 액수와 전시과에 의거하여 조세를 수취할 토지의 지급면적은 품계에 따라 차등 있게 정해졌다.
- ○ 고려시대 관리는 세금을 납부하지 않았다.

〈자료 2〉

녹봉 및 전시과 토지 지급 기준

품계	녹봉액(연간)	토지지급면적
⋮	⋮	⋮
종2품	353석	85결
정3품	300석	80결
종3품	246석	75결
정4품	200석	70결
⋮	⋮	⋮

토지 1결당 연간 생산량

토지 지목	토지 등급	생산량
논	상등전	18석
	중등전	14석
	하등전	10석
밭	상등전	9석
	중등전	7석
	하등전	5석

① 전시과로 받은 토지가 하등전 밭이면, 740석

② 전시과로 받은 토지가 중등전 밭이면, 1,280석

③ 전시과로 받은 토지가 상등전 밭이면, 1,720석

④ 전시과로 받은 토지가 하등전 논이면, 1,080석

⑤ 전시과로 받은 토지가 상등전 논이면, 1,740석

STEP 1

계산에 필요한 조건을 정리하면 다음과 같다.

1. 고려시대 농민
   1) 자기 소유지를 경작한 경우 연간 생산량의 1/10을 국가에 조세로 납부
   2) 다른 사람의 소유지를 차경한 경우 연간 생산량의 1/2을 토지 소유자에게 소작료로 납부
2. 고려시대 관리
   1) 녹봉을 받음
   2) 전시과 제도에 의거하여 농민이 납부할 조세를 대신 수취할 권리를 받음
      - 녹봉 액수와 전시과에 의거하여 조세를 수취할 토지의 지급면적은 품계에 따라 차등 있게 정해짐
   3) 세금을 납부하지 않음

STEP 2

이 문제의 경우 갑의 상황에 제시된 <자료>를 적용하면 다음과 같다.

1) 갑은 고려시대 정3품 관리

2) 갑은 중등전 논 100결을 소유하고 있지만 직접 경작하지 않고 다른 사람에게 차경하도록 함

1)에 따른 갑의 수입과 세금은 다음과 같다.

· 녹봉: 300석

· 전시과: 농민이 납부할 조세를 대신 수취

· 세금을 납부하지 않음

2)에 따른 수입은 100×14×1/2=700석이다.

이에 따라 각 선택지에 제시된 <자료>를 적용하여 계산하면 다음과 같다.

지목	토지등급	생산량	토지지급 면적	전시과로 농민이 납부할 조세	갑의 연간수입
밭	하등전	5석	80결	40석	1,040석
	중등전	7석		56석	1,056석
	상등전	9석		72석	1,072석
논	하등전	10석		80석	1,080석
	상등전	18석		144석	1,144석

따라서 갑의 연간 수입은 갑이 전시과로 받은 토지가 하등전 논이면, 1,080석이므로 정답은 ④이다.

유형공략문제

실력 UP 포인트

문제 풀이 후 확인하기

1. 노멀힐과 라지힐을 구분하는 기준은?

2. 거리점수를 계산하는 방식은?

01. 다음 글을 근거로 판단할 때, 선수 A와 B의 '합계점수'를 더하면? 18 5급공채 나 11

스키점프는 스키를 타고 급경사면을 내려오다가 도약대에서 점프하여 날아가 착지하는 스포츠로, 착지의 기준점을 뜻하는 K점에 따라 경기 종목이 구분된다. 도약대로부터 K점까지의 거리가 75m 이상 99m 이하이면 '노멀힐', 100m 이상이면 '라지힐' 경기이다. 예를 들어 '노멀힐 K－98'의 경우 도약대로부터 K점까지의 거리가 98m인 노멀힐 경기를 뜻한다.

출전선수의 점수는 '거리점수'와 '자세점수'를 합산하여 결정되며, 이를 '합계점수'라 한다. 거리점수는 도약대로부터 K점을 초과한 비행거리 1m당 노멀힐의 경우 2점이, 라지힐의 경우 1.8점이 기본점수 60점에 가산된다. 반면 K점에 미달하는 비행거리 1m당 가산점과 같은 점수가 기본점수에서 차감된다. 자세점수는 날아가는 동안의 자세, 균형 등을 고려하여 5명의 심판이 각각 20점 만점을 기준으로 채점하며, 심판들이 매긴 점수 중 가장 높은 것과 가장 낮은 것을 각각 하나씩 제외한 나머지를 합산한 점수이다.

다음은 선수 A와 B의 경기 결과이다.

〈경기 결과〉

출전종목	선수	비행거리(m)	자세점수(점)				
			심판 1	심판 2	심판 3	심판 4	심판 5
노멀힐 K－98	A	100	17	16	17	19	17
라지힐 K－125	B	123	19	17	20	19.5	17.5

① 226.6

② 227

③ 227.4

④ 364

⑤ 364.4

[정답]

1. 100m 이상 또는 미만

2. 노멀힐 : 60점 ± 1m 당 2점
   라지힐 : 60점 ± 1m 당 1.8점

02. 다음 글과 <상황>을 근거로 판단할 때 갑이 2019년 2월 1일에 지불한 택시요금 총액으로 옳은 것은?

19 입법고시 가 15

택시요금이 2019년 2월 1일 18시부터 인상되어 적용될 예정이다. 주간 기본요금은 800원, 심야 기본요금은 1,000원씩 인상되고, 거리요금도 대폭 상승되었다.

구분		현행	조정
주간 (04시~21시)	기본요금	3,000원	3,800원
	초과요금 기준거리	12m	10m
심야 (21시~익일04시)	기본요금	3,600원	4,600원
	초과요금 기준거리	10m	5m

※ 택시요금은 최초 2km까지의 기본요금과 2km를 초과한 후 기준거리에 도달할 때마다 매번 10원씩 가산되는 초과요금의 합임

※ 단, 주간/심야요금의 구분은 출발지에서 택시에 탑승한 시각을 기준으로 함. 택시의 속력은 50km/h로 일정하다고 가정

〈상 황〉

갑은 매일 집에서 회사까지 택시를 이용하여 출퇴근한다. 갑은 출퇴근길 외에는 모두 업무차량으로 이동한다. 갑은 2019년 2월 1일 09시에 집에서 출발하였고 22시에 회사에서 퇴근하였다. 갑의 집에서 회사까지의 거리는 2.6km이다.

① 8,000원

② 8,800원

③ 9,100원

④ 9,300원

⑤ 9,600원

문제 풀이 후 확인하기

실력 UP 포인트

1. 속력을 구하는 공식은 무엇인가?

2. '현행+주간'의 기준을 적용하여 거리요금을 계산하는 방식은 무엇인가?

[정답]

1. 속력 $=\frac{\text{거리}}{\text{시간}}$

2. 최초 2km까지는 기본요금 3,000원이고, 2km를 초과한 후 12m에 도달할 때마다 10원씩 가산된다.

문제 풀이 후 확인하기

실력 UP 포인트

1. 점수를 계산하는 가장 빠른 방법은 무엇인가?

2. 홀수 - 짝수의 결과는 무엇인가?

3. 짝수 - 짝수의 결과는 무엇인가?

[정답]

1. 만점(최대 점수)에서 감점해 가는 방식이 가장 빠르다.
2. 홀수
3. 짝수

03. 다음 <상황>에 근거하여 <점수표>의 빈칸을 채울 때, 민경과 혜명의 최종점수가 될 수 있는 것은?

13 5급공채 인 28

〈상 황〉

민경과 혜명은 0점, 3점, 5점이 그려진 과녁에 화살을 쏘아 과녁 맞히기를 하고 있다. 둘은 각각 10개의 화살을 쐈는데, 0점을 맞힌 화살의 개수만 〈점수표〉에 기록을 했다. 최종점수는 각 화살이 맞힌 점수의 합으로 한다. 둘이 쏜 화살 중 과녁 밖으로 날아간 화살은 하나도 없다. 이 때 민경과 혜명이 5점을 맞힌 화살의 개수는 동일하다.

〈점수표〉

점수	민경의 화살 수	혜명의 화살 수
0점	3	2
3점		
5점		

	민경의 최종점수	혜명의 최종점수
①	25	29
②	26	29
③	27	30
④	28	31
⑤	29	31

정답・해설 p.330

유형 13 상대적 계산형

유형 소개

상대적 계산형은 정확한 계산형과 달리 최종 계산값을 정확하게 구하지 않고 항목 간 수치 비교를 통해 문제를 해결하는 유형이다. 즉, 특정 수치의 최종 결괏값이 도출되지 않더라도 어느 쪽이 더 많은지 적은지 혹은 같은지 등을 비교하여 문제를 해결한다.

유형 특징

상대적 계산형은 발문이나 조건, 선택지나 <보기>에서 순위 또는 크기 등의 항목을 비교하는 내용이 제시된다. 또한 동일한 기준을 가지고 대안에 점수를 부여한 후, 서로 비교해서 하나의 대안을 채택하는 대안비교 문제가 자주 출제된다. 주로 대안비교, 가중치 계산, 줄 세우기, 최대 및 최소 구하기, 분수 비교·계산 소재가 출제되며 대표적인 발문의 형태는 다음과 같다.

- 다음 조건에서 2010년 5월 중에 스킨과 로션을 1병씩 살 때, 총 비용이 가장 적게 드는 경우는?
- <품목별 가격과 칼로리>와 <오늘의 행사>에 따라 물건을 구입 하려고 한다. 10,000원의 예산 내에서 구입하려고 할 때, 다음 중 칼로리의 합이 가장 높은 조합은?
- 다음 글을 근거로 할 때, 생태계보전협력금의 1회분 분할납부금액으로 가장 적은 것은?

출제 경향

- '상대적 계산형'은 2020년 7급 PSAT 모의평가에서 계산형 5문제 중 2문제가 출제되었고, 2021년 7급 공채 PSAT에서는 계산형 5문제 중 한 문제도 출제되지 않았다. 이후 2022년과 2023년 7급 공채 PSAT에서 각각 2문제, 2024년 7급 공채 PSAT에서는 1문제가 출제되었다. 최근 2025년 5급 공채 PSAT에서는 출제 비중이 매우 높았는데, 2025년 7급 공채 PSAT에서는 출제되지 않았다.
- 이 유형은 5급 공채 및 민간경력자 PSAT에서 꾸준히 출제되어 온 유형이고, 특히 대안비교나 가중치 계산 등 상대적 계산을 요하는 전형적인 문제가 반복해서 출제되고 있어 출제 가능성이 높은 주요 유형이다. 실제로 2023년에도 7급 및 5급 공채 PSAT 모두에서 대안비교 문제가 출제되고, 2024년 7급 공채 PSAT에서도 대안비교 문제가 출제되었다. 특히 가중치 계산은 상황판단뿐만 아니라 자료해석에서도 빈출되고 있는데, 상황판단과 동일한 스킬로 빠른 해결이 가능하다.
- 7급 공채 PSAT에서 출제된 '상대적 계산형'에 속하는 문제는 모두 난도가 높지 않았다.

문제풀이 핵심 전략

STEP 1 | 계산에 필요한 정보 및 계산 과정을 정확히 파악한다.

√ 발문에 계산해야 할 항목이 무엇인지 확인하고, 계산에 필요한 정보를 확인한다. 이때 발문에 문제 해결에 도움이 되는 정보나 규칙이 제시되기도 하므로 발문을 꼼꼼히 체크한다.

√ 계산에 필요한 정보를 시각화하거나 조건을 그룹화하여 효율적으로 파악한다. 이때 계산 과정을 정확히 파악하기 위해 단서 조건을 놓치지 않도록 주의한다.

STEP 2 | 계산에 필요한 정보를 간단하게 정리하여 문제를 풀이한다.

√ 계산 과정에서 공통인 부분은 제외하고 차이 나는 부분만 정리하여 계산·비교한다.

√ 비율이 제시된 경우, 간단한 비율로 정리하여 계산·비교한다.

문제풀이 핵심 전략 적용

기출 예제

甲이 다음의 <조건>과 <기준>에 근거할 때 구입할 컴퓨터는? 12 민경채 인 17

〈조 건〉

항목 / 컴퓨터	램 메모리 용량 (Giga Bytes)	하드 디스크 용량 (Tera Bytes)	가격(천 원)
A	4	2	500
B	16	1	1,500
C	4	3	2,500
D	16	2	2,500
E	8	1	1,500

〈기 준〉

- ○ 컴퓨터를 구입할 때, 램 메모리 용량, 하드 디스크 용량, 가격을 모두 고려한다.
- ○ 램 메모리와 하드 디스크 용량이 크면 클수록, 가격은 저렴하면 저렴할수록 선호한다.
- ○ 각 항목별로 가장 선호하는 경우 100점, 가장 선호하지 않는 경우 0점, 그 외의 경우 50점을 각각 부여한다. 단, 가격은 다른 항목보다 중요하다고 생각하여 2배의 점수를 부여한다.
- ○ 각 항목별 점수의 합이 가장 큰 컴퓨터를 구입한다.

① A

② B

③ C

④ D

⑤ E

STEP 1

계산에 필요한 정보 및 계산 과정을 파악하면 다음과 같다.

<기준>에서 램 메모리와 하드 디스크 용량이 크면 클수록, 가격은 저렴하면 저렴할수록 선호한다고 했으므로 값이 클수록 선호하는 것과 작을수록 선호하는 것을 혼동하지 않도록 체크한다. 또한 단서 조건인 '단, 가격은 다른 항목보다 중요하다고 생각하여 2배의 점수를 부여한다.'는 내용을 체크한다.

STEP 2

계산에 필요한 정보를 간단하게 정리하여 문제를 풀이한다.

각 항목별로 가장 선호하는 경우 100점, 가장 선호하지 않는 경우 0점, 그 외의 경우 50점을 각각 부여한다고 했으므로 100점을 2점, 0점을 0점, 50점을 1점으로 간단히 하여 정리하면 다음과 같다.

항목 컴퓨터	램 메모리 용량 (Giga Bytes)	하드 디스크 용량 (Tera Bytes)	가격(천 원)	총점
A	4(0점)	2(1점)	500(4점)	5점
B	16(2점)	1(0점)	1,500(2점)	4점
C	4(0점)	3(2점)	2,500(0점)	2점
D	16(2점)	2(1점)	2,500(0점)	3점
E	8(1점)	1(0점)	1,500(2점)	3점

<기준>의 내용을 <조건>에 적용해 보면, A컴퓨터가 총점이 5점으로 가장 높으므로 甲이 구입할 컴퓨터는 A컴퓨터이다. 따라서 정답은 ①이다.

유형공략문제

실력 UP 포인트

문제 풀이 후 확인하기

1. 발문에서 상대적 계산을 요구하는 문제임을 알 수 있는 부분은 무엇인가?

2. 상대적 계산을 요구하는 문제임을 알 수 있는 <조건>은 무엇인가?

3. 대안비교 문제에서 특히 중요한 조건은 무엇인가?

[정답]

1. 2순위와 4순위
   순위를 확인하면 되므로 정확한 최종 결괏값이 아닌 상대적인 비교를 통해 문제를 해결한다.
2. 첫 번째 <조건>
   첫 번째 <조건>에서 '우선순위는 각 대안별 평가기준 점수의 합계가 높은 순으로 정한다.'고 했으므로 상대적인 비교를 통해 문제를 해결한다.
3. 두 번째 <조건>
   대안비교 문제에서는 항목 간 우선순위를 결정해야 하므로 '동점 시 처리 조건'이 매우 중요하다.

01. 다음 글과 <조건>을 근거로 판단할 때, 2순위와 4순위가 옳게 짝지어진 것은?

13 민경채 인 08

심야에 오토바이 폭주족들이 굉음을 내고 도로를 질주하여 주민들이 잠을 잘 수가 없다는 민원이 경찰청에 끊임없이 제기되고 있다. 경찰청은 이 문제를 해결하기 위해 대책을 논의하였다. 그 결과 안전그물 설치, 전담반 편성, CCTV 설치, 처벌 강화, 시민자율방범의 5가지 대안을 마련하였고, 그 대안별 우선순위를 알고자 한다.

〈조 건〉

평가기준 \ 대안	(ㄱ) 안전그물 설치	(ㄴ) 전담반 편성	(ㄷ) CCTV 설치	(ㄹ) 처벌 강화	(ㅁ) 시민자율 방범
효과성	8	5	5	9	4
기술적 실현가능성	7	2	1	6	3
경제적 실현가능성	6	1	3	8	1
행정적 실현가능성	6	6	5	5	5
법적 실현가능성	6	5	5	5	5

○ 우선순위는 각 대안별 평가기준 점수의 합계가 높은 순으로 정한다.
○ 합계점수가 같은 경우에는 법적 실현가능성 점수가 높은 대안이 우선순위가 높고, 법적 실현가능성 점수도 같은 경우에는 효과성 점수, 효과성 점수도 같은 경우에는 행정적 실현가능성 점수, 행정적 실현가능성 점수도 같은 경우에는 기술적 실현가능성 점수가 높은 대안 순으로 우선순위를 정한다.

	2순위	4순위
①	ㄱ	ㄴ
②	ㄴ	ㄹ
③	ㄹ	ㄴ
④	ㄹ	ㄷ
⑤	ㄹ	ㅁ

02. <품목별 가격과 칼로리>와 <오늘의 행사>에 따라 물건을 구입하려고 한다. 10,000원의 예산 내에서 구입하려고 할 때, 다음 중 칼로리의 합이 가장 높은 조합은? 13 5급공채 인 10

〈품목별 가격과 칼로리〉

품목	피자	돈가스	도넛	콜라	아이스크림
가격(원/개)	2,500	4,000	1,000	500	2,000
칼로리(kcal/개)	600	650	250	150	350

〈오늘의 행사〉

1. 피자 두 개 한 묶음을 사면 콜라 한 캔이 덤으로!
2. 돈가스 두 개 한 묶음을 사면 돈가스 하나가 덤으로!
3. 아이스크림 두 개 한 묶음을 사면 아이스크림 하나가 덤으로!

단, 물량 제한으로 1~3의 행사는 한 품목당 한 묶음까지만 적용됩니다.

① 피자 2개, 아이스크림 2개, 도넛 1개

② 돈가스 2개, 피자 1개, 콜라 1개

③ 아이스크림 2개, 도넛 6개

④ 돈가스 2개, 도넛 2개

⑤ 피자 4개

문제 풀이 후 확인하기

실력 UP 포인트

1. 최대, 최소 유형의 문제에서 특히 주의해야 할 조건은 무엇인가?

2. 제시된 표에서 '피자, 돈가스, 도넛, 콜라, 아이스크림'을 나타내는 말은 무엇인가?

[정답]

1. 제외 조건

2. 품목

실력 UP 포인트

문제 풀이 후 확인하기

1. 결선 1개 조에서 5세트를 마치고 나면 총 승점은 몇 점인가?

2. 결선 1조에서 A가 이기고 있는 상황이 의미하는 것은 무엇인가?

03. **○○대학교 양궁 대표 선발전에 관한 기록이 일부 누락되어 있다. 다음 글과 <기록지>에 근거할 때, 최종 선발된 2인 및 그들의 승점의 합을 옳게 묶은 것은?** 12 5급공채 인 30

> 양궁 경기는 총 5세트로 진행되며 한 세트당 3발(1~3차시)씩 쏜다. 각 세트별 승점은 3차시까지의 점수의 합을 기준으로 하며, 각 세트에서 이기면 2점, 비기면 1점, 지면 0점의 승점이 주어진다.
>
> 대표 선발전은 위 규칙에 따라 토너먼트 방식으로 진행되며, 세트별 승점의 합산점수에 따라 결선 2개조에서 각 한 명의 승자를 뽑아 2명을 선발한다. 결선에는 A~D 네 명이 진출하였다.
>
> 경기를 펼치는 두 선수는 동시에 화살을 쏜다. 각 선수의 3차시 점수는 해당 세트별로 2차시까지의 점수 결과에 영향을 받고, 그 특징은 다음과 같다.
>
> ○ A선수는 이기고 있는 상황에서는 8점, 비기고 있는 상황에서는 9점, 지고 있는 상황에서는 10점을 맞힌다.
>
> ○ B선수는 이기고 있는 상황에서는 10점, 비기고 있는 상황에서는 9점, 지고 있는 상황에서는 8점을 맞힌다.
>
> ○ C선수는 이기고 있는 상황에서는 8점, 비기고 있는 상황에서는 10점, 지고 있는 상황에서는 9점을 맞힌다.
>
> ○ D선수는 이기고 있는 상황에서는 9점, 비기고 있는 상황에서는 8점, 지고 있는 상황에서는 10점을 맞힌다.

〈기록지〉

조	선수	차시	점수				
			1세트	2세트	3세트	4세트	5세트
결선 1조	A	1차시	9	10	8	9	9
		2차시	9	8	7	10	10
		3차시					
	B	1차시	9	9	10	10	9
		2차시	9	8	8	9	9
		3차시					
결선 2조	C	1차시	10	10	10	9	9
		2차시	8	9	8	9	10
		3차시					
	D	1차시	8	9	10	8	9
		2차시	9	10	10	6	9
		3차시					

	결선 1조	결선 2조
①	(A, 6)	(C, 7)
②	(A, 5)	(D, 6)
③	(A, 6)	(D, 6)
④	(B, 7)	(C, 6)
⑤	(B, 6)	(D, 6)

정답 · 해설 p.331

[정답]

1. 10점

2. B가 지고 있는 상황임을 의미한다.

유형 14 조건 계산형

유형 소개

'조건 계산형'은 계산에 필요한 조건이나 계산과 관련한 다른 규칙, 상황 등이 복잡하게 제시되어 계산 능력 자체보다는 조건을 올바르게 이해하고 적용할 수 있는지를 평가하는 유형이다. 즉, 단순히 계산 방법만 제시되는 문제라기보다는 계산 관련 조건이나 규칙, 상황 등을 활용하는 계산 문제이다.

유형 특징

이 유형은 계산을 못해서 문제를 풀지 못하는 경우보다 조건을 제대로 이해하지 못해서 풀지 못하는 경우가 더 많다. 따라서 제시된 조건을 정확하게 이해해야 한다. 줄글 형태로 조건·규칙이 제시되거나, 표 또는 그림 등이 추가로 제시되는 경우도 있다. 정확한 계산형 또는 상대적 계산형이 단순 계산 능력을 평가하는 것과 달리, 조건 계산형은 계산 능력에 더해 조건·규칙의 이해·적용 능력을 평가한다. 간격, 연산순서, 주기성, 그래프, 도형, 집합 등의 소재가 출제된 바 있다.

출제 경향

- '조건 계산형'은 계산보다는 조건의 이해 및 처리가 관건이 되는 문제 유형으로 2019년 7급 공채 PSAT 예시문제 중 1문제, 2020년 7급 PSAT 모의평가에서 1문제가 출제된 이후, 2021년 7급 공채 PSAT부터 2024년 7급 공채 PSAT에 이르기까지 거의 대부분의 계산형 문제가 조건 계산형에 속한다고 해도 무방할 정도로 계산능력과 더불어 조건처리 능력이 요구되다가, 올해 2025년 7급 공채 PSAT에서는 계산형 문제의 난도가 대체로 평이하였다.
- 조건이나 규칙이 얼마나 복잡한지, 이를 빠른 시간 내에 얼마나 잘 이해하고 관련된 상황에 적용할 수 있는지에 따라 난도가 결정된다. 최근 5급 공채 PSAT에서도 다소 까다로운 변별력 있는 문제가 '조건 계산형'으로 출제되고 있는데 이러한 경향은 7급 공채 PSAT에서도 유지되고 있다.
- 대체로 경우형에 속하는 문제의 정답률이 낮은데, 2022년 7급 공채 PSAT와 2024년 7급 공채 PSAT에서는 '조건 계산형'에 해당하는 문제의 정답률이 25문제 중 제일 낮았고, 2023년 7급 공채 PSAT에서는 '조건 계산형'에 해당하는 문제의 정답률이 두 번째로 낮았다. 따라서 고득점을 노리는 수험생의 경우 철저한 대비가 필요한 유형이다.

문제풀이 핵심 전략

STEP 1 | 발문과 지문 등을 통해 제시된 조건을 정확하게 파악한다.

√ 계산에 필요한 정보를 시각화하거나 조건을 그룹화하여 효율적으로 파악한다. 이때 각주와 단서 조건을 놓치지 않도록 주의한다.

√ 발문에서 정보나 규칙, 문제를 해결할 수 있는 힌트를 제시하는 경우도 있으므로 발문을 꼼꼼히 읽는다.

STEP 2 | 파악한 조건에 따라 정확하게 문제를 해결한다.

√ 용어에 주목하여 정확한 최종 결괏값을 구해야 하는지 상대적으로 비교만 하면 되는지 파악하고, 이에 따라 빠르고 정확하게 계산한다.

문제풀이 핵심 전략 적용

기출 예제

다음 <설명>을 근거로 <수식>을 계산한 값은? 16 민경채 5 08

〈설 명〉

연산자 A, B, C, D는 다음과 같이 정의한다.

A: 좌우에 있는 두 수를 더한다. 단, 더한 값이 10 미만이면 좌우에 있는 두 수를 곱한다. (예: 2 A 3=6)

B: 좌우에 있는 두 수 가운데 큰 수에서 작은 수를 뺀다. 단, 두 수가 같거나 뺀 값이 10 미만이면 두 수를 곱한다.

C: 좌우에 있는 두 수를 곱한다. 단, 곱한 값이 10 미만이면 좌우에 있는 두 수를 더한다.

D: 좌우에 있는 두 수 가운데 큰 수를 작은 수로 나눈다. 단, 두 수가 같거나 나눈 값이 10 미만이면 두 수를 곱한다.

※ 연산은 '( )', '{ }'의 순으로 한다.

〈수 식〉

{(1 A 5) B (3 C 4)} D 6

① 10

② 12

③ 90

④ 210

⑤ 360

STEP 1

제시된 조건은 연산자 A, B, C, D이므로 계산 방법에 대해 정확하게 이해해야 한다. 이때, 단서 조건이 있으므로 주의한다.

STEP 2

조건을 파악하기 위해 <설명>에 제시된 내용을 정리하면 다음과 같다.

연산자	일반	단서 조건
A	좌우에 있는 두 수를 더한다.	단, 더한 값이 10 미만이면 좌우에 있는 두 수를 곱한다.
B	좌우에 있는 두 수 가운데 큰 수에서 작은 수를 뺀다.	단, 두 수가 같거나 뺀 값이 10 미만이면 두 수를 곱한다.
C	좌우에 있는 두 수를 곱한다.	단, 곱한 값이 10 미만이면 좌우에 있는 두 수를 더한다.
D	좌우에 있는 두 수 가운데 큰 수를 작은 수로 나눈다.	단, 두 수가 같거나 나눈 값이 10 미만이면 두 수를 곱한다.
각주 : 연산은 '( )', '{ }'의 순으로 한다.		

이에 따라 연산 순서와 연산 결과를 정리하면 다음과 같다.

{(1 A 5) B (3 C 4)} D 6
① ③ ② ④

순서	수식	계산 방법	결괏값
①	(1 A 5)	좌우 두 수를 더하면 6으로 10 미만이므로 단서 조건에 해당한다. 따라서 두 수를 곱한다.	5
②	(3 C 4)	좌우 두 수를 곱하면 12이다. 두 수를 곱한 값이 10 미만이 아니므로 단서 조건에 해당하지 않는다.	12
③	(5 B 12)	좌우 두 수 가운데 큰 수(12)에서 작은 수(5)를 뺀다. 이때 두 수를 뺀 값이 7로 10 미만으로 단서 조건에 해당하므로 두 수를 곱한다.	60
④	(60 D 6)	좌우에 있는 두 수 가운데 큰 수(60)를 작은 수(6)로 나눈다. 나눈 값이 10이므로 단서 조건에 해당하지 않는다.	10

따라서 <수식>을 계산한 값은 10이므로 정답은 ①이다.

유형공략문제

실력 UP 포인트

문제 풀이 후 확인하기

1. 내부수리를 지원하는 사업은 무엇인가?

2. 사업 B에서 '방수, 지붕, 담장, 쉼터, 단열, 설비, 창호'의 항목을 내부와 외부가 아닌 다른 기준으로 구분한다면 가능한 구분은 무엇인가?

01. 다음 글과 <상황>을 근거로 판단할 때, 甲이 선택할 사업과 받을 수 있는 지원금을 옳게 짝지은 것은?

22 7급공채 가 12

○○군은 집수리지원사업인 A와 B를 운영하고 있다. 신청자는 하나의 사업을 선택하여 지원받을 수 있다. 수리 항목은 외부(방수, 지붕, 담장, 쉼터)와 내부(단열, 설비, 창호)로 나누어진다.

〈사업 A의 지원기준〉

○ 외부는 본인부담 10%를 제외한 나머지 소요비용을 1,250만 원 한도 내에서 전액 지원
○ 내부는 지원하지 않음

〈사업 B의 지원기준〉

○ 담장과 쉼터는 둘 중 하나의 항목만 지원하며, 각각 300만 원과 50만 원 한도 내에서 소요비용 전액 지원
○ 담장과 쉼터를 제외한 나머지 항목은 내·외부와 관계없이 본인부담 50%를 제외한 나머지 소요비용을 1,200만 원 한도 내에서 전액 지원

〈상 황〉

甲은 본인 집의 창호와 쉼터를 수리하고자 한다. 소요비용은 각각 500만 원과 900만 원이다. 甲은 사업 A와 B 중 지원금이 더 많은 사업을 선택하여 신청하려고 한다.

	사업	지원금
①	A	1,250만 원
②	A	810만 원
③	B	1,250만 원
④	B	810만 원
⑤	B	300만 원

[정답]

1. 사업 B
2. 계산 방식에 따라 담장과 쉼터, 담장과 쉼터를 제외한 항목으로 구분할 수 있다.

02. 다음 글을 근거로 판단할 때, 甲주무관이 이용할 주차장은?

23 7급공채 인 07

○ 甲주무관은 출장 중 총 11시간(09:00~20:00) 동안 요금이 가장 저렴한 주차장 한 곳을 이용하고자 한다.
○ 甲주무관의 자동차는 중형차이며, 3종 저공해차량이다.
○ 주차요금은 기본요금과 추가요금을 합산하여 산정하고, 할인대상인 경우 주차요금에 대하여 할인이 적용된다.
○ 일 주차권이 있는 주차장의 경우, 甲은 주차요금과 일 주차권 중 더 저렴한 것을 선택한다.
○ 주차장별 요금에 대한 정보는 아래와 같다.

구분	기본요금 (최초 1시간)	추가요금 (이후 30분마다)	비고
A주차장	2,000원	1,000원	–
B주차장	3,000원	1,500원	– 경차 전용 주차장 – 저공해차량 30% 할인
C주차장	3,000원	1,750원	– 경차 50% 할인 – 일 주차권 20,000원 (당일 00:00~24:00 이용 가능)
D주차장	5,000원	700원	–
E주차장	5,000원	1,000원	– 경차, 저공해차량(1, 2종) 50% 할인 – 저공해차량(3종) 20% 할인 – 18:00~익일 07:00 무료

① A주차장
② B주차장
③ C주차장
④ D주차장
⑤ E주차장

문제 풀이 후 확인하기

실력 UP 포인트

1. 甲주무관이 이용할 수 없는 주차장은 무엇인가?

2. 만약 1에서 구한 주차장을 甲주무관이 자신의 차량으로 이용할 수 있다면 그때의 주차요금은 얼마인가?

[정답]

1. B 주차장
2. 23,100원

甲의 자동차를 B주차장에 주차할 수 있다면 甲이 B주차장을 이용한다면 기본요금은 3,000원이고, 이후 10시간 동안 주차해야 하므로 추가요금까지 계산하면 3,000+1,500×20=33,000원이다. B주차장은 저공해차량에 대해 주차요금을 30% 할인해 준다고 했으므로 주차요금은 33,000×0.7=23,100원이다.

문제 풀이 후 확인하기

실력 UP 포인트

1. (5점, 3점, 0점)의 과녁이 있다. 총 7번의 화살을 쏘는데, 아래 두 경우의 차이값은 얼마인가?
   ① 7번 모두 5점에 명중했을 때
   ② 5점에 6번이 명중하고, 1번은 3점에 명중했을 때

2. 총 10문제를 푸는데 맞히면 5점의 득점, 틀리면 5점의 감점이 있다. 7문제를 맞히고 3문제를 틀렸을 때의 점수는 몇 점인가? 이를 빠르게 구하는 방법은 무엇인가?

[정답]

1. 2점
   (5, 5, 5, 5, 5, 5, 5) = 35점
   (5, 5, 5, 5, 5, 5, 3) = 33점
2. 20점, 맞힌 문제 한 문제와 틀린 문제 한 문제씩 서로 상쇄할 수 있다.

03. K부서는 승진후보자 3인을 대상으로 한 승진시험의 채점 방식에 대해 고민 중이다. 다음 <자료>와 <채점 방식>에 근거할 때 옳지 않은 것은? 13 5급공채 인 32

〈자 료〉

○ K부서에는 甲, 乙, 丙 세 명의 승진후보자가 있으며 상식은 20문제, 영어는 10문제가 출제되었다.
○ 채점 방식에 따라 점수를 계산한 후 상식과 영어의 점수를 합산하여 고득점 순으로 전체 등수를 결정한다.
○ 각 후보자들이 정답을 맞힌 문항의 개수는 다음과 같고, 그 이외의 문항은 모두 틀린 것이다.

	상식	영어
甲	14	7
乙	10	9
丙	18	4

〈채점 방식〉

○ A 방식: 각 과목을 100점 만점으로 하되 상식은 정답을 맞힌 개수 당 5점씩을, 영어는 정답을 맞힌 개수 당 10점씩을 부여함
○ B 방식: 각 과목을 100점 만점으로 하되 상식은 정답을 맞힌 개수 당 5점씩, 틀린 개수 당 −3점씩을 부여하고, 영어의 경우 정답을 맞힌 개수 당 10점씩, 틀린 개수 당 −5점씩을 부여함
○ C 방식: 모든 과목에 정답을 맞힌 개수 당 10점씩을 부여함

① A 방식으로 채점하면, 甲과 乙은 동점이 된다.
② B 방식으로 채점하면, 乙이 1등을 하게 된다.
③ C 방식으로 채점하면, 丙이 1등을 하게 된다.
④ C 방식은 다른 방식에 비해 상식 과목에 더 큰 가중치를 부여하는 방식이다.
⑤ B 방식에서 상식의 틀린 개수당 점수를 −5, 영어의 틀린 개수당 점수를 −10으로 한다면, 甲과 乙의 등수는 A 방식으로 계산한 것과 동일할 것이다.

04. 다음 글을 근거로 판단할 때 참말을 한 사람은?

16 5급공채 4 32

A동아리 5명의 학생 각각은 B동아리 학생들과 30회씩 가위바위보 게임을 했다. 각 게임에서 이길 경우 5점, 비길 경우 1점, 질 경우 −1점을 받는다. 게임이 모두 끝나자 A동아리 5명의 학생들은 자신이 얻은 합산 점수를 다음과 같이 말했다.

태우: 내 점수는 148점이야
시윤: 내 점수는 145점이야
성헌: 내 점수는 143점이야
빛나: 내 점수는 140점이야
은지: 내 점수는 139점이야

이들 중 한 명만이 참말을 하고 있다.

① 태우
② 시윤
③ 성헌
④ 빛나
⑤ 은지

문제 풀이 후 확인하기

실력 UP 포인트

1. 짝수+짝수의 결과는 무엇인가?

2. 짝수+홀수의 결과는 무엇인가?

3. 홀수+홀수의 결과는 무엇인가?

[정답]
1. 짝수
2. 홀수
3. 짝수

실력 UP 포인트

문제 풀이 후 확인하기

1. 계산 유형 중 점수계산 유형에 속하는 문제를 가장 빠르게 해결하는 방법은 무엇인가?

2. OX 퀴즈에서 甲과 乙이 답을 서로 맞혀 보았을 때, 甲은 'O'를 선택하고, 乙은 'X'를 선택했다는 의미는 무엇인가?

3. OX 퀴즈에서 甲과 乙이 답을 서로 맞혀 보았을 때, 甲과 乙 모두 동일하게 'O' 또는 'X'를 선택했다는 의미는 무엇인가?

[정답]

1. 만점에서 감점해 가면서 점수를 따지는 방법
2. 둘의 선택이 엇갈리므로 둘 중 한 명은 맞고, 한 명은 틀렸다는 의미이다.
3. 둘의 선택이 동일하므로 둘이 동시에 맞거나, 동시에 틀리게 된다는 의미이다.
   둘의 선택이 동일하다는 것이 그 문제를 맞혔음을 의미하는 것은 아님에 주의하자.

05. 다음 글을 근거로 판단할 때, <보기>에서 옳은 것만을 모두 고르면? 16 5급공채 4 15

혜민이와 은이는 OX퀴즈를 풀었다. 문제는 총 8개(100점 만점)이고 분야별 문제 수와 문제당 배점은 다음과 같다.

분야	문제 수	문제당 배점
역사	6	10점
경제	1	20점
예술	1	20점

문제 순서는 무작위로 정해지고, 혜민이와 은이가 각 문제에 대해 'O' 또는 'X'를 다음과 같이 선택했다.

문제	혜민	은
1	O	O
2	X	O
3	O	O
4	O	X
5	X	X
6	O	X
7	X	O
8	O	O
총점	80	70

〈보 기〉

ㄱ. 혜민이와 은이 모두 경제 문제를 틀린 경우가 있을 수 있다.
ㄴ. 혜민이만 경제 문제를 틀렸다면, 예술 문제는 혜민이와 은이 모두 맞혔다.
ㄷ. 혜민이가 역사 문제 두 문제를 틀렸다면, 은이는 예술 문제와 경제 문제를 모두 맞혔다.

① ㄴ
② ㄷ
③ ㄱ, ㄴ
④ ㄱ, ㄷ
⑤ ㄴ, ㄷ

06. 다음 글을 근거로 판단할 때, <보기>에서 甲의 시험과목별 점수로 옳은 것만을 모두 고르면?

23 7급공채 인 20

○○국제교육과정 중에 있는 사람은 수료시험에서 5개 과목(A~E) 평균 60점 이상을 받고 한 과목도 과락(50점 미만)이 아니어야 수료할 수 있다.

甲은 수료시험에서 5개 과목 평균 60점을 받았으나 2개 과목이 과락이어서 ○○국제교육과정을 수료하지 못했다. 甲이 돌려받은 답안지에 점수는 기재되어 있지 않았고, 각 문항에 아래와 같은 표시만 되어 있었다. 이는 국적이 서로 다른 각 과목 강사가 자신의 국가에서 사용하는 방식으로 정답·오답 표시만 해놓은 결과였다.

과목	문항									
	1	2	3	4	5	6	7	8	9	10
A	○	○	×	×	×	○	×	○	○	○
B	V	×	V	V	V	×	V	×	V	V
C	/	○	○	○	○	/	/	○	/	○
D	○	○	V	V	V	○	○	V	V	V
E	/	/	/	×	×	×	/	/	/	/

※ 모든 과목은 각 10문항이며, 각 문항별 배점은 10점이다.

〈보 기〉

	시험과목	점수
ㄱ.	A	70
ㄴ.	B	30
ㄷ.	C	60
ㄹ.	D	40
ㅁ.	E	80

① ㄱ, ㄴ

② ㄱ, ㄷ

③ ㄱ, ㄹ, ㅁ

④ ㄴ, ㄷ, ㄹ

⑤ ㄴ, ㄷ, ㅁ

정답·해설 p.332

문제 풀이 후 확인하기

실력 UP 포인트

1. 2만 원의 예산으로 5명에게 줄 선물을 사려고 한다. 선물로 구입할 수 있는 물건은 텀블러 6천 원, 아메리카노 쿠폰 4천 원, 쿠키 2천 원 세 종류이다. 이때 5개의 선물 중 하나로 텀블러를 산다는 것의 의미는 무엇인가?

2. '평균'의 의미는 무엇인가?

[정답]

1. 2만 원의 예산으로 5명에게 선물을 산다는 것은 1인 평균 4천 원을 지출한다는 의미이다. 이때 5개의 선물 중 하나로 6천 원의 텀블러를 산다면, 반드시 쿠키도 구입한 선물에 포함되어야 한다는 의미이다.
2. 편차의 합이 0이다.

실전공략문제

· 권장 제한시간에 따라 시작과 종료 시각을 정한 후, 실제 시험처럼 문제를 풀어보세요.
시 분 ~ 시 분 (총 19문항 / 38분)

01. 김 사무관은 소프트웨어(이하 S/W라 표기한다) '수출 중점대상 국가'를 선정하고자 한다. 다음 <국가별 현황>과 <평가기준>에 근거할 때, 옳은 것을 <보기>에서 모두 고르면?

12 5급공채 인 18

〈국가별 현황〉

국가명	시장매력도			정보화수준	접근가능성
	S/W시장규모 (백만 불)	S/W성장률 (%)	인구규모 (백만 명)	전자정부순위	S/W수출액 (백만 원)
A국	550	13.6	232	106	9,103
B국	333	8.7	3	82	2,459
C국	315	8.7	87	91	2,597
D국	1,706	8.2	27	95	2,777
E국	1,068	7.2	64	64	2,158

〈평가기준〉

- 국가별 종합점수는 시장매력도(30점 만점), 정보화수준(30점 만점), 접근가능성(40점 만점)의 합계(100점 만점)로 구하며, 종합점수가 높을수록 종합순위도 높다.
- 시장매력도 점수는 시장매력도가 가장 높은 국가에 30점, 가장 낮은 국가에 0점, 그 밖의 모든 국가에 15점을 부여한다. S/W시장규모가 클수록, S/W성장률이 높을수록, 인구규모가 클수록 시장매력도가 높다.
- 정보화수준 점수는 전자정부순위가 가장 높은 국가에 30점, 가장 낮은 국가에 0점, 그 밖의 모든 국가에 15점을 부여한다.
- 접근가능성 점수는 접근가능성이 가장 높은 국가에 40점, 가장 낮은 국가에 0점, 그 밖의 모든 국가에 20점을 부여한다. S/W수출액이 클수록 접근가능성이 높다.

〈보 기〉

ㄱ. 정보화수준 점수는 E국이 30점, A국이 0점이고, 다른 국가들은 모두 15점이다.
ㄴ. 접근가능성 점수는 A국이 30점, E국이 0점이고, 다른 국가들은 모두 15점이다.
ㄷ. 시장매력도 점수를 S/W시장규모만을 고려하여 결정할 경우, A국과 D국의 종합점수는 동일하다.
ㄹ. S/W시장규모가 10억 불 이상이면서 동시에 인구가 5천만 명 이상인 국가가 가장 매력적 시장이라는 결론이 났을 경우, E국이 선정된다.

① ㄱ, ㄴ
② ㄱ, ㄷ
③ ㄱ, ㄹ
④ ㄴ, ㄷ
⑤ ㄷ, ㄹ

02. 다음 글을 근거로 판단할 때, 국제행사의 개최도시로 선정될 곳은? 19 민경채 나 06

甲사무관은 대한민국에서 열리는 국제행사의 개최도시를 선정하기 위해 다음과 같은 〈후보도시 평가표〉를 만들었다. 〈후보도시 평가표〉에 따른 점수와 〈국제해양기구의 의견〉을 모두 반영하여, 합산점수가 가장 높은 도시를 개최도시로 선정하고자 한다.

〈후보도시 평가표〉

구분	서울	인천	대전	부산	제주
1) 회의 시설 1,500명 이상 수용가능한 대회의장 보유 등	A	A	C	B	C
2) 숙박 시설 도보거리에 특급 호텔 보유 등	A	B	A	A	C
3) 교통 공항접근성 등	B	A	C	B	B
4) 개최 역량 대규모 국제행사 개최 경험 등	A	C	C	A	B

※ A: 10점, B: 7점, C: 3점

〈국제해양기구의 의견〉

- ○ 외국인 참석자의 편의를 위해 '교통'에서 A를 받은 도시의 경우 추가로 5점을 부여해 줄 것
- ○ 바다를 끼고 있는 도시의 경우 추가로 5점을 부여해 줄 것
- ○ 예상 참석자가 2,000명 이상이므로 '회의 시설'에서 C를 받은 도시는 제외할 것

① 서울

② 인천

③ 대전

④ 부산

⑤ 제주

03. 다음 글과 <상황>을 근거로 판단할 때, △△대회 개최지로 선정될 곳은?

23 5급공채 가 36

甲위원회는 △△대회를 개최하기 위해 후보지 5곳(A~E)에 대하여 다음과 같은 세 단계의 절차를 거쳐 최종 점수가 높은 상위 2곳을 개최지로 선정하기로 하였다.

○ 1단계: 인프라, 안전성, 홍보효과 항목에 대해 점수를 부여한다.

○ 2단계: 안전성 점수에는 2배의 가중치를, 홍보효과 점수에는 1.5배의 가중치를 부여한 후, 각 항목별 점수를 합산한다.

○ 3단계: △△대회를 2회 이상 개최한 적이 있는 곳에 대해서는 합산 점수에서 10점을 감점한다.

〈상 황〉

○ 1단계에서 부여된 각 평가 항목의 점수는 다음과 같다.

구분	A	B	C	D	E
인프라	13	12	18	23	12
안전성	18	20	17	14	19
홍보효과	16	17	13	20	19

○ △△대회를 2회 이상 개최한 적이 있는 곳은 C, D이다.

① A, B

② A, C

③ A, E

④ B, D

⑤ B, E

04. 다음 <관세 관련 규정>에 따를 때, 甲이 전자기기의 구입으로 지출한 총 금액은?

11 민경채 인 25

〈관세 관련 규정〉

○ 물품을 수입할 경우 과세표준에 품목별 관세율을 곱한 금액을 관세로 납부해야 한다. 단, 과세표준이 15만 원 미만이고, 개인이 사용할 목적으로 수입하는 물건에 대해서는 관세를 면제한다.

○ 과세표준은 판매자에게 지급한 물품가격, 미국에 납부한 세금, 미국 내 운송료, 미국에서 한국까지의 운송료를 합한 금액을 원화로 환산한 금액으로 한다. 단, 미국에서 한국까지의 운송료는 실제 지불한 운송료가 아닌 다음의 〈국제선편요금〉을 적용한다.

〈국제선편요금〉

중량	0.5kg~1kg 미만	1kg~1.5kg 미만
금액(원)	10,000	15,000

○ 과세표준 환산 시 환율은 관세청장이 정한 '고시환율'에 따른다.
(현재 고시환율: ₩1,100/$)

〈甲의 구매 내역〉

한국에서 甲은 개인이 사용할 목적으로 미국 소재 인터넷 쇼핑몰에서 물품가격과 운송료를 지불하고 전자기기를 구입했다.

- 전자기기 가격: $120
- 미국에서 한국까지의 운송료: $30
- 지불시 적용된 환율: ₩1,200/$
- 전자기기 중량: 0.9kg
- 전자기기에 적용되는 관세율: 10%
- 미국 내 세금 및 미국 내 운송료는 없다.

① 142,000원

② 156,200원

③ 180,000원

④ 181,500원

⑤ 198,000원

05. 다음 글을 근거로 판단할 때, <보기>에서 옳은 것만을 모두 고르면?

15 민경채 인 22

거짓말 탐지기는 진술 내용의 참, 거짓을 판단하는 장치이다. 거짓말 탐지기의 정확도(%)는 탐지 대상이 되는 진술이 참인 것을 [참]으로, 거짓인 것을 [거짓]으로 옳은 판단을 내릴 확률을 의미하며, 참인 진술과 거짓인 진술 각각에 대하여 동일한 정확도를 나타낸다. 甲이 사용하는 거짓말 탐지기의 정확도는 80%이다.

〈보 기〉

ㄱ. 탐지 대상이 되는 진술이 총 100건이라면, 甲의 거짓말 탐지기는 20건에 대하여 옳지 않은 판단을 내릴 가능성이 가장 높다.

ㄴ. 탐지 대상이 되는 진술 100건 가운데 참인 진술이 20건이라면, 甲의 거짓말 탐지기가 이 100건 중 [참]으로 판단하는 것은 총 32건일 가능성이 가장 높다.

ㄷ. 탐지 대상이 되는 진술 100건 가운데 참인 진술이 10건인 경우, 甲이 사용하는 거짓말 탐지기의 정확도가 높아진다면 이 100건 중 [참]으로 판단하는 진술이 많아진다.

ㄹ. 거짓말 탐지기의 정확도가 90%이고 탐지 대상이 되는 진술 100건 가운데 참인 진술이 10건인 경우, 탐지기가 18건을 [참]으로 판단했다면 그 중 거짓인 진술이 9건일 가능성이 가장 높다.

① ㄱ, ㄴ

② ㄱ, ㄷ

③ ㄱ, ㄴ, ㄹ

④ ㄱ, ㄷ, ㄹ

⑤ ㄴ, ㄷ, ㄹ

06. 다음 글을 근거로 판단할 때, <상황>의 ㉠과 ㉡을 옳게 짝지은 것은? 19 민경채 나 16

> 채용에서 가장 중요한 점은 조직에 적합한 인재의 선발, 즉 필요한 수준의 기본적 직무적성·태도 등 전반적 잠재력을 가진 지원자를 선발하는 것이다. 그러나 채용 과정에서 적합한 사람을 채용하지 않거나, 적합하지 않은 사람을 채용하는 경우도 있다. 적합한 지원자 중 탈락시킨 지원자의 비율을 오탈락률이라 하고, 적합하지 않은 지원자 중 채용한 지원자의 비율을 오채용률이라 한다.

〈상 황〉

> 甲회사의 신입사원 채용 공고에 1,200명이 지원하여, 이 중에 360명이 채용되었다. 신입사원 채용 후 조사해보니 1,200명의 지원자 중 회사에 적합한 지원자는 800명이었고, 적합하지 않은 지원자는 400명이었다. 채용된 360명의 신입사원 중 회사에 적합하지 않은 인원은 40명으로 확인되었다. 이에 따르면 오탈락률은 (㉠)%이고, 오채용률은 (㉡)%이다.

	㉠	㉡
①	40	5
②	40	10
③	55	10
④	60	5
⑤	60	10

07. 다음 글을 근거로 판단할 때, ㉠ 에 해당하는 값은? (단, 소수점 이하 반올림함)

14 5급공채 A 04

> 한 남자가 도심 거리에서 강도를 당했다. 그는 그 강도가 흑인이라고 주장했다. 그러나 사건을 담당한 재판부가 당시와 유사한 조건을 갖추고 현장을 재연했을 때, 피해자가 강도의 인종을 정확하게 인식한 비율이 80% 정도밖에 되지 않았다. 강도가 정말로 흑인일 확률은 얼마일까?
>
> 물론 많은 사람들이 그 확률은 80%라고 말할 것이다. 그러나 실제 확률은 이보다 상당히 낮을 수 있다. 인구가 1,000명인 도시를 예로 들어 생각해보자. 이 도시 인구의 90%는 백인이고 10%만이 흑인이다. 또한 강도짓을 할 가능성은 두 인종 모두 10%로 동일하며, 피해자가 백인을 흑인으로 잘못 보거나 흑인을 백인으로 잘못 볼 가능성은 20%로 똑같다고 가정한다. 이 같은 전제가 주어졌을 때, 실제 흑인강도 10명 가운데 (　　)명만 정확히 흑인으로 인식될 수 있으며, 실제 백인강도 90명 중 (　　)명은 흑인으로 오인된다. 따라서 흑인으로 인식된 (　　)명 가운데 (　　)명만이 흑인이므로, 피해자가 범인이 흑인이라는 진술을 했을 때 그가 실제로 흑인에게 강도를 당했을 확률은 겨우 (　　)분의 (　　), 즉 약 ㉠ %에 불과하다.

① 18

② 21

③ 26

④ 31

⑤ 36

08. 다음 글을 근거로 판단할 때, <보기>에서 옳은 것만을 모두 고르면? 19 민경채 나 24

사슴은 맹수에게 계속 괴롭힘을 당하자 자신을 맹수로 바꾸어 달라고 산신령에게 빌었다. 사슴을 불쌍하게 여긴 산신령은 사슴에게 남은 수명 중 n년(n은 자연수)을 포기하면 여생을 아래 5가지의 맹수 중 하나로 살 수 있게 해주겠다고 했다.

사슴으로 살 경우의 1년당 효용은 40이며, 다른 맹수로 살 경우의 1년당 효용과 그 맹수로 살기 위해 사슴이 포기해야 하는 수명은 아래의 〈표〉와 같다. 예를 들어 사슴의 남은 수명이 12년일 경우 사슴으로 계속 산다면 12×40=480의 총 효용을 얻지만, 독수리로 사는 것을 선택한다면 (12−5)×50=350의 총 효용을 얻는다.

사슴은 여생의 총 효용이 줄어드는 선택은 하지 않으며, 포기해야 하는 수명이 사슴의 남은 수명 이상인 맹수는 선택할 수 없다. 1년당 효용이 큰 맹수일수록, 사슴은 그 맹수가 되기 위해 더 많은 수명을 포기해야 한다. 사슴은 자신의 남은 수명과 〈표〉의 '?'로 표시된 수를 알고 있다.

〈표〉

맹수	1년당 효용	포기해야 하는 수명(년)
사자	250	14
호랑이	200	?
곰	170	11
악어	70	?
독수리	50	5

〈보 기〉

ㄱ. 사슴의 남은 수명이 13년이라면, 사슴은 곰을 선택할 것이다.

ㄴ. 사슴의 남은 수명이 20년이라면, 사슴은 독수리를 선택하지는 않을 것이다.

ㄷ. 호랑이로 살기 위해 포기해야 하는 수명이 13년이라면, 사슴의 남은 수명에 따라 사자를 선택했을 때와 호랑이를 선택했을 때 여생의 총 효용이 같은 경우가 있다.

① ㄴ

② ㄷ

③ ㄱ, ㄴ

④ ㄴ, ㄷ

⑤ ㄱ, ㄴ, ㄷ

09. 다음 글과 <상황>을 근거로 판단할 때 옳지 않은 것은?

22 7급공채 가 16

□□시는 부서 성과 및 개인 성과에 따라 등급을 매겨 직원들에게 성과급을 지급하고 있다.

○ 부서 등급과 개인 등급은 각각 S, A, B, C로 나뉘고, 등급별 성과급 산정비율은 다음과 같다.

성과 등급	S	A	B	C
성과급 산정비율(%)	40	20	10	0

○ 작년까지 부서 등급과 개인 등급에 따른 성과급 산정비율의 산술평균을 연봉에 곱해 직원의 성과급을 산정해왔다.
성과급 = 연봉 × {(부서 산정비율 + 개인 산정비율)/2}

○ 올해부터 부서 등급과 개인 등급에 따른 성과급 산정비율 중 더 큰 값을 연봉에 곱해 성과급을 산정하도록 개편하였다.
성과급 = 연봉 × max{부서 산정비율, 개인 산정비율}

※ max{a, b} = a와 b 중 더 큰 값

〈상 황〉

작년과 올해 □□시 소속 직원 甲~丙의 연봉과 성과 등급은 다음과 같다.

구분	작년			올해		
	연봉(만 원)	성과 등급		연봉(만 원)	성과 등급	
		부서	개인		부서	개인
甲	3,500	S	A	4,000	A	S
乙	4,000	B	S	4,000	S	A
丙	3,000	B	A	3,500	C	B

① 甲의 작년 성과급은 1,050만 원이다.

② 甲과 乙의 올해 성과급은 동일하다.

③ 甲~丙 모두 작년 대비 올해 성과급이 증가한다.

④ 올해 연봉과 성과급의 합이 가장 작은 사람은 丙이다.

⑤ 작년 대비 올해 성과급 상승률이 가장 큰 사람은 乙이다.

10. 다음 글에 근거할 때, 옳은 것을 <보기>에서 모두 고르면? 12 5급공채 인 31

○ 甲국은 지역 A와 B로 이루어져 있고 두 지역의 인구수는 같다. 이 국가의 중앙정부와 A, B지역의 지방정부는 소득에 비례하여 소득세를 징수하며, 그 총액은 공공지출의 총액과 동일하다. 중앙정부는 두 지역의 주민으로부터 징수한 소득세 전체액수의 50%씩을 두 지역에 이전한다. 지방정부는 자체 징수한 소득세와 중앙정부로부터 이전받은 소득세 모두를 공공부문에 지출한다. A지역의 주민 1인당 소득은 $100, B지역은 $200이다. 중앙정부의 소득세율은 주민 1인당 소득의 20%이며 지방정부의 주민 1인당 소득세율은 10%이다. 그런데 내년부터 甲국은 중앙정부의 소득세율은 10%로, 지방정부의 소득세율은 20%로 각각 조정할 예정이다.

○ 주민 1인당 소득대비 공공부문 이득비율 공식은 다음과 같다.

$$\text{주민 1인당 소득대비 공공부문 이득비율(\%)} = \frac{\text{주민 1인당 공공지출} - \text{주민 1인당 소득세}}{\text{주민 1인당 소득}} \times 100$$

○ A, B지역의 내년도 주민 1인당 소득은 올해와 동일하다고 가정한다.

〈보 기〉

ㄱ. 甲국의 조세정책의 변화로 A, B지역 모두의 공공지출은 증가할 것이다.
ㄴ. 올해 A지역의 주민 1인당 소득대비 공공부문 이득비율은 10%이다.
ㄷ. 내년 A지역의 주민 1인당 소득대비 공공부문 이득비율은 5%p 증가할 것이다.
ㄹ. 내년 B지역의 주민 1인당 소득대비 공공부문 이득비율은 −2.5%이다.

① ㄱ, ㄴ
② ㄱ, ㄷ
③ ㄴ, ㄹ
④ ㄱ, ㄷ, ㄹ
⑤ ㄴ, ㄷ, ㄹ

11. 다음 글을 근거로 판단할 때, <보기>에서 甲이 지원금을 받는 경우만을 모두 고르면?

22 7급공채 가 15

○ 정부는 자영업자를 지원하기 위하여 2020년 대비 2021년의 이익이 감소한 경우 이익 감소액의 10%를 자영업자에게 지원금으로 지급하기로 하였다.

○ 이익은 매출액에서 변동원가와 고정원가를 뺀 금액으로, 자영업자 甲의 2020년 이익은 아래와 같이 계산된다.

구분	금액	비고
매출액	8억 원	판매량(400,000단위)×판매가격(2,000원)
변동원가	6.4억 원	판매량(400,000단위)×단위당 변동원가(1,600원)
고정원가	1억 원	판매량과 관계없이 일정함
이익	0.6억 원	8억 원−6.4억 원−1억 원

〈보 기〉

ㄱ. 2021년의 판매량, 판매가격, 단위당 변동원가, 고정원가는 모두 2020년과 같았다.

ㄴ. 2020년에 비해 2021년에 판매가격을 5% 인하하였고, 판매량, 단위당 변동원가, 고정원가는 2020년과 같았다.

ㄷ. 2020년에 비해 2021년에 판매량은 10% 증가하고 고정원가는 5% 감소하였으나, 판매가격과 단위당 변동원가는 2020년과 같았다.

ㄹ. 2020년에 비해 2021년에 판매가격을 5% 인상했음에도 불구하고 판매량이 25% 증가하였고, 단위당 변동원가와 고정원가는 2020년과 같았다.

① ㄴ

② ㄹ

③ ㄱ, ㄴ

④ ㄴ, ㄷ

⑤ ㄷ, ㄹ

12. **다음 글을 근거로 판단할 때, 보이지 않는 숫자를 모두 합한 값은?** 24 7급공채 사 06

> 甲~丁은 매일 최대한 많이 걷기로 하고 특정 시간에 만나서 각자의 걸음 수와 그 합을 기록하였다. 그 기록한 걸음 수의 합은 199,998걸음이었다. 그런데 수명이 다 된 펜으로 각자의 걸음 수를 쓴 탓이었는지 다음날에 보니 아래와 같이 다섯 개의 숫자(□)가 보이지 않았다.
>
> 甲: □ 5 7 0 1
>
> 乙: 8 4 □ 9 8
>
> 丙: 8 3 □ □ 4
>
> 丁: □ 6 7 1 5

① 13

② 14

③ 15

④ 16

⑤ 17

13. 다음 글을 근거로 판단할 때, Q를 100리터 생산하는 데 드는 최소 비용은?

24 7급공채 사 15

○ 화학약품 Q를 생산하려면 A와 B를 2:1의 비율로 혼합해야 한다. 이 혼합물을 가공하면 B와 같은 부피의 Q가 생산된다. 예를 들어, A 2리터와 B 1리터를 혼합하여 가공하면 Q 1리터가 생산된다.

○ A는 원료 X와 Y를 1:2의 비율로 혼합하여 만든다. 이 혼합물을 가공하면 X와 같은 부피의 A가 생산된다. 예를 들어, X 1리터와 Y 2리터를 혼합하여 가공하면 A 1리터가 생산된다.

○ B는 원료 Z와 W를 혼합하여 만들거나, Z나 W만 사용하여 만든다. Z와 W를 혼합하여 가공하면 혼합비율에 관계없이 원료 절반 부피의 B가 생산된다. 예를 들어, Z와 W를 1리터씩 혼합하여 가공하면 B 1리터가 생산된다. 두 재료를 혼합하지 않고 Z나 W만 사용하여 가공하는 경우에도 마찬가지로 원료 절반 부피의 B가 생산된다.

○ 각 원료의 리터당 가격은 다음과 같다. 원료비 이외의 비용은 발생하지 않는다.

원료	X	Y	Z	W
가격(만 원/리터)	1	2	4	3

① 1,200만 원

② 1,300만 원

③ 1,400만 원

④ 1,500만 원

⑤ 1,600만 원

1 텍스트형 2 법조문형 3 계산형 4 규칙형 5 경우형 기출 엄선 모의고사

해커스PSAT 7급 PSAT 기본서 상황판단

14. 다음 글을 근거로 판단할 때, 1층 바닥면에서 2층 바닥면까지의 높이는? 24 7급공채 사 19

> 1층 바닥면과 2층 바닥면이 계단으로 연결된 건물이 있다. A가 1층 바닥면에 서 있고, B가 2층 바닥면에 서 있을 때, A의 머리 끝과 B의 머리 끝의 높이 차이는 240cm이다. A와 B가 위치를 서로 바꾸는 경우, A와 B의 머리 끝의 높이 차이는 220cm이다. A와 B의 키는 1층 바닥면에서 2층 바닥면까지의 높이보다 크지 않다.

① 210cm

② 220cm

③ 230cm

④ 240cm

⑤ 250cm

15. 甲은 ○○주차장에 4시간 45분 간 주차했던 차량의 주차 요금을 정산하려고 한다. 이 주차장에서는 총 주차 시간 중 최초 1시간의 주차 요금을 면제하고, 다음의 <주차 요금 기준>에 따라 요금을 부과한다. 甲이 지불해야 할 금액은? 12 민경채 인 20

〈주차 요금 기준〉

구분	총 주차 시간	
	1시간 초과~3시간인 경우	3시간 초과인 경우
요금	○ 30분마다 500원	○ 1시간 초과~3시간: 30분마다 500원 ○ 3시간 초과: 30분마다 2,000원

※ 주차 요금은 30분 단위로 부과되고, 잔여시간이 30분 미만일 경우 30분으로 간주한다.

① 5,000원

② 9,000원

③ 10,000원

④ 11,000원

⑤ 20,000원

16. 다음 글을 근거로 판단할 때, ○○공장에서 4월 1일과 4월 2일에 작업한 최소 시간의 합은?

20 5급공채 나 30

○○공장은 작업반 A와 B로 구성되어 있고 제품 X와 제품 Y를 생산한다. 다음 표는 각 작업반이 1시간에 생산할 수 있는 각 제품의 수량을 나타낸다. 각 작업반은 X와 Y를 동시에 생산할 수 없고 작업 속도는 일정하다.

〈작업반별 시간당 생산량〉

(단위: 개)

구분	X	Y
작업반 A	2	3
작업반 B	1	3

○○공장은 4월 1일 오전 9시에 X 24개와 Y 18개를 주문받았으며, 4월 2일에도 같은 시간에 동일한 주문을 받았다. 당일 주문받은 물량은 당일에 모두 생산하였다.

4월 1일에는 작업 여건상 두 작업반이 같은 시간대에 동일한 종류의 제품만을 생산해야 했지만, 4월 2일에는 그러한 제약이 없었다. 두 작업반은 매일 동시에 작업을 시작하며, 작업 시간은 작업 시작 시점부터 주문받은 물량 생산 완료 시점까지의 시간을 의미한다.

① 19시간

② 20시간

③ 21시간

④ 22시간

⑤ 23시간

17. 커피전문점 A와 B는 ○○국 시장 진출을 계획하고 있다. A와 B의 개점 및 매출액 등의 조건이 다음과 같을 때, B의 전체 지점의 월간 매출액이 A의 전체 지점의 월간 매출액을 넘어서는 최초의 시점은? 13 외교관 인 12

○ B는 A가 개점한 지역에, A가 개점한 순서에 따라, B의 개점주기대로 반드시 진입한다.

○ B의 커피맛이 A보다 더 좋아 B가 진입하면 해당 지역의 전체 커피수요는 증가하지만, B가 A의 소비자 대부분을 끌어오게 되어 해당 월부터 바로 A의 지점 매출액이 급격히 감소한다.

○ A, B는 한 지역당 한 지점만 개점한다.

구분	A	B
○○국 1호점 개점일	2013년 1월 1일	2013년 3월 1일
개점주기	매월 1일, 1지점	격월 1일, 1지점
각 지점당 월간 매출액	• 100만원 • B가 진입한 지역의 지점은 20만원	150만원

① 2013년 7월

② 2013년 9월

③ 2013년 11월

④ 2014년 1월

⑤ 2014년 3월

18. 다음 글을 근거로 판단할 때, <보기>에서 옳은 것만을 모두 고르면? 25 7급공채 인 14

甲기업은 A, B 두 개의 공장을 가지고 있으며, 두 공장에서 같은 제품을 생산한다. A에서는 제품 생산을 위해 설비를 가동하는 데 1일 100만 원의 가동비용이 발생하며, 제품 1개를 생산할 때마다 1만 원의 비용이 소요된다. B에서는 가동비용이 발생하지 않으며, 제품 1개를 생산할 때마다 2만 원의 비용이 소요된다. A, B 모두 하루에 각각 최대 150개까지 제품 생산이 가능하다. 甲기업은 최소 비용으로 1일 목표 생산량 Q개를 달성하도록 생산량을 A, B에 배분한다.

〈보 기〉

ㄱ. Q가 120이라면 A에서만 생산해야 한다.
ㄴ. Q가 200이라면 B에서 150개를 생산해야 한다.
ㄷ. Q가 200일 때, A의 가동비용이 1일 50만 원으로 감소해도 A, B에 대한 배분량은 달라지지 않는다.

① ㄱ
② ㄴ
③ ㄱ, ㄷ
④ ㄴ, ㄷ
⑤ ㄱ, ㄴ, ㄷ

19. A, B, C, D가 퇴직할 때 받게 되는 연금액수는 근무연수와 최종 평균보수월액에 의해 결정된다. 아래에 제시된 연금액수 산출방법을 따를 때 <보기>의 예상 중 옳은 것으로 묶은 것은? (다만, 연금은 본인에게만 지급되며 물가는 변동이 없다고 가정한다.) 06 5급견습 인 13

연금액수 산출방법에는 월별연금 지급방식과 일시불연금 지급방식이 있다.

(1) 월별연금지급액 = 최종평균보수월액 × {0.5 + 0.02 × (근무연수 − 20)}
(다만, 월별연금지급액은 최종평균보수월액의 80%를 초과할 수 없다.)

(2) 일시불연금지급액 = (최종평균보수월액 × 근무연수 × 2) + {최종평균보수월액 × (근무연수 − 5) × 0.1}

〈표〉 퇴직자 연금액수 산출자료

퇴직자	근무연수(년)	최종평균보수월액(만원)
A	20	100
B	35	100
C	37	100
D	10	200

〈보 기〉

ㄱ. A가 100개월밖에 연금을 받을 수 없다면 월별연금보다 일시불연금을 선택하는 것이 유리할 것이다.
ㄴ. A의 일시불연금지급액은 D의 일시불연금지급액보다 많을 것이다.
ㄷ. B가 C보다 월별연금지급액을 40만원 더 받게 될 것이다.
ㄹ. D가 월급에 변화없이 10년을 더 근무한다면 D의 일시불연금지급액은 현재 받을 수 있는 일시불연금지급액의 두 배가 넘을 것이다.

① ㄱ, ㄴ

② ㄴ, ㄹ

③ ㄷ, ㄹ

④ ㄱ, ㄴ, ㄹ

⑤ ㄴ, ㄷ, ㄹ

정답 · 해설 p.336

해커스PSAT **7급 PSAT 기본서** 상황판단

PSAT 교육 1위, 해커스PSAT **psat.Hackers.com**

4 규칙형

출제경향분석

1 규칙형이란?

규칙형은 문제에 제시된 규칙을 정확하게 이해하여 확인·응용·적용할 수 있는지를 평가하기 위한 유형이다. 예를 들면 문화상품권 뒷면에 기재된 이용 안내 규칙을 이해한 후 상황에 주어진 특정 문화상품권이 온라인에서 사용 가능한지 판단하거나, 미로에서 목적지까지 길을 찾아가는 주행 알고리즘을 이해한 후 이를 로봇에 적용했을 때 경로를 올바르게 찾아간 선택지를 찾아내는 등의 문제가 출제된다.

2 세부 출제 유형

규칙형은 문제 해결을 위한 과정에 따라 ① **규칙 단순확인형**, ② **규칙 정오판단형**, ③ **규칙 적용해결형** 총 3가지 세부 유형으로 출제된다.

규칙 단순확인형	제시된 규칙의 내용을 단순히 확인하는 유형
규칙 정오판단형	제시된 규칙의 내용을 이해한 후 선택지나 <보기>의 내용이 올바른지 정오를 판단하는 유형
규칙 적용해결형	제시된 규칙을 이해한 후 이를 적용한 결과를 찾아내는 유형

3 출제 경향

1. 규칙형은 2019년 7급 PSAT 예시문제 중 1문제, 2020년 7급 PSAT 모의평가와 2021년 7급 공채 PSAT에서 각각 6문제가 출제되었다. 2022년 7급 공채 PSAT에서는 5문제, 2023년 7급 공채 PSAT에서는 2문제가 출제되면서 출제 비중이 줄어들다가 2024년 7급 공채 PSAT에서는 다시 6문제가 출제되어 출제 비중이 늘어났다. 2025년 7급 공채 PSAT에서는 5문제가 출제되었다.

2. 주어진 규칙을 단순히 확인하면 해결되는 단순확인형과 규칙을 이해한 후 적용하는 적용해결형 문제의 경우 난도는 높지 않게 출제되거나 기존 기출문제와 유사한 문제가 반복해서 출제되고 있다. 그러나 적절한 입증사례 또는 반증사례를 떠올려 선택지·보기의 정오판단을 해야 하는 정오판단형은 체감 난도가 높은 경우가 많다.

3. 2019년 7급 PSAT 예시문제에서는 경우 파악형의 도구인 2×2 매트릭스를 활용하면 수월한 문제가 출제되었고, 2020년 모의평가에서는 '몰아주기' 소재가 두 문제에서 활용되었다. 2021년에서도 '몰아주기' 소재가 사용되었고, 이동규칙, 법조문에서의 중요한 출제 장치인 광역·기초지방자치단체 소재가 사용되었다. 2022년에도 복수의 결과, 여러 방식이 적용되는 문제 등 기존에 출제되던 유형의 문제가 출제되었고, 규칙 정오판단형에 해당하는 두 문제의 난도는 다소 높았다. 2023년에 출제된 2문제의 난도는 낮았다. 2024년에 출제된 규칙형 6문제는 모두 정오판단형이라는 점이 특징적인데 일부 까다로운 문제가 출제되었다. 2025년에 출제된 문제는 단순확인형에 해당하는 문제가 5문제 중 3문제나 되었고, 정오판단형도 자료해석에서의 최소교집합의 아이디어가 활용되었다. 이처럼 규칙형에서 기존에 반복해서 출제되던 문제와 유사하게 계속 출제되고 있으므로 기존 기출문제를 철저하게 분석해 두는 것이 필요하다.

4 대비 전략

규칙형은 기본적인 규칙 이해력과 기억력을 필요로 하는 유형이다. 따라서 많은 기출문제를 풀면서 거듭 연습해 보는 것이 필요하다.

1. 규칙을 정확하게 파악하기 위해서 규칙을 시각화하거나 그룹화하는 연습을 한다.
2. 최대한 많은 기출문제를 풀어보면서 유형별 접근법과 가장 빠른 해결 방법을 찾아 적용하는 연습을 한다.
3. 잘 이해가 되지 않는 규칙이나 자주 실수하는 문제, 풀었는데도 틀리는 문제 등을 모두 정리하여 오답노트를 만든다.

유형 15 규칙 단순확인형

유형 소개

'규칙 단순확인형'은 규칙을 이해한 후 관련된 내용을 단순히 확인하여 문제를 해결하는 유형이다. 지문에 제시된 규칙을 통해서 관련 정보를 매칭 또는 단순 확인하여 발문에서 요구하는 것을 해결한다.

유형 특징

이 유형은 문제를 해결하기 위해 필요한 정보를 빠르게 확인하면 된다는 점에서 텍스트형과 유사하나, 제시되는 지문이 단순 줄글 형태가 아니라는 점에서 텍스트형과 차이가 있다. 대표적인 발문과 선택지 또는 <보기>의 형태는 다음과 같다.

- 발문
  - 다음 글을 근거로 판단할 때, <사례>의 '공공누리 마크' 이용조건에 부합하는 甲의 행위는?
- 선택지 또는 <보기>
  - 출처를 표시하지 않고 사진저작물과 그 설명문을 그대로 보고서에 수록하는 행위
  - 사진저작물의 색상을 다른 색상으로 변형하여 이를 보고서에 수록하는 행위
  - 상업적인 목적으로 보고서를 작성하면서 출처를 표시하고 사진저작물과 그 설명문을 그대로 수록하는 행위

출제 경향

- '규칙 단순확인형'은 2020년 7급 PSAT 모의평가에서 2문제가 쉽게 출제되었고, 2021년 7급 공채 PSAT에서는 1문제가 평이하게 출제되었다. 2022년 7급 공채 PSAT에서는 출제되지 않았고, 2023년 7급 공채 PSAT에서는 규칙형 2문제가 모두 '규칙 단순확인형'으로 쉽게 출제되었다. 2024년 7급 공채 PSAT에서는 규칙 단순확인형에 해당하는 문제가 출제되지 않았는데, 2025년 7급 공채 PSAT에서는 3문제나 평이하게 출제되어 3문제 모두 90%대 중반의 정답률을 보였다.
- 이처럼 '규칙 단순확인형'에 해당하는 문제의 난도는 대체로 평이하거나 낮은 편이므로, 빠르고 정확하게 해결할 수 있어야 한다.

문제풀이 핵심 전략

STEP 1 | 발문과 선택지 또는 <보기>를 활용하여 문제 해결에 필요한 정보가 무엇인지 파악한다.

√ 발문에서 특정 대상의 포함 여부를 물을 경우, 그 대상에 포함되는 것과 포함되지 않는 것을 구분할 수 있는 기준을 파악한다.

√ 선택지나 <보기>는 최대 5개까지만 가능하다는 점을 활용한다. 만약 규칙이나 규칙적용대상이 5개를 초과해서 제시된 경우, 선택지나 <보기>로 제시되는 것을 최대 5개까지만 선별하여 확인한다.

STEP 2 | 문제 해결에 필요한 정보 위주로 빠르게 확인한다.

√ 문제에는 풀이에 필요한 정보와 필요하지 않은 정보가 혼재되어 있는 경우가 대부분이다. 따라서 정보를 처리할 때 강약을 두어 문제 해결에 필요한 정보를 강하게 처리한다.

√ 해당 전략이 잘 적용되지 않고 실수가 반복되는 경우에는 자주 틀리는 문제의 함정이나 반복하는 실수 등을 정리하여 같은 실수를 반복하지 않도록 한다.

문제풀이 핵심 전략 적용

기출 예제

다음 글을 근거로 판단할 때, 연결이 서로 잘못된 것은? (단, 음식에서 언급되지 않은 재료는 고려하지 않는다)

11 민경채 인 13

채식주의자 중에는 육류와 함께 계란, 유제품(치즈, 버터, 생크림 등) 및 생선조차 먹지 않는 사람이 있는가 하면 때때로 육식을 하는 채식주의자도 있다. 또한 채식이라고 하면 채소와 과일 등을 생각하기 쉽지만, 여기서 말하는 채식에는 곡물도 포함된다.

아래 표는 채식주의자의 유형별 특성을 분류한 것이다.

채식주의자의 유형	특성
과식(果食)주의자	모든 식물의 잎이나 뿌리는 섭취하지 않고, 오직 견과류나 과일 등 열매부분만을 먹는다.
순수 채식주의자	동물로부터 얻은 모든 것을 먹지 않고, 식물로부터 나온 것만을 먹는다.
우유 채식주의자	순수 채식주의자가 먹는 음식에 더하여, 유제품은 먹되 계란은 먹지 않는다.
난류(卵類) 채식주의자	순수 채식주의자가 먹는 음식에 더하여, 계란은 먹되 유제품은 먹지 않는다.
유란(乳卵) 채식주의자	순수 채식주의자가 먹는 음식에 더하여, 유제품과 계란도 먹으며, 우유도 먹는다.
생선 채식주의자	유란 채식주의자가 먹는 음식에 더하여, 생선도 먹는다.
준(準) 채식주의자	생선 채식주의자가 먹는 음식에 더하여, 육류도 그 양을 줄여가며 먹는다.

	채식주의자의 유형	음식
①	과식주의자	호두를 으깨어 얹은 모듬 생과일
②	우유 채식주의자	단호박 치즈오븐구이
③	난류 채식주의자	치즈계란토스트
④	유란 채식주의자	생크림을 곁들인 삶은 계란
⑤	생선 채식주의자 및 준 채식주의자	연어훈제구이

STEP 1

발문과 선택지를 활용하여 문제 해결에 필요한 정보가 무엇인지 파악한다.

발문에서는 연결이 서로 잘못된 것을 골라야 한다는 것을 알 수 있고, 선택지에서는 '채식주의자의 유형'과 '음식'이 서로 연결되어 있음을 알 수 있다.

STEP 2

채식주의자의 유형별 특성을 분류한 표를 전부 다 읽을 필요는 없다. 선택지별로 표에서 필요한 부분을 찾아 파악한다. 우선 표에 제시된 채식주의자의 유형별 특성을 정리하면 다음과 같다.

채식주의자의 유형	특성	
	먹는 음식	먹지 않는 음식
과식 주의자	오직 견과류나 과일 등 열매부분만	모든 식물의 잎이나 뿌리
순수 채식주의자	식물로부터 나온 것만	동물로부터 얻은 모든 것
우유 채식주의자	순수 채식주의자가 먹는 음식+유제품	계란
난류 채식주의자	순수 채식주의자가 먹는 음식+계란	유제품
유란 채식주의자	순수 채식주의자가 먹는 음식+유제품과 계란	-
생선 채식주의자	유란 채식주의자가 먹는 음식+생선	-
준 채식주의자	생선 채식주의자가 먹는 음식+육류	-

정리한 내용을 바탕으로 각 선택지를 검토하면 다음과 같다.

① 과식주의자는 오직 견과류나 과일 등 열매부분만 먹기 때문에 '호두', '생과일' 모두 가능하다.

② 우유 채식주의자는 식물로부터 나온 것과 유제품을 먹기 때문에 '단호박', '치즈' 모두 가능하다.

③ 난류 채식주의자는 식물로부터 나온 것과 계란을 먹기 때문에 '계란', '도스드'는 가능할 수 있으나 '치즈'는 유제품이기 때문에 먹을 수 없다.

④ 유란 채식주의자는 식물로부터 나온 것, 유제품과 계란을 먹기 때문에 '생크림', '계란' 모두 먹을 수 있다.

⑤ 생선 채식주의자 및 준 채식주의자는 식물로부터 나온 것, 유제품과 계란, 생선, 육류를 먹기 때문에 '연어'를 먹을 수 있다.

따라서 정답은 ③이다.

유형공략문제

실력 UP 포인트

문제 풀이 후 확인하기

1. 1890년에 볼 수 있었던 광경이려면 해당 문물의 수용연대는 언제여야 하는가?

2. 명동성당에서 전화를 사용했다면 이 시기는 언제여야 하는가?

01. 다음 <근대 문물의 수용 연대>를 근거로 판단할 때, <A 사건>이 발생한 해에 볼 수 있었던 광경으로 옳게 추론한 것은? 13 민경채 인 06

〈근대 문물의 수용 연대〉

신문	한성순보(1883년 개간/1884년 폐간)
교통	철도: 경인선(1899년), 경부선(1905년) 전차: 서대문~청량리(1898년)
의료	광혜원(1885년), 세브란스 병원(1904년)
건축	독립문(1897년), 명동성당(1898년)
전기통신	전신(1885년), 전등(1887년 경복궁 내), 전화(1896년)

〈A 사건〉

경복궁 내에 여러 가지 기계가 설치되었다. 궁내의 큰 마루와 뜰에 등롱(燈籠) 같은 것이 설치되어 서양인이 기계를 움직이자 연못의 물이 빨아 올려져 끓는 소리와 우렛소리와 같은 시끄러운 소리가 났다. 그리고 얼마 있지 않아 가지 모양의 유리에 휘황한 불빛이 대낮 같이 점화되어 모두가 놀라움을 금치 못했다. 궁궐에 있는 궁인들이 이 최초의 놀라운 광경을 구경하기 위해 내전 안으로 몰려들었다.

① 광혜원에서 전화를 거는 의사

② 독립문 준공식을 보고 있는 군중

③ 서대문에서 청량리 구간의 전차를 타는 상인

④ 〈A 사건〉을 보도한 한성순보를 읽고 있는 관리

⑤ 전신을 이용하여 어머니께 소식을 전하는 아들

[정답]

1. 1890년 이전

<A 사건>이 발생한 해에 볼 수 있었던 광경이려면 <A 사건>보다 먼저 도입된 문물이어야 한다. 즉, 이 문제에서 묻고자 하는 것은 <A 사건>보다 시기적으로 먼저 수용된 것을 찾으라는 것이다.

2. 1898년 이후

명동성당은 1898년에 지어졌고, 전화는 1896년부터 사용되었다. 명동성당에서 전화를 사용하려면 1898년 이후여야 가능하다. 즉, '명동성당'과 '전화' 두 조건을 둘 다 충족해야 하므로 시기적으로 더 나중인 것을 기준으로 판단한다.

02. 다음 글을 근거로 판단할 때, A~E 중 유통이력 신고의무가 있는 사람은? 13 민경채 인 14

甲국의 유통이력관리제도는 사회안전 및 국민보건을 위해 관세청장이 지정하는 수입물품(이하 "지정물품"이라 한다)에 대해 유통단계별 물품 거래내역(이하 "유통이력"이라 한다)을 추적·관리하는 제도이다. 유통이력에 대한 신고의무가 있는 사람은 수입자와 유통업자이며, 이들이 지정물품을 양도(판매, 재판매 등)한 경우 유통이력을 관세청장에게 신고하여야 한다. 지정물품의 유통이력 신고의무는 아래 〈표〉의 시행일자부터 발생한다.

○ 수입자: 지정물품을 수입하여 세관에 신고하는 자
○ 유통업자: 수입자로부터 지정물품을 양도받아 소매업자 또는 최종소비자에게 양도하는 자(도매상 등)
○ 소매업자: 지정물품을 최종소비자에게 판매하는 자
○ 최종소비자: 지정물품의 형체를 변형해서 사용하는 자를 포함하는 최종단계 소비자(개인, 식당, 제조공장 등)

〈표〉 유통이력신고 대상물품

시행일자	지정물품
2009.8.1.	공업용 천일염, 냉동복어, 안경테
2010.2.1.	황기, 백삼, 냉동고추, 뱀장어, 선글라스
2010.8.1.	구기자, 당귀, 곶감, 냉동송어, 냉동조기
2011.3.1.	건고추, 향어, 활낙지, 지황, 천궁, 설탕
2012.5.1.	산수유, 오미자
2013.2.1.	냉동옥돔, 작약, 황금

※ 위의 〈표〉에서 제시되지 않은 물품은 신고의무가 없는 것으로 간주한다.

① 수입한 선글라스를 2009년 10월 안경전문점에 판매한 안경테 도매상 A
② 당귀를 수입하여 2010년 5월 동네 한약방에 판매한 한약재 전문 수입자 B
③ 구기자를 수입하여 2012년 2월 건강음료 제조공장에 판매한 식품 수입자 C
④ 도매상으로부터 수입 냉동복어를 구입하여 만든 매운탕을 2011년 1월 소비자에게 판매한 음식점 주인 D
⑤ 수입자로부터 냉동옥돔을 구입하여 2012년 8월 음식점에 양도한 도매상 E

실력 UP 포인트
(문제 풀이 후 확인하기)

1. 유통이력에 대한 신고의무가 있는 사람은 누구인가?
2. 유통이력에 대한 신고의무가 없는 사람은 누구인가?
3. 지정물품의 유통이력 신고의무가 발생하는 시점은 무엇으로 확인할 수 있는가?

[정답]
1. 수입자, 유통업자
2. 소매업자, 최종소비자
3. <표>의 시행일자

문제 풀이 후 확인하기

실력 UP 포인트

1. 직전과세년도의 소득이 얼마인 사람이 청년자산형성적금에 가입할 수 있는가?

2. 언제 금융소득 종합과세 대상자였던 사람은 가입할 수 없는가?

[정답]

1. 0원 초과 5,000만 원 이하
2. 직전 2개년도 중 한 번이라도, 즉 2021년과 2022년 중 한 번이라도 금융소득 종합과세 대상자였던 사람은 가입할 수 없다.

03. 다음 글과 <상황>을 근거로 판단할 때, 2023년 현재 甲~戊 중 청년자산형성적금에 가입할 수 있는 사람은?

23 7급공채 인 08

A국은 청년의 자산형성을 돕기 위해 비과세 혜택을 부여하는 청년자산형성적금을 운영하고 있다.

청년자산형성적금은 가입일이 속한 연도를 기준으로 직전과세년도의 근로소득과 사업소득의 합이 5,000만 원 이하인 청년이 가입할 수 있다. 단, 직전과세년도에 근로소득과 사업소득이 모두 없는 사람과 직전 2개년도 중 한 번이라도 금융소득 종합과세 대상자였던 사람은 가입할 수 없다.

청년은 19~34세인 사람을 의미한다. 단, 군복무기간은 나이를 계산할 때 포함하지 않는다. 예를 들어, 3년간 군복무를 한 36세인 사람은 군복무기간 3년을 제외하면 33세이므로 청년에 해당한다.

〈상 황〉

이름	나이	직전과세년도 소득		최근 금융소득 종합과세 해당년도	군복무 기간
		근로소득	사업소득		
甲	20세	0원	0원	없음	없음
乙	36세	0원	5,000만 원	없음	없음
丙	29세	3,500만 원	1,000만 원	2022년	2년
丁	35세	4,500만 원	0원	2020년	2년
戊	27세	4,000만 원	1,500만 원	2021년	없음

① 甲

② 乙

③ 丙

④ 丁

⑤ 戊

정답 · 해설 p.347

유형 16 규칙 정오판단형

유형 소개

'규칙 정오판단형'은 제시된 규칙을 읽고 선택지나 <보기> 내용의 정오를 판단하는 유형이다. 규칙 단순확인형이 제시된 규칙의 내용을 단순히 확인하면 되는 유형이라면, 이 유형은 선택지나 <보기>가 진술의 형태로 제시되고, 해당 문장의 정오를 판단해야 한다.

유형 특징

규칙 단순확인형이 정보를 매칭하는 방식으로 풀이한다면 규칙 정오판단형은 규칙을 이해하여 선택지나 <보기>의 정오를 판단한다. 대표적인 발문과 선택지 또는 <보기>의 형태는 다음과 같다.

· 발문
  - 다음 글은 문화상품권 뒷면에 기재된 이용 안내이다. 2012년 2월 1일 현재, A가 가지고 있는 문화상품권을 사용하고자 할 때 옳은 것은?

· 선택지 또는 <보기>
  - 오프라인 가맹점인 서점에서 10,000원이 적힌 문화상품권을 사용하여 9,000원짜리 책을 사면 1,000원은 돌려받지 못한다.
  - 현재 갖고 있는 문화상품권만으로는 오프라인 가맹점에서 최대 20,000원밖에 사용하지 못한다.
  - 현재 갖고 있는 문화상품권 가운데 2015년 12월 16일에 온라인 가맹점에서 사용할 수 있는 상품권은 없다.

출제 경향

· '규칙 정오판단형'은 2020년 7급 PSAT 모의평가에서 2문제가 출제되었는데 그중 한 문제의 난도가 높았다. 2021년에는 평이한 난도의 2문제가 출제되었다. 2022년에는 3문제가 출제되었는데 그중 2문제의 난도가 높았다. 2023년에는 규칙 정오판단형이 출제되지 않아, 규칙형에 속하는 문제의 난도는 낮았는데, 2024년에는 이와는 정반대로 단순확인형의 문제가 출제되지 않았고, 규칙형에 해당하는 6문제가 모두 정오판단형으로 출제되었다. 2025년에는 1문제가 자료해석의 최소교집합 소재를 활용하여 출제되었다.

· '규칙 정오판단형'에 속하는 문제는 다소 변별력 있게 출제되는 경우가 많다. 2024년 7급 공채 PSAT에서 출제된 6문제 중 30%대 중반, 40%대 중반, 50%대 중반의 정답률로 나타난 문제가 있어 다소 까다로운 문제가 출제되었음을알 수 있다. 문제를 다양하게 풀어볼 것이 요구되고, 선택지·보기를 정확하게 해결하기 위해 입증사례 또는 반증사례를 적절하게 찾아내는 연습을 꾸준히 할 필요가 있다.

문제풀이 핵심 전략

STEP 1 | 발문, 문제 번호 등을 통해 규칙 정오판단형임을 확인한 후, 규칙을 꼼꼼하게 확인한다.

√ 발문은 대체로 '다음 글을 근거로 판단할 때, 옳은 것은?'이나 '<보기>에서 옳은 것을 모두 고르면?'의 형태를 기본으로 한다.

√ 정오판단을 하기 위해서는 규칙의 이해가 완벽해야 하므로 규칙을 꼼꼼하게 확인한다.

STEP 2 | 정오판단을 하기 위해 문제에서 요구하는 것을 정확히 처리한다.

√ 동일한 규칙을 여러 사례에 적용한다.

√ 여러 규칙을 동일한 사례에 적용한다.

√ 규칙을 이해한 후, 정오판단을 하기 위한 입증사례 또는 반증사례를 찾는다.

문제풀이 핵심 전략 적용

기출 예제

다음 <복약설명서>에 따라 甲이 두 약을 복용할 때 옳은 것은? 17 5급공채 가 07

〈복약설명서〉

1. 약품명: 가나다정 2. 복용법 및 주의사항 – 식전 15분에 복용하는 것이 가장 좋으나 식전 30분부터 식사 직전까지 복용이 가능합니다. – 식사를 거르게 될 경우에 복용을 거릅니다. – 식이요법과 운동요법을 계속하고, 정기적으로 혈당(혈액 속에 섞여 있는 당분)을 측정해야 합니다. – 야뇨(夜尿)를 피하기 위해 최종 복용시간은 오후 6시까지로 합니다. – 저혈당을 예방하기 위해 사탕 등 혈당을 상승시킬 수 있는 것을 가지고 다닙니다.	1. 약품명: ABC정 2. 복용법 및 주의사항 – 매 식사 도중 또는 식사 직후에 복용합니다. – 복용을 잊은 경우 식사 후 1시간 이내에 생각이 났다면 즉시 약을 복용하도록 합니다. 식사 후 1시간이 초과되었다면 다음 식사에 다음 번 분량만을 복용합니다. – 씹지 말고 그대로 삼켜서 복용합니다. – 정기적인 혈액검사를 통해서 혈중 칼슘, 인의 농도를 확인해야 합니다.

① 식사를 거르게 될 경우 가나다정만 복용한다.

② 두 약을 복용하는 기간 동안 정기적으로 혈액검사를 할 필요는 없다.

③ 저녁식사 전 가나다정을 복용하려면 저녁식사는 늦어도 오후 6시 30분에는 시작해야 한다.

④ ABC정은 식사 중에 다른 음식과 함께 씹어 복용할 수 있다.

⑤ 식사를 30분 동안 한다고 할 때, 두 약의 복용시간은 최대 1시간 30분 차이가 날 수 있다.

STEP 1

발문에서 <복약설명서>를 제시하고 있고, 선택지에 정오를 판단하는 진술이 제시되었으므로 규칙 정오판단형임을 알 수 있다. 이때 ①, ②, ⑤는 가나다정과 ABC정 모두 확인해야 하고, ③은 가나다정, ④는 ABC정을 확인해야 하므로 이를 중점으로 규칙을 꼼꼼하게 확인한다.

STEP 2

선택지의 정오판단을 하기 위해 필요한 정보를 정확히 처리한다.

이 문제는 텍스트형과 그 성질이 매우 유사하다. 즉, 제시된 복용 규칙을 하나하나 다 확인할 것이 아니라, 선택지에서 묻는 내용 위주로 정확히 처리할 수 있어야 한다.

가나다정은 아무리 늦어도 오후 6시에는 복용해야 하고, 식사시간과의 간격이 최대 30분이므로 저녁식사는 늦어도 오후 6시 30분에는 시작해야 한다.

따라서 정답은 ③이다.

오답 체크

① 식사를 거르게 될 경우 가나다정은 복용할 수 없다.

② 가나다정, ABC정 모두 정기적으로 혈당을 측정해야 하므로 혈액검사를 해야 한다.

④ ABC정은 다른 음식과 함께 씹어 복용할 수 없다.

⑤ 가나다정 복용-(최대 30분 간격)-식사시간 30분-(최대 1시간 간격)- ABC정 복용이 가능하다. 따라서 식사를 30분 동안 한다고 할 때, 두 약의 복용시간은 최대 2시간 차이가 날 수 있다.

유형공략문제

실력 UP 포인트

문제 풀이 후 확인하기

1. '최소 접종연령(첫 접종의 최소연령)' 및 '최소 접종간격'을 지켜야 한다는 의미는 무엇인가?

2. '이전'과 '전'의 용어를 정확히 구분할 수 있는가?

01. 다음 글을 근거로 판단할 때, <보기>에서 옳은 것만을 모두 고르면? 18 민경채 가 08

소아기 예방접종 프로그램에 포함된 백신(A~C)은 지속적인 항체 반응을 위해서 2회 이상 접종이 필요하다.

최소 접종연령(첫 접종의 최소연령) 및 최소 접종간격을 지켰을 때 적절한 예방력이 생기며, 이러한 예방접종을 유효하다고 한다. 다만 최소 접종연령 및 최소 접종간격에서 4일 이내로 앞당겨서 일찍 접종을 한 경우에도 유효한 것으로 본다. 그러나 만약 5일 이상 앞당겨서 일찍 접종했다면 무효로 간주하고 최소 접종연령 및 최소 접종간격에 맞춰 다시 접종하여야 한다.

다음은 각 백신의 최소 접종연령 및 최소 접종간격을 나타낸 표이다.

종류	최소 접종 연령	최소 접종간격			
		1, 2차 사이	2, 3차 사이	3, 4차 사이	4, 5차 사이
백신 A	12개월	12개월	–	–	–
백신 B	6주	4주	4주	6개월	–
백신 C	6주	4주	4주	6개월	6개월

다만 백신 B의 경우 만 4세 이후에 3차 접종을 유효하게 했다면, 4차 접종은 생략한다.

〈보 기〉

ㄱ. 만 2세가 되기 전에 백신 A의 예방접종을 2회 모두 유효하게 실시할 수 있다.
ㄴ. 생후 45개월에 백신 B를 1차 접종했다면, 4차 접종은 반드시 생략한다.
ㄷ. 생후 40일에 백신 C를 1차 접종했다면, 생후 60일에 한 2차 접종은 유효하다.

① ㄱ
② ㄴ
③ ㄷ
④ ㄱ, ㄴ
⑤ ㄱ, ㄷ

[정답]

1. 최소 접종연령 이상의 연령이어야 하고, 최소 접종간격 이상의 간격을 지켜야 한다는 의미이다.
2. '이전'은 경계값을 포함하여 따지지만, '전'은 포함하지 않는다.

02. 甲과 乙은 둘이서 승경도놀이를 하고 있다. 다음 글을 근거로 판단할 때, <보기>에서 옳은 것만을 모두 고르면?

15 5급공채 인 17

승경도놀이란 조선시대 양반들이 하였던 윷놀이의 일종이다. 이 놀이에서는 윤목을 굴려 나온 수대로 말을 이동시킨다. 윤목은 각 면마다 1, 2, 3, 4, 5가 하나씩 새겨진 5각 기둥 모양의 나무막대로 1은 '도', 2는 '개', 3은 '걸', 4는 '윷', 5는 '모'를 의미한다.

승경도놀이를 시작하기 전에 우선 자신의 말을 선택하고, 가위바위보를 하여 이긴 쪽이 먼저 윤목을 굴린다. 말이 있는 자리에서 윤목을 굴려 나온 숫자에 해당하는 자리로 말을 이동시킨다. 예를 들어 말이 〈우의정〉에 있는데 윤목을 굴려 '걸'이 나왔으면 〈좌의정〉 자리로 이동시킨다. 한 자리에 두 개의 말이 같이 있을 수 있으며 상대방의 말을 잡는 일은 없다.

〈우의정〉					〈좌의정〉					〈영의정〉				
도	개	걸	윷	모	도	개	걸	윷	모	도	개	걸	윷	모
5	파직	좌의정	영의정	영의정	4	파직	영의정	사궤장	사궤장	5	파직	사궤장	봉조하	퇴임

〈사궤장〉					〈봉조하〉					〈파직〉				
도	개	걸	윷	모	도	개	걸	윷	모	도	개	걸	윷	모
5	파직	봉조하	퇴임	퇴임	5	파직	퇴임	퇴임	퇴임	사약	파직	파직	환용	환용

〈파직〉 이외의 자리에서 윤목을 굴려 '도'가 나오면 벌칙으로 '도'에 해당하는 숫자의 횟수만큼 그 자리에 머무른다. 예를 들어 〈우의정〉에서 '도'가 나오면 자신은 5회 동안 윤목을 굴리지 않고, 상대방은 연속하여 윤목을 굴려 말을 이동시킨다.

〈파직〉에 말이 있을 때 윤목을 굴려 '도'가 나오면 사약을 받게 되고, '개' 또는 '걸'이 나오면 〈파직〉에 머무른다. 그러나 이곳에서 '윷'이나 '모'가 나와 환용이 되면 〈파직〉으로 이동하기 전의 자리로 돌아간다. 예를 들어 〈좌의정〉에서 〈파직〉으로 이동했다가 환용이 나오면 〈좌의정〉으로 돌아가는 것이다.

놀이에서 이기는 방법은 두 가지가 있다. 자신이 먼저 퇴임하거나 상대방이 사약을 받으면 이긴다.

〈보 기〉

ㄱ. 甲의 말이 〈우의정〉에, 乙의 말이 〈봉조하〉에 있고 甲이 윤목을 굴릴 차례이다. 甲이 먼저 퇴임하기 위해서는 윤목을 최소한 2회 이상 굴려야 한다.

ㄴ. 甲의 말이 〈좌의정〉에, 乙의 말이 〈사궤장〉에 있고 乙이 윤목을 굴릴 차례이다. 乙이 이번 차례와 다음 차례에 굴려 나온 값의 합이 3 이하라면 甲이 이기는 경우도 있다.

ㄷ. 甲의 말이 〈좌의정〉에, 乙의 말이 〈사궤장〉에 있고 乙이 윤목을 굴릴 차례이다. 乙이 이번 차례와 다음 차례에 굴려 나온 값의 합이 6 이상이라면 乙이 이긴다.

① ㄱ
② ㄷ
③ ㄱ, ㄴ
④ ㄴ, ㄷ
⑤ ㄱ, ㄴ, ㄷ

문제 풀이 후 확인하기

실력 UP 포인트

1. <보기> ㄱ의 정오판단을 하는 방법은 무엇인가?

2. <보기> ㄴ의 정오판단을 하는 방법은 무엇인가?

3. <보기> ㄷ의 정오판단을 하는 방법은 무엇인가?

[정답]

1. 2회보다 적은 횟수로 甲이 퇴임하는 경우가 있는지 찾아본다.
2. 입증사례를 찾는다.
3. 반증사례를 찾는다.

문제 풀이 후 확인하기
실력 UP 포인트

1. 국어점수는 90점, 영어점수는 80점이고, 수학점수는 모르지만 평균점수는 75점이다. 이때 수학점수에 대해서 알 수 있는 것은 무엇인가?

2. PIN번호 노출 여부는 언제 문제가 되는가?

[정답]
1. 수학점수는 반드시 75점 미만임을 알 수 있다. 이 개념은 선택지 ⑤를 확인할 때 사용할 수 있다.
2. 오프라인 가맹점에서 사용할 때만 문제가 된다.

03. 다음 글은 문화상품권 뒷면에 기재된 이용 안내이다. 2012년 2월 1일 현재, A가 가지고 있는 문화상품권을 사용하고자 할 때 옳은 것은?

12 5급공채 인 20

○ 본 상품권은 문화상품권 오프라인 가맹점 및 온라인 가맹점에서 사용하실 수 있습니다.
○ 본 상품권은 현금교환이 불가합니다. 단, 권면금액의 80% 이상을 사용하신 경우 그 잔액을 돌려받으실 수 있습니다. 이는 오프라인 가맹점과 온라인 가맹점에서 동일하게 적용됩니다.
○ 상품권의 도난, 분실 등에 대하여 회사는 책임지지 않으며, 상품권이 훼손되어 식별 불가능할 경우 사용하실 수 없습니다.
○ 앞면 금액란의 은박으로 가려진 부분을 긁으면 노출되는 PIN번호를 입력하여 온라인 가맹점에서 사용 가능합니다.
○ PIN번호가 노출되면 오프라인 가맹점에서 사용할 수 없습니다.
○ 본 상품권의 유효기간은 발행일로부터 5년입니다.

〈A가 가지고 있는 문화상품권〉

금액	발행일	현재 PIN번호 노출 여부
10,000원	2007년 3월 1일	노출 안 됨
10,000원	2009년 5월 10일	노출됨
5,000원	2006년 9월 20일	노출 안 됨
5,000원	2010년 12월 15일	노출됨
5,000원	2011년 9월 10일	노출 안 됨

① 오프라인 가맹점인 서점에서 10,000원이 적힌 문화상품권을 사용하여 9,000원짜리 책을 사면 1,000원은 돌려받지 못한다.

② 현재 갖고 있는 문화상품권만으로는 오프라인 가맹점에서 최대 20,000원밖에 사용하지 못한다.

③ 현재 갖고 있는 문화상품권만으로는 온라인 가맹점에서 최대 15,000원밖에 사용하지 못한다.

④ 현재 갖고 있는 문화상품권 가운데 2015년 12월 16일에 온라인 가맹점에서 사용할 수 있는 상품권은 없다.

⑤ 현재 갖고 있는 문화상품권 2매로 온라인 가맹점에서 가격이 15,500원인 공연티켓을 사면 잔액을 돌려받지 못한다.

정답 · 해설 p.348

유형 17 규칙 적용해결형

유형 소개

'규칙 적용해결형'은 제시된 규칙을 적용하여 조건에 맞는 특정 결과를 도출하는 유형이다. 규칙 단순확인형이 내용을 단순히 확인하면 해결되는 유형이라면, 규칙 적용해결형은 규칙을 이해한 후 내용에 구체적으로 적용해야만 해결할 수 있다.

유형 특징

이 유형은 발문에서부터 구해야 하는 것이 무엇인지 바로 알 수 있는 경우가 많다. 또한 선택지는 규칙을 적용한 결과로 가능한 것들이 제시된다. 대표적인 발문의 형태는 다음과 같다.

· 다음 <축제안내문>과 <조건>을 근거로 판단할 때, 甲이 공연을 볼 수 있는 최대 일수는?

· 다음 글에 근거할 때, <보기>의 암호문을 해석하여 찾아낸 원문으로 옳은 것은?

출제 경향

· '규칙 적용해결형'은 2019년 7급 PSAT 예시문제 4문제 중 1문제 출제되었다. 2020년 7급 PSAT 모의평가에서는 2문제가 쉬운 난도로 출제되었고, 2021년 7급 공채 PSAT에서 규칙형 6문제 중 3문제가 출제되었는데, 몰아주기, 이동규칙, 법조문에서의 광역·기초지방자치단체의 구분 소재 등 이미 기출에서 반복적으로 출제된 소재가 활용되었다. 2022년 7급 공채 PSAT에서는 규칙형 5문제 중 2문제가 출제되었고, 2023년 7급 공채 PSAT에서도 2문제가 출제되었으나, 2024년 7급 공채 PSAT에서는 출제되지 않았다. 2025년 7급 공채 PSAT에서는 1문제가 평이하게 출제되었다.

· 2021년 7급 공채 PSAT에 출제된 문제는 난도가 높아 2문제 모두 정답률이 50% 미만이었던 반면, 2022년 7급 공채 PSAT와 2023년 7급 공채 PSAT에 출제된 총 4문제는 다소 평이한 난도로 출제되어 70%대 후반에서 90%대 초반까지의 정답률을 보였다. 2025년에 출제된 문제도 평이한 난도로 70%대 후반의 정답률을 보였다.

문제풀이 핵심 전략

STEP 1 | 제시된 규칙을 시각화·도식화하거나 조건을 그룹화하여 정확하게 파악한다.

√ 구체적인 결과를 도출하는 문제이므로 제시된 규칙을 정확하게 파악해야 한다. 따라서 제시된 규칙을 시각화·도식화하거나 비슷한 조건을 그룹화하여 정리한다.

√ 이때 단서 조건이나 제약 조건, 제외 조건 등을 놓치지 않도록 반드시 체크한다.

STEP 2 | 파악한 조건에 따라 풀이가 간단해지는 방식으로 문제를 해결한다.

√ 문제를 해결할 때는 출제자의 의도를 파악하여 뒤에서부터 풀이하거나 가로·세로를 바꿔서 풀이하는 등 풀이 순서를 바꾼다면 풀이가 간단해지는 경우가 많다.

√ 규칙이 많거나 복잡해서 직접 해결이 어려운 경우에는 선택지를 활용하여 풀이한다.

문제풀이 핵심 전략 적용

기출 예제

다음 글과 <A여행사 해외여행 상품>을 근거로 판단할 때, 세훈이 선택할 여행지는?

17 민경채 나 10

인희: 다음 달 셋째 주에 연휴던데, 그때 여행갈 계획 있어?
세훈: 응, 이번에는 꼭 가야지. 월요일, 수요일, 금요일이 공휴일이잖아. 그래서 우리 회사에서는 화요일과 목요일에만 연가를 쓰면 앞뒤 주말 포함해서 최대 9일 연휴가 되더라고. 그런데 난 연가가 하루밖에 남지 않아서 그렇게 길게는 안 돼. 그래도 이번엔 꼭 해외여행을 갈 거야.
인희: 어디로 갈 생각이야?
세훈: 나는 어디로 가든 상관없는데 여행지에 도착할 때까지 비행기를 오래 타면 너무 힘들더라고. 그래서 편도 총비행시간이 8시간 이내면서 직항 노선이 있는 곳으로 가려고.
인희: 여행기간은 어느 정도로 할 거야?
세훈: 남은 연가를 잘 활용해서 주어진 기간 내에서 최대한 길게 다녀오려고 해. A여행사 해외여행 상품 중에 하나를 정해서 다녀올 거야.

〈A여행사 해외여행 상품〉

여행지	여행기간 (한국시각 기준)	총비행시간 (편도)	비행기 환승 여부
두바이	4박 5일	8시간	직항
모스크바	6박 8일	8시간	직항
방콕	4박 5일	7시간	1회 환승
홍콩	3박 4일	5시간	직항
뉴욕	4박 5일	14시간	직항

① 두바이

② 모스크바

③ 방콕

④ 홍콩

⑤ 뉴욕

STEP 1

세훈이 여행지를 선택할 때의 기준은 다음과 같다.

ⓐ 월요일, 수요일, 금요일이 공휴일이므로 화요일과 목요일에 연가를 쓰면 앞뒤 주말 포함해서 최대 9일 연휴 가능, 하루 남은 연가를 잘 활용해서 주어진 기간 내에서 최대한 길게 다녀오려고 함

ⓑ 편도 총비행시간은 8시간 이내

ⓒ 직항 노선이 있는 곳

토요일과 일요일은 주말이고, 월요일, 수요일, 금요일은 공휴일로 쉴 수 있으므로 쉴 수 있는 날에 X 표시를 해보면 다음과 같다.

토	일	월	화	수	목	금	토	일
X	X	X		X		X	X	X

연가가 하루 남아 있으므로 화요일 또는 목요일에 X표시를 하나 더 할 수 있다. 이에 따라 화요일이나 목요일에 연가를 쓰면 최대 5일까지 여행을 다녀올 수 있다.

STEP 2

여행지	여행기간 (한국시각 기준)	총비행시간 (편도)	비행기 환승 여부
두바이	4박 5일	8시간	직항
모스크바	6박 8일	8시간	직항
방콕	4박 5일	7시간	~~1회 환승~~
홍콩	3박 4일	5시간	직항
뉴욕	4박 5일	~~14시간~~	직항

여행지는 조건 ⓑ에 따라 방콕, 조건 ⓒ에 따라 뉴욕이 제외되고, 두바이, 모스크바, 홍콩 세 곳이 남는다. 그 중 최대 5일의 연휴기간 동안 최대한 길게 다녀올 수 있는 곳은 두바이임을 알 수 있다.

따라서 세훈이 선택할 여행지는 두바이이므로 정답은 ①이다.

유형공략문제

문제 풀이 후 확인하기

실력 UP 포인트

1. 정답을 고르기 위해 최종결과를 확인할 필요가 있는가?

2. 피벗(pivot)은 무엇인가?

01. 다음 <정렬 방법>을 근거로 판단할 때, <정렬 대상>에서 두 번째로 위치를 교환해야 하는 두 수로 옳은 것은?

15 민경채 인 21

〈정렬 방법〉

아래는 정렬되지 않은 여러 개의 서로 다른 수를 작은 것에서 큰 것 순으로 정렬하는 방법이다.

(1) 가로로 나열된 수 중 가장 오른쪽의 수를 피벗(pivot)이라 하며, 나열된 수에서 제외시킨다.

예) 나열된 수가 5, 3, 7, 1, 2, 6, 4라고 할 때, 4가 피벗이고 남은 수는 5, 3, 7, 1, 2, 6이다.

(2) 피벗보다 큰 수 중 가장 왼쪽의 수를 찾는다.

예) 5, 3, 7, 1, 2, 6에서는 5이다.

(3) 피벗보다 작은 수 중 가장 오른쪽의 수를 찾는다.

예) 5, 3, 7, 1, 2, 6에서는 2이다.

(4) (2)와 (3)에서 찾은 두 수의 위치를 교환한다.

예) 5와 2를 교환하여(첫 번째 위치 교환) 2, 3, 7, 1, 5, 6이 된다.

(5) 피벗보다 작은 모든 수가 피벗보다 큰 모든 수보다 왼쪽에 위치할 때까지 (2)~(4)의 과정을 반복한다.

예) 2, 3, 7, 1, 5, 6에서 7은 피벗 4보다 큰 수 중 가장 왼쪽의 수이며, 1은 피벗 4보다 작은 수 중 가장 오른쪽의 수이다. 이 두 수를 교환하면(두 번째 위치 교환) 2, 3, 1, 7, 5, 6이 되어, 피벗 4보다 작은 모든 수는 피벗 4보다 큰 모든 수보다 왼쪽에 있다.

⋮

(후략)

〈정렬 대상〉

15, 22, 13, 27, 12, 10, 25, 20

① 15와 10

② 20과 13

③ 22와 10

④ 25와 20

⑤ 27과 12

[정답]

1. 문제에서 요구하는 것은 최종결과가 아니라 두 번째로 위치를 교환해야 하는 두 수이므로 두 번째 위치 교환까지만 확인한다.

2. 가로로 나열된 수 중 가장 오른쪽의 수

02. 다음 글을 근거로 판단할 때, '사무관'을 옳게 암호화한 것은?

22 5급공채 나 12

A암호화 방식은 단어를 〈자모변환표〉와 〈난수표〉를 이용하여 암호로 변환한다.

〈자모변환표〉

ㄱ	ㄲ	ㄴ	ㄷ	ㄸ	ㄹ	ㅁ	ㅂ	ㅃ	ㅅ	ㅆ	ㅇ	ㅈ	ㅉ	ㅊ	ㅋ	ㅌ	ㅍ	ㅎ	ㅏ
120	342	623	711	349	035	537	385	362	479	421	374	794	734	486	325	842	248	915	775
ㅐ	ㅑ	ㅒ	ㅓ	ㅔ	ㅕ	ㅖ	ㅗ	ㅘ	ㅙ	ㅚ	ㅛ	ㅜ	ㅝ	ㅞ	ㅟ	ㅠ	ㅡ	ㅢ	ㅣ
612	118	843	451	869	917	615	846	189	137	789	714	456	198	275	548	674	716	496	788

〈난수표〉

48449611213534864105609513745862515386441 8913…

○ 우선 암호화하고자 하는 단어의 자모를 초성(첫 자음자)－중성(모음자)－종성(받침) 순으로 나열하되, 종성이 없는 경우 초성－중성으로만 나열한다. 예를 들어 '행복'은 'ㅎㅐㅇㅂㅗㄱ'이 된다.

○ 그 다음 각각의 자모를 〈자모변환표〉에 따라 대응하는 세 개의 숫자로 변환한다. 예를 들어 '행복'은 '915612374385846120'으로 변환된다.

○ 변환된 숫자와 〈난수표〉의 숫자를 가장 앞의 숫자부터 순서대로 하나씩 대응시켜 암호 숫자로 바꾼다. 이때 암호 숫자는 그 암호 숫자와 변환된 숫자를 더했을 때 그 결과값의 일의 자리가 〈난수표〉의 대응 숫자와 일치하도록 하는 0~9까지의 숫자이다. 따라서 '행복'에 대한 암호문은 '579884848850502521'이다.

① 0157216856342285624 33
② 0157216857892285624 33
③ 9057215756792284524 33
④ 0157216857892288053 81472
⑤ 9057215756792287952 81472

실력 UP 포인트

문제 풀이 후 확인하기

1. '사무관'을 초성(첫 자음자) - 중성(모음자) - 종성(받침) 순으로 나열하면 무엇인가?

2. A암호화 방식에서 단어를 <자모변환표>와 <난수표>를 이용하여 암호로 변환하려면 어떻게 해야 하는가?

[정답]

1. ㅅ ㅏ ㅁ ㅜ ㄱ ㅘ ㄴ

2. 암호화하고자 하는 단어의 자모를 초성(첫 자음자) - 중성(모음자) - 종성(받침) 순으로 나열한다. → 각각의 자모를 <자모변환표>에 따라 대응하는 세 개의 숫자로 변환한다. → 변환된 숫자와 <난수표>의 숫자를 가장 앞의 숫자부터 순서대로 하나씩 대응시켜 암호 숫자로 바꾼다. 이때 암호 숫자는 그 암호 숫자와 변환된 숫자를 더했을 때 그 결괏값의 일의 자리가 <난수표>의 대응 숫자와 일치하도록 하는 0~9까지의 숫자이다.

문제 풀이 후 확인하기

실력 UP 포인트

1. <정부미 공급 절차> 1번 중 수송 비용표에서 톤당 수송비가 가장 적은 경우는 무엇인가?

2. '공급 및 수요 조건의 범위 내에서'의 의미는 무엇인가?

03. 정부는 농산물 가격의 안정을 위해서 정부미를 방출할 계획이다. 정부미 방출시 정부는 아래와 같은 공급 절차를 적용한다. 다음 중 보관소에서 도시로 공급하는 정부미의 양을 바르게 제시한 것은?

06 5급견습 인 31

〈정부미 공급 절차〉

1. 수송 비용표에서 톤당 수송비가 가장 적은 경우를 골라 공급 및 수요 조건의 범위 내에서 가능한 한 많은 양을 할당한다.
2. 그 다음으로 톤당 수송비가 적은 경우를 골라 공급 및 수요 조건의 범위 내에서 가능한 한 많은 양을 할당한다.
3. 위 과정을 공급량과 수요량이 충족될 때까지 계속한다. 만일 두 개 이상의 경우에서 톤당 수송비가 같으면 더 많은 양을 할당할 수 있는 곳에 우선적으로 할당한다.

〈표 1〉 도시별 수요량과 보관소별 공급량

(단위: 톤)

도시	수요량	보관소	공급량
A도시	140	서울보관소	120
B도시	300	대전보관소	200
C도시	60	부산보관소	180
합계	500	합계	500

〈표 2〉 톤당 수송비용

(단위: 만 원)

구분	A도시	B도시	C도시
서울보관소	40	18	10
대전보관소	12	20	36
부산보관소	4	15	12

① 서울보관소는 A도시에 정부미 50톤을 공급한다.
② 서울보관소는 B도시에 정부미 60톤을 공급한다.
③ 대전보관소는 A도시에 정부미 100톤을 공급한다.
④ 대전보관소는 B도시에 정부미 140톤을 공급한다.
⑤ 부산보관소는 C도시에 정부미 10톤을 공급한다.

[정답]

1. 부산보관소에서 A도시로 공급할 때 톤당 수송비용이 4로 가장 적다.
2. 공급과 수요 중 더 작은 숫자의 범위까지만 보내고 받을 수 있다는 의미이다.

04. 다음은 회전과 전진만이 가능한 로봇이 미로에서 목적지까지 길을 찾아가도록 구성한 <주행 알고리즘>이다. 미로는 4단위×4단위의 정방형 단위구역(cell) 16개로 구성되며 미로 중앙부에는 1단위구역 크기의 도착지점이 있다. 도착지점에 이르기 전 로봇은 각 단위구역과 단위구역 사이를 이동할 때 벽의 유무를 탐지하여 벽이 없음이 감지되는 방향으로 주행한다. 로봇은 아래 <주행 알고리즘>에서 주명령을 수행하고, 이에 따라 주행할 수 없을 때에만 보조명령을 따른다. <예시>에서 로봇이 A→B→C→B→A로 이동한다고 가정할 때, A에서 C로의 이동은 주명령에 의한 것이고 C에서 A로의 이동은 보조명령에 의한 것이다. 다음 중 출발지점을 출발한 로봇의 이동경로를 바르게 나타낸 것은? 08 5급공채 창 17

〈주행 알고리즘〉

- ○ 주명령: 현재 단위구역(cell)에서 로봇은 왼쪽, 앞쪽, 오른쪽 순으로 벽의 유무를 탐지하여 벽이 없음이 감지되는 방향의 단위구역을 과거에 주행한 기록이 없다면 해당 방향으로 한 단위구역만큼 주행한다.
- ○ 보조명령: 현재 단위구역에서 로봇이 왼쪽, 앞쪽, 오른쪽, 뒤쪽 순으로 벽의 유무를 탐지하여 벽이 없음이 감지되는 방향의 단위구역에 벽이 없음이 감지되는 방향과 반대 방향의 주행기록이 있을 경우에만, 로봇은 그 방향으로 한 단위구역만큼 주행한다.

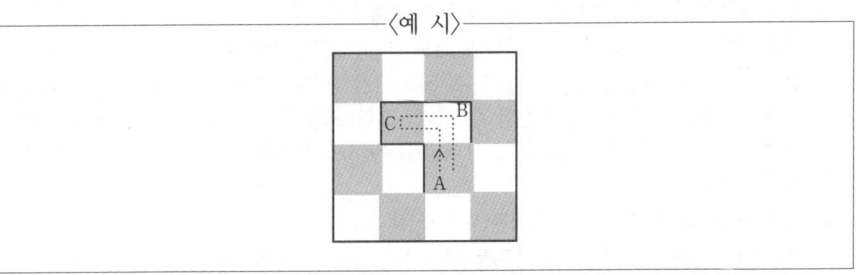

〈예 시〉

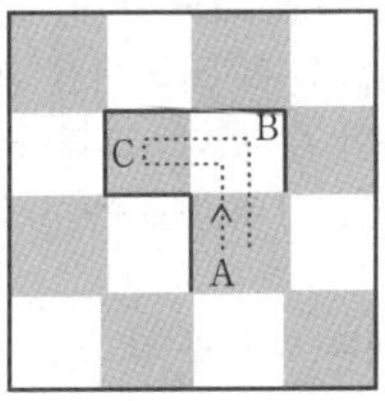

①
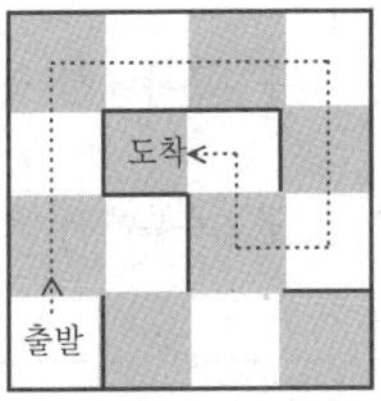

②
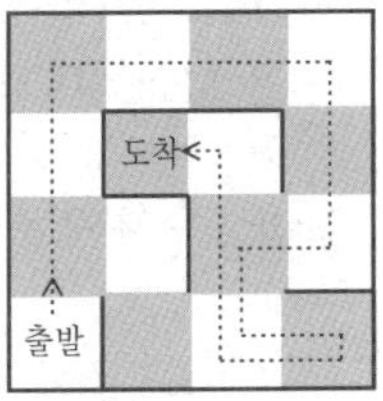

③
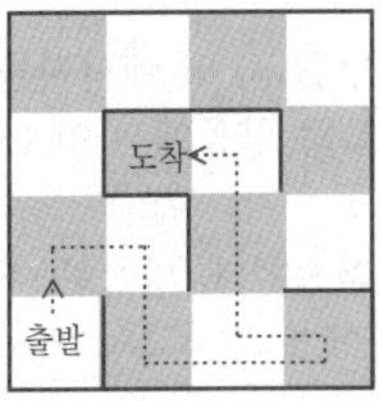

④
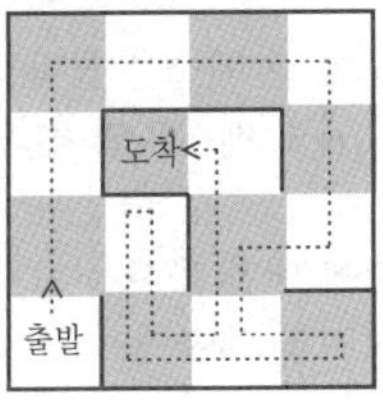

⑤
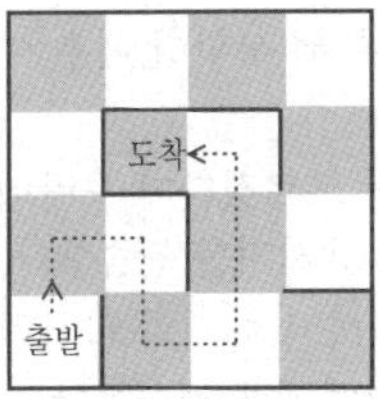

정답 · 해설 p.349

문제 풀이 후 확인하기

실력 UP 포인트

1. 주명령과 보조명령의 차이는 무엇인가?

2. 왼쪽, 앞쪽, 오른쪽, 뒤쪽을 판단하는 기준은 무엇인가?

[정답]

1. 주명령은 왼쪽, 앞쪽, 오른쪽 순으로 탐지하고, 보조명령은 네 번째로 뒤쪽까지 탐지한다. 주명령은 벽이 없음이 감지되는 방향의 단위구역을 과거에 주행한 기록이 없다면, 보조명령은 벽이 없음이 감지되는 방향의 단위구역에 벽이 없음이 감지되는 방향과 반대 방향의 주행기록이 있을 경우에만 해당 방향으로 한 단위구역만큼 주행한다.
2. <예시>를 통해 이해해 보면 왼쪽, 앞쪽, 오른쪽을 판단할 때 로봇의 주행방향을 기준으로 방향을 판단한다.

실전공략문제

· 권장 제한시간에 따라 시작과 종료 시각을 정한 후, 실제 시험처럼 문제를 풀어보세요.
　　시　분　~　시　분 (총 18문항 / 36분)

01. 다음 <조건>에 따를 때, 발생할 수 없는 상황을 <보기>에서 모두 고르면? 13 외교관 인 33

〈조 건〉

1. 양동, 남헌, 보란, 예슬 네 사람은 시급한 현안 문제를 해결하기 위하여 결성된 태스크포스팀의 팀원이다. 이들은 임무를 수행하기 위해 서로 다른 지역에 파견된 상태이다.
2. 네 사람은 오직 스마트폰의 MOFA톡 애플리케이션만을 이용하여 메시지를 전송한다.
3. MOFA톡은 오로지 1대1 메시지 전송만이 가능하다.
4. 상호 '친구'로 등록한 경우 두 사람은 서로 메시지를 전송할 수 있다.
5. 만약 한 사람(A)이 상대방(B)을 '친구' 목록에서 삭제한 경우, 그 사람(A)은 상대방(B)에게 자신의 메시지를 전송할 수 없다. 그러나 상대방(B)에게는 여전히 그 사람(A)이 '친구'로 등록되어 있다면, 상대방(B)은 자신의 메시지를 그 사람(A)에게 전송할 수 있다.
6. 네 사람의 MOFA톡 '친구' 관계는 다음과 같다.
   (1) 양동은 남헌, 보란, 예슬 모두를 MOFA톡 '친구'로 등록하였다.
   (2) 남헌은 양동, 보란, 예슬 모두를 MOFA톡 '친구'로 등록하였다.
   (3) 보란은 양동, 예슬을 MOFA톡 '친구'로 등록했지만 남헌을 '친구' 목록에서 삭제하였다.
   (4) 예슬은 남헌을 MOFA톡 '친구'로 등록했지만 양동, 보란을 '친구' 목록에서 삭제하였다.

〈보 기〉

ㄱ. 새로운 정보를 알게 된 예슬은 곧바로 남헌에게 메시지를 전송하였고, 이 메시지를 받은 남헌이 보란에게 메시지를 전송하였으며, 보란은 최종적으로 양동에게 이 메시지를 전송했다.
ㄴ. 남헌은 특정 사항에 대한 조사를 요구하는 메시지를 양동에게 전송했다. 양동은 이를 위임하는 메시지를 예슬에게 전송했고, 3일 뒤 예슬은 양동에게 조사결과 메시지를 전송했다.
ㄷ. 보란은 현재 진척상황을 묻는 메시지를 예슬에게 전송했고, 5분 뒤 상황이 매우 어렵다는 내용의 메시지를 예슬로부터 전송받았다.
ㄹ. 예슬은 업무관련 문의 메시지를 남헌에게 전송했고, 남헌은 잘 모르겠다며 보란에게 문의 메시지를 전송했다. 보란은 답변을 정리하여 예슬에게 메시지를 전송했다.
ㅁ. 예슬은 남헌이 주어진 직무를 제대로 수행하지 못한다며 비난하는 메시지를 남헌에게 전송하였다. 이에 화가 난 남헌은 하소연하는 메시지를 보란에게 전송했다.

① ㄱ, ㄴ　② ㄴ, ㄷ　③ ㄷ, ㄹ
④ ㄱ, ㄹ, ㅁ　⑤ ㄴ, ㄷ, ㅁ

02. 다음 글과 <표>를 근거로 판단할 때, 여섯 사람이 서울을 출발하여 대전에 도착할 수 있는 가장 이른 예정시각은? (단, 다른 조건은 고려하지 않는다) 14 민경채 A 22

> 아래 여섯 사람은 서울 출장을 마치고 같은 고속버스를 타고 함께 대전으로 돌아가려고 한다. 고속버스터미널에는 은행, 편의점, 화장실, 패스트푸드점, 서점 등이 있다.
>
> 다음은 고속버스터미널에 도착해서 나눈 대화내용이다.
>
> 가은: 버스표를 사야하니 저쪽 은행에 가서 현금을 찾아올게.
> 나중: 그럼 그 사이에 난 잠깐 저쪽 편의점에서 간단히 먹을 김밥이라도 사올게.
> 다동: 그럼 난 잠깐 화장실에 다녀올게. 그리고 저기 보이는 패스트푸드점에서 햄버거라도 사와야겠어. 너무 배고프네.
> 라민: 나는 버스에서 읽을 책을 서점에서 사야지. 그리고 화장실도 들러야겠어.
> 마란: 그럼 난 여기서 바솜이랑 기다리고 있을게.
> 바솜: 지금이 오전 11시 50분이니까 다들 각자 볼일 마치고 빨리 돌아와.
>
> 각 시설별 이용 소요시간은 은행 30분, 편의점 10분, 화장실 20분, 패스트푸드점 25분, 서점 20분이다.

〈표〉

서울 출발 시각	대전 도착 예정시각	잔여좌석 수
12:00	14:00	7
12:15	14:15	12
12:30	14:30	9
12:45	14:45	5
13:00	15:00	10
13:20	15:20	15
13:40	15:40	6
14:00	16:00	8
14:15	16:15	21

① 14:15

② 14:45

③ 15:00

④ 15:20

⑤ 16:15

03. 다음 글에 근거할 때, 최우선 순위의 당첨 대상자는?

10 5급공채 선 34

보금자리주택 특별공급 사전예약이 진행된다. 신청자격은 사전예약 입주자 모집 공고일 현재 미성년(만 20세 미만)인 자녀를 3명 이상 둔 서울, 인천, 경기도 등 수도권 지역에 거주하는 무주택 가구주에게 있다. 청약저축통장이 필요 없고, 당첨자는 배점기준표에 의한 점수 순에 따라 선정된다. 특히 자녀가 만 6세 미만 영유아일 경우, 2명 이상은 10점, 1명은 5점을 추가로 받게 된다.

총점은 가산점을 포함하여 90점 만점이며 배점기준은 다음 〈표〉와 같다.

〈표〉 배점기준표

배점요소	배점기준	점수
미성년 자녀수	4명 이상	40
	3명	35
가구주 연령 · 무주택 기간	가구주 연령이 만 40세 이상이고, 무주택 기간 5년 이상	20
	가구주 연령이 만 40세 미만이고, 무주택 기간 5년 이상	15
	무주택 기간 5년 미만	10
당해 시·도 거주기간	10년 이상	20
	5년 이상~10년 미만	15
	1년 이상~5년 미만	10
	1년 미만	5

※ 다만 동점자인 경우 ① 미성년 자녀 수가 많은 자, ② 미성년 자녀 수가 같을 경우, 가구주의 연령이 많은 자 순으로 선정한다.

① 만 7세 이상 만 17세 미만인 자녀 4명을 두고, 인천에서 8년 거주하고 있으며, 14년 동안 무주택자인 만 45세의 가구주

② 만 19세와 만 15세의 자녀를 두고, 대전광역시에서 10년 이상 거주하고 있으며, 7년 동안 무주택자인 만 40세의 가구주

③ 각각 만 1세, 만 3세, 만 7세, 만 10세인 자녀를 두고, 서울에서 4년 거주하고 있으며, 15년 동안 무주택자인 만 37세의 가구주

④ 각각 만 6세, 만 8세, 만 12세, 만 21세인 자녀를 두고, 서울에서 9년 거주하고 있으며, 20년 동안 무주택자인 만 47세의 가구주

⑤ 만 7세 이상 만 11세 미만인 자녀 3명을 두고, 경기도 하남시에서 15년 거주하고 있으며, 10년 동안 무주택자인 만 45세의 가구주

04. 다음 글을 근거로 판단할 때, <표>에서 도시재생사업이 가장 먼저 실시되는 지역은?

14 5급공채 A 09

제00조 이 법에서 사용하는 용어의 뜻은 다음과 같다.

1. 도시재생이란 인구의 감소, 산업구조의 변화, 주거환경의 노후화 등으로 쇠퇴하는 도시를 지역역량의 강화, 지역자원의 활용을 통하여 경제적·사회적·물리적·환경적으로 활성화시키는 것을 말한다.
2. 도시재생활성화지역이란 국가와 지방자치단체의 자원과 역량을 집중함으로써 도시재생사업의 효과를 극대화하려는 전략적 대상지역을 말한다.

제00조 ① 도시재생활성화지역을 지정하려는 경우에는 다음 각 호 요건 중 2개 이상을 갖추어야 한다.

1. 인구가 감소하는 지역: 다음 각 목의 어느 하나에 해당하는 지역
   가. 최근 30년간 인구가 가장 많았던 시기 대비 현재 인구가 20% 이상 감소
   나. 최근 5년간 3년 이상 연속으로 인구가 감소
2. 총 사업체 수가 감소하는 지역: 다음 각 목의 어느 하나에 해당하는 지역
   가. 최근 10년간 사업체 수가 가장 많았던 시기 대비 현재 사업체 수가 5% 이상 감소
   나. 최근 5년간 3년 이상 연속으로 사업체 수가 감소
3. 전체 건축물 중 준공된 후 20년 이상된 건축물이 차지하는 비율이 50% 이상인 지역

제00조 도시재생활성화지역으로 가능한 곳이 복수일 경우, 전 조 제1항 제1호의 인구기준을 우선시하여 도시재생사업을 순차적으로 진행한다. 다만 인구기준의 하위 두 항목은 동등하게 고려하며, 최근 30년간 최다 인구 대비 현재 인구비율이 낮을수록, 최근 5년간 인구의 연속 감소 기간이 길수록 그 지역의 사업을 우선적으로 실시한다.

〈표〉 도시재생활성화 후보지역

구분		A지역	B지역	C지역	D지역	E지역
인구	최근 30년간 최다 인구 대비 현재 인구 비율	68%	82%	87%	92%	77%
	최근 5년간 인구의 연속 감소 기간	5년	4년	2년	4년	2년
사업체	최근 10년간 최다 사업체 수 대비 현재 사업체 수 비율	92%	89%	96%	97%	96%
	최근 5년간 사업체 수의 연속 감소 기간	3년	5년	2년	2년	2년
전체 건축물 수 대비 20년 이상된 건축물 비율		62%	55%	46%	58%	32%

① A지역

② B지역

③ C지역

④ D지역

⑤ E지역

05. 다음 <귀농인 주택시설 개선사업 개요>와 <심사 기초 자료>를 근거로 판단할 때, 지원 대상 가구만을 모두 고르면?

15 5급공채 인 31

〈귀농인 주택시설 개선사업 개요〉

□ 사업목적: 귀농인의 안정적인 정착을 도모하기 위해 일정 기준을 충족하는 귀농가구의 주택 개·보수 비용을 지원

□ 신청자격: △△군에 소재하는 귀농가구 중 거주기간이 신청마감일(2014. 4. 30.) 현재 전입일부터 6개월 이상이고, 가구주의 연령이 20세 이상 60세 이하인 가구

□ 심사기준 및 점수 산정방식

○ 신청마감일 기준으로 다음 심사기준별 점수를 합산한다.

○ 심사기준별 점수

(1) 거주기간: 10점(3년 이상), 8점(2년 이상 3년 미만), 6점(1년 이상 2년 미만), 4점(6개월 이상 1년 미만)

※ 거주기간은 전입일부터 기산한다.

(2) 가족 수: 10점(4명 이상), 8점(3명), 6점(2명), 4점(1명)

※ 가족 수에는 가구주가 포함된 것으로 본다.

(3) 영농규모: 10점(1.0ha 이상), 8점(0.5ha 이상 1.0ha 미만), 6점(0.3ha 이상 0.5ha 미만), 4점(0.3ha 미만)

(4) 주택노후도: 10점(20년 이상), 8점(15년 이상 20년 미만), 6점(10년 이상 15년 미만), 4점(5년 이상 10년 미만)

(5) 사업시급성: 10점(매우 시급), 7점(시급), 4점(보통)

□ 지원내용

○ 예산액: 5,000,000원

○ 지원액: 가구당 2,500,000원

○ 지원대상: 심사기준별 점수의 총점이 높은 순으로 2가구. 총점이 동점일 경우 가구주의 연령이 높은 가구를 지원. 단, 하나의 읍·면당 1가구만 지원 가능

〈심사 기초 자료〉

(2014. 4. 30. 현재)

귀농 가구	가구주 연령 (세)	주소지(△△군 소재 읍·면)	전입일	가족 수 (명)	영농 규모 (ha)	주택 노후도 (년)	사업 시급성
甲	49	A	2010. 12. 30.	1	0.2	17	매우 시급
乙	48	B	2013. 5. 30.	3	1.0	13	매우 시급
丙	56	B	2012. 7. 30.	2	0.6	23	매우 시급
丁	60	C	2013. 12. 30.	4	0.4	13	시급
戊	33	D	2011. 9. 30.	2	1.2	19	보통

① 甲, 乙

② 甲, 丙

③ 乙, 丙

④ 乙, 丁

⑤ 丙, 戊

06. 다음 글과 <○○시 지도>를 근거로 판단할 때, ㉠에 들어갈 수 있는 것만을 <보기>에서 모두 고르면?

19 7급예시 02

> ○○시는 지진이 발생하면 발생지점으로부터 일정 거리 이내의 시민들에게 지진발생문자를 즉시 발송하고 있다. X등급 지진의 경우에는 발생지점으로부터 반경 1km, Y등급 지진의 경우에는 발생지점으로부터 반경 2km 이내의 시민들에게 지진발생문자를 발송한다. 단, 수신차단을 해둔 시민에게는 지진발생문자를 보내지 않는다.
>
> 8월 26일 14시 정각 '가'지점에서 Y등급 지진이 일어났을 때 A~E 중 2명만 지진발생문자를 받았다. 5분 후 '나'지점에서 X등급 지진이 일어났을 때에는 C와 D만 지진발생문자를 받았다. 다시 5분 후 '나'지점에서 정서쪽으로 2km 떨어진 지점에서 Y등급 지진이 일어났을 때에는 (㉠)만 지진발생문자를 받았다. A~E 중에서 지진발생문자 수신차단을 해둔 시민은 1명뿐이다.

〈○○시 지도〉

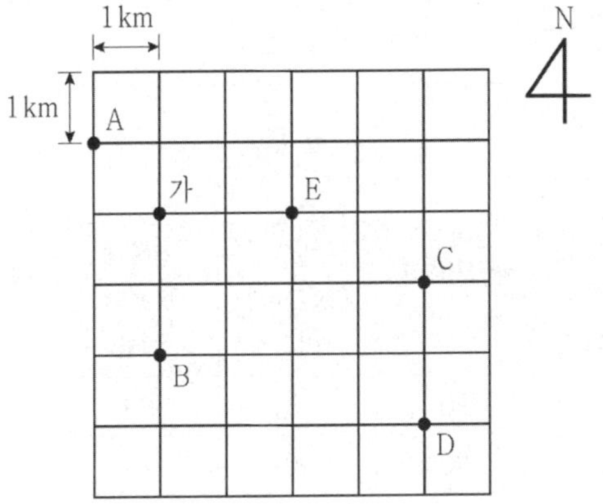

〈보 기〉

ㄱ. A　　ㄴ. B　　ㄷ. E
ㄹ. A와 E　　ㅁ. B와 E　　ㅂ. C와 E

① ㄱ, ㄷ
② ㄱ, ㄹ
③ ㄹ, ㅂ
④ ㄴ, ㄷ, ㅁ
⑤ ㄴ, ㅁ, ㅂ

07. 다음 <기준>과 <현황>을 근거로 판단할 때, 지방자치단체 A~D 중 중점관리대상만을 모두 고르면?

14 민경채 A 20

〈기 준〉

○ 지방재정위기 사전경보지표

(단위: %)

지표 / 경보구분	통합재정 수지적자 비율	예산대비 채무비율	채무 상환비 비율	지방세 징수액 비율	금고잔액 비율	공기업 부채비율
주의	25 초과 50 이하	25 초과 50 이하	12 초과 25 이하	25 이상 50 미만	10 이상 20 미만	400 초과 600 이하
심각	50 초과	50 초과	25 초과	25 미만	10 미만	600 초과

○ 중점관리대상 지방자치단체 지정기준

- 6개의 사전경보지표 중 '심각'이 2개 이상이면 중점관리대상으로 지정
- '주의' 2개는 '심각' 1개로 간주

〈현 황〉

(단위: %)

지표 / 지방자치단체	통합재정 수지적자 비율	예산대비 채무비율	채무 상환비 비율	지방세 징수액 비율	금고잔액 비율	공기업 부채비율
A	30	20	15	60	30	250
B	40	30	10	40	15	350
C	15	20	6	45	17	650
D	60	30	30	55	25	150

① A, C

② A, D

③ B, C

④ B, D

⑤ B, C, D

08. 다음과 같은 방법으로 <보기>에 주어진 수열을 정렬할 때, 다섯 번째 교환이 이루어진 후의 수열은?

09 5급공채 극 28

> 인접한 두 숫자의 크기를 비교하여 교환하는 방식으로 정렬한다. 이때 인접한 두 숫자는 수열의 맨 앞부터 뒤로 이동하며 비교된다. 맨 마지막 숫자까지 비교가 이루어져 가장 큰 수가 맨 뒷자리로 이동하게 되면 한 라운드가 종료된다. 다음 라운드는 맨 뒷자리로 이동한 수를 제외하고 같은 방식으로 비교 및 교환이 이루어진다. 더 이상 교환할 숫자가 없을 때 정렬이 완료된다. 교환은 두 개의 숫자가 서로 자리를 맞바꾸는 것을 말한다.

〈예 시〉

다음은 '30 15 40 10'의 수열을 위의 방법으로 정렬한 것이다. 괄호는 각 단계에서 비교가 이루어지는 인접한 두 숫자를 나타낸다.

○ 제1라운드

(30 15) 40 10: 30 > 15이므로 첫 번째 교환

15 (30 40) 10: 40 > 30이므로 교환이 이루어지지 않음

15 30 (40 10): 40 > 10이므로 두 번째 교환

15 30 10 40: 가장 큰 수 40이 맨 마지막으로 이동

○ 제2라운드 (40은 비교 대상에서 제외)

(15 30)10 40: 30 > 15이므로 교환이 이루어지지 않음

15 (30 10) 40: 30 > 10이므로 세 번째 교환

15 10 30 40: 40을 제외한 수 중 가장 큰 수 30이 40 앞으로 이동

○ 제3라운드 (30, 40은 비교 대상에서 제외)

(15 10) 30 40: 15 > 10이므로 네 번째 교환

10 15 30 40: 정렬 완료

〈보 기〉

37 82 12 5 56

①	5	12	37	56	82
②	37	12	82	5	56
③	5	56	12	37	82
④	12	37	5	56	82
⑤	12	5	37	56	82

09. 다음 글과 <상황>을 근거로 판단할 때, 甲~戊 중 휴가지원사업에 참여할 수 있는 사람만을 모두 고르면?

22 7급공채 가 08

〈2023년 휴가지원사업 모집 공고〉

□ 사업 목적
- ○ 직장 내 자유로운 휴가문화 조성 및 국내 여행 활성화

□ 참여 대상
- ○ 중소기업·비영리민간단체·사회복지법인·의료법인 근로자. 단, 아래 근로자는 참여 제외
  - 병·의원 소속 의사
  - 회계법인 및 세무법인 소속 회계사·세무사·노무사
  - 법무법인 소속 변호사·변리사
- ○ 대표 및 임원은 참여 대상에서 제외하나, 아래의 경우는 참여 가능
  - 중소기업 및 비영리민간단체의 임원
  - 사회복지법인의 대표 및 임원

〈상 황〉

甲~戊의 재직정보는 아래와 같다.

구분	직장명	직장 유형	비고
간호사 甲	A병원	의료법인	근로자
노무사 乙	B회계법인	중소기업	근로자
사회복지사 丙	C복지센터	사회복지법인	대표
회사원 丁	D물산	대기업	근로자
의사 戊	E재단	비영리민간단체	임원

① 甲, 丙

② 甲, 戊

③ 乙, 丁

④ 甲, 丙, 戊

⑤ 乙, 丙, 丁

10. 다음 글을 근거로 판단할 때, 네 번째로 보고되는 개정안은? 22 7급공채 가 11

△△처에서 소관 법규 개정안 보고회를 개최하고자 한다. 보고회는 아래와 같은 기준에 따라 진행한다.

- ○ 법규 체계 순위에 따라 법－시행령－시행규칙의 순서로 보고한다. 법규 체계 순위가 같은 개정안이 여러 개 있는 경우 소관 부서명의 가나다순으로 보고한다.
- ○ 한 부서에서 보고해야 하는 개정안이 여럿인 경우, 해당 부서의 첫 번째 보고 이후 위 기준에도 불구하고 그 부서의 나머지 소관 개정안을 법규 체계 순위에 따라 연달아 보고한다.
- ○ 이상의 모든 기준과 무관하게 보고자가 국장인 경우 가장 먼저 보고한다.

보고 예정인 개정안은 다음과 같다.

개정안명	소관 부서	보고자
A법 개정안	예산담당관	甲사무관
B법 개정안	기획담당관	乙과장
C법 시행령 개정안	기획담당관	乙과장
D법 시행령 개정안	국제화담당관	丙국장
E법 시행규칙 개정안	예산담당관	甲사무관

① A법 개정안
② B법 개정안
③ C법 시행령 개정안
④ D법 시행령 개정안
⑤ E법 시행규칙 개정안

11. 다음 글과 <A부처 스크랩 후보>를 근거로 판단할 때, 스크랩의 앞에서부터 5번째에 배치되는 기사 제목은?

23 5급공채 가 13

○ A부처는 당일 조간신문 및 전일 석간신문 기사(사설과 논평 포함)를 선별하여 스크랩하고 있다.
○ 다음 조건들을 '조건 1'부터 순서대로 적용하여 기사를 선별·배치한다. 조건을 적용할 때 먼저 적용한 조건을 위배할 수 없다.
조건 1: 제목에 '정책'이라는 단어가 포함된 기사는 다른 기사보다 앞에 배치(단, '△△정책'이 제목에 포함된 기사는 스크랩에서 제외)
조건 2: 사설과 논평은 일반기사보다 뒤에 배치
조건 3: 제목에 '규제'나 '혁신'이라는 단어가 포함된 기사는 다른 기사보다 앞에 배치
조건 4: 조간신문 기사는 석간신문 기사보다 앞에 배치

〈A부처 스크랩 후보〉

구분	종류	기사 제목
조간	논평	규제 샌드박스, 적극 확대되어야
석간	사설	★★정책 추진결과, "양호"
조간	논평	플랫폼경제의 명암
석간	일반기사	△△정책 추진계획 발표
석간	일반기사	□□산업 혁신 성장 포럼 성황리 개최
석간	사설	◎◎생태계는 진화 중
석간	사설	네거티브 규제, 현실성 고려해야
조간	논평	◇◇정책 도입의 효과, 어디까지?
조간	일반기사	▼▼수요 증가로 기업들 화색
조간	일반기사	정부 혁신 중간평가 성적표 공개

① 규제 샌드박스, 적극 확대되어야

② △△정책 추진계획 발표

③ □□산업 혁신 성장 포럼 성황리 개최

④ ◎◎생태계는 진화 중

⑤ ▼▼수요 증가로 기업들 화색

12. 다음 <조건>에 따를 때, E의 진료시작 시각은? 13 외교관 인 36

〈조 건〉

- ○ 진료와 검진은 10시 정각부터 시작한다.
- ○ 진료는 접수시각 순으로 하되, 진료예약환자와 미예약 환자가 동시에 대기하는 경우에는 진료예약환자를 우선적으로 진료한다.
- ○ 매 5분마다 새로운 환자를 진료하며, A~J까지의 진료는 10시 50분에 종료된다. 진료를 받지 못하는 환자는 없다.
- ○ 검진환자는 접수 후 검진을 시작하고, 검진을 받는 데에는 총10분이 소요된다.
- ○ 검진환자는 검진이 끝난 순간 진료가 진행중인 환자가 없으면 바로 진료를 받고, 그렇지 않은 경우 다음 순번으로 진료를 받는다.
- ○ 진료실은 1개만 있으며, 진료실에서는 한 명의 환자만이 진료를 받는다. 반면, 검진실은 충분히 존재하여 여러 명이 동시에 검진을 받을 수 있다.
- ○ 접수에 소요되는 시간 및 이동하는 시간은 없는 것으로 간주한다.

〈대기환자 리스트〉

환자명	접수시각	진료예약여부	비고
A	9:28	×	−
B	9:30	×	검진
C	9:34	○	−
D	9:46	×	−
E	10:00	×	−
F	10:03	○	검진
G	10:04	×	−
H	10:07	○	검진
I	10:14	○	검진
J	10:31	○	−

① 10:25

② 10:30

③ 10:35

④ 10:40

⑤ 10:45

13. 다음 글과 <상황>을 근거로 판단할 때, 甲과 乙이 각각 선택할 은행과 그 은행에서 적용받을 최종금리를 옳게 짝지은 것은? 24 5급공채 나 09

A, B, C은행은 고객의 계좌를 개설할 때, 다음과 같이 최종금리를 결정하고 있다.

최종금리(%)=기본금리+특별금리+우대금리

은행	기본금리	특별금리
A	4.2%	0.5%
B	4.0%	0.5%
C	3.8%	0.5%

※ 특별금리 조건: 연소득 2,400만 원 이하

은행	우대금리 조건	최대가산 우대금리
A	- 주택청약 보유 0.5% - 공과금 자동이체 0.5% - K카드 실적 월 30만 원 이상 0.5%	1.0%
B	- 최초 신규고객 1.0% - 공과금 자동이체 0.5%	1.5%
C	- 급여이체 0.7% - 최초 신규고객 0.6% - K카드 실적 월 60만 원 이상 0.4%	1.7%

〈상 황〉

甲과 乙은 A, B, C은행 중 적용받을 최종금리가 가장 높은 은행을 각각 선택하여 계좌를 개설하려 한다. 이들은 아래와 같은 대화를 나누었다.

甲: 나는 여태 A은행만 이용해 왔고, 주택청약도 보유하고 있어. 공과금 자동이체 계좌는 다른 은행으로 바꿀 수 있지만, 급여이체 계좌는 바꿀 수 없어. 나는 한 달에 K카드를 40만 원 사용해. 나는 연소득 2,200만 원이야.

乙: 나는 B은행만 이용해 왔어. 급여이체와 공과금 자동이체를 어떤 은행에서 하더라도 괜찮아. 나는 한 달에 K카드를 70만 원 사용해. 나는 연소득 3,600만 원이야.

	甲	乙
①	A은행, 5.7%	A은행, 5.2%
②	A은행, 6.2%	C은행, 5.5%
③	B은행, 6.0%	A은행, 5.7%
④	B은행, 6.0%	C은행, 5.5%
⑤	C은행, 6.0%	A은행, 5.7%

14. 다음 글을 근거로 판단할 때, <보기>에서 옳은 것만을 모두 고르면? 24 7급공채 사 07

甲은 아래 3가지 색의 공을 〈조건〉에 따라 3개의 상자에 나누어 모두 담으려고 한다.

색	무게(g)	개수
빨강	30	3
노랑	40	2
파랑	50	2

〈조 건〉

○ 각 상자에는 100g을 초과해 담을 수 없다.
○ 각 상자에는 적어도 2가지 색의 공을 담아야 한다.

〈보 기〉

ㄱ. 빨간색 공은 모두 서로 다른 상자에 담기게 된다.
ㄴ. 각 상자에 담긴 공 무게의 합은 서로 다르다.
ㄷ. 빨간색 공이 담긴 상자에는 파란색 공이 담기지 않는다.
ㄹ. 3개의 상자 중에서 공 무게의 합이 가장 작은 상자에는 파란색 공이 담기게 된다.

① ㄱ, ㄴ
② ㄱ, ㄷ
③ ㄴ, ㄷ
④ ㄴ, ㄹ
⑤ ㄷ, ㄹ

15. 다음 글을 근거로 판단할 때, <보기>에서 옳은 것만을 모두 고르면? 24 7급공채 사 24

> 甲~丁은 6문제로 구성된 직무능력시험 문제를 풀었다.
>
> ○ 정답을 맞힌 경우, 문제마다 기본점수 1점과 난이도에 따른 추가점수를 부여한다.
>
> ○ 추가점수는 다음 식에 따라 결정한다.
>
> $$추가점수 = \frac{해당\ 문제를\ 틀린\ 사람의\ 수}{해당\ 문제를\ 맞힌\ 사람의\ 수}$$
>
> ○ 6문제의 기본점수와 추가점수를 모두 합한 총합 점수가 5점 이상인 사람이 합격한다.
>
> 甲~丁이 6문제를 푼 결과는 다음과 같고, 5번과 6번 문제의 결과는 찢어져 알 수가 없다.
>
> (○: 정답, ×: 오답)

구분	1번	2번	3번	4번	5번	6번
甲	○	×	○	○		
乙	○	×	○	×		
丙	○	○	×	×		
丁	×	○	○	×		
정답률(%)	75	50	75	25	50	50

〈보 기〉

ㄱ. 甲이 최종적으로 받을 수 있는 최대 점수는 $\frac{32}{3}$점이다.

ㄴ. 1~4번 문제에서 받은 점수의 합은 乙이 가장 낮다.

ㄷ. 4명 모두가 합격할 수는 없다.

ㄹ. 4명이 받은 점수의 총합은 24점이다.

① ㄱ, ㄷ

② ㄴ, ㄷ

③ ㄴ, ㄹ

④ ㄱ, ㄴ, ㄷ

⑤ ㄱ, ㄴ, ㄹ

16. 다음 글과 <상황>을 근거로 판단할 때, 청년후계농으로 선발될 수 있는 지원자는?

24 5급공채 나 18

〈2023년 청년후계농 선발 공고문〉

□ 목적

○ 젊고 유능한 인재의 농업분야 유입을 촉진하고, 청년 근로자의 영농 정착과 농업 인력구조 개선을 도모

□ 지원자격

○ 만 19세~만 40세(병역이행기간은 연령 계산 시 미산입)

○ 독립경영 3년 이하인 자 및 독립경영 예정자

– 독립경영: ① 본인명의로 농지를 임차하거나 구입하고, ② 경영주로 등록한 후, ③ 본인이 직접영농에 종사하는 경우

– 위의 독립경영 요건 중 ①과 ②를 충족하였으나 ③을 충족하지 못한 경우를 독립경영 예정자로 봄

○ 2023. 1. 1. 현재 위의 기준을 충족한 자에 한함

〈상 황〉

지원자(甲~戊)에 관한 정보는 다음과 같다.

지원자	甲	乙	丙	丁	戊
생년월일	1980. 5. 4.	2000. 2. 27.	1994. 7. 5.	1989. 10. 20.	1992. 8. 8.
병역이행 기간	6개월	×	30개월	24개월	×
농지	2021. 12. 31. 본인명의 구입	2022. 10. 31. 본인명의 임차	2018. 1. 31. 본인명의 구입	2020. 5. 10. 본인명의 임차	2022. 4. 10. 본인명의 구입
경영주 등록	2022. 1. 10.	2023. 1. 3.	2018. 2. 3.	2020. 12. 3.	×
직접영농 개시	2022. 1. 10.	×	2018. 2. 3.	2021. 1. 5.	×

① 甲

② 乙

③ 丙

④ 丁

⑤ 戊

17. 다음 글과 <상황>을 근거로 판단할 때, <방식 1>과 <방식 2>에 따른 결승점을 옳게 짝지은 것은?

23 5급공채 가 09

신설된 어느 스포츠 종목은 두 팀이 대결하는 경기로, 1점씩 득점하며 경기 종료 시 더 많은 득점을 한 팀이 승리한다. 이 종목의 '결승점'을 정의하는 방식으로 다음 두 가지가 있다.

〈방식 1〉

상대 팀의 점수보다 1점 많아지는 득점을 한 후, 경기 종료 시까지 동점이나 역전을 허용하지 않고 승리할 때, 그 득점을 결승점으로 정의한다.

〈방식 2〉

승리한 팀의 득점 중 자기 팀의 점수가 상대 팀의 최종 점수보다 1점 많아질 때의 득점을 결승점으로 정의한다.

〈상 황〉

두 팀 A, B가 맞붙어 다음과 같은 순서로 득점을 하고 경기가 종료되었다. (A, B는 득점한 팀을 나타낸다)

A−A−B−B−B−A−B−A−A−A−B

	방식 1	방식 2
①	A의 세 번째 득점	A의 두 번째 득점
②	A의 다섯 번째 득점	A의 다섯 번째 득점
③	A의 다섯 번째 득점	A의 여섯 번째 득점
④	A의 여섯 번째 득점	A의 다섯 번째 득점
⑤	A의 여섯 번째 득점	A의 여섯 번째 득점

18. 다음 글과 <상황>을 근거로 판단할 때, A~E 중 세무조사 대상으로 지정될 기업만을 모두 고르면? 25 7급공채 인 20

甲부처는 2025년 7월 1일 현재, 세무조사 대상 기업을 지정하려고 한다. 아래 기준에 따라 기업 A~E의 점수를 매기고, 그 합산 점수가 7점을 초과하는 경우 세무조사 대상 기업으로 지정한다. 단, 최근 1년 내 세무조사를 받은 기업은 제외한다.

○ 전년도 매출액
 - 500억 원 미만: 1점
 - 500억 원 이상 5,000억 원 미만: 3점
 - 5,000억 원 이상: 5점
○ 최근 1년간 탈세 의심 민원 건수
 - 1건당 0.5점
○ 전년도 부실 거래 건수
 - 1건당 0.3점
○ 최근 5년 내 성실 납세 기업으로 선정된 경우 1점 감해 줌

〈상 황〉

2025년 7월 1일 현재, 기업 A~E의 정보는 다음과 같다.

기업	전년도 매출액 (억 원)	최근 1년간 탈세 의심 민원(건)	전년도 부실 거래 (건)	성실 납세 기업 선정 연도	최근 1년 내 세무조사 여부
A	1,700	5	7	2021년	×
B	480	10	4	2017년	×
C	6,250	6	2	2022년	○
D	3,000	7	5	2023년	×
E	5,000	3	3	2010년	×

① A, D
② B, D
③ B, E
④ A, C, E
⑤ B, D, E

정답 · 해설 p.352

5 경우형

출제경향분석

유형 18 경우 파악형

유형 19 경우 확정형

실전공략문제

출제경향분석

1 경우형이란?

경우형은 문제를 해결하는 데 경우의 수가 등장하는 유형으로, 제시된 조건에 따라 다양한 경우의 수를 그릴 수 있는지, 여러 가지 경우의 수 중에서 주어진 조건을 만족하는 경우를 확정할 수 있는지 평가하기 위한 유형이다.

2 세부 출제 유형

경우형은 풀이하는 방식에 따라 ① **경우 파악형**, ② **경우 확정형** 총 2가지 세부 유형으로 출제된다.

경우 파악형	제시된 조건에 따랐을 때 등장할 수 있는 다양한 경우를 그리는 유형
경우 확정형	여러 가지 경우 중에서 제시된 조건에 부합하는 경우를 확정하는 유형

3 출제 경향

1. 경우형은 2019년 7급 PSAT 예시문제에서는 출제되지 않았고, 2020년 7급 PSAT 모의평가에서 4문제가 출제된 이후, 2021년, 2022년 7급 공채 PSAT에서는 각각 5문제씩 출제되었다. 2023년 7급 공채 PSAT에서는 7문제로 출제 비중이 가장 높았고, 2024년 7급 공채 PSAT에서는 4문제가 출제되었다. 2025년 7급 공채 PSAT에서는 6문제가 출제되었다.
2. 경우형은 다른 유형인 계산형 또는 규칙형과 결합되어 출제되는 경우가 있다. 규칙형으로 분류하는 놀이규칙이나 게임규칙 문제 중 입증사례 또는 반증사례를 떠올려 해결해야 하는 문제, 계산형으로 분류하는 문제 중 5의 배수의 끝자리와 3의 배수의 끝자리를 더해 특정 숫자를 만드는 문제 등을 어떤 유형으로 분류하는지에 따라 경우형으로도 판단할 수 있어, 해당 문제까지 경우형으로 분류하는 경우 출제 비중은 더 높아질 수 있다.
3. 매년 시험에서 경우형에 해당하는 문제가 정답률이 낮은 변별력 있는 문제가 되는 경우가 많았다. 2021년 7급 공채 PSAT에서는 경우형 5문제 중 2문제가, 2022년 7급 공채 PSAT에서는 경우형 5문제 중 3문제가 50% 이하의 정답률을 보이는 변별력 있는 문제였다. 2023년 7급 공채 PSAT에서는 60% 이하의 정답률을 보이는 문제가 25문제 중 4문제뿐이었는데, 4문제 중 3문제가 경우형이었다. 2024년 7급 공채 PSAT에서는 경우형 4문제 중 1문제 정도가 까다롭게 출제되었다. 2025년 7급 공채 PSAT에서는 정답률 낮은 7문제 중 6문제가 경우형에 해당하였다.

4 대비 전략

경우형은 문제를 해결할 수 있는 여러 가지 방법 중에 자신에게 맞는 방법을 찾는 것이 가장 중요하다.

1. 풀이 소요 시간이 3~4분 이상 걸리는 문제가 출제되므로 자신이 빠르게 풀 수 있는 유형과 시간이 오래 걸리는 유형을 정리하여 시간 내에 문제 풀이를 하는 연습을 한다.
2. 경우의 수는 문제를 해결할 수 있는 실마리를 잘 찾아내야 하므로 빠르게 고정 정보를 찾는 연습을 한다.
3. 여러 가지 경우를 그리는 상황을 대비하여 수형도, 2×2 매트릭스, 곱분해·합분해 등을 활용하는 방법을 연습한다.
4. 기출문제를 최대한 많이 풀이함으로써 다양한 유형의 문제 접근 방법과 빠른 해결 방법을 정리하고, 풀이 연습을 반복하여 철저하게 자신의 풀이 방법으로 체화시킨다.

유형 18 경우 파악형

유형 소개

'경우 파악형'은 제시된 조건에 따를 때 등장할 수 있는 다양한 경우의 수를 파악해야 하는 유형이다. 예를 들어 1부터 7까지의 숫자카드가 각 숫자별로 3장씩 총 21장의 카드가 있고 이 카드를 세 명의 참가자들에게 나누어 주고 게임을 시작한다고 할 때, 카드를 각 참가자들에게 나누어주는 경우의 수를 파악하는 문제가 경우 파악형에 해당한다.

유형 특징

이 유형은 경우를 파악하는 툴(tool)이 있는 경우도 있지만, 툴 없이 주어진 조건 하에서 가능한 모든 경우를 파악해야 하는 경우도 있다. 이때 경우의 수가 파악되지 않는다면 체감 난도가 매우 높아질 수 있다.

출제 경향

· '경우 파악형'은 PSAT 시험에서 출제 비중이 늘어나고 있는 중요한 유형이다. 실제로 현재까지 누적된 154문제의 7급 PSAT 기출문제 중 경우형에 속하는 문제는 총 31문제인데, 그중 19문제가 '경우 파악형'으로 분류된다.

· 2020년 7급 PSAT 모의평가에서는 2문제, 2021년 7급 공채 PSAT에서는 3문제, 2022년 7급 공채 PSAT에서는 4문제, 2023년 7급 공채 PSAT에서는 5문제가 각각 출제되어 출제 비중이 점차 높아지다가 2024년 7급 공채 PSAT에서는 경우형 4문제 중 2문제가, 2025년 7급 공채 PSAT에서는 경우형 6문제 중 3문제가 출제되었다.

· 이 유형에 속하는 문제들은 대체로 난도가 높은 편에 속한다. 경우 파악형은 경우가 그려지지 않으면 실마리조차 잡지 못하는 문제가 된다. 2021년 7급 공채 PSAT에서는 정답률이 가장 낮은 문제가 이 유형에 속하는 문제였고, 2022년 7급 공채 PSAT에서는 4문제 중 2문제가 40% 안팎의 정답률을 보여 매우 변별력이 있는 문제였다. 2023년 7급 공채 PSAT에서는 '경우 파악형' 5문제 중 2문제가 50%대의 정답률을 보였다. 2024년 7급 공채 PSAT에서는 한 문제가 40%대 중반의 정답률, 한 문제는 60%대 중반의 정답률을 보였다. 2025년에도 21번 문제는 경우가 그려지지 않으면 풀 수 없는 문제였다. 출제 비중이 높은데 난도가 높은 문제가 출제되고 있기 때문에 고득점의 관건이 되는 유형이다.

문제풀이 핵심 전략

STEP 1 | 규칙을 읽고 문제에서 등장하는 상황이 그려져야 한다.

√ 수험생이 그려내야 하는 상황은 문제마다 매우 다양하게 제시된다.

√ 상황을 정리하는 데 있어서 시각화를 하면 더 잘 이해할 수 있는데, 도식화·도표화 등 다양한 정리 방법을 적절하게 활용한다.

STEP 2 | 그려진 상황에 제시된 정보를 정확하게 반영하여 문제를 해결한다.

√ 경우를 그릴 때는 수형도 또는 2×2 매트릭스를 활용하거나 곱분해·합분해를 하는 등 체계적으로 경우를 파악하여 해결한다.

√ 선택지나 <보기>의 주장 강도나 양에 따라서 입증사례 또는 반증사례를 적절하게 파악할 수 있어야 한다.

길규범쌤의 응급처방

'반드시'라는 표현이 있는 진술은 오답일 가능성이 높다!

· 선택지나 <보기>에서 제시되는 '반드시'라는 표현은 해당 내용이 옳지 않을 가능성이 높으므로 반증사례를 찾는 시도를 해야 한다.

문제풀이 핵심 전략 적용

기출 예제

다음은 9개 구역으로 이루어진 <A지역>과 그 지역을 구성하는 <구역 유형별 유권자 수>이다. A지역을 <조건>에 따라 유권자 수가 동일한 3개의 선거구로 나누려고 할 때 가능한 경우의 수는?

12 민경채 인 10

〈A지역〉

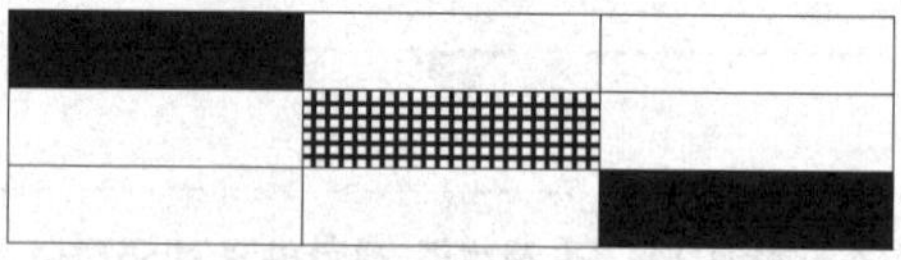

〈구역 유형별 유권자 수〉

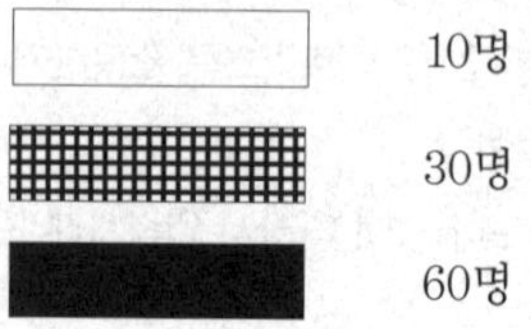

〈조 건〉

같은 선거구에 속하는 구역들은 사각형의 한 변이 적어도 그 선거구에 속하는 다른 한 구역의 사각형의 한 변과 맞닿아 있어야 한다.

① 1가지
② 2가지
③ 3가지
④ 4가지
⑤ 5가지

STEP 1

가능한 경우의 수를 고려할 때 반영해야 하는 조건과 의미는 다음과 같다.

ⓐ A지역을 <조건>에 따라 유권자 수가 동일한 3개의 선거구로 나눈다고 했으므로 9개 구역을 3개씩 3개의 선거구로 나누는 것이 아니라 유권자 수가 동일하게 나누어야 한다. 총 유권자 수가 210명이므로 한 선거구의 유권자는 70명이다.

ⓑ 같은 선거구에 속하는 구역들은 사각형의 한 변이 적어도 그 선거구에 속하는 다른 한 구역의 사각형의 한 변과 맞닿아 있어야 한다고 했으므로 선거구는 점이 아니라 선으로 맞닿아 있어야 한다.

㉠ 60명	㉡ 10명	㉢ 10명
㉣ 10명	㉤ 30명	㉥ 10명
㉦ 10명	㉧ 10명	㉨ 60명

㉠~㉨까지 9개 구역 중 유권자 수 70명을 채우기 쉬운 선거구는 ㉠과 ㉨이다. ㉠은 ㉡ 또는 ㉣과, ㉨은 ㉥ 또는 ㉧과 결합하면 70명의 유권자가 한 선거구에 속하게 된다.

STEP 2

· ㉠+㉡, ㉨+㉧인 경우
㉠+㉡=70명, ㉢+㉣+㉤+㉥+㉦=70명, ㉧+㉨=70명이므로 조건 ⓐ와 조건 ⓑ를 모두 충족한다.

· ㉠+㉡, ㉨+㉥인 경우
3개의 선거구 중 하나가 ㉢+㉣+㉤+㉦+㉧로 70명의 유권자 수는 충족하지만, 조건 ⓑ를 충족하지 못한다.

· ㉠+㉣, ㉨+㉧인 경우
3개의 선거구 중 하나가 ㉡+㉢+㉤+㉥+㉦로 70명의 유권자 수는 충족하지만, 조건 ⓑ를 충족하지 못한다.

· ㉠+㉣, ㉨+㉥인 경우
조건 ⓐ와 조건 ⓑ를 모두 충족한다.

따라서 가능한 경우의 수는 2가지이므로 정답은 ②이다.

유형공략문제

01. 甲정당과 乙정당은 선거구별로 1명의 의원을 선출하는 소선거구제를 유지하되, <그림>과 같은 10개의 선거구(A~J)를 5개로 통합하기로 하였다. 다음 <조건>에 근거할 때, 甲정당에 가장 유리한 통합 방안은?

12 5급공채 인 07

〈그림〉 선거구 위치와 선거구 내 정당별 지지율

북

서 / 동

A 20:80	B 30:70	C 40:60	D 75:25
E 50:50	F 65:35	G 50:50	H 60:40
I 40:60	J 30:70		

남

〈조 건〉

- ○ 각 선거구의 유권자 수는 동일하며, 모든 유권자는 자신이 지지하는 정당의 후보에게 1인 1표제에 따라 투표한다.
- ○ 선거구의 통합은 동서 또는 남북으로 인접한 2개의 선거구 사이에서만 이루어 질 수 있다.
- ○ 위 〈그림〉에서 선거구 내 앞의 숫자는 甲정당 지지율, 뒤의 숫자는 乙정당 지지율이다.
- ○ 선거구 통합은 정당 지지율을 포함한 다른 조건에 영향을 주지 않는다.

① (A+B), (C+D), (E+F), (G+H), (I+J)

② (A+B), (C+D), (E+I), (F+J), (G+H)

③ (A+B), (C+G), (D+H), (E+I), (F+J)

④ (A+E), (B+F), (C+D), (G+H), (I+J)

⑤ (A+E), (B+F), (C+G), (D+H), (I+J)

문제 풀이 후 확인하기

실력 UP 포인트

1. 선거구 A~J 중 문제 해결의 실마리가 되는 선거구는 무엇인가?

2. <그림>과 같은 상황에서 10개의 선거구를 5개의 선거구로 통합한 후 甲정당은 최대 몇 명의 의원이 선출될 수 있는가?

[정답]

1. D, H 선거구

2. 3명

02. 다음 글을 근거로 판단할 때, <보기>에서 옳은 것만을 모두 고르면? 21 5급공채 가 28

○ 3개의 과일상자가 있다.
○ 하나의 상자에는 사과만 담겨 있고, 다른 하나의 상자에는 배만 담겨 있으며, 나머지 하나의 상자에는 사과와 배가 섞여 담겨 있다.
○ 각 상자에는 '사과 상자', '배 상자', '사과와 배 상자'라는 이름표가 붙어 있다.
○ 이름표대로 내용물(과일)이 들어 있는 상자는 없다.
○ 상자 중 하나에서 한 개의 과일을 꺼내어 확인할 수 있다.

〈보 기〉

ㄱ. '사과와 배 상자'에서 과일 하나를 꺼내어 확인한 결과 사과라면, '사과 상자'에는 배만 들어 있다.
ㄴ. '배 상자'에서 과일 하나를 꺼내어 확인한 결과 배라면, '사과 상자'에는 사과와 배가 들어 있다.
ㄷ. '사과 상자'에서 과일 하나를 꺼내어 확인한 결과 배라면, '배 상자'에는 사과만 들어 있다.

① ㄱ
② ㄴ
③ ㄱ, ㄷ
④ ㄴ, ㄷ
⑤ ㄱ, ㄴ, ㄷ

문제 풀이 후 확인하기

실력 UP 포인트

1. 한 상자에 사과와 배를 담거나 담지 않을 수 있다면 가능한 경우의 수는 총 몇 가지인가?

2. 이 문제에서 경우의 수를 줄여주는 제약 조건은 무엇인가?

[정답]

1.

사과	배
O	O
O	X
X	O
X	X

총 4가지이다.

2. 이름표대로 내용물(과일)이 들어 있는 상자는 없다.

1 텍스트형 2 법조문형 3 계산형 4 규칙형 5 경우형 기출 엄선 모의고사

문제 풀이 후 확인하기

실력 UP 포인트

1. 가영이는 짜장면 또는 짬뽕을 시키려고 하고, 나영이는 볶음밥 또는 마파두부밥을 시키려고 한다. 가영이와 나영이가 메뉴를 시키는 경우의 수는 총 몇 가지인가?

2. 문제에서 하나의 숫자가 두 글자로 표현되는 영문자는 무엇인가?

[정답]

1. (짜장면, 볶음밥), (짜장면, 마파두부밥), (짬뽕, 볶음밥), (짬뽕, 마파두부밥)으로 총 4가지 경우이다.

2. AI, EA, OW

03. 다음 글을 근거로 판단할 때, COW와 EA를 곱한 결과로 가능하지 않은 수는?

23 5급공채 가 31

甲은 수를 영문자로 표현하는 새로운 방법을 고안하였다. 그 방법은 숫자 0~9를 다음 표와 같이 영문자로 표현하는 것이다. 예를 들어 301은 FBC 또는 FAE 등으로 표현된다.

숫자	영문자
0	A 또는 B
1	C 또는 E
2	D 또는 I
3	F 또는 O
4	G 또는 U
5	H 또는 W
6	J 또는 Y
7	AI 또는 K
8	EA 또는 M
9	N 또는 OW

① 120

② 152

③ 190

④ 1080

⑤ 1350

04. 다음과 같은 상황에서 7명(가은, 나영, 다솜, 라라, 마음, 바다, 사랑) 중 성적이 결코 3등이 될 수 없는 사람으로만 모은 것은? 06 5급견습 인 30

> 1) 나영과 다솜의 점수는 가은의 점수보다 낮다.
> 2) 나영의 점수는 마음의 점수보다 높다.
> 3) 바다와 사랑의 점수는 다솜의 점수보다 낮다.
> 4) 라라와 바다의 점수는 마음의 점수보다 낮다.
> 5) 바다는 가장 낮은 점수를 받지는 않았다.

① 나영, 라라

② 다솜, 마음

③ 라라, 바다

④ 마음, 사랑

⑤ 바다, 사랑

문제 풀이 후 확인하기

실력 UP 포인트

1. 다음의 조건을 시각적으로 처리해 보자.
   - 가은의 점수는 나영의 점수보다 높다.
   - 다솜의 점수는 나영의 점수보다 낮다.

2. 전체 7명 중 자신보다 등수가 높은 사람이 n명일 때 자신의 등수는 무엇인가?

3. 전체 7명 중 자신보다 등수가 낮은 사람이 m명일 때 자신의 등수는 무엇인가?

4. 7명 중 3등의 의미는 무엇인가?

[정답]

1. 가은 > 나영 > 다솜
2. n+1등이다.
3. (7−m)등이다.
4. 자신보다 순위가 높은 사람이 2명, 자신보다 순위가 낮은 사람이 4명 있다는 의미이다.

문제 풀이 후 확인하기

실력 UP 포인트

1. 순서 관계를 시각적으로 처리하는 방법은 무엇인가?

2. 7명 중 자신의 등수가 확정된다는 것은 무슨 의미인가?

05. 철수, 준모, 해주, 영희, 국주, 라영, 민서 등 7명의 학생들이 경제학 시험을 치렀는데, 이 학생들은 각기 다른 점수를 받았다. 다음 <정보>에 근거할 때 반드시 참인 것은?

13 입법고시 가 18

〈정 보〉

- 철수는 준모보다 높은 점수를 받았음.
- 준모는 국주보다 높은 점수를 받았음.
- 국주는 민서보다 높은 점수를 받았음.
- 해주는 준모와 라영보다 높은 점수를 받았지만, 영희보다는 낮은 점수를 받았음.
- 라영은 가장 낮은 점수를 받지 않았음.

① 만일 철수가 해주보다 높은 점수를 받았다면, 7명 중 자신의 등수를 확실히 알 수 있는 사람은 2명이다.

② 만일 준모가 라영보다 높은 점수를 받았다면, 7명 중 자신의 등수를 확실히 알 수 있는 사람은 3명이다.

③ 국주는 5등 안에 들었다.

④ 준모는 4등 안에 들었다.

⑤ 해주는 국주보다 높은 점수를 받았고, 국주는 라영보다 높은 점수를 받았다.

[정답]

1. <수형도>나 <부등호>로 나타낼 수 있다.

<수형도>

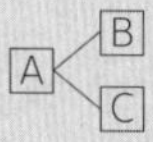

<부등호>

A > B > C

2. 자신보다 확실히 등수가 높은 사람이 n명이고 자신보다 확실하게 등수가 낮은 사람이 m명이라면, n+m=6명이어야 한다. 예를 들어 자신보다 확실히 등수가 높은 사람이 3명, 자신보다 확실하게 등수가 낮은 사람이 3명이라면, 자신의 등수는 4등으로 확정된다.

정답·해설 p.362

유형 19 경우 확정형

유형 소개

'경우 확정형'은 다양한 경우의 수 중에서 제시된 조건에 부합하는 결과를 확정하는 유형이다. 예를 들어 7명의 부서원 중에서 체육대회에 나갈 2명을 선발한다고 했을 때 제시된 조건에서 2명을 선발하는 문제가 경우 확정형에 해당한다.

유형 특징

이 유형은 기본적으로 발문에서 무언가를 확정할 것을 요구하는 내용이 제시된다. 선택지나 <보기>는 조건에 따라 확정했을 때의 결과로 구성된다. 또한 경우 확정형은 경우형의 대표 유형이므로 반드시 대비해야 하는 유형이다. 대표적인 발문의 형태는 다음과 같다.

- 다음 글과 <표>를 근거로 판단할 때, 백설공주의 친구 7명(A~G) 중 왕자의 부하는 누구인가?
- 다음 글을 근거로 판단할 때, 甲연구소 신입직원 7명(A~G)의 부서배치 결과로 옳지 않은 것은?
- 다음 글과 <상황>을 근거로 판단할 때, A복지관에 채용될 2명의 후보자는?

출제 경향

- '경우 확정형'은 2022년 7급 공채 PSAT에서만 1문제 출제되었고, 2022년을 제외한 2020년 7급 PSAT 모의평가, 2021년, 2023년, 2024년 7급 공채 PSAT에서는 각각 2문제씩 출제되었다. 2025년 7급 공채 PSAT에서는 3문제가 출제되었다.
- 2021년 7급 공채 PSAT에서 출제된 2문제는 난도가 높은 편은 아니었으나, 2022년 7급 공채 PSAT에서 출제된 문제는 정답률이 20%대로 매우 낮았고, 2023년 7급 공채 PSAT에서 출제된 문제는 25문제 중 정답률이 가장 낮았다. 2024년 7급 공채 PSAT에서 출제된 2문제는 모두 70% 후반의 정답률로 평이한 난도로 출제되었다. '경우 확정형'은 경우 파악형보다 대비가 가능한 유형이라는 점에서 기출문제를 철저히 분석해 두는 것이 필요하다. 2025년 7급 공채 PSAT에서 정답률이 가장 낮았던 25번 문제도 표를 그려 해결하는 문제로 어느 정도 대비가 가능한 문제였다.

문제풀이 핵심 전략

STEP 1 | 제시된 정보를 정확히 파악한다.

√ 발문에서 조건이 제시되는 경우도 있으므로 발문부터 정확하게 읽는다.

√ 제시된 정보를 단편적으로 이해하는 것에 그치지 말고 선택지나 <보기>와 연결·결합한다.

√ 제시된 정보를 해석하여 숨겨진 의미를 찾는다.

STEP 2 | 문제 해결의 실마리를 찾아낸다.

√ 문제 해결의 실마리가 되는 고정 정보를 찾는다.

√ 제시된 제약 조건에 의해서 경우의 수가 적은 부분, 즉 갈림길이 적은 부분에서 실마리를 찾는다.

√ 정보 또는 힌트가 많이 제시되는 부분을 활용하여 실마리를 찾는다.

길규범쌤의 응급처방

선택지나 <보기>를 활용하여 문제 해결의 실마리를 찾는 방법

· PSAT 상황판단은 객관식 시험이므로 문제를 해결하는 데 있어 선택지나 <보기>를 활용하여 실마리를 찾는 경우가 있다.

· 선택지 소거법, 선택지 대입법, 선택지나 <보기> 간 모순 찾기 등의 방법을 활용하여 문제 해결의 실마리를 찾을 수 있으므로 선택지나 <보기>를 적극적으로 활용한다.

문제풀이 핵심 전략 적용

기출 예제

다음 글을 근거로 판단할 때, A에게 전달할 책의 제목과 A의 연구실 번호를 옳게 짝지은 것은?

21 민경채 나 05

> ○ 5명의 연구원(A~E)에게 책 1권씩을 전달해야 하고, 책 제목은 모두 다르다.
> ○ 5명은 모두 각자의 연구실에 있고, 연구실 번호는 311호부터 315호까지이다.
> ○ C는 315호, D는 312호, E는 311호에 있다.
> ○ B에게 「연구개발」, D에게 「공공정책」을 전달해야 한다.
> ○ 「전환이론」은 311호에, 「사회혁신」은 314호에, 「복지실천」은 315호에 전달해야 한다.

	책 제목	연구실 번호
①	「전환이론」	311호
②	「공공정책」	312호
③	「연구개발」	313호
④	「사회혁신」	314호
⑤	「복지실천」	315호

STEP 1

발문을 보면 A에게 전달할 책의 제목과 A의 연구실 번호를 옳게 짝지어야 한다. 다섯 개의 조건 중 처음 두 개의 조건을 정확히 이해해야 한다.

- 5명의 연구원(A~E)에게 책 1권씩을 전달해야 하고
  → 연구원 A~E와 책을 1:1로 매칭해야 한다.
- 책 제목은 모두 다르다. 5명은 모두 각자의 연구실에 있고,
  → 책과 연구원, 연구실은 서로 중복되지 않는다.
- 연구실 번호는 311호부터 315호까지이다.
  → 각 연구원 A~E는 연구실 311호~315호에 각각 매칭된다.

STEP 2

문제 해결의 실마리를 찾기 위해 고정 정보를 찾는다. 세 번째 조건을 적용하면 다음과 같다.

연구원	A	B	C	D	E
연구실 번호			315호	312호	311호

네 번째 조건을 적용하면 다음과 같다.

연구원	A	B	C	D	E
연구실 번호			315호	312호	311호
책 제목		연구개발		공공정책	

다섯 번째 조건을 적용하면 다음과 같다.

연구원	A	B	C	D	E
연구실 번호			315호	312호	311호
책 제목		연구개발	복지실천	공공정책	전환이론

「사회혁신」은 314호에 전달해야 하는데, 가능한 연구원은 A뿐이다. 이에 따라 A - 314호 - 사회혁신이 확정되고, 나머지 B의 연구실이 313호로 확정된다.

따라서 정답은 ④이다.

유형공략문제

문제 풀이 후 확인하기

실력 UP 포인트

1. 1부터 31까지 중 소수는 무엇인가?

2. 16조각으로 이루어진 낱말퍼즐 조각에서 '단어'는 총 몇 개인가?

[정답]

1. 2, 3, 5, 7, 11, 13, 17, 19, 23, 29, 31

2. 8개

01. 다음 글을 근거로 판단할 때, <보기>에서 옳은 것만을 모두 고르면? 16 5급공채 4 11

○ 이 게임은 카드를 뽑아 낱말퍼즐 조각끼리 맞바꿔 단어를 만드는 게임이다. 낱말퍼즐은 총 16조각으로 이루어져 있고, 다음과 같이 1조각당 숫자 1개와 문자 1개가 함께 적혀 있다.

1 경	2 표	3 명	4 심
5 목	6 세	7 유	8 서
9 자	10 심	11 보	12 법
13 손	14 민	15 병	16 감

○ 카드는 A, B, C 각 1장씩 있고, 뽑힌 각 1장의 카드로 낱말퍼즐 조각 2개를 아래와 같은 방식으로 1회 맞바꿀 수 있다.

카드 A	짝수가 적혀 있는 낱말퍼즐 조각끼리 맞바꿈
카드 B	낱말퍼즐 조각에 적힌 숫자를 3으로 나눈 나머지가 같은 조각끼리 맞바꿈
카드 C	낱말퍼즐 조각에 적힌 숫자를 더해서 소수가 되는 조각끼리 맞바꿈

○ 낱말퍼즐에서 같은 가로 줄에 있는 4개의 문자를 왼쪽에서부터 차례로 읽은 것 또는 같은 세로 줄에 있는 4개의 문자를 위쪽에서부터 차례로 읽은 것을 '단어'라고 한다.

〈보 기〉

ㄱ. 카드 A, B를 뽑았다면 '목민심서'라는 단어를 만들 수 있다.
ㄴ. 카드 A, C를 뽑았다면 '경세유표'라는 단어를 만들 수 있다.
ㄷ. 카드 B, C를 뽑았다면 '명심보감'이라는 단어를 만들 수 있다.

① ㄴ
② ㄷ
③ ㄱ, ㄴ
④ ㄱ, ㄷ
⑤ ㄱ, ㄴ, ㄷ

02. 다음 글을 근거로 판단할 때, 도형의 모양으로 옳게 짝지은 것은?

16 5급공채 4 12

> 5명의 학생은 5개 도형 A~E의 모양을 맞히는 게임을 하고 있다. 5개의 도형은 모두 서로 다른 모양을 가지며 각각 삼각형, 사각형, 오각형, 육각형, 원 중 하나의 모양으로 이루어진다. 학생들에게 아주 짧은 시간 동안 5개의 도형을 보여준 후 도형의 모양을 2개씩 진술하게 하였다. 학생들이 진술한 도형의 모양은 다음과 같고, 모두 하나씩만 정확하게 맞혔다.
>
> 지영: C=삼각형, D=사각형
> 종형: B=오각형, E=사각형
> 미석: C=원, D=오각형
> 길원: A=육각형, E=사각형
> 수연: A=육각형, B=삼각형

① A=육각형, D=사각형

② B=오각형, C=삼각형

③ A=삼각형, E=사각형

④ C=오각형, D=원

⑤ D=오각형, E=육각형

문제 풀이 후 확인하기

실력 UP 포인트

1. 경우 확정형을 해결하기 위해 제일 먼저 확인해야 하는 것은 무엇인가?

2. 학생들이 진술한 도형의 모양 중 모두 하나씩만 정확하게 맞혔다는 것을 통해 알 수 있는 것은 무엇인가?

[정답]

1. 고정 정보

2. 지영이의 진술을 기준으로 'C=삼각형'이 참이거나, 'D=사각형'이 참이거나 두 가지 경우로 나눌 수 있다.

실력 UP 포인트

문제 풀이 후 확인하기

1. 가장 먼저 확인해야 하는 <조건>은 몇 번째 <조건>인가?

2. 1부터 10까지 자연수 중에 소수는 무엇인가?

3. 숫자판에 10개의 숫자를 다 채웠어야 문제가 해결되는가?

[정답]

1. 세 번째 <조건>
   '모든 홀수'라는 표현에서 얻을 수 있는 정보가 가장 많으므로 세 번째 <조건>을 가장 먼저 확인해야 한다.
2. 2, 3, 5, 7
3. 문제에서 묻는 바만 확인하면 된다. 즉, 5 주변에 있는 숫자를 확인하는 데 초점을 맞춰야 한다.

03. 다음 <조건>을 따를 때, 5에 인접한 숫자를 모두 더한 값은? (단, 숫자가 인접한다는 것은 숫자가 쓰인 칸이 인접함을 의미한다) 16 민경채 5 24

〈조 건〉

- 1~10까지의 자연수를 모두 사용하여, 〈숫자판〉의 각 칸에 하나의 자연수를 쓴다. 단, 6과 7은 〈숫자판〉에 쓰여 있다.
- 1은 소수와만 인접한다.
- 2는 모든 홀수와 인접한다.
- 3에 인접한 숫자를 모두 더하면 16이 된다.
- 5는 가장 많은 짝수와 인접한다.
- 10은 어느 짝수와도 인접하지 않는다.

※ 소수: 1과 자신만을 약수로 갖는 자연수

〈숫자판〉

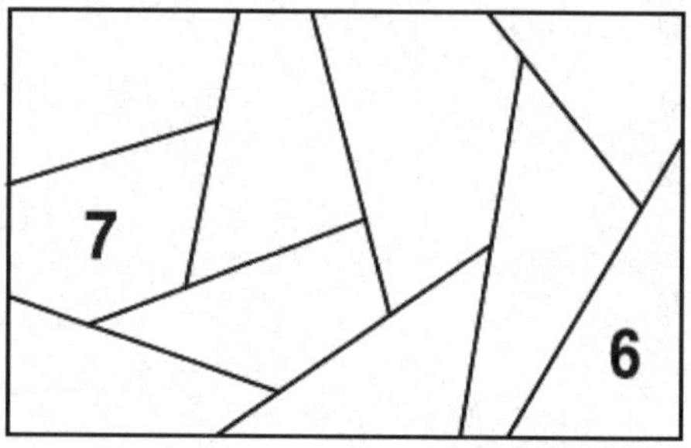

① 22
② 23
③ 24
④ 25
⑤ 26

04. 다음 <조건>과 <연주곡과 악기>를 근거로 판단할 때, 연주자 6명(A~F)이 연주 가능한 곡을 순서대로 나열한 것은?

13 외교관 인 38

〈조 건〉

○ A는 바이올린, B는 바이올린, C는 피아노·첼로, D는 바이올린·비올라, E는 피아노·비올라, F는 피아노·바이올린·첼로를 연주할 수 있다.

○ 각 연주자는 연속하여 연주할 수 없으며, 한 곡에서 2개 이상의 악기를 연주할 수 없다.

〈연주곡과 악기〉

곡명	악기
모차르트 K.488	피아노 + 피아노
베토벤의 '봄' Op.24	피아노 + 바이올린
베토벤의 '유령' Op.70-1	피아노 + 바이올린 + 첼로
멘델스존 Op.49	피아노 + 바이올린 + 첼로
브람스 Op.25	피아노 + 바이올린 + 비올라 + 첼로
슈만 Op.47	피아노 + 바이올린 + 비올라 + 첼로
슈베르트의 '숭어' Op.114	피아노 + 바이올린 + 바이올린 + 비올라 + 첼로

① 모차르트 K.488 → 슈베르트의 '숭어' Op.114

② 베토벤의 '봄' Op.24 → 슈베르트의 '숭어' Op.114

③ 베토벤의 '유령' Op.70-1 → 멘델스존 Op.49

④ 베토벤의 '유령' Op.70-1 → 모차르트K.488 → 슈만 Op.47

⑤ 멘델스존 Op.49 → 베토벤의 '봄' Op.24 → 브람스 Op.25

정답 · 해설 p.364

문제 풀이 후 확인하기

실력 UP 포인트

1. 악기를 배정하는 실마리가 되는 연주자는 누구인가?

2. 표 <연주곡과 악기>에서 파악할 수 있는 정보는 무엇인가?

[정답]

1. A, B

2. 베토벤의 '유령' Op.70-1과 멘델스존 Op.49의 악기 구성이 동일하다.
브람스 Op.25와 슈만 Op.47의 악기 구성이 동일하다.

실전공략문제

· 권장 제한시간에 따라 시작과 종료 시각을 정한 후, 실제 시험처럼 문제를 풀어보세요.
__ 시 __ 분 ~ __ 시 __ 분 (총 23문항 / 46분)

01. 어느 부처의 시설과에 A, B, C, D, E, F의 총 6명의 직원이 있다. 이들 가운데 반드시 4명의 직원으로만 팀을 구성하여 부처회의에 참석해 달라는 요청이 있었다. 만일 E가 불가피한 사정으로 그 회의에 참석할 수 없게 된 상황에서 아래의 조건을 모두 충족시켜야만 한다면 몇 개의 팀이 구성될 수 있는가? 06 5급공채 제 29

> 조건 1: A 또는 B는 반드시 참석해야 한다. 하지만 A, B가 함께 참석할 수 없다.
> 조건 2: D 또는 E는 반드시 참석해야 한다. 하지만 D, E가 함께 참석할 수 없다.
> 조건 3: 만일 C가 참석하지 않게 된다면 D도 참석할 수 없다.
> 조건 4: 만일 B가 참석하지 않게 된다면 F도 참석할 수 없다.

① 0개
② 1개
③ 2개
④ 3개
⑤ 4개

02. 다음 글을 근거로 판단할 때, <표>의 화장 단계 중 7개만을 선택하였을 경우 甲의 최대 매력 지수는? 14 민경채 A 23

○ 아침마다 화장을 하고 출근하는 甲의 목표는 매력 지수의 합을 최대한 높이는 것이다.
○ 화장 단계별 매력 지수와 소요 시간은 아래의 〈표〉와 같다.
○ 20분 만에 화장을 하면 지각하지 않고 정시에 출근할 수 있다.
○ 회사에 1분 지각할 때마다 매력 지수가 4점씩 깎인다.
○ 화장은 반드시 '로션 바르기 → 수분크림 바르기 → 썬크림 바르기 → 피부화장 하기' 순으로 해야 하며, 이 4개 단계는 생략할 수 없다.
○ 피부화장을 한 후에 눈썹 그리기, 눈화장 하기, 립스틱 바르기, 속눈썹 붙이기를 할 수 있으며, 이 중에서는 어떤 것을 선택해도 상관없다.
○ 동일 화장 단계는 반복하지 않으며, 2개 이상의 화장 단계는 동시에 할 수 없다.

〈표〉

화장 단계	매력 지수(점)	소요 시간(분)
로션 바르기	2	1
수분크림 바르기	2	1
썬크림 바르기	6	1.5
피부화장 하기	20	7
눈썹 그리기	12	3
눈화장 하기	25	10
립스틱 바르기	10	0.5
속눈썹 붙이기	60	15

① 53점
② 61점
③ 76점
④ 129점
⑤ 137점

03. 갑부처에서는 올해에 다섯 개의 주요 과업을 선정하고 각 과업에 대하여 각각 1명의 전담직원을 정하여 책임 있는 관리를 하고자 한다. 따라서 갑부처는 부처 내에서 가장 유능한 것으로 평가받는 5명의 소속 공무원을 선정하여 다섯 가지 과업을 상세히 설명하고 각 과업별로 예상되는 소요비용을 예측하여 제출하도록 하였다. 그 결과로 아래의 <표>가 도출되었다. 이제 갑부처는 5개의 과업을 최소비용으로 수행할 수 있도록 각 직원에게 하나씩 할당해야 한다. 과업과 직원의 할당결과가 적절하게 제시된 것은? 07 입법고시 가 02

〈표〉

직원	과업과 비용(단위: 만 원)				
	1	2	3	4	5
A	3,000	5,000	4,000	8,000	2,000
B	9,000	4,000	3,000	5,000	7,000
C	11,000	6,000	8,000	10,000	9,000
D	6,000	10,000	4,000	12,000	5,000
E	3,000	5,000	6,000	4,000	9,000

① A−5, B−4

② B−2, C−3

③ C−2, D−5

④ D−3, E−4

⑤ A−3, E−1

04. 다음 글을 근거로 판단할 때 옳지 않은 것은? 16 민경채 5 22

甲은 〈가격표〉를 참고하여 〈조건〉에 따라 동네 치킨 가게(A~D)에서 치킨을 배달시켰다.

〈조 건〉

조건 1. 프라이드치킨, 양념치킨, 간장치킨을 한 마리씩 주문한다.
조건 2. 동일한 가게에 세 마리를 주문하지 않는다.
조건 3. 주문금액(치킨 가격+배달료)의 총 합계가 최소가 되도록 한다.

〈가격표〉

(단위: 원)

동네 치킨 가게	치킨 가격(마리당 가격)			배달료	배달가능 최소금액
	프라이드 치킨	양념 치킨	간장 치킨		
A	7,000	8,000	9,000	0	10,000
B	7,000	7,000	10,000	2,000	5,000
C	5,000	8,000	8,000	1,000	7,000
D	8,000	8,000	8,000	1,000	5,000

※ 배달료는 가게당 한 번만 지불한다.

① A가게에는 주문하지 않았다.
② 총 주문금액은 23,000원이다.
③ 주문이 가능한 경우의 조합은 총 네 가지이다.
④ B가게가 휴업했더라도 총 주문금액은 달라지지 않는다.
⑤ '조건 2'를 고려하지 않는다면 총 주문금액은 22,000원이다.

1 텍스트형 2 법조문형 3 계산형 4 규칙형 5 경우형 기출 엄선 모의고사

05. 다음 글을 근거로 판단할 때, 甲이 결제할 최소 금액은? 24 5급공채 나 29

甲은 열대어를 다음 조건에 따라 구입하여 기르고자 한다.

○ 베타를 포함하여 2종류 이상의 열대어 4마리를 구입한다.
○ 열대어를 기르기 위해 필요한 어항을 함께 구입한다.
○ 베타는 다른 종류의 열대어와 한 어항에서 기를 수 없다.
○ 구입할 수 있는 열대어와 어항은 다음과 같다.

열대어 종류	가격(원/마리)	필요 어항용적(cm^3/마리)
구피	3,000	400
몰리	3,500	500
베타	4,000	300

어항 종류	용적(cm^3)	가격(원/개)
A형	900	35,000
B형	1,500	40,000

① 56,000원
② 84,000원
③ 84,500원
④ 85,000원
⑤ 85,500원

06. 다음 <상황>을 근거로 판단할 때, 준석이가 가장 많은 식물을 재배할 수 있는 온도와 상품가치의 총합이 가장 큰 온도는? (단, 주어진 조건 외에 다른 조건은 고려하지 않는다)

17 민경채 나 08

〈상 황〉

○ 준석이는 같은 온실에서 5가지 식물(A~E)을 하나씩 동시에 재배하고자 한다.
○ A~E의 재배가능 온도와 각각의 상품가치는 다음과 같다.

식물 종류	재배가능 온도(℃)	상품가치(원)
A	0 이상 20 이하	10,000
B	5 이상 15 이하	25,000
C	25 이상 55 이하	50,000
D	15 이상 30 이하	15,000
E	15 이상 25 이하	35,000

○ 준석이는 온도만 조절할 수 있으며, 식물의 상품가치를 결정하는 유일한 것은 온도이다.
○ 온실의 온도는 0℃를 기준으로 5℃ 간격으로 조절할 수 있고, 한 번 설정하면 변경할 수 없다.

	가장 많은 식물을 재배할 수 있는 온도	상품가치의 총합이 가장 큰 온도
①	15℃	15℃
②	15℃	20℃
③	15℃	25℃
④	20℃	20℃
⑤	20℃	25℃

07. 다음 글에 근거할 때, 甲이 내년 1월 1일부터 12월 31일까지 아래 작물(A~D)만을 재배하여 최대로 얻을 수 있는 소득은?

12 민경채 인 09

甲은 각 작물별 재배 기간과 재배 가능 시기를 고려하여 작물 재배 계획을 세우고자 한다. 아래 〈표〉의 네 가지 작물 중 어느 작물이든 재배할 수 있으나, 동시에 두 가지 작물을 재배할 수는 없다. 또한 하나의 작물을 같은 해에 두 번 재배할 수도 없다.

〈표〉 작물 재배 조건

작물	1회 재배 기간	재배 가능 시기	1회 재배로 얻을 수 있는 소득
A	4개월	3월 1일~11월 30일	800만 원
B	5개월	2월 1일~11월 30일	1,000만 원
C	3개월	3월 1일~11월 30일	500만 원
D	3개월	2월 1일~12월 31일	350만 원

① 1,500만 원

② 1,650만 원

③ 1,800만 원

④ 1,850만 원

⑤ 2,150만 원

08. 다음 글을 근거로 판단할 때, 사자바둑기사단이 선발할 수 있는 출전선수 조합의 총 가짓수는?

16 민경채 5 10

○ 사자바둑기사단과 호랑이바둑기사단이 바둑시합을 한다.

○ 시합은 일대일 대결로 총 3라운드로 진행되며, 한 명의 선수는 하나의 라운드에만 출전할 수 있다.

○ 호랑이바둑기사단은 1라운드에는 甲을, 2라운드에는 乙을, 3라운드에는 丙을 출전시킨다.

○ 사자바둑기사단은 각 라운드별로 이길 수 있는 확률이 0.6 이상이 되도록 7명의 선수(A~G) 중 3명을 선발한다.

○ A~G가 甲, 乙, 丙에 대하여 이길 수 있는 확률은 다음 〈표〉와 같다.

〈표〉

선수	甲	乙	丙
A	0.42	0.67	0.31
B	0.35	0.82	0.49
C	0.81	0.72	0.15
D	0.13	0.19	0.76
E	0.66	0.51	0.59
F	0.54	0.28	0.99
G	0.59	0.11	0.64

① 18가지

② 17가지

③ 16가지

④ 15가지

⑤ 14가지

09. 다음 <조건>에 따라 만들 수 있는 꽃다발의 최대 가짓수는? 13 외교관 인 18

〈조 건〉

○ 꽃다발을 만드는 데 5종류의 꽃(장미, 카네이션, 리시안셔스, 수국, 작약)과 2종류의 잎(유칼립투스, 루스쿠스)을 사용한다.
○ 꽃다발은 꽃과 잎을 5종류 이상 조합하여 만든다. 단, 작약을 넣은 경우에는 작약을 포함하여 꽃과 잎을 4종류만 사용한다.
○ 잎은 반드시 1종류 이상 포함시켜야 한다.
○ 수국과 작약은 동시에 포함될 수 없다.

※ 같은 종류의 꽃과 잎이 사용된 꽃다발은 사용된 꽃과 잎의 개수와 관계없이 동일한 꽃다발로 간주한다. 예를 들면 장미 한 송이로 만들어진 꽃다발과 장미 열 송이로 만들어진 꽃다발은 같은 것으로 간주한다.

① 15가지
② 16가지
③ 17가지
④ 18가지
⑤ 19가지

10. 최 사무관은 조사비, 인건비, 재료비, 운영비, 홍보비, 잡비 등 총 6개 항목으로 나누어 연구용역비를 산출하였으나, 예산 담당 부서에서 다음과 같은 지침에 따른 예산 변경을 요구해 왔다. 이 지침에 근거해서 최 사무관이 내린 다음 판단 중 틀린 것은? 06 5급공채 제 08

○ 증액이 가능한 항목은 최대 2개이며, 적어도 3개 항목은 반드시 삭감하여야 한다. ○ 어떤 항목은 증액이나 감액 없이 현상유지될 수 있다. ○ 인건비와 조사비는 동시에 삭감되거나 동시에 증액하여야 한다. ○ 재료비와 홍보비는 동시에 삭감할 수 없다. ○ 운영비와 잡비는 동시에 증액할 수 없다. ○ 재료비는 반드시 삭감해야 한다.

① 잡비를 증액하면, 홍보비를 증액할 수 없다.

② 운영비를 증액하면, 조사비를 증액할 수 없다.

③ 홍보비를 증액하면, 인건비를 증액할 수 없다.

④ 인건비를 증액하면, 잡비를 반드시 삭감하여야 한다.

⑤ 조사비를 증액하면, 운영비를 반드시 삭감하여야 한다.

11. 다음 그림과 같이 각 층에 1인 1실의 방이 4개 있는 3층 호텔에 A~I 총 9명이 투숙해 있다. 주어진 <조건>하에서 반드시 옳은 것은? 08 5급공채 창 14

	301호	302호	303호	304호	
좌	201호	202호	203호	204호	우
	101호	102호	103호	104호	

〈조 건〉

- ○ 각 층에는 3명씩 투숙해 있다.
- ○ A의 바로 위에는 C가 투숙해 있으며, A의 바로 오른쪽 방에는 아무도 투숙해 있지 않다.
- ○ B의 바로 위의 방에는 아무도 투숙해 있지 않다.
- ○ C의 바로 왼쪽에 있는 방에는 아무도 투숙해 있지 않으며, C는 D와 같은 층에 인접해 있다.
- ○ D는 E의 바로 아래의 방에 투숙해 있다.
- ○ E, F, G는 같은 층에 투숙해 있다.
- ○ G의 옆방에는 아무도 투숙해 있지 않다.
- ○ I는 H보다 위층에 투숙해 있다.

① B는 101호에 투숙해 있다.

② D는 204호에 투숙해 있다.

③ F는 304호에 투숙해 있다.

④ G는 301호에 투숙해 있다.

⑤ A, C, F는 같은 열에 투숙해 있다.

12. 다음 글을 근거로 판단할 때, B구역 청소를 하는 요일은?

19 민경채 나 07

> 甲레스토랑은 매주 1회 휴업일(수요일)을 제외하고 매일 영업한다. 甲레스토랑의 청소시간은 영업일 저녁 9시부터 10시까지이다. 이 시간에 A구역, B구역, C구역 중 하나를 청소한다. 청소의 효율성을 위하여 청소를 한 구역은 바로 다음 영업일에는 하지 않는다. 각 구역은 매주 다음과 같이 청소한다.
>
> ○ A구역 청소는 일주일에 1회 한다.
>
> ○ B구역 청소는 일주일에 2회 하되, B구역 청소를 한 후 영업일과 휴업일을 가리지 않고 이틀 간은 B구역 청소를 하지 않는다.
>
> ○ C구역 청소는 일주일에 3회 하되, 그 중 1회는 일요일에 한다.

① 월요일과 목요일

② 월요일과 금요일

③ 월요일과 토요일

④ 화요일과 금요일

⑤ 화요일과 토요일

13. 다음 글을 근거로 판단할 때, 달리기에서 3등을 한 사람은? 24 5급공채 나 32

사무관 5명(甲~戊)은 달리기를 한 후 다음과 같은 대화를 나누었다.

甲: 나는 1등 아니면 5등이야.
乙: 나는 중간에 丙과 丁을 제친 후, 누구에게도 추월당하지 않았어.
丙: 나보다 앞서 달린 적이 있는 사람은 乙과 丁뿐이야.
丁: 나는 丙에게 따라잡힌 적이 없어.
戊: 우리 중 같은 등수는 없네.

① 甲
② 乙
③ 丙
④ 丁
⑤ 戊

14. 다음 <상황>을 근거로 판단할 때, 36개의 로봇 중 가장 빠른 로봇 1, 2위를 선발하기 위해 필요한 최소 경기 수는? 16 5급공채 4 36

〈상 황〉

- 전국 로봇달리기 대회에 36개의 로봇이 참가한다.
- 경주 레인은 총 6개이고, 경기당 각 레인에 하나의 로봇만 배정할 수 있으나, 한 경기에 모든 레인을 사용할 필요는 없다.
- 배정된 레인 내에서 결승점을 먼저 통과하는 순서대로 순위를 정한다.
- 속력과 시간의 측정은 불가능하고, 오직 경기 결과에 의해서만 순위를 결정한다.
- 로봇별 속력은 모두 다르고 각 로봇의 속력은 항상 일정하다.
- 로봇의 고장과 같은 다른 요인은 경기 결과에 영향을 미치지 않는다.

① 7

② 8

③ 9

④ 10

⑤ 11

15. 다음 글과 <조건>을 근거로 판단할 때, 甲이 두 번째로 전화를 걸 대상은?

14 5급공채 A 27

○○국은 자문위원 간담회를 열 계획이다. 담당자 甲은 〈자문위원 명단〉을 보고 모든 자문위원에게 직접 전화를 걸어 참석여부를 확인하려 한다.

〈자문위원 명단〉

성명	소속	분야	참석경험 유무
A	가 대학	세계경제	○
B	나 기업	세계경제	×
C	다 연구소	경제원조	×
D	다 연구소	경제협력	○
E	라 협회	통상	×
F	가 대학	경제협력	×

〈조 건〉

- ○ 같은 소속이면 참석경험이 있는 자문위원에게 먼저 전화를 건다.
- ○ 같은 분야면 참석경험이 있는 자문위원에게 먼저 전화를 건다.
- ○ 같은 소속의 자문위원에게 연이어 전화를 걸 수 없다.
- ○ 같은 분야의 자문위원에게 연이어 전화를 걸 수 없다.
- ○ 참석경험이 있는 자문위원에게 연이어 전화를 걸 수 없다.
- ○ 명단에 있는 모든 자문위원에게 1회만 전화를 건다.

① A

② B

③ C

④ D

⑤ E

16. 다음 글을 근거로 판단할 때 옳은 것은?

22 7급공채 가 07

甲은 정기모임의 간식을 준비하기 위해 과일 가게에 들렀다. 甲이 산 과일의 가격과 수량은 아래 표와 같다. 과일 가게 사장이 준 영수증을 보니, 총 228,000원이어야 할 결제 금액이 총 237,300원이었다.

구분	사과	귤	복숭아	딸기
1상자 가격(원)	30,700	25,500	14,300	23,600
구입 수량(상자)	2	3	3	2

① 한 과일이 2상자 더 계산되었다.

② 두 과일이 각각 1상자 더 계산되었다.

③ 한 과일이 1상자 더 계산되고, 다른 한 과일이 1상자 덜 계산되었다.

④ 한 과일이 1상자 더 계산되고, 다른 두 과일이 각각 1상자 덜 계산되었다.

⑤ 두 과일이 각각 1상자 더 계산되고, 다른 두 과일이 각각 1상자 덜 계산되었다.

17. 다음 글을 근거로 판단할 때, 하이디와 페터가 키우는 양의 총 마리 수와 ㉠~㉣ 중 옳게 기록된 것만을 짝지은 것은?

18 5급공채 나 05

○ 하이디와 페터는 알프스의 목장에서 양을 키우는데, 목장은 4개의 구역(A~D)으로 이루어져 있다. 양들은 자유롭게 다른 구역을 넘나들 수 있지만 목장을 벗어나지 않는다.

○ 하이디와 페터는 양을 잘 관리하기 위해 구역별 양의 수를 파악하고 있어야 하는데, 양들이 계속 구역을 넘나들기 때문에 양의 수를 정확히 헤아리는 데 어려움을 겪고 있다. 고민 끝에 하이디와 페터는 시간별로 양의 수를 기록하되, 하이디는 특정 시간 특정 구역의 양의 수만을 기록하고, 페터는 양이 구역을 넘나들 때마다 그 시간과 그 때 이동한 양의 수를 기록하기로 하였다.

○ 하이디와 페터가 같은 날 오전 9시부터 오전 10시 15분까지 작성한 기록표는 다음과 같으며, ㉠~㉣을 제외한 모든 기록은 정확하다.

하이디의 기록표			페터의 기록표		
시간	구역	마리 수	시간	구역 이동	마리 수
09:10	A	17마리	09:08	B → A	3마리
09:22	D	21마리	09:15	B → D	2마리
09:30	B	8마리	09:18	C → A	5마리
09:45	C	11마리	09:32	D → C	1마리
09:58	D	㉠21마리	09:48	A → C	4마리
10:04	A	㉡18마리	09:50	D → B	1마리
10:10	B	㉢12마리	09:52	C → D	3마리
10:15	C	㉣10마리	10:05	C → B	2마리

※ 구역 이동 외의 양의 수 변화는 고려하지 않는다.

① 59마리, ㉡, ㉣

② 59마리, ㉢, ㉣

③ 60마리, ㉠, ㉢

④ 61마리, ㉠, ㉡

⑤ 61마리, ㉡, ㉣

18. 다음 글을 근거로 판단할 때, ㉠과 ㉡을 옳게 짝지은 것은? 21 5급공채 가 31

○ 甲회사는 재고를 3개의 창고 A, B, C에 나누어 관리하며, 2020년 1월 1일자 재고는 A창고 150개, B창고 100개, C창고 200개였다.

○ 2020년 상반기 입·출고기록은 다음 표와 같으며, 재고는 입고 및 출고에 의해서만 변화한다.

입고기록				출고기록			
일자 \ 창고	A	B	C	일자 \ 창고	A	B	C
3월 4일	50	80	0	2월 18일	30	20	10
4월 10일	0	25	10	3월 27일	10	30	60
5월 11일	30	0	0	4월 13일	20	0	15

○ 2020년 5월 25일 하나의 창고에 화재가 발생하여 그 창고 안에 있던 재고 전부가 불에 그을렸는데, 그 개수를 세어보니 150개였다.

○ 화재 직후인 2020년 5월 26일 甲회사의 재고 중 불에 그을리지 않은 것은 [㉠] 개였다.

○ 甲회사는 2020년 6월 30일 상반기 장부를 정리하던 중 두 창고 [㉡]의 상반기 전체 출고기록이 맞바뀐 것을 뒤늦게 발견하였다.

㉠	㉡
① 290	A와 B
② 290	A와 C
③ 290	B와 C
④ 300	A와 B
⑤ 300	A와 C

19. 다음 <상황>과 <조건>을 근거로 판단할 때 옳은 것은?

14 5급공채 A 37

〈상 황〉

A대학교 보건소에서는 4월 1일(월)부터 한 달 동안 재학생을 대상으로 금연교육 4회, 금주교육 3회, 성교육 2회를 실시하려는 계획을 가지고 있다.

〈조 건〉

- 금연교육은 정해진 같은 요일에만 주 1회 실시하고, 화, 수, 목요일 중에 해야 한다.
- 금주교육은 월요일과 금요일을 제외한 다른 요일에 시행하며, 주 2회 이상은 실시하지 않는다.
- 성교육은 4월 10일 이전, 같은 주에 이틀 연속으로 실시한다.
- 4월 22일부터 26일까지 중간고사 기간이고, 이 기간에 보건소는 어떠한 교육도 실시할 수 없다.
- 보건소의 교육은 하루에 하나만 실시할 수 있고, 토요일과 일요일에는 교육을 실시할 수 없다.
- 보건소는 계획한 모든 교육을 반드시 4월에 완료하여야 한다.

① 금연교육이 가능한 요일은 화요일과 수요일이다.

② 금주교육은 같은 요일에 실시되어야 한다.

③ 금주교육은 4월 마지막 주에도 실시된다.

④ 성교육이 가능한 일정 조합은 두 가지 이상이다.

⑤ 4월 30일에도 교육이 있다.

20. '홀로섬'에 사는 석봉이는 매일 삼치, 꽁치, 고등어 중 한 가지 생선을 먹는다. 다음 1월 달력과 <조건>에 근거할 때, <보기>에서 옳은 것을 모두 고르면? 13 5급공채 인 14

1 월						
일	월	화	수	목	금	토
			1	2	3	4
5	6	7	8	9	10	11
12	13	14	15	16	17	18
19	20	21	22	23	24	25
26	27	28	29	30	31	

〈조 건〉

- ○ 같은 생선을 연속해서 이틀 이상 먹을 수 없다.
- ○ 매주 화요일은 삼치를 먹을 수 없다.
- ○ 1월 17일은 꽁치를 먹어야 한다.
- ○ 석봉이는 하루에 1마리의 생선만 먹는다.

〈보 기〉

ㄱ. 석봉이가 1월 한 달 동안 먹을 수 있는 꽁치는 최대 15마리이다.
ㄴ. 석봉이가 1월 한 달 동안 먹을 수 있는 삼치는 최대 14마리이다.
ㄷ. 석봉이가 1월 한 달 동안 먹을 수 있는 고등어는 최대 14마리이다.
ㄹ. 석봉이가 1월 6일에 꽁치를 먹어야 한다는 조건을 포함하면, 석봉이는 1월 한 달 동안 삼치, 꽁치, 고등어를 1마리 이상씩 먹는다.

① ㄱ, ㄴ
② ㄱ, ㄷ
③ ㄴ, ㄷ
④ ㄴ, ㄹ
⑤ ㄷ, ㄹ

21. 다음 글을 근거로 판단할 때, 김과장이 단식을 시작한 첫 주 월요일부터 일요일까지 한 끼만 먹은 요일(끼니때)은?

14 5급공채 A 17

> 김과장은 건강상의 이유로 간헐적 단식을 시작하기로 했다. 김과장이 선택한 간헐적 단식 방법은 월요일부터 일요일까지 일주일 중에 2일을 선택하여 아침 혹은 저녁 한 끼 식사만 하는 것이다. 단, 단식을 하는 날 전후로 각각 최소 2일간은 정상적으로 세 끼 식사를 하고, 업무상의 식사 약속을 고려하여 단식일과 방법을 유동적으로 결정하기로 했다. 또한 단식을 하는 날 이외에는 항상 세 끼 식사를 한다.
>
> 간헐적 단식 2주째인 김과장은 그동안 단식을 했던 날짜를 기록해두기 위해 아래와 같이 최근 식사와 관련된 기억을 떠올렸다.
>
> ○ 2주차 월요일에는 단식을 했다.
> ○ 지난주에 먹은 아침식사 횟수와 저녁식사 횟수가 같다.
> ○ 지난주 월요일, 수요일, 금요일에는 조찬회의에 참석하여 아침식사를 했다.
> ○ 지난주 목요일에는 업무약속이 있어서 점심식사를 했다.

① 월요일(저녁), 목요일(저녁)

② 화요일(아침), 금요일(아침)

③ 화요일(아침), 금요일(저녁)

④ 화요일(저녁), 금요일(아침)

⑤ 화요일(저녁), 토요일(아침)

22. 다음 글과 <상황>을 근거로 판단할 때, ㉠에 들어갈 수 있는 최솟값과 최댓값을 옳게 짝지은 것은? 24 5급공채 나 14

> A시는 호우특보(호우주의보 또는 호우경보) 발효 중에 현장 모니터링을 위해 당직자를 다음과 같이 지정한다.
> ○ 호우주의보 발효 중에는 하루에 1명씩 당직을 선다.
> ○ 호우경보 발효 중에는 하루에 2명씩 당직을 선다.
> ○ 당직 대상자는 총 3명(甲~丙)이다.
> ○ 출장이나 휴가를 간 날에는 당직을 설 수 없다.
> ○ 같은 사람이 이틀 연속 당직을 설 수 없다.

〈상 황〉

> A시에 8월 중에는 7일부터 14일까지 8일간만 호우특보가 발효되었다. 8월 9일과 13일에는 호우경보가, 나머지 날에는 모두 호우주의보가 발효되었다. 乙은 8월 11일에 하루 출장을 갔고, 丙은 8월 13일에 하루 휴가를 갔다. 甲~丙은 8월에 호우특보 발효 기간에만 당직을 섰다. 丙은 8월 중 총 ㉠ 일 당직을 섰다.

	최솟값	최댓값
①	2	3
②	2	4
③	3	4
④	3	5
⑤	4	5

23. 다음 글을 근거로 판단할 때, 甲이 일주일에 강아지를 산책시키는 최대 횟수는?

24 5급공채 나 15

> 강아지 한 마리를 키우고 있는 甲은 다음 조건에 따라 매주 같은 횟수로 강아지를 산책시키고 있다.
>
> 강아지 산책은 아침, 점심, 저녁에 각 한 번, 하루 세 번까지 가능하다. 하루에 세 번 강아지를 산책시키면 이튿날은 아침과 점심에 강아지를 산책시킬 수 없다. 그리고 하루에 점심, 저녁 연달아 강아지를 산책시키면 이튿날 아침에는 산책을 쉬어야 한다. 강아지를 하루에 한 번도 산책시키지 않으면 이튿날 아침에도 산책을 시키지 않는다. 甲은 매주 수요일에는 하루 종일 출장을 가서 강아지를 산책시킬 수 없다. 또한 매주 금요일 저녁에는 강아지를 산책시킬 수 없다.

① 12

② 13

③ 14

④ 15

⑤ 16

정답 · 해설 p.367

해커스PSAT **7급 PSAT 기본서** 상황판단

기출 엄선 모의고사

문제 풀이 시작과 종료 시각을 정하여 실전처럼 모의고사를 모두 푼 뒤, 실제로 문제 풀이에 소요된 시간과 맞힌 문항 수를 기록하여 자신의 실력을 점검해 보시기 바랍니다. 본 모의고사는 상황판단 문제만으로 구성된 시험으로 실제 시험에서는 상황판단과 다른 영역이 함께 출제됩니다.

상황판단

• 풀이 시간: ____분/60분
• 맞힌 문항 수: ____문항/25문항

01. 다음 글을 근거로 판단할 때 옳은 것은? 25 7급공채 인 01

> 제00조(기상산업의 실태조사 등) ① 기상청장은 기상산업을 체계적으로 진흥하고 기본계획과 시행계획 등을 효율적으로 수립·추진하기 위하여 기상산업에 대한 실태조사(이하 '실태조사'라 한다)와 자료수집을 할 수 있다.
> ② 기상청장은 실태조사와 자료수집을 위하여 필요하다고 인정하면 관련 행정기관·연구기관·교육기관 또는 기상사업자 등에게 필요한 자료나 의견을 제출하도록 요청할 수 있다.
> ③ 기상청장은 실태조사를 기상산업에 관한 전문성을 갖춘 기관 또는 단체에 의뢰하여 실시할 수 있다.
> ④ 기상청장은 실태조사를 실시한 경우 그 결과를 기상청의 인터넷 홈페이지에 공표해야 한다.
> 제00조(기상정보의 제공) ① 기상청장은 기상사업자가 기상정보의 제공을 신청한 경우 정당한 이유가 없으면 그 정보를 제공하여야 한다.
> ② 제1항에 따라 기상청장이 기상정보를 제공할 때에는 그 기상정보의 제공에 드는 비용에 충당하기 위하여 수수료를 징수할 수 있다.
> 제00조(기상정보의 출처 명시 등) ① 기상사업자는 기상정보를 제3자에게 제공하는 경우 그 출처를 밝혀야 한다.
> ② 기상청장은 기상사업자가 제1항에 따른 출처를 밝히지 아니하는 경우에는 시정을 요구할 수 있다.

① 기상청장은 실태조사를 직접 실시하지 않고 기상산업에 관한 전문성을 갖춘 단체에 의뢰하여 실시할 수 있다.

② 기상청장은 실태조사와 자료수집을 위해 필요한 경우, 관련 행정기관에게 필요한 자료의 제출을 요청할 수 있지만 기상사업자에게는 요청할 수 없다.

③ 기상사업자는 기상청장으로부터 제공받은 기상정보를 제3자에게 제공할 수 없다.

④ 기상청장이 기상사업자에게 기상정보를 제공할 때에는 기상정보의 경제적 가치에 해당하는 수수료를 징수하여야 한다.

⑤ 기상청장은 기상산업 진흥을 위한 자료수집을 한 경우, 그 결과를 기상청 인터넷 홈페이지에 공표해야 한다.

02. 다음 글을 근거로 판단할 때 옳은 것은?

25 7급공채 인 02

제00조(정의) 이 법에서 '국제기구 분담금'이란 정부가 국제기구에 의무적으로 납부하여야 하는 경비 또는 국제기구와 협력사업 추진을 위하여 재량적으로 납부하는 경비를 말한다. 다만 국제금융기구 및 녹색기후기금에 납입하는 출자금 또는 출연금은 제외한다.
제00조(국제기구 분담금 심의위원회) ① 국제기구 분담금 관리에 관한 주요사항을 심의·조정하기 위하여 외교부장관 소속으로 국제기구 분담금 심의위원회(이하 '위원회'라 한다)를 둔다.
② 위원회는 다음 각 호의 사항을 심의·조정한다.
 1. 중앙행정기관별 전년도 국제기구 분담금 납부실적 및 자체평가 결과
 2. 중앙행정기관별 다음 연도 국제기구 분담금 납부계획
제00조(국제기구 분담금 납부실적에 대한 자체평가 등) ① 중앙행정기관의 장은 소관 국제기구 분담금의 전년도 납부실적 및 납부목적 부합 여부에 대하여 매년 자체평가를 실시하여야 한다.
② 중앙행정기관의 장은 매년 3월 31일까지 소관 국제기구 분담금의 전년도 납부실적, 제1항에 따른 자체평가 결과 및 다음 연도 국제기구 분담금 납부계획을 위원회에 제출하여야 한다.
③ 외교부장관은 제2항에 따라 제출된 납부실적 등에 대한 위원회의 심의·조정 결과를 매년 5월 31일까지 기획재정부장관에게 송부하고, 기획재정부장관은 송부받은 위원회의 심의·조정 결과를 존중하여 다음 연도 예산안을 편성하여야 한다.

① 위원회는 중앙행정기관별 다음 연도 국제기구 분담금 납부계획을 심의·조정한다.

② 위원회는 중앙행정기관이 납부하는 국제기구 분담금의 납부목적 부합 여부에 대한 자체평가를 매년 실시하여야 한다.

③ 환경부가 녹색기후기금에 출연금을 납입하였다면 환경부장관은 해당 납입실적을 위원회에 제출하여야 한다.

④ 외교부장관은 중앙행정기관의 장이 제출한 납부실적을 매년 3월 31일까지 기획재정부장관에게 송부하여야 한다.

⑤ 국제기구와의 협력사업 추진을 위하여 시민단체가 스스로 국제기구에 납부하는 경비는 국제기구 분담금에 해당한다.

03. 다음 글을 근거로 판단할 때 옳은 것은?
25 7급공채 인 03

제○○조(특허심판원) ① 특허·실용신안·디자인·상표에 관한 심판(이하 '심판사건'이라 한다)을 관장하게 하기 위하여 특허청장 소속으로 특허심판원을 둔다.
② 특허심판원에 특허심판원장(이하 '원장'이라 한다)과 심판관을 둔다.
제□□조(심판관 등의 지정) ① 원장은 각 심판사건에 대하여 제△△조에 따른 합의체를 구성할 심판관을 지정하여야 한다.
② 원장은 제1항에 따라 지정된 심판관 중에서 1명을 심판장으로 지정하여야 한다.
③ 제2항에도 불구하고 원장은 특히 중요하다고 인정되는 심판사건에 대해서는 원장 스스로 심판장이 될 수 있다.
④ 심판장은 그 심판사건에 관한 사무를 총괄한다.
제△△조(심판의 합의체, 심리 등) ① 심판은 3명 또는 5명의 심판관으로 구성되는 합의체가 한다.
② 제1항의 합의체의 합의는 과반수로 결정한다.
③ 심판은 구술심리 또는 서면심리로 한다. 다만 당사자가 구술심리를 신청하였을 때에는 서면심리만으로 결정할 수 있다고 인정되는 경우 외에는 구술심리를 하여야 한다.
④ 구술심리는 공개하여야 한다. 다만 공공의 질서 또는 선량한 풍속에 어긋날 우려가 있으면 그러하지 아니하다.

① 심판의 합의체는 심판장 1명과 심판관 1명으로 구성될 수 있다.
② 원장이 심판장으로서 심판사건에 관한 사무를 총괄하는 경우가 있다.
③ 합의체의 합의는 심판관 전원의 일치된 의견으로 결정한다.
④ 당사자가 구술심리를 신청한 경우에는 서면심리로 심판할 수 없다.
⑤ 서면심리로 심판하는 경우 그 심리는 공개하여야 한다.

04. 다음 글을 근거로 판단할 때 옳은 것은?

21 7급공채 나 03

제○○조 ① 누구든지 법률에 의하지 아니하고는 우편물의 검열·전기통신의 감청 또는 통신사실확인자료의 제공을 하거나 공개되지 아니한 타인 상호간의 대화를 녹음 또는 청취하지 못한다.
② 다음 각 호의 어느 하나에 해당하는 자는 1년 이상 10년 이하의 징역과 5년 이하의 자격정지에 처한다.
  1. 제1항에 위반하여 우편물의 검열 또는 전기통신의 감청을 하거나 공개되지 아니한 타인 상호간의 대화를 녹음 또는 청취한 자
  2. 제1호에 따라 알게 된 통신 또는 대화의 내용을 공개하거나 누설한 자
③ 누구든지 단말기기 고유번호를 제공하거나 제공받아서는 안 된다. 다만 이동전화단말기 제조업체 또는 이동통신사업자가 단말기의 개통처리 및 수리 등 정당한 업무의 이행을 위하여 제공하거나 제공받는 경우에는 그러하지 아니하다.
④ 제3항을 위반하여 단말기기 고유번호를 제공하거나 제공받은 자는 3년 이하의 징역 또는 1천만 원 이하의 벌금에 처한다.
제□□조 제○○조의 규정에 위반하여, 불법검열에 의하여 취득한 우편물이나 그 내용, 불법감청에 의하여 지득(知得) 또는 채록(採錄)된 전기통신의 내용, 공개되지 아니한 타인 상호간의 대화를 녹음 또는 청취한 내용은 재판 또는 징계절차에서 증거로 사용할 수 없다.

① 甲이 불법검열에 의하여 취득한 乙의 우편물은 징계절차에서 증거로 사용할 수 있다.

② 甲이 乙과 정책용역을 수행하면서 乙과의 대화를 녹음한 내용은 재판에서 증거로 사용할 수 없다.

③ 甲이 乙과 丙 사이의 공개되지 않은 대화를 녹음하여 공개한 경우, 1천만 원의 벌금에 처해질 수 있다.

④ 이동통신사업자 甲이 乙의 단말기를 개통하기 위하여 단말기기 고유번호를 제공받은 경우, 1년의 징역에 처해질 수 있다.

⑤ 甲이 乙과 丙 사이의 우편물을 불법으로 검열한 경우, 2년의 징역과 3년의 자격정지에 처해질 수 있다.

05. 다음 글을 근거로 판단할 때 옳은 것은? 25 7급공채 인 05

> 조선시대에는 서해안과 남해안을 중심으로 소금 생산이 활발했다. 소금의 최대 생산지는 평안도에서 전라도에 이르는 서해안의 갯벌 지대로, 대표적인 지역은 전라도 부안과 충청도 태안이었다. 이러한 소금 생산지에는 염장이라는 관청을 설치해 소금 생산을 관리하였다.
>
> 동해안의 소금 생산 방법은 서해안이나 남해안과 달랐다. 동해안에서는 바닷물을 끓여서 소금을 만들었다. 바닷물을 끓일 때 나무가 필요했기 때문에 소금 생산 지역의 주변 산은 대부분 민둥산이었다. 반면 서해안과 남해안은 조석(潮汐) 간만의 차를 이용했다. 해안가에 작은 둑을 쌓아 염전을 만들어 보름에 한 번씩 바닷물을 가두고, 가둔 물을 둑 안에서 자연 증발시켜 소금을 얻었다. 이처럼 자연 증발을 통해 얻은 소금이 천일염이다.
>
> 소금은 나루터를 중심으로 유통되었다. 예를 들어, 조선시대 경기도 일대 소금은 대부분 한강의 마포나루에 집결되었다. 그런 까닭으로 조선시대에는 마포염이라는 말이 있을 정도였다. 염전 하나 없는 마포가 소금으로 유명해진 것은 소금 유통의 중심지였기 때문이다. 경강상인은 마포나루를 비롯한 한강 일대의 나루터에 창고를 지어 놓고, 소금, 젓갈, 생선 등을 거래하였다.

① 동해안에서는 조석 간만의 차를 이용한 소금 생산 방식을 주로 사용하였다.

② 조선시대에 경강상인에 의한 소금 거래는 이루어지지 않았다.

③ 조선시대 소금의 최대 생산지는 남해안의 갯벌 지대였다.

④ 마포염은 마포에서 생산된 소금을 이르는 말이다.

⑤ 조선시대에 천일염은 염전에서 얻을 수 있었다.

06. 다음 글과 <조건>을 근거로 판단할 때, <보기>에서 옳은 것만을 모두 고르면?

16 5급공채

정약용은『목민심서』에서 흉작에 대비하여 군현 차원에서 수령이 취해야 할 대책에 대해 서술하였다. 그는 효과적인 대책으로 권분(勸分)을 꼽았는데, 권분이란 군현에서 어느 정도 경제력을 갖춘 사람들에게 곡식을 내놓도록 권하는 제도였다.

권분의 대상자는 요호(饒戶)라고 불렀다. 요호는 크게 3등(等)으로 구분되는데, 각 등은 9급(級)으로 나누어졌다. 상등 요호는 봄에 무상으로 곡물을 내놓는 진희(賑餼), 중등 요호는 봄에 곡물을 빌려주었다가 가을에 상환받는 진대(賑貸), 하등 요호는 봄에 곡물을 시가의 1/4로 판매하는 진조(賑糶)를 권분으로 행하였다. 정약용이 하등 요호 8, 9급까지 권분의 대상에 포함시킨 것은, 현실적으로 상등 요호와 중등 요호는 소수이고 하등 요호가 대다수이었기 때문이다.

상등 요호 1급의 진희량은 벼 1,000석이고, 요호의 등급이 2급, 3급 등으로 한 급씩 내려갈 때마다 벼 100석씩 감소하였다. 중등 요호 1급의 진대량은 벼 100석이고, 한 급씩 내려갈 때마다 벼 10석씩 감소하였다. 하등 요호 1급의 진조량은 벼 10석이고, 한 급씩 내려갈 때마다 벼 1석씩 감소하였다. 조선시대 국법은 벼 50석 이상 권분을 행한 자부터 시상(施賞)할 수 있도록 규정하였는데 상등 요호들은 이러한 자격조건을 충분히 넘어섰고, 이들에게는 군역 면제의 혜택이 주어졌다.

〈조 건〉

○ 조선시대 벼 1석의 봄 시가: 6냥
○ 조선시대 벼 1석의 가을 시가: 1.5냥

〈보 기〉

ㄱ. 상등 요호 1급 甲에게 정해진 권분량과 하등 요호 9급 乙에게 정해진 권분량의 차이는 벼 999석이었을 것이다.
ㄴ. 중등 요호 6급 丙이 권분을 다한 경우, 조선시대 국법에 의하면 시상할 수 없었을 것이다.
ㄷ. 중등 요호 7급 丁에게 정해진 권분량의 대여시점과 상환시점의 시가 차액은 180냥이었을 것이다.
ㄹ. 상등 요호 9급 戊에게 정해진 권분량의 권분 당시 시가는 1,200냥이었을 것이다.

① ㄱ, ㄴ
② ㄱ, ㄷ
③ ㄴ, ㄷ
④ ㄴ, ㄹ
⑤ ㄷ, ㄹ

07. 다음 글을 근거로 판단할 때, 乙이 먹은 어묵의 개수는?

25 7급공채 인 06

> 甲: 분식집에서 얼마 냈어?
> 乙: 15,000원.
> 甲: 어묵 한 개 1,000원, 떡볶이 한 접시 3,000원, 만두 한 접시 2,000원이었잖아. 둘이 먹었는데 그렇게 많이 나왔어?
> 乙: 떡볶이 한 접시와 만두 한 접시를 먹었지. 그리고 어묵은 여러 개 먹었어. 그런데 사장님이 만둣값은 안 받으셨어.
> 甲: 어묵을 많이 먹긴 했나 보다.
> 乙: 네가 나보다 어묵을 두 개나 더 먹었잖아.

① 5

② 6

③ 7

④ 8

⑤ 9

08. 다음 글을 근거로 판단할 때, 乙이 사망하던 날 甲의 나이는? 25 5급공채 가 09

> 甲은 0세의 나이에 75세의 얼굴을 지녔으며, 다른 모든 사람과는 반대로 나이를 한 살 먹을 때마다 얼굴은 한 살씩 어려진다. 乙은 21세가 되는 날, 乙의 나이보다 30세가 더 많아 보이는 甲과 결혼했다. 甲과 乙은 결혼한 지 1년이 되는 날에 아들을 낳았다. 甲의 얼굴이 아들과 동일한 나이로 보이게 되는 날에 乙은 사망하였고, 甲은 乙의 사망일로부터 10년을 더 살았다.

① 40세
② 45세
③ 50세
④ 55세
⑤ 60세

※ 다음 글을 읽고 물음에 답하시오. [09~10]

□□연구소에서 발행한 보고서에 따르면 관광이 지역경제에 미치는 효과는 여러 가지 방식으로 측정할 수 있다.

우선, 효과가 직접적으로 발생하는지 여부에 따라 구분하는 방법이 있다. '직접효과'란 관광객이 어떤 지역에서 그 지역 관광사업자에게 직접적으로 지출한 경비(최초 관광지출)가 그 지역에 일차적으로 발생시키는 효과로 일차효과라고도 부른다. 다시 말하면, 그 지역에서 관광객의 최초 관광지출로 인해 지역 관광사업자에게 직접적으로 발생하는 소득이다.

다음으로 관광객의 최초 관광지출이 지역경제에 주입되면 이에 영향을 받는 이차집단이 생기게 되는데, 이들에게 발생하는 효과를 '간접효과'라고 한다. 예를 들어, 관광객에게 숙박비를 받은 호텔 업주는 이 수입 중 일부를 자신에게 쌀이나 부식재료를 공급해준 농업 종사자나 중간상, 통신 서비스를 제공한 전기통신사업자, 청소 서비스를 제공한 청소업체 등에게 지출한다. 이때 농업 종사자나 중간상, 전기통신사업자, 청소업체는 관광객으로부터 간접적인 영향을 받게 되는 셈이다. 이러한 영향을 합친 것이 간접효과이다.

직접효과와 간접효과만으로 포착되지 않는 효과도 존재한다. 관광수입 증대로 인해 해당 지역경제 내의 호텔 업주, 농업 종사자 등 지역경제 구성원의 가계부문 소득이 향상되면 지역경제에 대한 이들의 지출이 증가하게 되고, 이것이 다시 지역산업에 대한 투자 증대, 고용 창출 등으로 이어지는 경제적 효과가 발생한다. 이러한 효과를 '유발효과'라고 부른다. 간접효과와 유발효과를 합쳐 이차효과라고 부르기도 한다. 관광효과는 직접효과와 간접효과, 유발효과를 모두 합한 값이다.

한편 관광이 지역경제에 미치는 효과는 승수(乘數)를 이용하여 나타내기도 한다. 승수는 경제에 발생한 최초의 변화가 최종적으로 그 경제에 얼마나 큰 변화를 가져오는지를 배수(倍數)로 표현한 값이다. 예를 들어 최초 변화 10으로 인해 최종적으로 20의 변화가 발생했다면 승수는 2가 된다. 관광으로 인한 지역 내의 최초 변화가 지역경제에 가져오는 총 효과를 측정하는 승수에는 비율승수와 일반승수가 있다. 비율승수는 직접효과·간접효과·유발효과의 합을 직접효과로 나눈 값으로 계산된다. 그리고 일반승수는 직접효과·간접효과·유발효과의 합을 관광객의 최초 관광지출로 나눈 값이다.

09. 윗글을 근거로 판단할 때, <보기>에서 옳은 것만을 모두 고르면? 24 5급공채 나 19

〈보 기〉

ㄱ. 관광효과에서 유발효과를 제외한 값은 직접효과이다.
ㄴ. 관광지 소재 식당이 관광객에게 직접 받은 식대는 유발효과에 해당된다.
ㄷ. 일반승수 계산 시 나누어지는 값은 일차효과와 이차효과의 합이다.

① ㄱ

② ㄷ

③ ㄱ, ㄴ

④ ㄴ, ㄷ

⑤ ㄱ, ㄴ, ㄷ

10. 윗글과 <상황>을 근거로 판단할 때, A시의 2023년 관광으로 인한 직접효과와 비율승수를 옳게 짝지은 것은? 24 5급공채 나 20

〈상 황〉

A시가 2023년에 관광으로 얻은 직접효과는 관광객의 최초 관광지출의 50%이다. 간접효과는 직접효과보다 10억 원 많으며, 유발효과는 직접효과의 2배이다. A시의 일반승수는 2.5이다.

	직접효과	비율승수
①	5억 원	4
②	10억 원	4
③	10억 원	5
④	20억 원	5
⑤	20억 원	6

11. 다음 글을 근거로 판단할 때 옳은 것은?

25 7급공채 인 11

제00조(행위제한) ① 사람이 거주하지 아니하거나 극히 제한된 지역에만 거주하는 섬으로서 자연생태계 보전을 위하여 환경부장관이 지정하여 고시하는 도서(이하 '특정도서'라 한다)에서 다음 각 호의 어느 하나에 해당하는 행위를 하여서는 아니 된다.

1. 건축물 또는 공작물의 신축·증축
2. 택지의 조성, 토지의 형질변경, 토지의 분할
3. 도로의 신설
4. 폐기물을 매립하거나 버리는 행위

② 제1항에도 불구하고 다음 각 호의 어느 하나에 해당하는 경우에는 제1항을 적용하지 아니한다.

1. 군사·항해·조난구호 행위
2. 재해의 발생 방지 및 대응을 위하여 필요한 행위
3. 국가가 시행하는 해양자원개발 행위

③ 제2항에 따른 행위를 한 자는 그 행위의 내용과 결과를 환경부장관에게 통보하여야 한다.

제00조(허가) 환경부장관은 특정도서의 지정 목적에 지장이 없다고 인정하는 경우에는 다음 각 호의 어느 하나에 해당하는 행위를 허가할 수 있다. 다만 문화유산으로 지정된 특정도서에 대하여는 미리 국가유산청장과 협의하여야 한다.

1. 국가나 지방자치단체가 등산로, 산책로, 공중화장실, 정자 등을 설치하는 행위
2. 자연생태계의 연구、조사를 목적으로 하는 행위

① 특정도서에서의 도로 신설이 군사 행위인 경우 그 행위의 내용과 결과를 환경부장관에게 통보할 필요가 없다.

② 특정도서에 거주하는 주민은 재해발생 방지를 위해 필요한 경우에도 특정도서에서의 공작물 신축 행위를 할 수 없다.

③ 환경부장관이 특정도서에서 건축물의 증축을 허가하기 위해서는 미리 국가유산청장과 협의하여야 한다.

④ 민간기업이 영리 목적으로 특정도서에 산책로를 설치하려는 경우 환경부장관은 이를 허가할 수 있다.

⑤ 특정도서에서 자연생태계의 연구·조사를 목적으로 하는 행위에 대해 환경부장관의 허가를 얻으면 그 행위를 할 수 있다.

12. 다음 글을 근거로 판단할 때 옳은 것은?

25 7급공채 인 12

제○○조(특수건강진단 등) ① 사업주는 특수건강진단대상업무에 종사하는 근로자의 건강관리를 위하여 특수건강진단을 실시하여야 한다.
② 사업주는 제△△조 제1항에 따른 특수건강진단기관에서 특수건강진단을 실시하여야 한다.
제□□조(특수건강진단에 관한 사업주의 의무) ① 사업주는 특수건강진단을 실시하는 경우 근로자대표가 요구하면 근로자대표를 참석시켜야 한다.
② 사업주는 산업안전보건위원회 또는 근로자대표가 요구할 때에는 특수건강진단 결과에 대하여 설명하여야 한다. 다만 개별 근로자의 특수건강진단 결과는 본인의 동의 없이 공개해서는 아니 된다.
③ 사업주는 특수건강진단의 결과 근로자의 건강을 유지하기 위하여 필요하다고 인정할 때에는 작업장소 변경, 작업 전환, 근로시간 단축, 야간근로(오후 10시부터 다음 날 오전 6시까지 사이의 근로를 말한다)의 제한, 작업환경측정 또는 시설·설비의 설치·개선 등 적절한 조치를 하여야 한다.
제△△조(특수건강진단기관) ① 의료기관이 특수건강진단을 수행하려는 경우에는 고용노동부장관으로부터 특수건강진단을 할 수 있는 기관(이하 '특수건강진단기관'이라 한다)으로 지정받아야 한다.
② 고용노동부장관은 특수건강진단기관의 진단·분석 결과에 대한 정확성과 정밀도를 확보하기 위하여 특수건강진단기관의 진단·분석능력을 확인하고, 특수건강진단기관을 지도하거나 교육할 수 있다.
③ 고용노동부장관은 특수건강진단기관을 평가하고 그 결과(제2항에 따른 진단·분석능력의 확인 결과를 포함한다)를 공개할 수 있다.

① 사업주는 특수건강진단을 실시하는 경우 고용노동부장관이 요구하면 근로자대표를 참석시켜야 한다.

② 근로자대표는 산업안전보건위원회의 동의 없이는 사업주가 특수건강진단 결과에 대하여 설명하도록 요구할 수 없다.

③ 산업안전보건위원회는 특수건강진단의 결과 근로자의 건강을 유지하기 위하여 필요하다고 인정할 때에는 야간근로를 제한하는 조치를 하여야 한다.

④ 고용노동부장관은 특수건강진단기관의 진단·분석능력 확인 결과를 포함하여 특수건강진단기관에 대한 평가 결과를 공개할 수 있다.

⑤ 사업주는 근로자대표의 요구가 있다면 개별 근로자의 특수건강진단 결과를 본인 동의 없이 공개할 수 있다.

13. 다음 글을 근거로 판단할 때, 재산등록 의무자(A~E)의 재산등록 대상으로 옳은 것은?

15 민경채 인 04

재산등록 및 공개 제도는 재산등록 의무자가 본인, 배우자 및 직계존·비속의 재산을 주기적으로 등록·공개하도록 하는 제도이다. 이 제도는 재산등록 의무자의 재산 및 변동사항을 국민에게 투명하게 공개함으로써 부정이 개입될 소지를 사전에 차단하여 공직 사회의 윤리성을 높이기 위해 도입되었다.

- ○ 재산등록 의무자: 대통령, 국무총리, 국무위원, 지방자치단체장 등 국가 및 지방자치단체의 정무직 공무원, 4급 이상의 일반직·지방직 공무원 및 이에 상당하는 보수를 받는 별정직 공무원, 대통령령으로 정하는 외무공무원 등
- ○ 등록대상 친족의 범위: 본인, 배우자, 본인의 직계존·비속. 다만, 혼인한 직계비속인 여성, 외증조부모, 외조부모 및 외손자녀, 외증손자녀는 제외한다.
- ○ 등록대상 재산: 부동산에 관한 소유권·지상권 및 전세권, 자동차·건설기계·선박 및 항공기, 합명회사·합자회사 및 유한회사의 출자 지분, 소유자별 합계액 1천만 원 이상의 현금·예금·증권·채권·채무, 품목당 5백만 원 이상의 보석류, 소유자별 연간 1천만 원 이상의 소득이 있는 지식재산권

※ 직계존속: 부모, 조부모, 증조부모 등 조상으로부터 자기에 이르기까지 직계로 이어 내려온 혈족
※ 직계비속: 자녀, 손자, 증손 등 자기로부터 아래로 직계로 이어 내려가는 혈족

① 시청에 근무하는 4급 공무원 A의 동생이 소유한 아파트
② 시장 B의 결혼한 딸이 소유한 1,500만 원의 정기예금
③ 도지사 C의 아버지가 소유한 연간 600만 원의 소득이 있는 지식재산권
④ 정부부처 4급 공무원 상당의 보수를 받는 별정직 공무원 D의 아들이 소유한 승용차
⑤ 정부부처 4급 공무원 E의 이혼한 전처가 소유한 1,000만 원 상당의 다이아몬드

14. 다음 글을 근거로 판단할 때, 인쇄에 필요한 A4용지의 장수는? 24 7급공채 사 12

甲주무관은 〈인쇄 규칙〉에 따라 문서 A~D를 각 1부씩 인쇄하였다.

〈인쇄 규칙〉

○ 문서는 A4용지에 인쇄한다.
○ A4용지 한 면에 2쪽씩 인쇄한다. 단, 중요도가 상에 해당하는 보도자료는 A4용지 한 면에 1쪽씩 인쇄한다.
○ 단면 인쇄를 기본으로 한다. 단, 중요도가 하에 해당하는 문서는 양면 인쇄한다.
○ 한 장의 A4용지에는 한 종류의 문서만 인쇄한다.

종류	유형	쪽수	중요도
A	보도자료	2	상
B	보도자료	34	중
C	보도자료	5	하
D	설명자료	3	상

① 11장
② 12장
③ 22장
④ 23장
⑤ 24장

15. 다음 <상황>을 근거로 판단할 때, 짜장면 1그릇의 가격은? 17 민경채 나 21

〈상 황〉

○ A중식당의 각 테이블별 주문 내역과 그 총액은 아래 〈표〉와 같다.
○ 각 테이블에서는 음식을 주문 내역별로 1그릇씩 주문하였다.

〈표〉

테이블	주문 내역	총액(원)
1	짜장면, 탕수육	17,000
2	짬뽕, 깐풍기	20,000
3	짜장면, 볶음밥	14,000
4	짬뽕, 탕수육	18,000
5	볶음밥, 깐풍기	21,000

① 4,000원
② 5,000원
③ 6,000원
④ 7,000원
⑤ 8,000원

16. 다음 글과 <대화>를 근거로 판단할 때, 甲과 丙의 근무처와 직위를 옳게 나열한 것은?

25 7급공채 인 17

> ○ 직급이 5급 이상인 공무원 甲, 乙, 丙은 서로 다른 우체국 A, B, C에서 근무하고 있다.
> ○ 각 우체국의 5급 이상 공무원에게는 국장, 과장, 팀장의 직위가 부여되며 그 현황은 다음과 같다.
> – A우체국: 3급 1명(국장), 4급 2명(과장), 5급 1명(팀장)
> – B우체국: 4급 1명(국장), 5급 3명(과장)
> – C우체국: 5급 1명(국장)

〈대 화〉

> 甲: 저는 C우체국에서 근무하지 않아요.
> 乙: 저는 甲과 직급이 같아요.
> 丙: 저는 A우체국에서 근무하지 않고, 乙이 근무하는 우체국의 어느 공무원보다도 직급이 높아요.

	甲	丙
①	A우체국 팀장	B우체국 국장
②	A우체국 과장	B우체국 과장
③	A우체국 국장	B우체국 국장
④	B우체국 과장	C우체국 국장
⑤	B우체국 국장	C우체국 국장

17. 다음 글을 근거로 판단할 때, 신장 180cm, 체중 85kg인 甲의 비만 정도를 옳게 짝지은 것은?

14 민경채 A 21

과다한 영양소 섭취와 적은 체내 에너지 소비로 인한 에너지 대사의 불균형으로 지방이 체내에 지나치게 축적되어 체중이 과다해지는 것을 비만이라 한다.

비만 정도를 측정하는 방법은 Broca 보정식과 체질량 지수를 이용하는 것이 대표적이다. Broca 보정식은 신장과 체중을 이용하여 비만 정도를 측정하는 간단한 방법이다. 이 방법에 의하면 신장(cm)에서 100을 뺀 수치에 0.9를 곱한 수치가 '표준체중(kg)'이며, 표준체중의 110% 이상 120% 미만의 체중을 '체중과잉', 120% 이상의 체중을 '비만'이라고 한다.

한편 체질량 지수는 체중(kg)을 '신장(m)'의 제곱으로 나눈 값을 의미한다. 체질량 지수에 따른 비만 정도는 다음 〈표〉와 같다.

〈표〉

체질량 지수	비만 정도
18.5 미만	저체중
18.5 이상~23.0 미만	정상
23.0 이상~25.0 미만	과체중
25.0 이상~30.0 미만	경도비만
30.0 이상~35.0 미만	중등도비만
35.0 이상	고도비만

	Broca 보정식	체질량 지수
①	체중과잉	경도비만
②	표준체중	정상
③	비만	과체중
④	체중과잉	정상
⑤	비만	경도비만

18. 다음 글을 근거로 판단할 때, <보기>에서 옳은 것만을 모두 고르면? 19 7급예시 04

여행을 좋아하는 甲은 ○○항공의 마일리지를 최대한 많이 적립하기 위해, 신용카드 이용금액에 따라 ○○항공의 마일리지를 제공해주는 A, B 두 신용카드 중 하나의 카드를 발급받기로 하였다. 각 신용카드의 ○○항공 마일리지 제공 기준은 다음과 같다.

〈A신용카드의 ○○항공 마일리지 제공 기준〉

1) 이용금액이 월 50만 원 이상 100만 원 이하일 경우
   – 이용금액 1,000원 당 1마일리지를 제공함.
2) 이용금액이 월 100만 원 초과 200만 원 이하일 경우
   – 100만 원 이하 이용금액은 1,000원 당 1마일리지를, 100만 원 초과 이용금액은 1,000원 당 2마일리지를 제공함.
3) 이용금액이 월 200만 원을 초과할 경우
   – 100만 원 이하 이용금액은 1,000원 당 1마일리지를, 100만 원 초과 200만 원 이하 이용금액은 1,000원 당 2마일리지를, 200만 원 초과 이용금액은 1,000원 당 3마일리지를 제공함.

〈B신용카드의 ○○항공 마일리지 제공 기준〉

1) 이용금액이 월 50만 원 이상 100만 원 이하일 경우
   – 이용금액 1,000원 당 1마일리지를 제공함.
2) 이용금액이 월 100만 원 초과 200만 원 이하일 경우
   – 100만 원 이하 이용금액은 1,000원 당 2마일리지를, 100만 원 초과 이용금액은 1,000원 당 1마일리지를 제공함.
3) 이용금액이 월 200만 원을 초과할 경우
   – 70만 원 이하 이용금액은 1,000원 당 3마일리지를, 70만 원 초과 이용금액은 1,000원 당 1마일리지를 제공함.

※ 마일리지 제공 시 이용금액 1,000원 미만은 버림

〈보 기〉

ㄱ. 신용카드 이용금액이 월 120만 원이라면, A신용카드가 B신용카드보다 마일리지를 더 많이 제공한다.
ㄴ. 신용카드 이용금액이 월 100만 원을 초과할 경우, A신용카드가 제공하는 마일리지와 B신용카드가 제공하는 마일리지가 같은 경우가 발생할 수 있다.
ㄷ. 신용카드 이용금액이 월 200만 원을 초과할 경우, B신용카드가 A신용카드보다 마일리지를 더 많이 제공한다.

① ㄱ
② ㄴ
③ ㄷ
④ ㄱ, ㄴ
⑤ ㄴ, ㄷ

19. 다음 글을 근거로 판단할 때, <그림 2>의 정육면체 아랫면에 쓰인 36개 숫자의 합은?

18 민경채 가 09

정육면체인 하얀 블록 5개와 검은 블록 1개를 일렬로 붙인 막대를 30개 만든다. 각 막대의 윗면에는 가장 위에 있는 블록부터, 아랫면에는 가장 아래에 있는 블록부터 세어 검은 블록이 몇 번째 블록인지를 나타내는 숫자를 쓴다. 이런 규칙에 따르면 〈그림 1〉의 예에서는 윗면에 2를, 아랫면에 5를 쓰게 된다.

다음으로 검은 블록 없이 하얀 블록 6개를 일렬로 붙인 막대를 6개 만든다. 검은 블록이 없으므로 윗면과 아랫면 모두에 0을 쓴다.

이렇게 만든 36개의 막대를 붙여 〈그림 2〉와 같은 큰 정육면체를 만들었더니, 윗면에 쓰인 36개 숫자의 합이 109였다.

〈그림 1〉

〈그림 2〉

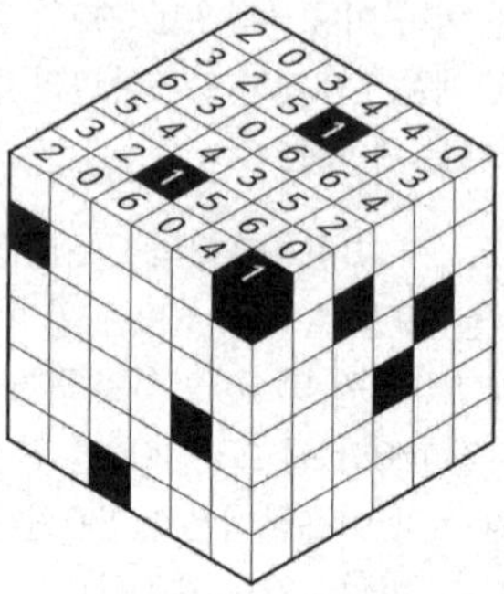

① 97

② 100

③ 101

④ 103

⑤ 104

20. 다음 글을 근거로 판단할 때, 己가 받은 작년과 올해 성과평가 등급은? 25 5급공채 가 14

> △△과는 직원 6명(甲~己)에 대해 매년 성과평가를 실시하여 1명에게는 가장 높은 S등급, 2명에게는 A등급, 3명에게는 가장 낮은 B등급을 부여한다. 甲~己는 올해 성과평가 등급을 받은 뒤 아래와 같은 〈대화〉를 나누었다. 이들은 대화 전까지 자신의 작년과 올해 성과평가 등급은 알고 있었지만, 다른 직원의 성과평가 등급은 모르고 있었다.
>
> 〈대 화〉
>
> 甲: 나는 작년보다 등급이 올랐어.
> 乙: 나도 작년보다 등급이 올랐어.
> 丙: 그래? 나는 그대로야.
> 丁: 나는 甲, 乙, 丙 너희들이 작년이랑 올해 어떤 성과평가 등급을 받았는지 알겠어.
> 戊: 나는 너희 말을 들으니 우리 모두가 작년이랑 올해 어떤 성과평가 등급을 받았는지 알겠어.
> 己: 이제 나도 알겠어.

	작년	올해
①	S	A
②	S	B
③	A	S
④	A	B
⑤	B	A

1 텍스트형 2 법조문형 3 계산형 4 규칙형 5 경우형 기출 엄선 모의고사

해커스PSAT 7급 PSAT 기본서 상황판단

21. 다음 글을 근거로 판단할 때, 사과 사탕 1개와 딸기 사탕 1개를 함께 먹은 사람과 戊가 먹은 사탕을 옳게 짝지은 것은?

18 5급공채 나 13

사과 사탕, 포도 사탕, 딸기 사탕이 각각 2개씩 있다. 다섯 명의 사람(甲~戊) 중 한 명이 사과 사탕 1개와 딸기 사탕 1개를 함께 먹고, 다른 네 명이 남은 사탕을 각각 1개씩 먹었다. 이 사실만을 알고 甲~戊는 차례대로 다음과 같이 말했으며, 모두 진실을 말하였다.

甲: 나는 포도 사탕을 먹지 않았어.
乙: 나는 사과 사탕만을 먹었어.
丙: 나는 사과 사탕을 먹지 않았어.
丁: 나는 사탕을 한 종류만 먹었어.
戊: 너희 말을 다 듣고 아무리 생각해봐도 나는 딸기 사탕을 먹은 사람 두 명 다 알 수는 없어.

① 甲, 포도 사탕 1개

② 甲, 딸기 사탕 1개

③ 丙, 포도 사탕 1개

④ 丙, 딸기 사탕 1개

⑤ 戊, 사과 사탕 1개와 딸기 사탕 1개

22. 다음 <상황>과 <대화>를 근거로 판단할 때 6월생은? 19 민경채 나 22

〈상 황〉

○ 같은 해에 태어난 5명(지나, 정선, 혜명, 민경, 효인)은 각자 자신의 생일을 알고 있다.
○ 5명은 자신을 제외한 나머지 4명의 생일이 언제인지는 모르지만, 3월생이 2명, 6월생이 1명, 9월생이 2명이라는 사실은 알고 있다.
○ 아래 〈대화〉는 5명이 한 자리에 모여 나눈 대화를 순서대로 기록한 것이다.
○ 5명은 〈대화〉의 진행에 따라 상황을 논리적으로 판단하고, 솔직하게 대답한다.

〈대 화〉

민경: 지나야, 네 생일이 5명 중에서 제일 빠르니?
지나: 그럴 수도 있지만 확실히는 모르겠어.
정선: 혜명아, 네가 지나보다 생일이 빠르니?
혜명: 그럴 수도 있지만 확실히는 모르겠어.
지나: 민경아, 넌 정선이가 몇 월생인지 알겠니?
민경: 아니, 모르겠어.
혜명: 효인아, 넌 민경이보다 생일이 빠르니?
효인: 그럴 수도 있지만 확실히는 모르겠어.

① 지나
② 정선
③ 혜명
④ 민경
⑤ 효인

23. 다음 글과 <대화>를 근거로 판단할 때 대장 두더지는? 18 민경채 가 20

> ○ 甲은 튀어나온 두더지를 뿅망치로 때리는 '두더지 게임'을 했다.
> ○ 두더지는 총 5마리(A~E)이며, 이 중 1마리는 대장 두더지이고 나머지 4마리는 부하 두더지이다.
> ○ 대장 두더지를 맞혔을 때는 2점, 부하 두더지를 맞혔을 때는 1점을 획득한다.
> ○ 두더지 게임 결과, 甲은 총 14점을 획득하였다.
> ○ 두더지 게임이 끝난 후 두더지들은 아래와 같은 〈대화〉를 하였다.

〈대 화〉

두더지 A: 나는 맞은 두더지 중에 가장 적게 맞았고, 맞은 횟수는 짝수야.
두더지 B: 나는 두더지 C와 똑같은 횟수로 맞았어.
두더지 C: 나와 두더시 A, 두더지 D가 맞은 횟수를 모두 더하면 모든 두더지가 맞은 횟수의 3/4이야.
두더지 D: 우리 중에 한 번도 맞지 않은 두더지가 1마리 있지만 나는 아니야.
두더지 E: 우리가 맞은 횟수를 모두 더하면 12번이야.

① 두더지 A
② 두더지 B
③ 두더지 C
④ 두더지 D
⑤ 두더지 E

24. 다음 글과 <조건>을 근거로 판단할 때, A부에서 3인 4각 선수로 참가해야 하는 사람만을 모두 고르면?

15 5급공채 인 34

甲사에서는 부서 대항 체육대회를 개최한다. 甲사의 A부는 종목별로 아래 인원이 참가하기로 했다.

오래달리기	팔씨름	3인 4각	공굴리기
1명	4명	3명	4명

A부는 종목별 선수 명단을 확정하려고 한다. 선수 후보는 가영, 나리, 다솜, 라임, 마야, 바다, 사랑이며, 개인별 참가 가능 종목은 아래와 같다.

종목 \ 선수 후보	가영	나리	다솜	라임	마야	바다	사랑
오래달리기	O	X	O	X	X	X	X
팔씨름	O	X	O	O	O	X	X
3인 4각	X	O	O	O	O	X	O
공굴리기	O	X	O	X	O	O	O

※ O: 참가 가능, X: 참가 불가능
※ 어떤 종목도 동시에 진행되지 않는다.

〈조 건〉

○ 한 사람이 두 종목까지 참가할 수 있다.
○ 모든 사람이 한 종목 이상 참가해야 한다.

① 가영, 나리, 바다
② 나리, 다솜, 마야
③ 나리, 다솜, 사랑
④ 나리, 라임, 사랑
⑤ 다솜, 마야, 사랑

25. 다음 글을 근거로 판단할 때, 甲이 출연할 요일과 프로그램을 옳게 짝지은 것은?

20 5급공채 나 32

甲은 ○○방송국으로부터 아래와 같이 프로그램 특별출연을 요청받았다.

매체	프로그램	시간대	출연 가능 요일
TV	모여라 남극유치원	오전	월, 수, 금
	펭귄극장	오후	화, 목, 금
	남극의 법칙	오후	월, 수, 목
라디오	지금은 남극시대	오전	화, 수, 목
	펭귄파워	오전	월, 화, 금
	열시의 펭귄	오후	월, 수, 금
	굿모닝 남극대행진	오전	화, 수, 금

甲은 다음주 5일(월요일~금요일) 동안 매일 하나의 프로그램에 출연하며, 한 번 출연한 프로그램에는 다시 출연하지 않는다. 또한 동일 매체에 2일 연속 출연하지 않으며, 동일 시간대에도 2일 연속 출연하지 않는다.

요일	프로그램
① 월요일	펭귄파워
② 화요일	굿모닝 남극대행진
③ 수요일	열시의 펭귄
④ 목요일	펭귄극장
⑤ 금요일	모여라 남극유치원

정답 · 해설 p.382

해커스PSAT **7급 PSAT 기본서** 상황판단

PSAT 교육 1위, 해커스PSAT **psat.Hackers.com**

정답 · 해설

1 텍스트형

유형 1 | 발문 포인트형

p.26

01	02			
②	④			

01 발문 포인트형

정답 ②

난이도 ★☆☆☆☆

핵심포인트

발문에 '사상'이라는 포인트가 제시되어 있으므로 지문에서 전반적인 흐름을 파악하듯 읽어가면서 '사상'과 관련된 내용을 찾는다.

정답 체크

지문에서 춤추는 사람 중 1명을 선발하여 지휘하게 한다고 했으므로 인간이 천부적인 자연권을 보장받기 위해 정부에 권력을 위임하였다는 것은 글에 나타난 사상과 근접하다. 또한 지문에서 지휘가 절주에 맞지 않으면 기존의 지휘자를 끌어내리고 새로운 지휘자를 뽑아 존대한다고 했으므로 정부가 그 책무를 다하지 못할 때에는 저항하여 정부를 재구성할 권리를 갖는다는 것은 글에 나타난 사상과 가장 근접하다.

오답 체크

① 입법권, 집행권, 동맹권에 관련한 내용은 글에 제시되지 않았으므로 글에 나타난 사상과 근접하지 않다.

③ 사회계약론과 관련한 내용은 글에 제시되지 않았으므로 글에 나타난 사상과 근접하지 않다.

④ 공익과 사익에 관련한 내용은 글에 제시되지 않았으므로 글에 나타난 사상과 근접하지 않다.

⑤ 인간이 사회적 존재이기 때문에 정치적 사회가 자연스러운 현상이라는 설명은 글과 무관하므로 글에 나타난 사상과 근접하지 않다.

02 발문 포인트형

정답 ④

난이도 ★★☆☆☆

핵심포인트

甲의 견해를 통해 어떤 정치체제의 유형이 정치적으로 가장 불안정한지 파악한 후에 그에 따라 사례를 확인한다.

정답 체크

甲의 견해에 따를 때 비례대표제는 다당제 형태가, 단순다수대표제는 양당제의 형태가 일반적이다. 정치적 안정 여부는 정당체제가 어떤 권력구조와 결합하는가에 따라 결정되는데, 의원내각제는 양당제와 다당제 모두와 조화되어 정치적 안정을 도모할 수 있는 반면 혼합형과 대통령제의 경우 정당체제가 양당제일 경우에만 정치적으로 안정되는 현상을 보인다는 것을 알 수 있다. 정치적 안정 여부에 따라 정치체제를 표로 정리하면 다음과 같다.

구분	정치적 안정 여부		
	의원내각제	혼합형	대통령제
비례대표제·다당제	O	X	X
단순다수대표제·양당제	O	O	O

따라서 D형의 경우 의원들을 비례대표제 방식을 통해 선출하며 권력구조는 대통령제를 선택하고 있는 형태이므로 정치적으로 불안정할 것으로 예상된다.

빠른 문제 풀이 Tip

제시된 기준에 따라 각 정치체제 유형을 표로 정리하면 내용을 정확하고 빠르게 파악할 수 있다.

권력구조 결합방식	선거제도	정당체제	정부의 권력구조
A형	비례대표제	다당제	의원내각제
B형	단순다수 대표제	양당제	의원내각제
C형	단순다수 대표제	양당제	대통령제
D형	비례대표제	다당제	대통령제
E형	단순다수 대표제	양당제	혼합형

유형 2 | 일치부합형

p.32

01	02	03		
③	②	②		

01 일치부합형

정답 ③

난이도 ★★☆☆☆

핵심포인트

지문을 전체적으로 읽지 말고 문제 해결에 필요한 부분만 발췌독해서 빠르게 해결해야 한다. 구성비에서 77%라는 단순 수치만 확인하여 함정에 빠지지 않도록 주의한다.

정답 체크

첫 번째 단락에서 2007년 기준으로 신재생에너지의 구성비 중 폐기물의 비율은 77%지만, 신재생에너지가 전체 에너지에서 차지하는 비율은 2.4%에 불과하다고 했으므로 폐기물을 이용한 에너지가 전체 에너지에서 차지하는 비율은 매우 낮음을 알 수 있다.

오답 체크

① 첫 번째 단락에서 우리 정부가 2030년까지 전체 에너지 중 신재생에너지의 비율을 11%로 확대하려는 것은 '탄소배출량 감축'과 '성장동력 육성'이라는 두 마리 토끼를 잡기 위한 전략이라고 했으므로 환경보전을 위해 경제성장을 제한하자는 것은 아님을 알 수 있다.

② 첫 번째 단락에서 신재생에너지의 종류와 신재생에너지의 구성비를 제시하고 있고, 이 내용을 표로 정리하면 다음과 같다.

신재생에너지	신에너지	수소, 연료전지, 석탄 가스화 복합발전 등
	재생가능에너지	태양열, 태양광, 풍력, 바이오, 수력, 지열, 폐기물 등

신재생에너지 구성비(%)	폐기물	수력	바이오	풍력	계
	77	14	6.6	1.4	99

즉, 전체 에너지에서 차지하는 비율을 정확히 구하지 않더라도 기타 1%가 신에너지인지 재생가능에너지인지와 무관하게 전체 에너지에서 차지하는 비율은 재생가능에너지가 신에너지보다 훨씬 크다.

④ 마지막 단락에서 정부는 지원정책과 함께 신재생에너지의 공급을 위한 다양한 규제정책도 도입해야 한다고 했으므로 정부가 녹색성장을 위해 규제정책을 포기하는 것은 아님을 알 수 있다.

⑤ 마지막 단락에서 특히 산업파급효과가 큰 태양광, 연료전지, 풍력 분야에 대한 국산화 지원과 더불어 예산 대비 보급효과가 큰 바이오 연료, 폐기물 연료 분야에 대한 지원을 강화하기 위한 정책도 개발되어야 한다고 했으므로 '산업파급효과가 큰 에너지 분야'와 '예산 대비 보급효과가 큰 에너지 분야' 중 어느 분야가 지원이 시급한지를 따지는 것이 아니라 더불어 지원을 강화해야 함을 알 수 있다.

빠른 문제 풀이 Tip

지문과 선택지를 먼저 훑어보면서 제시된 지문의 첫 번째 단락에 연도, 비율 등의 숫자가 등장하고, 선택지 ③에 연도를 나타내는 숫자가 등장함을 체크한다. 지문의 첫 번째 단락과 ③을 매칭하고, 지문을 읽으면서 '2007년'에 관련된 내용이 나오면 ③의 내용을 바로 확인하여 정오를 판단한다.

02 일치부합형

정답 ②

난이도 ★★☆☆☆

핵심포인트

지문과 <보기>에 있는 한자어를 활용하여, 지문에서 문제 해결에 필요한 부분만 확인한다. 또한 세 번째, 마지막 단락에서 흙을 사용하여 수직 벽체를 만드는 건축방식으로 항토건축과 토담, 전축 등의 방식이 제시되고 있으므로 기호(○, △, □)를 사용하여 내용을 구분한다.

정답 체크

ㄱ. 두 번째 단락에서 지붕만 있는 건축으로는 넓은 공간을 만들 수 없고, 천장도 낮아서 공간의 효율성이 떨어지고 불편했기에 공간에 대한 욕구가 커지고 건축술이 발달하면서 건축은 점차 수직으로 선 구조체가 지붕을 받치는 구조로 발전했음을 알 수 있다. 따라서 수직 벽체를 만들게 됨에 따라 지붕만 있는 건축물보다는 더 넓은 공간의 건축물을 지을 수 있게 되었음을 알 수 있다.

ㄹ. 마지막 단락에서 높은 온도에서 구워낸 전돌을 사용하는 전축은 전답, 담장, 굴뚝 등에 많이 활용되었고 조선 후기에는 화성의 건설에 이용되었다고 했으므로 화성의 건설에 이용된 전축은 높은 온도에서 구워낸 전돌을 사용한 것임을 알 수 있다.

오답 체크

ㄴ. 마지막 단락에서 항토건축은 기단이나 담장, 혹은 성벽을 만드는 구조로 사용되었을 뿐 대형 건축물의 구조방식으로는 사용되지 않았다고 했으므로 항토건축 방식은 대형 건축물의 수직 벽체가 아닌 성벽에 사용되었음을 알 수 있다.

ㄷ. 세 번째 단락에서 토담 방식은 흙을 다져 전체 벽을 만든 것이 아니라 햇볕에 말려 만든 흙벽돌을 쌓아올려 벽을 만든 것이라고 했고, 마지막 단락에서 토담 방식으로 건물을 지은 예는 많지 않았다고 했으므로 당시 대부분의 건축물에 활용되지는 않았음을 알 수 있다.

빠른 문제 풀이 Tip

제시된 지문을 모두 다 읽을 필요가 없다. 문제 해결에 필요한 부분을 빠르게 캐치하기 위해 비한글 장치를 활용한다.

03 일치부합형 정답 ②

난이도 ★☆☆☆☆

핵심포인트

각 선택지별로 중요 키워드를 확인한 후, 해당 선택지에서 무엇을 묻는지를 파악하여 해당 내용 위주로 본문을 확인해야 한다.

정답 체크

두 번째 단락 다섯 번째 문장에 의하면 보리의 수확기는 여름이다. 여섯 번째 문장과 함께 생각해 보면 봄보리는 봄에 파종하여 그해 여름에 수확하고 가을보리는 가을에 파종하여 이듬해 여름에 수확한다. 봄보리의 재배 기간은 가을보리의 재배 기간보다 가을, 겨울만큼 짧았다.

오답 체크

① 첫 번째 단락 첫 번째 문장에 의하면 흰색 쌀은 가을철 논에서 수확한다고 한다. 세 번째 단락 네 번째 문장에 의하면 어떤 콩은 봄철에, 어떤 콩은 여름에 심을 수도 있지만 콩 수확기는 가을이라고 하고 있다. 즉 흰색 쌀과 여름에 심는 콩은 모두 가을에 수확했다.

③ 첫 번째 단락 첫 번째 문장에 의하면 흰색 쌀은 가을철 논에서 수확한 벼를 가공해서 얻게 된다. 그러나 회색 쌀은 논에서 수확된 곡식이 아니라 밭에서 자란 곡식을 가공하여 얻게 되는 것이었다.

④ 두 번째 단락 두 번째 문장부터 네 번째 문장까지 보릿고개에 대해 설명하고 있다. 네 번째 문장에서 남부 지역의 보릿고개는 하지까지 지속되다가 하지가 지나면서 사라졌다고 한다. 하지가 지나면서 더 심해지지 않는다. 그리고 두 번째 문장에서 가을 곡식이 바닥을 보이기 시작하는 봄철이라고 표현하고 있는데 선택지에서는 가을 곡식이 바닥을 보이는 하지라고 표현하고 있다. 가을 곡식이 바닥을 '보이기 시작하는' 것과 '보이는'의 차이는 있지만, 각각 봄철과 하지라는 시기가 서로 맞지 않는다고도 볼 수 있다.

⑤ 세 번째 단락 여섯 번째 문장에서 봄철 밭에서는 보리, 콩, 조가 함께 자라는 것을 볼 수 있었다고 한다. 다섯 번째 문장에서 조는 봄에 심었다는 것을 파악한다면, 보리, 콩의 재배 기간을 고려할 때 틀린 설명임을 알 수 있다.

유형 3 | 응용형

p.40

01	02	03		
②	②	②		

01 응용형 정답 ②

난이도 ★★☆☆☆

핵심포인트

지문에 제시된 반비례 관계를 잘 이해하고 정확하게 문제를 풀 수 있어야 한다.

정답 체크

ㄱ. 두 번째 단락에 따르면 시력 검사법은 구분 가능한 최소 각도가 1′일 때를 1.0의 시력으로 보고 있다. 시력은 구분 가능한 최소 각도와 반비례한다고 했으므로 구분할 수 있는 최소 각도가 1′의 2배인 2′이라면 시력은 1.0의 1/2배인 0.5임을 알 수 있다. 이때 최소 각도가 1′의 1/2배인 0.5′이라면 시력은 1.0의 2배인 2.0이고, 최소 각도가 1′의 4배인 4′이라면 시력은 1.0의 1/4배인 0.25이다. 따라서 구분할 수 있는 최소 각도가 10′이라면 1′의 10배이므로 그 사람의 시력은 1.0의 1/10배인 0.1이 됨을 알 수 있다.

ㄴ. 두 번째 단락에서 천문학자 A는 5″까지의 차이도 구분할 수 있었던 것으로 알려져 있다고 했고, 첫 번째 단락에서 1°(1도)의 1/60이 1′(1분)이고, 1′의 1/60이 1″(1초)임을 알 수 있다. 따라서 천문학자 A의 시력을 추정해 보면, 5″는 1′의 1/12배이므로 그의 시력은 1.0의 12배인 12가 될 것으로 추정됨을 알 수 있다.

오답 체크

ㄷ. 두 번째 단락에서 구분할 수 있는 최소 각도와 시력은 반비례한다고 했으므로 구분할 수 있는 최소 각도가 클수록 시력은 좋지 않은 것이다. 구분할 수 있는 최소 각도는 甲이 1.25′이고, 乙이 0.1′으로 甲이 乙보다 크다. 따라서 시력은 乙이 甲보다 더 좋음을 알 수 있다.

02 응용형

정답 ②

난이도 ★★☆☆☆

핵심포인트

<보기>에 '00kg 성인의 경우'라는 표현이나 '~한다고 할 때'와 같은 가정형의 표현이 등장하고 있다. 선택지나 <보기>에서 동일 용어나 유사한 표현이 반복되는 경우, 그리고 가정형의 표현이 등장하는 경우에는 해당 문제가 응용형 문제임을 파악한 후, 내용을 이해하기 위한 접근법을 사용해야 한다.

정답 체크

ㄱ. 첫 번째 단락에 따르면 물은 성인의 경우 체중의 약 60%를 차지하고 있다. 따라서 60kg 성인의 경우, 체내에서 차지하는 수분의 무게는 60×0.6≒36kg이다.

ㄷ. 두 번째 단락에 따르면 사람은 체내에 수분이 5%가 부족하면 혼수상태에 빠지게 된다. 70kg 성인의 경우 체내에서 차지하는 수분의 무게는 체중의 약 60%인 70×0.6≒42kg이고, 42kg의 5%는 42×0.05≒2.1kg, 즉 2,100g=2,100ml이다. 따라서 성인 1일 기준 수분배출량인 700+200+1,500+100=2,500ml의 수분이 부족하면 혼수상태에 빠질 수 있다.

오답 체크

ㄴ. 두 번째 단락에 따르면 사람은 체내에 수분이 12%가 부족하면 사망하게 된다. 80kg 성인의 경우 체내에서 차지하는 수분의 무게는 체중의 약 60%인 80×0.6≒48kg이고, 48kg의 12%는 48×0.12≒5.76kg, 즉 5,760g=5,760ml이다. 따라서 체내에서 약 4,760ml의 수분이 부족하다고 해도 사망에 이르지는 않는다.

ㄹ. 두 번째 단락에 따르면 성인 1일 기준 수분배출량은 총 2,500ml이고, 그 30%는 2,500×0.3=750ml이다. 그런데 상추 400g에 함유된 수분은 400×0.96=384g=384ml, 쌀밥 300g에 함유된 수분은 300×0.66=198g=198ml로 그 합은 384+198=582ml이므로 성인 1일 기준 수분배출량의 30%를 상추와 쌀밥만으로 섭취하기에는 충분하지 않다.

빠른 문제 풀이 Tip

ㄹ. 수치를 정확하게 구하지 않더라도 범위를 검토하면 쉽게 풀이할 수 있다. 성인 기준 수분배출량의 30%는 750ml인데, 상추 400g과 쌀밥 300g이 100% 모두 수분으로 이루어져 있다 하더라도 400+300=700g=700ml이기 때문에 750ml에 못 미친다.

03 응용형

정답 ②

난이도 ★★☆☆☆

핵심포인트

주어진 줄글 정보를 정확하게 이해하여 <상황>에 대입해 볼 수 있어야 한다. <상황>의 내용을 지문의 내용과 종합하여 정리해 본다.

1) <상황>의 첫 번째 문장에 따르면 甲국 A시의 올해 자체예산은 100억 원이고, 두 번째 단락 세 번째 문장에 따르면 甲국 A시는 자체예산을 공공서비스와 기타사업에 항상 절반씩 투입한다. 즉, 올해 자체예산 100억 원 중 50억 원은 공공서비스에, 50억 원은 기타사업에 투입한다.
2) <상황>의 두 번째 문장에 따르면 甲국 A시의 내년도 자체예산은 100억 원이므로 공공서비스와 기타사업에 투입하는 금액은 올해와 같다.
3) <상황>의 두 번째 문장에 따르면 중앙정부는 내년에 20억 원의 교부금을 A시에 지급하기로 하였고, 두 번째 단락 네 번째 문장에 따르면 甲국 A시는 중앙정부로부터 교부금을 받은 경우에는 그중 80%를 공공서비스의 추가적 공급에 투입하고 나머지를 기타사업에 투입한다. 따라서 20억 원의 교부금 중 80%인 16억 원은 공공서비스의 추가적 공급에, 나머지 4억 원은 기타사업에 투입한다.

이상의 내용을 정리하면 다음과 같다.

구분		공공서비스	기타사업
올해	자체예산: 100억 원	50억 원	50억 원
내년	자체예산: 100억 원	50억 원	50억 원
	교부금: 20억 원	16억 원	4억 원
	합계	66억 원	54억 원

정답 체크

A시가 올해 기타사업에 지출하는 총 금액은 50억 원이고 내년에 기타사업에 지출하는 총 금액은 54억 원이므로, 올해보다 4억 원 증가시킬 것이다.

오답 체크

① A시가 내년에 기타사업에 지출하는 총 금액은 60억 원이 아니라 54억 원일 것이다.

③ A시가 올해 공공서비스 공급에 지출하는 총 금액은 50억 원이고 내년에 공공서비스 공급에 지출하는 총 금액은 66억 원으로, 내년에 공공서비스 공급에 지출하는 총 금액을 올해와 동일하게 유지하지 않음을 알 수 있다.

④ A시가 올해 공공서비스 공급에 지출하는 총 금액은 50억 원이고 내년에 공공서비스 공급에 지출하는 총 금액은 66억 원이므로, A시는 내년에 공공서비스 공급에 지출하는 총 금액을 올해보다 50%가 아니라 $\frac{66억\ 원-50억\ 원}{50억\ 원}$=32% 증가시킬 것이다.

⑤ A시가 올해 공공서비스 공급에 지출하는 총 금액은 50억 원이고 내년에 공공서비스 공급에 지출하는 총 금액은 66억 원이므로, A시는 내년에 공공서비스 공급에 지출하는 총 금액을 올해보다 10억 원이 아니라 16억 원 증가시킬 것이다.

유형 4 | 1지문 2문항형

p.50

01	02	03	04	
①	⑤	②	③	

01 1지문 2문항형 정답 ①

난이도 ★☆☆☆☆

핵심포인트

일치부합형에 해당하는 문제이므로, 각 선택지의 정오판단에 필요한 부분을 지문에서 빠르게 확인해서 문제를 해결한다.

정답 체크

세 번째 단락 여섯 번째 문장에 따르면 EDP의 부향률은 15~20%이고, 네 번째 문장에 따르면 EDC의 부향률은 2~5%이다. EDP의 부향률이 EDC의 부향률보다 높다.

오답 체크

② 두 번째 단락 여덟 번째 문장에 따르면 흡수법은 원료의 향유 함유량이 적은 경우 이용하므로, 흡수법은 많은 양의 향유를 얻을 수 있는 방법은 아니라는 것을 알 수 있다.

③ 첫 번째 단락 네 번째 문장에 따르면 오늘날 많이 사용되는 향수의 대부분은 식물성 천연향료로 만들어지는 것이 아니라, 천연향료와 합성향료를 배합하여 만들어진다.

④ 두 번째 단락 여덟 번째 문장에 따르면 고가이고 향유의 함유량이 적은 원료에서 향유를 추출하고자 할 때는 압착법보다는 흡수법이 이용된다.

⑤ 세 번째 단락 세 번째 문장에 따르면 부향률이 높은 향수일수록 향이 오래 지속된다. 그러나 여섯 번째 문장에 따르면 부향률이 가장 높은 향수인 EDP가 가장 많이 사용되는 것이 아니라, EDT가 일반적으로 가장 많이 사용된다.

02 1지문 2문항형 정답 ⑤

난이도 ★☆☆☆☆

핵심포인트

세 번째 단락에 주어진 A국에서 판매되고 있는 향수의 종류별 지속시간을 정확하게 파악한 후, 이를 <대화>의 각 상황에 적용하여 甲~戊 중 가장 늦은 시각까지 향수의 향이 남아 있는 사람을 찾아낼 수 있어야 한다. 오전, 오후의 시간을 혼동하지 않도록 주의한다. 시간을 계산할 때 오전과 오후 때문에 계산이나 비교가 헷갈릴 것 같다면 24시간으로 표시해서 비교한다.

정답 체크

戊는 丁보다 1시간 뒤인 오후 3시에 EDP를 뿌렸고 EDP는 5~8시간 지속되므로 오후 8~11시까지 향수의 향이 남아 있다.
따라서 가장 늦은 시각까지 향수의 향이 남아 있는 사람은 戊이다.

오답 체크

① 甲은 오후 4시에 EDC를 뿌렸고, EDC는 1~2시간 지속되므로 오후 5~6시까지 향수의 향이 남아 있다.

② 乙이 뿌린 향수의 향이 가장 강하다고 하므로 乙은 Parfum을 뿌렸다. Parfum은 8~10시간 지속되는데, 오전 9시 30분에 향수를 뿌렸으므로 오후 5시 30분~7시 30분까지 향수의 향이 남아 있다.

③ 丙이 뿌린 향수의 부향률은 10%이므로 丙은 EDP를 뿌렸다. 甲보다 5시간 전에 향수를 뿌렸다고 하므로 丙은 오전 11시에 향수를 뿌렸고, EDP는 5~8시간 지속되므로 오후 4~7시까지 향수의 향이 남아 있다.

④ 丁은 오후 2시에 EDT를 뿌렸고, EDT는 3~5시간 지속되므로 오후 5~7시까지 향수의 향이 남아 있다.

03 1지문 2문항형 정답 ②

난이도 ★☆☆☆☆

핵심포인트

각 선택지에서 묻는 내용 위주로 제시문에서 빠르고 정확하게 확인할 수 있어야 한다.

정답 체크

세 번째 단락에서 국민참여예산제도의 과정에 관해 설명하고 있다. 국민참여예산제도에서는 세 번째 단락 첫 번째 문장부터 네 번째 문장까지 설명하는 3~7월의 과정을 통해 국민참여예산사업이 결정되며 이는 8월에 국무회의에서 정부예산안에 반영된다. 세 번째 단락 다섯 번째 문장에서는 이렇게 국회에 제출된 정부예산안은 국회의 심의·의결을 거치게 된다고 설명한다. 즉, 시간 순서상 국민참여예산사업이 정부예산안에 반영되는 시점은 국회 심의·의결 전이다.

오답 체크

① 두 번째 단락에서 국민제안제도와 국민참여예산제도, 주민참여예산제도와 국민참여예산제도의 차이를 설명하고 있다. 국민제안제도의 대상에 관한 설명은 없지만, 중앙정부가 재정을 지원하는 예산사업을 대상으로 하는 제도는 두 번째 단락 세 번째 문장의 국민참여예산제도임을 알 수 있다. 또한 예산사업의 우선순위를 국민이 정할 수 있는 제도는 국민제안제도가 아니라, 두 번째 단락 두 번째 문장에서 우선순위 결정과정에도 국민의 참여가 가능한 국민참여예산제도임을 알 수 있다. 국민제안제도는 국민들이 제안한 사항에 대해 관계부처가 채택여부를 결정하는 제도이다.

③ 첫 번째 단락 두 번째 문장에서 국민참여예산제도는 정부의 예산편성권의 틀 내에서 운영된다고 설명하고 있다. 국민참여예산제도는 정부의 예산편성권 범위 밖에서 운영되는 것은 아니다.

④ 참여예산 '후보'사업을 누가 제안하고 있는지에 대해서는 지문에서 명시적으로 언급한 바 없지만, 두 번째 단락 두 번째 문장에서 '국민의 제안 이후'라고 하고 있고, 세 번째 단락 첫 번째 문장에서는 국민사업제안과 제안 사업 적격성 검사를 실시한다고 하였으므로 국민이 제안한 사업이 참여예산 후보사업이 되며 이후 이러한 사업에 대한 적격성 검사를 실시하는 것임을 알 수 있다. 세 번째 단락에 따르면 국민참여예산제도 과정을 통해 결정된 국민참여예산사업에 대해 8월에 재정정책자문회의가 논의를 함으로써 재정정책자문회의는 국민참여예산사업에 개입하지만 재정정책자문회의가 참여예산후보사업을 제안하는 것은 아니다.

⑤ 네 번째 단락 네 번째 문장에서 예산국민참여단의 사업선호도는 오프라인 투표를 통해 조사한다고 설명하고 있다. 예산국민참여단의 사업선호도 조사는 전화설문을 통해 이루어지지 않는다.

04 1지문 2문항형 정답 ③

난이도 ★★☆☆☆

핵심포인트

2019년 국민참여예산사업 예산이 800억 원이라는 것만 파악한다면 간단한 계산을 통해 해결할 수 있는 문제이다.

정답 체크

<상황>에서 국민참여예산사업 예산 가운데 일부는 생활밀착형사업 예산이고 나머지는 취약계층지원사업 예산이라고 하였으므로 국민참여예산사업 예산은 두 가지로만 분류되는 것을 알 수 있다. <상황>의 내용을 정리하면 다음과 같다.

구분	2019년	2020년
생활밀착형사업 예산(억 원)	688	870
취약계층지원사업 예산(억 원)	X−688	1.25X−870
합계(억 원)	X	1.25X

2019년 국민참여예산사업 예산이 800억 원이라는 것을 반영하면 다음과 같다.

구분	2019년	2020년
생활밀착형사업 예산(억 원)	688	870
취약계층지원사업 예산(억 원)	112	130
합계(억 원)	800	1,000

따라서 국민참여예산사업 예산에서 취약계층지원사업 예산이 차지하는 비율은 2019년이 $\frac{112}{800}\times100=14\%$, 2020년이 $\frac{130}{1,000}\times100=13\%$이다.

빠른 문제 풀이 Tip

<상황>만 읽고 2019년 국민참여예산사업 예산이 800억 원이라는 것을 파악하지 못했다 하더라도, 첫 번째 표에서 2019년도와 2020년도 각각 국민참여예산사업 예산에서 취약계층지원사업 예산이 차지하는 비율을 구할 수 없다는 것을 알 수 있다. 이런 경우, <상황> 내에서 해결하려고 시간을 지체하기보다는 문제에서 추가로 실마리를 찾아야 한다.

유형 5 | 기타형

p.58

01	02			
④	②			

01 기타형

정답 ④

난이도 ★★☆☆☆

핵심포인트

A학자와 B학자 모두 '폭력성이 강한 드라마의 시청'과 '청소년 폭력행위' 간의 관계에 대해서 주장을 하고 있다. 따라서 두 학자의 주장 간의 차이점을 명확하게 파악하며, 관계를 파악할 때는 '상관관계'와 '인과관계'를 혼동하지 않도록 유의한다.

정답 체크

학자별 주장을 정리하면 다음과 같다.

- A학자
  - 폭력성이 강한 드라마를 시청 → 폭력성향 강화 → 청소년 폭력행위의 증가
  - 텔레비전에서 폭력성이 강한 드라마가 방영되는 것에 대해 심각한 우려
- B학자
  - 폭력성이 강한 드라마가 일부 청소년들 사이에서 인기가 높고, 청소년들의 폭력행위도 늘어나고 있음
  - 폭력성향이 강한 청소년들은 폭력을 일삼는 드라마에 더 끌리는 경향이 있을 뿐 폭력성이 강한 드라마를 시청하여 청소년 폭력행위가 증가하는 것은 아님

ㄱ. A는 청소년들이 폭력성이 강한 드라마를 자주 보면 폭력성향이 강해지고, 이것이 청소년 폭력행위의 증가로 이어진다고 주장한다. 따라서 A의 주장에 따르면, 텔레비전에서 폭력물을 방영하는 것을 금지한다면 폭력성향이 강해지는 원인을 제거한 것이므로 결과인 청소년 폭력행위는 줄어들 것이다.

ㄷ. B는 폭력성향이 강한 청소년들은 폭력을 일삼는 드라마에 더 끌리는 경향이 있을 뿐, 이를 시청한다고 해서 청소년 폭력행위가 증가하는 것은 아니라고 주장한다. 따라서 B의 주장에 따르면, A의 주장처럼 폭력물을 자주 보기 때문에 강한 폭력성향이 생기는 결과를 야기하는 것이 아니라, 반대로 강한 폭력성향이 원인이 되어 폭력을 일삼는 드라마에 더 끌리게 되는 결과가 나온다.

ㄹ. A는 청소년들이 폭력성이 강한 드라마를 자주 보면 폭력성향이 강해지고, 이것이 청소년 폭력행위의 증가로 이어진다고 주장하며, B는 강한 폭력성향이 원인이 되어 폭력을 일삼는 드라마에 더 끌리는 경향이 있다고 주장한다. 즉, A와 B 모두 청소년 폭력성향과 폭력물 시청 간에 상관관계가 있다고 본다. 다만 인과관계가 있는지에 대해서는 의견이 엇갈린다. B는 폭력성향이 강한지 약한지 여부에 따라 폭력물 시청에 끌리는 정도가 달라지기 때문에 인과관계가 있다고 본다.

오답 체크

ㄴ. A는 '청소년들', '일부 청소년들', '폭력성향이 강한 청소년들'이라고 주체의 구분은 하고 있지만, 청소년을 '남성 청소년들'과 '여성 청소년들'로 구분해서 주장하고 있지는 않다. 따라서 A의 주장만으로 남성 청소년들이 여성 청소년들보다 폭력물에서 보이는 세계가 현실이라고 믿는 경향이 더 강한지 여부는 판단할 수 없다.

02 기타형

정답 ②

난이도 ★★☆☆☆

핵심포인트

지문에 판사·검사들의 자격유지에 반대하는 주장의 논거와 찬성하는 주장의 논거가 정리되어 있다. 문제 해결에 필요한 부분 위주로 빠르게 정보를 매칭하여 문제를 해결한다.

정답 체크

ㄱ. 판사·검사들의 자격유지를 반대하는 입장의 논거 1과 관련된다.

ㄴ. 판사·검사들의 자격유지를 찬성하는 입장의 논거 1과 관련된다.

ㄷ. 판사·검사들의 자격유지를 찬성하는 입장의 논거 2와 관련된다.

오답 체크

ㄹ. 마지막 단락에서 구동독 지역인 튀링엔 주의 경우 1990년 10월 3일 판사·검사의 자격유지 여부를 위한 적격심사를 한 결과, 전체 194명의 판사 중 101명이, 141명의 검사 중 61명이 심사를 통과하여 판사·검사로 계속 활동하게 되었다. 인원수의 절대 수치를 보더라도 판사 101명과 검사 61명을 비교할 때 판사의 수가 더 많으며, 비율로 보더라도 판사 194명 중 101명은 약 52%, 검사 141명 중 61명은 약 43%로 판사의 비율이 더 높다. 따라서 인원수의 절대 수치와 비율 중 모든 기준에서 검사들보다는 판사들 중에 적합한 인물이 보다 더 많았다고 할 수 있다.

실전공략문제

p.60

01	02	03	04	05
①	③	④	①	②
06	07	08	09	10
③	⑤	①	②	①
11				
⑤				

01 발문 포인트형 정답 ①

난이도 ★☆☆☆☆

핵심포인트

주장에 부합하는 사례를 찾아야 하므로 우선 글의 주장을 빠르게 찾아야 한다. 주장은 곧 글의 중심 내용이므로 세부적인 내용을 꼼꼼하게 읽는 것보다는 전반적인 흐름을 파악하듯 크게 읽는 것이 바람직하다.

정답 체크

제시문의 주장은 다른 문화와의 접촉이 단지 추가적인 문화요소의 등장에 그치는 것이 아니라 이에 더해 창조적인 역할을 수행하기도 한다는 것이다. 고유의 문자가 없었던 체로키족이 영어 알파벳의 영향을 받아 기존에는 없었던 체로키 문자를 고안한 것은 알파벳을 통해 체로키 문자를 새로 창조한 것이므로 제시문의 주장과 부합한다.

오답 체크

② 중국의 고전을 한글로 번역하는 과정에서 글의 이해를 돕기 위하여 한글 옆에 한자를 병기하는 것은 단순한 추가적인 요소일 뿐 새로운 것을 창조한 것이라고 보기 어려우므로 제시문의 주장과 부합하지 않는다.

③ 과거에 거리나 무게를 측정할 때 사용하였던 '리'나 '근'과 같은 단위는 사라지고 미터나 그램과 같은 서구의 단위가 대체되어 사용되고 있으므로 추가나 창조가 아니라 대체의 사례이다. 따라서 제시문의 주장과 부합하지 않는다.

④ 해외에서 유행 중인 스키니진을 국내 연예인이 입고 방송에 출연한 이후 청소년 사이에서 스키니진이 유행하는 것은 추가적인 요소일 뿐 새로운 것을 창조한 것이라고 보기 어려우므로 제시문의 주장과 부합하지 않는다.

⑤ 전통적으로 내려오던 활의 원리를 이용하여 새로운 현악기를 개발한 후에 살펴보니 서양의 하프와 유사한 형태였으므로 이는 다른 문화와의 접촉을 통해 영향을 받은 것이라기보다는 서로의 영향없이 창조의 결과가 우연히 일치된 것이다. 따라서 제시문의 주장과 부합하지 않는다.

02 발문 포인트형 정답 ③

난이도 ★★☆☆☆

핵심포인트

발문과 지문을 통해 1948년 런던 올림픽이 몇 회 대회인지, 그리고 1992년 알베르빌 동계 올림픽이 몇 회 대회인지에 대한 정보 위주로 빠르게 확인하여야 함을 파악한다. 하계 올림픽과 동계 올림픽의 차수를 계산하는 방식이 서로 다르므로 정확하게 구분하여 이해한다.

정답 체크

두 번째 단락에 따르면 올림픽 사이의 기간인 4년을 올림피아드라 부르는데, 하계 올림픽의 차수는 올림피아드를 기준으로 계산한다. 이전 대회부터 하나의 올림피아드만큼 시간이 흐르면 올림픽 대회 차수가 하나씩 올라가고, 대회가 개최되지 못해도 올림피아드가 사라지는 것은 아니므로 대회 차수에는 영향을 미치지 않는다. 반면 동계 올림픽의 차수는 실제로 열린 대회만으로 정해진다.

㉠ 1948년 하계 올림픽은 1936년 제11회 올림픽에서 12년이 지나 12/4=3 올림피아드가 흐른 것이므로 제14회 올림픽이다.

㉡ 동계 올림픽은 1948년 제5회 대회 이후 2020년 전까지 개최되지 않은 적이 없고, 1948년 제5회 올림픽으로부터 44년 후인 1992년 알베르빌 동계 올림픽은 44/4=11회가 지난 것이므로 제16회 올림픽이 된다.

따라서 ㉠은 14, ㉡은 16이다.

03 일치부합형 정답 ④

난이도 ★☆☆☆☆

핵심포인트

텍스트가 제시된 문제이므로 키워드를 파악한다. 이 문제의 경우 연도, 금액 등의 비한글 요소가 제시되어 있으므로 이를 파악하여 문제를 풀이한다.

정답 체크

세 번째 단락에서 1998년 개발도상국에 대한 은행 융자 총액은 500억 달러였다고 했고, 2005년에는 670억 달러가 되었다고 했으므로 2005년의 융자 총액이 1998년의 수준을 회복했음을 알 수 있다.

오답 체크

① 첫 번째 단락에서 개발도상국에 대한 투자는 포트폴리오 투자와 외국인 직접투자로 이루어지는데, 포트폴리오 투자는 경영에 대한 영향력보다는 경제적 수익을 추구하기 위한 투자이고, 외국인 직접투자는 회사 경영에 일상적으로 영향력을 행사하기 위한 투자임을 알 수 있다.

② 두 번째 단락에서 해외 원조는 개발도상국에 대한 경제적 효과가 있다고 여겨져 왔으나 최근 경제학자들 사이에서는 그러한 경제적 효과가 없다는 주장이 있음을 알 수 있다.

③ 첫 번째 단락에서 개발도상국으로 흘러드는 외국자본은 크게 원조, 부채, 투자가 있고, 원조는 해외 원조 혹은 공적개발원조, 부채는 은행 융자와 채권, 투자는 포트폴리오 투자와 외국인 직접투자로 이루어짐을 알 수 있다.

⑤ 세 번째 단락에서 개발도상국 채권 매수액은 1998~2002년에 연평균 230억 달러에서 2003~2005년에는 440억 달러가 되었다고 했고, 마지막 단락에서 포트폴리오 투자는 1998~2002년에 연평균 90억 달러에서 2003~2005년에는 410억 달러가 되었음을 알 수 있다. 이에 따라 채권의 증가액은 440-230=210억 달러, 포트폴리오 투자의 증가액은 410-90=320억 달러로 포트폴리오 투자의 증가액이 채권의 증가액보다 더 큼을 알 수 있다.

04 일치부합형

정답 ①

난이도 ★★☆☆☆

핵심포인트

지문과 선택지에 있는 한자어를 활용하여, 지문에서 문제 해결에 필요한 부분만 확인한다. 이 문제의 경우 직령포, 곤룡포, 흉배 등이 제시되어 있으므로 이를 중점으로 파악한다.

정답 체크

첫 번째 단락에서 삼국시대 이후인 남북국시대에는 서민과 귀족이 직령포를 입었는데 귀족은 직령포를 평상복으로만 입었고, 서민과 달리 의례와 같은 공식적인 행사에는 입지 않았다고 했으므로 남북국시대의 서민들은 직령포를 공식적인 행사에도 입었음을 알 수 있다.

오답 체크

② 첫 번째 단락에서 고려시대에는 복식구조가 크게 변했다고 했으나 '모든 계층'에서 복식구조가 크게 변한 것이 아니라 중국옷을 그대로 받아들여 입는 현상은 귀족층에서만 나타났음을 알 수 있다.

③ 첫 번째 단락에서 고름을 매기 시작한 시점은 중기 또는 후기라고 하여 명확하지 않고, 조선시대 후기에 마고자를 입기 시작했다고 했으나 서양 문물의 영향을 받은 것은 마고자가 아니라 조끼임을 알 수 있다.

④ 마지막 단락에서 조선시대 임금이 입었던 구군복에만 흉배를 붙였다고 했으므로 임금을 제외하면 조선시대 무관이 입던 구군복의 흉배에는 호랑이가 수놓아지지 않았을 것임을 알 수 있다.

⑤ 마지막 단락에서 문무백관의 상복이 곤룡포랑 모양은 비슷하나 흉배에 호랑이가 수놓아진 것은 무관 상복의 흉배이고, 문관 상복의 흉배에는 학을 수놓았음을 알 수 있다.

05 일치부합형

정답 ②

난이도 ★★☆☆☆

핵심포인트

일치부합형 중 특수 키워드형에 해당하는 문제이다. 따라서 되도록 <보기>를 해결하는 데 필요한 정보 위주로 지문에서 찾아 읽는다. 전 세계 해양오염의 발생 원인과 우리나라에 해당하는 발생 원인에 차이가 있으므로 이를 정확하게 구분할 수 있어야 한다.

정답 체크

ㄴ. 첫 번째 문단의 내용을 정리하면 다음과 같다.

전 세계 해양오염 발생 원인	육상기인 (77%)	약 60%는 육상으로부터의 직접 유입
		약 40%는 대기를 통한 유입
	해상기인 (12%)	
	육상폐기물의 해양투기 (10%)	대부분은 항로 확보 및 수심유지를 위한 준설물질이 차지

따라서 세계적으로 해양오염을 야기하는 오염원을 보면, 육상기인(77%) 중 대기를 통해 해양으로 유입(40%)되는 비율은 0.77×0.4≒0.3, 즉 약 30%이므로 육상폐기물 해양투기의 비율인 10%보다 크다.

오답 체크

ㄱ. 첫 번째 단락에서 우리나라의 육상폐기물 해양투기는 하수오니, 축산분뇨 등 유기물질의 해양투기량이 준설물질의 투기량을 훨씬 능가하고 있는 실정이라고 했으므로 준설물질의 해양투기 비율이 높아 이에 대한 대책 마련이 우선적으로 필요하다는 것은 글의 내용과 부합하지 않는다.

ㄷ. 세 번째 단락에서 해양수산부를 설치한 1996년으로부터 대략 20년 전인 1977년에 해양오염방지법을 제정하여 주로 선박 및 해양시설로부터의 해양오염을 규제해 왔다고 했으므로 해양수산부 설치 이전에도 관련법이 있었음을 알 수 있다. 따라서 글의 내용과 부합하지 않는다.

ㄹ. 지문에서 우리나라 육상기인 해양오염이 유류오염사고로 인한 해양오염보다 심한지 여부는 확인할 수 없다.

06 일치부합형

정답 ③

난이도 ★★★☆☆

핵심포인트

지식수준과 관여도라는 두 가지 기준에 따라 공중의 유형이 구분되며, 특정 공중이 어떠한 요건이 갖추어지면 다른 공중의 형태로 변화하기도 한다. 글을 읽을 때 이를 혼동하지 않도록 잘 정리해야 문제를 빠르고 정확하게 풀이할 수 있다.

구분		관여도	
		낮음	높음
지식수준	낮음	비활동 공중	환기 공중
	높음	인지 공중	활동 공중

정답 체크

두 번째 단락에서 어떤 쟁점에 대해 지식수준과 관여도가 모두 낮은 공중은 '비활동 공중'이라고 하고, 쟁점에 대한 지식수준이 낮더라도 쟁점에 노출되어 쟁점에 대한 관여도가 높아지게 되면 이들은 '환기 공중'으로 변화함을 알 수 있다.

오답 체크

① 첫 번째 단락에서 정책의 쟁점 관리는 정책 쟁점이 미디어 의제로 전환된 후부터 진행됨을 알 수 있다.

② 두 번째 단락에서 어떤 쟁점에 대한 지식수준이 높지만 관여도가 낮은 공중은 '인지 공중'이며, 어떤 쟁점에 대해 지식수준과 관여도가 모두 낮은 공중은 '비활동 공중'이라고 했으므로 비활동 공중은 지식수준이 높지 않고 낮아야 함을 알 수 있다.

④ 두 번째 단락에 따르면 비활동 공중은 쟁점에 대한 지식수준이 낮더라도 쟁점에 노출되어 쟁점에 대한 관여도가 높아지게 되면 '환기 공중'으로 변화하고, 마지막 단락에 따르면 환기 공중은 지식수준은 낮지만 쟁점 관여도가 높은 편이어서 문제해결에 필요한 지식을 얻게 된다면 활동 공중으로 변화한다. 따라서 공중은 한 유형에서 다른 유형으로 변화할 수 있음을 알 수 있다.

⑤ 마지막 단락에서 인지 공중은 사회의 다양한 쟁점에 관한 지식을 가지고 있지만 적극적으로 활동하지 않아 이른바 행동하지 않는 지식인이라고도 불린다고 했고, 이들의 관여도를 높여 활동 공중으로 이끄는 것은 매우 어렵다고 했으므로 인지 공중은 활동 공중으로 쉽게 변하지 않음을 알 수 있다. 마지막 단락에 따르면 쟁점에 대한 미디어 노출을 증가시키거나 다른 사람과 쟁점에 대해 토론하게 함으로써 지식수준을 높이는 전략을 취함으로써 활동 공중으로 쉽게 변하는 것은 '인지 공중'이 아니라 '환기 공중'이다.

07 응용형

정답 ⑤

난이도 ★★★☆☆

핵심포인트

<보기>에 '몸무게 00kg인 사람이 ~한 경우, ~할 것이다.'의 형식이 반복되어 제시되고 있다. 선택지나 <보기>에서 동일 용어가 반복되거나 유사한 표현이 반복되는 경우, 그리고 그 반복되는 표현이 가정형의 표현일 경우에 해당 문제는 응용형의 문제임을 알고, 내용을 이해하기 위한 접근법을 사용해야 한다.

특히 이 문제의 경우, 'rem'이라는 개념을 정확히 이해해야 한다. 1rem은 몸무게 1g당 감마선 입자 5천만 개가 흡수된 양으로 이를 공식으로 정리하면 다음과 같다.

$$1\text{rem}=\frac{5\text{천만 개}}{1\text{g}}=\frac{4\text{조 개}}{80\text{kg}}$$

분모가 사람의 몸무게이고 분자가 흡수된 감마선 입자의 양인데, 몸무게가 변하더라도 1g당 감마선의 입자의 양은 5천만 개로 일정하게 유지된다는 것에 유의한다.

정답 체크

ㄴ. 몸무게 50kg인 사람이 500조 개의 감마선 입자에 해당하는 방사선을 흡수한 경우 몇 rem인지 구한다. 몸무게가 50kg인 사람에게 1rem은 2.5조 개의 감마선 입자가 흡수된 양이다. 그런데 500조 개의 감마선 입자에 해당하는 방사선을 흡수했다면, 500조 개는 2.5조 개의 200배이므로 200rem의 피해를 입은 것에 해당한다. 두 번째 단락에서 방사선에 200rem 정도로 피해를 입는다면 머리카락이 빠지기 시작하고, 몸에 기운이 없어지고 구역질을 함을 알 수 있다.

ㄷ. 두 번째 단락에서 가벼운 손상은 몸이 스스로 짧은 시간에 회복할 뿐만 아니라, 정상적인 신체 기능에 거의 영향을 미치지 않으며 이 경우 '문턱효과'가 있다고 한다고 했으므로 일정량 이하 바이러스가 체내에 들어오는 경우 우리 몸이 스스로 바이러스를 제거하여 질병에 걸리지 않는 것도 문턱효과의 예임을 알 수 있다.

ㄹ. 첫 번째 단락에 따르면 체르노빌 사고 현장에서 소방대원의 몸에 흡수된 감마선 입자는 각종 보호 장구에도 불구하고 400조 개 이상이었다. 이때 몸무게가 80kg인 소방대원 A에게 1rem은 4조 개의 감마선 입자를 흡수한 양이고, 400조 개 이상은 4조 개의 100배 이상이므로 A가 입은 방사선 피해는 100rem 이상임을 알 수 있다.

오답 체크

ㄱ. 첫 번째 단락에 따르면 rem이라는 단위의 정의 자체가 이미 해당 사람의 몸무게를 반영하고 있는 개념이므로 몸무게 120kg 이상인 것을 고려하거나 흡수된 감마선 입자량을 따로 계산하거나 하지 않고, 단지 300rem일 때 어떤 영향을 받는지만 확인한다. 두 번째 단락에서 우리 몸이 방사선에 의해 입은 피해가 300rem 정도라면 수혈이나 집중적인 치료를 받지 않는 한 방사선 피폭에 의한 사망 확률이 50%에 달한다고 했으므로 수혈이나 치료를 받지 않으면 사망할 확률이 높음을 알 수 있다.

08 응용형

정답 ①

난이도 ★★★☆☆

핵심포인트

<보기>에서 M0.0이라는 형태의 단어가 반복해서 등장하고, A가 B의 몇 배인지를 판단해야 하는 내용이 제시되어 있으므로 응용형 문제임을 확인한다.

정답 체크

지문에서 지진의 강도를 '리히터 규모'와 '진도'로 나누어 설명하고 있다. 이에 따라 두 개념을 정리하면 다음과 같다.

리히터 규모	진도
지진계에 기록된 지진파의 최대 진폭을 측정하여 수학적으로 계산한 값	지진이 일어났을 때 어떤 한 지점에서 사람이 느끼는 정도와 건물의 피해 정도 등을 상대적으로 등급화한 수치
지진이 발생하면 지진마다 고유의 리히터 규모 값이 매겨진다.	동일한 지진에 대해서도 각 지역에 따라 진도가 달라질 수 있다.
리히터 규모는 지진파의 최대 진폭이 10배가 될 때마다 1씩 증가하는데, 이때 지진에너지는 약 32배가 된다. 리히터 규모는 소수점 아래 한 자리까지 나타내는데, 예를 들어 'M5.6' 또는 '규모 5.6'의 지진으로 표시된다.	진도는 나라별 실정에 따라 다른 기준이 채택된다. 우리나라는 12단계의 '수정 메르칼리 진도'를 사용하고 있으며, 진도를 나타내는 수치는 로마 숫자를 이용하여 '진도 III'과 같이 표시한다. 표시되는 로마 숫자가 클수록 지진을 느끼는 정도나 피해의 정도가 크다는 것을 의미한다.

ㄱ. M5.6인 지진을 진도로 표시하면 나라별로 다르게 표시될 수 있다.

ㄴ. 리히터 규모는 지진파의 최대 진폭이 10배가 될 때마다 1씩 증가한다. 리히터 규모 M4.0은 M2.0에 비해 리히터 규모가 2가 증가한 것으로 10배가 두 번 증가했으므로 M4.0인 지진의 지진파 최대 진폭은 M2.0인 지진의 지진파 최대 진폭의 100배이다.

오답 체크

ㄷ. 진도에 표시되는 로마 숫자가 클수록 지진을 느끼는 정도나 피해의 정도가 크다는 것을 의미하기는 하지만 진도는 상대적인 수치이므로 숫자를 가지고 어떤 한 지점에서 사람이 느끼는 정도와 건물의 피해 정도가 정확히 몇 배라고 단정 지을 수 없다. 또한 로마 숫자가 클수록 지진을 느끼는 정도나 피해의 정도가 크다는 것을 의미하므로 진도 IV인 지진이 진도 II인 지진보다는 어떤 한 지점에서 사람이 느끼는 정도와 건물의 피해 정도가 더 크다.

ㄹ. 리히터 규모는 지진파의 최대 진폭이 10배가 될 때마다 1씩 증가하는데 이때 지진에너지는 약 32배가 된다. M6.0인 지진은 M3.0인 지진보다 리히터 규모가 3이 더 크다. 따라서 리히터 규모가 3 크다는 것은 지진에너지가 $32 \times 32 \times 32 = 32^3 = 32{,}768$배가 크다는 것을 의미한다.

빠른 문제 풀이 Tip

ㄹ. 정확한 계산을 하지 않고, 30의 세제곱만 파악하더라도 판단이 가능하다. 또한 32의 제곱이 대략 1,000이므로 32를 다시 곱하면 숫자는 1,000배 이상임을 알 수 있다.

09 1지문 2문항형

정답 ②

난이도 ★★☆☆☆

핵심포인트

<보기> ㄴ~ㄹ에 'W-K 암호체계에서'라는 표현이 반복되고 있으므로 응용형임을 알 수 있다. 따라서 지문에서 문제 해결에 필요한 부분을 찾아 정확하게 이해한 후, 이를 각 <보기>에 응용·적용할 수 있어야 한다.

정답 체크

ㄴ. 두 번째 단락에 따르면 자음과 모음은 각각 두 자리 숫자로 표시하고, 받침은 자음을 나타내는 두 자리 숫자의 앞에 '00'을 붙여 네 자리로 표시한다. 세 번째 단락에 따르면 W-K 암호는 네 자리씩 끊어 읽는다. 따라서 W-K 암호체계에서 한글 단어를 변환한 암호문의 자릿수는 4의 배수임을 알 수 있다.

ㄷ. 주어진 암호를 네 자리씩 끊어서 표시해 보면 '1830, 0015, 2400'이다. 자음과 모음은 각각 두 자리 숫자로, 받침은 자음을 나타내는 두 자리 숫자의 앞에 '00'을 붙여 네 자리로 표시한다고 했으므로 가운데 '0015'는 '00'으로 시작하기 때문에 앞 글자의 받침임을 알 수 있다. 이에 따라 마지막 '2400'은 자음+모음 형식의 새로운 글자여야 한다. 그런데 세 번째 단락에 따르면 W-K 암호체계에서 자음은 '11~29'에, 모음은 '30~50'에 순서대로 대응되므로 '2400'이 하나의 글자라면 모음을 나타내는 마지막 두 자리에는 '30~50' 중 하나가 나와야 한다. 따라서 주어진 암호는 한글 단어로 해독될 수 없음을 알 수 있다.

오답 체크

ㄱ. 첫 번째 단락에 따르면 김우전 선생은 1944년 1월 일본군에 징병돼 중국으로 파병됐지만 같은 해 5월 말 부대를 탈출해 광복군에 들어갔고, 두 번째 단락에 따르면 1945년 3월 미 육군 전략정보처가 중국에서 광복군과 함께 특수훈련을 하고 있었을 시기에 선생은 한글 암호인 W-K 암호를 만들었다. 따라서 김우전 선생이 광복군의 무전통신을 위해 W-K 암호를 만들었으나, 일본군에 징병되었을 때 만든 것은 아님을 알 수 있다.

ㄹ. 세 번째 단락에 따르면 모음은 '30~50'에 순서대로 대응되고, 각주의 모음 순서에 따르면 'ㅞ'는 '48'에 대응되어야 한다. 따라서 W-K 암호체계에서 한글 '궤'는 '1148'로 변환됨을 알 수 있다.

10 1지문 2문항형 정답 ①

난이도 ★★★☆☆
핵심포인트
발문에서 '3·1운동!'을 옳게 변환한 것을 찾을 것을 요구하고 있으므로 발문에 포인트가 있는 발문 포인트형임을 알 수 있다. 따라서 지문을 읽을 때는 암호를 변환하는 방법과 관련된 규칙을 중점적으로 확인한 후 <조건>에 추가된 규칙과 잘 결합하여 문제를 해결한다.

정답 체크

W-K 암호체계의 규칙을 정리하면 다음과 같다.

· 자음: 두 자리 숫자로 표시, 'ㄱ, ㄴ, ㄷ, ㄹ, ㅁ, ㅂ, ㅅ, ㅇ, ㅈ, ㅊ, ㅋ, ㅌ, ㅍ, ㅎ, ㄲ, ㄸ, ㅃ, ㅆ, ㅉ'가 '11~29'에 순서대로 대응
· 모음: 두 자리 숫자로 표시, 'ㅏ, ㅑ, ㅓ, ㅕ, ㅗ, ㅛ, ㅜ, ㅠ, ㅡ, ㅣ, ㅐ, ㅒ, ㅔ, ㅖ, ㅘ, ㅙ, ㅚ, ㅝ, ㅞ, ㅟ, ㅢ'가 '30~50'에 순서대로 대응
· 받침: 자음을 나타내는 두 자리 숫자의 앞에 '00'을 붙여 네 자리로 표시, 자음 중 'ㄱ~ㅎ'을 이용하여 '0011'부터 '0024'에 순서대로 대응

숫자와 기호를 표현하기 위해 추가된 규칙은 다음과 같다.

· 숫자: 1~9를 차례대로 '51~59'로 변환하고, 끝에 '00'을 붙여 네 자리로 표시
· 기호: 온점(.)은 '70', 가운뎃점(·)은 '80', 느낌표(!)는 '66', 물음표(?)는 '77'로 변환하고, 끝에 '00'을 붙여 네 자리로 표시

이 규칙을 통해 '3·1운동!'을 옳게 변환하면 다음과 같다.

3	·	1	우	ㄴ	도	ㅇ	!
5300	8000	5100	1836	0012	1334	0018	6600

따라서 '3·1운동!'을 옳게 변환한 것은 '53008000510018360012133400186600'이다.

11 응용형(텍스트형) 정답 ⑤

난이도 ★★★☆☆
핵심포인트
어려운 한자어가 제시되었으므로 개념의 이해 자체가 어려울 수 있다. 따라서 용어에 주의하며 분재의 방법을 정확히 이해하고, 분재 받는 밭의 총 마지기 수를 계산한다.

정답 체크

분재의 시기가 재주의 생전인지 사후인지에 따라 정리하면 다음과 같다.

분재	별급	재주 생전에 과거급제, 생일, 혼인, 출산, 감사표시 등 특별한 사유로 인해 이루어지는 분재
	깃급	특별한 사유 없이 재주가 임종이 가까울 무렵에 하는 일반적인 분재
	화회	재주가 재산을 분배하지 못하고 죽는 경우 재주 사후에 그 자녀들이 모여 재산을 분배

또한 분재의 방법을 정리하면 다음과 같다.

· 자녀들이 재산을 나눌 때 재주의 유서나 유언이 남아 있으면 이에 근거하여 분재가 되었으나, 그렇지 못한 경우에는 합의하여 재산을 나누어 가졌다.
· 『경국대전』의 규정: 친자녀 간 균분 분재를 원칙으로 하나, 제사를 모실 자녀에게는 다른 친자녀 한 사람 몫의 5분의 1이 더 분재되었다. 그러나 이때에도 양자녀에게는 차별을 두도록 되어 있었다.
· 깃급과 화회 대상 재산에는 별급으로 받은 재산이 포함되지 않았다.

이를 <상황>에 적용하면 甲이 별급한 재산은 과거에 급제한 아들 1명에게 밭 20마지기를 준 것과 두 딸이 시집갈 때 각각 밭 10마지기씩을 준 것이 전부이고, 깃급과 화회 대상 재산에는 별급으로 받은 재산이 포함되지 않는다. 이때 재주 甲은 유서와 유언 없이 사망하였고, 과거 급제한 아들이 제사를 모시기로 하였으며 화회 대상 재산은 경국대전의 규정에 따라 이루어졌으므로 화회 대상 재산인 밭 100마지기를 분재 대상자 4명으로 나눈 25마지기씩 균분한 후, 제사를 모실 과거에 급제한 아들에게는 다른 친자녀 한 사람 몫의 5분의 1인 5마지기가 더 분재된다. 이때 양녀는 제사를 모시지 않는 친자녀 한 사람이 화회로 받은 몫의 5분의 4인 20마지기를 분재 받는다. 따라서 과거에 급제한 아들은 별급으로 20마지기, 화회로 30마지기를 분재 받으므로 분재 받은 밭의 총 마지기 수는 20+30=50마지기이다.

2 법조문형

유형 6 | 발문 포인트형

p.80

01	02	03		
③	⑤	①		

01 발문 포인트형

정답 ③

난이도 ★★☆☆☆

핵심포인트

해당하는 호, 목만 정확히 찾아낼 수 있다면 단순 확인을 통해 해결할 수 있는 문제이다. 이때 정수장 C를 제1항 제1호 나목 단서에 매칭하지 않도록 주의한다.

정답 체크

법조문 제1항과 제2항을 토대로 충족해야 하는 기준을 정리하면 다음과 같다.

검사지점	검사대상	수질검사빈도(제1항)		수질기준
정수장 A	잔류염소	제1호 가목	매일 1회 이상	4mg/L 이하
정수장 B	질산성 질소	제1호 나목	매주 1회 이상	10mg/L 이하
정수장 C	일반세균	제1호 나목	매주 1회 이상	100CFU/mL 이하
수도꼭지 D	대장균	제2호 가목	매월 1회 이상	불검출/100mL
배수지 E	잔류염소	제3호	매 분기 1회 이상	4mg/L 이하

수질검사빈도를 보면, 정수장 C는 매주 1회 이상 수질 검사를 해야 하나, 매월 1회 검사를 했으므로 검사빈도 기준을 충족하지 못한다. 또한 수질기준을 보면, 정수장 B는 10mg/L 이하여야 하나, 검사 결과 11mg/L의 결과가 나왔으므로 수질기준을 충족하지 못한다. 따라서 수질검사빈도와 수질기준을 둘 다 충족한 검사지점은 정수장 B와 정수장 C를 제외한 나머지 A, D, E이다.

02 발문 포인트형

정답 ⑤

난이도 ★★☆☆☆

핵심포인트

규정에 따라 추천을 받을 자를 파악하는 문제이므로 제시된 호·목 형태의 정보 중 문제 해결에 필요한 정보를 빠르게 찾는다. 지문에 열거된 내용은 정부포상 대상자 추천의 제한 요건이므로 이에 해당되면 정부포상 대상자로 추천을 받을 수 없음을 유의한다.

정답 체크

2)-가)에서 최근 2년 이내 3회 이상 고발 또는 과징금 처분을 받은 법인 및 그 대표자와 책임 있는 임원은 정부포상 대상자 추천을 받을 수 없다고 했으나, 단서 규정에서 고발에 따른 과징금 처분은 1회로 간주함을 알 수 있다. 예를 들어 A고발과 B과징금은 각각 1회로 보아 총 2회로 보는 것이 원칙이지만, 만약 A고발에 따라 B과징금이 나온 것이라면 A고발과 B과징금을 별도로 보는 것이 아니라 이를 합하여 1회로 간주한다는 것이다.

2009년 7월은 현재인 2011년 8월에 2년 이내의 범위에 포함되지 않는다. 이에 따라 3회 이상의 고발 또는 과징금 처분을 받았다 하더라도 최근 2년 이내에 그 3회가 있었는지는 확정할 수 없다. 또한 공정거래관련법 위반으로 고발에 따른 과징금 처분을 2회 받은 기업은 고발과 과징금을 각각 1회로 보아 총 4회로 보는 것이 아니라, 고발에 따른 과징금 처분은 1회로 보아 총 2회로 보아야 함을 알 수 있다. 따라서 3회 이상이라는 요건에도 해당하지 않으므로 2009년 7월 이후 현재까지 공정거래관련법 위반으로 고발에 따른 과징금 처분을 2회 받은 기업은 정부포상 대상자 추천의 제한 요건에 해당하지 않는다.

오답 체크

① 1)-나)에서 금고 이상의 형을 받고 그 집행이 종료된 후 5년을 경과하지 아니한 자는 정부포상 대상자 추천을 받을 수 없음을 알 수 있다. 금고 1년 형을 선고 받아 복역한 후 2009년 10월 출소한 자는 2011년 8월 기준으로 5년을 경과하지 않았으므로 정부포상 대상자 추천을 받을 수 없다.

② 1)-가)에서 형사재판에 계류 중인 자는 정부포상 대상자 추천을 받을 수 없음을 알 수 있다.

③ 2)-나)에서 최근 1년 이내 3회 이상 시정명령 처분을 받은 법인 및 그 대표자와 책임 있는 임원은 정부포상 대상자 추천을 받을 수 없음을 알 수 있다. 2010년 10월 이후 현재인 2011년 8월까지는 최근 1년 이내의 범위이고, 이 기간 동안 공정거래관련법 위반으로 3회 시정명령 처분을 받은 기업의 대표자는 정부포상 대상자 추천을 받을 수 없다.

④ 1)-마)에서 포상추천일 전 2년 이내에 벌금형 처벌을 받은 자로서 1회 벌금액이 200만 원 이상이거나 2회 이상의 벌금형 처분을 받은 자는 정부포상 대상자 추천을 받을 수 없음을 알 수 있다. 2010년 1월은 현재 2011년 8월 기준으로 2년 이내이고, 이 기간 중에 교통사고 후 필요한 구호조치를 하지 않아 500만 원의 벌금형 처분을 받은 자는 1회 벌금액이 200만 원 이상이므로 정부포상 대상자 추천을 받을 수 없다.

빠른 문제 풀이 Tip

⑤ 2)-가)에서 괄호 안에 있는 단서 규정을 정확히 해석할 수 있어야 한다. 또한 단서 규정과 각주를 활용하여 정답을 만드는 경우가 많다는 것을 반드시 체크한다.

03 발문 포인트형 정답 ①

난이도 ★★☆☆☆

핵심포인트

발문에서 '가족관계등록부에 기록해야 하는 내용이 아닌 것은?'이라고 묻고 있기 때문에 제시문에서 가족관계등록부에 기록해야 하는 사항을 정확하게 파악한 후, 이를 <상황>에 적용할 수 있어야 한다.

정답 체크

· 가족관계등록부에 기록해야하는 사항으로 우선 제○○조 제2항 제1호의 등록기준지가 있다. 제□□조에서는 출생을 사유로 처음 등록하는 경우에는 등록기준지를 자녀가 따르는 성과 본을 가진 부 또는 모의 등록기준지로 한다고 정하고 있다. 〈상황〉의 김가을은 2021년 10월 10일에 출생하여 출생신고를 하는 것으로 제□□조의 적용 대상이 된다. 김가을의 성 '김'은 부모 중 김여름의 성을 따른 것이므로, 김가을의 등록기준지는 김여름의 등록기준지인 부산광역시 남구 ◇◇로 2-22로 하여야 한다. 이에 따라 선택지 ②가 제외된다.

· 제○○조 제2항 제2호에서는 본을 기록하도록 하고 있는데 본이란 본관(本貫)을 말하는 것이다. 제□□조에서는 '자녀가 따르는 성과 본'이라고 언급하고 있고 부 또는 모의 성을 따르면서 특별히 본을 다르게 정하는 경우는 생각하기 어렵다. 김가을의 성은 부모 중 김여름의 성을 따른 것이므로 김가을의 본도 김여름의 본을 따른 것이다. 따라서 여름의 본인 金海는 김가을의 가족관계등록부에 기록해야 하는 내용이다. 이에 따라 선택지 ④가 제외된다.

· 제○○조 제2항 제2호에 따라, 김가을의 성별인 '남'은 기록해야 하는 내용이다. 이에 따라 선택지 ⑤는 제외된다.

· 제○○조 제2항 제2호에 따라, 김가을의 출생연월일인 '2021년 10월 10일'은 기록해야 하는 내용이다. 이에 따라 선택지 ③은 제외된다.

따라서 김가을의 가족관계등록부에 기록해야 하는 내용이 아닌 것은 박겨울의 등록기준지인 '서울특별시 마포구 △△로 3-33'이다.

유형 7 | 일치부합형

p.88

01	02	03	04	
①	⑤	⑤	⑤	

01 일치부합형 정답 ①

난이도 ★☆☆☆☆

핵심포인트

지문의 길이가 굉장히 긴 문제이지만 문제 해결에 필요한 조문만 잘 연결해서 확인하면 빠르고 정확한 풀이가 가능하다. 오답을 만드는 장치도 법조문을 다른 조항과 바꿔 제시하거나 내용을 옳지 않은 것으로 바꿔 제시하는 간단한 함정만 사용되므로 문제 난도는 낮은 편이다.

정답 체크

ㄱ. 마지막 법조문 제2항에서 지방자치단체의 장은 사용·수익을 허가한 행정재산을 국가나 지방자치단체가 직접 공용 또는 공공용으로 사용하기 위하여 필요로 하게 된 경우에는 그 허가를 취소할 수 있다고 했으므로 A시의 장은 A시의 행정재산에 대하여 B기업에게 사용허가를 했더라도 그 허가를 취소할 수 있음을 알 수 있다.

ㄴ. 세 번째 법조문 제2항 제2호에서 지방자치단체의 장은 천재지변이나 재난을 입은 지역주민에게 일정기간 행정재산의 사용·수익을 허가하는 경우에 사용료를 면제할 수 있다고 했으므로 C시의 행정재산에 대하여 C시의 장이 천재지변으로 주택을 잃은 지역 주민에게 임시 거처로 사용하도록 허가한 경우, 그 사용료를 면제할 수 있음을 알 수 있다.

오답 체크

ㄷ. 마지막 법조문 제3항은 동조 제2항과 연결되므로 두 조항을 함께 확인한다. 손실을 보상해야 하는 경우는 사용·수익을 허가한 행정재산을 국가나 지방자치단체가 직접 공용 또는 공공용으로 사용하기 위하여 필요로 하게 된 경우에 지방자치단체의 장이 그 허가를 취소했고, 그 취소로 인하여 해당 허가를 받은 자에게 손실이 발생한 경우이다. 따라서 D시의 행정재산에 대하여 사용허가를 받은 E기업이 사용 목적에 위배되게 사용한다는 이유로 허가가 취소되었다면, 그에 따라 손실이 발생했더라도 D시의 장은 손실을 보상하지 않음을 알 수 있다.

ㄹ. 두 번째 법조문 제3항에서 사용·수익허가를 갱신 받으려는 자는 사용·수익허가기간이 끝나기 1개월 전에 지방자치단체의 장에게 사용·수익허가의 갱신을 신청하여야 한다고 했으므로 G가 2014년 3월 1일에 5년 기한으로 수익허가를 받았다면 2019년 3월 1일에 기한이 만료된다. 따라서 G는 1개월 전인 2월 1일 전에 신청을 해야 함을 알 수 있다.

02 일치부합형

정답 ⑤

난이도 ★★★☆☆

핵심포인트

법조문 제1호의 '재외국민', 제2호의 '외국국적동포'를 포괄하여 '재외동포'라 한다. 선택지에서 판단해야 하는 개념이 '재외국민'인지 '외국국적동포'인지에 따라 구분되고 있으므로 용어를 혼동하지 않도록 유의한다.

정답 체크

법조문 제2호와 시행령 제2조 제1호에서 대한민국의 국적을 보유하였던 자(대한민국정부 수립 이전에 국외로 이주한 동포를 포함)로서 외국국적을 취득한 자는 "외국국적동포"라 한다고 했으므로 과거에 대한민국 국적을 보유하였던 자로서 현재 브라질 국적을 취득한 자는 외국국적동포임을 알 수 있다.

오답 체크

① 법조문 제1호에서 대한민국의 국민으로서 외국의 영주권을 취득한 자 또는 영주할 목적으로 외국에 거주하고 있는 자를 "재외국민"이라 하고, 법조문 제2호에서 대한민국 국적을 보유하였던 자는 외국국적동포라 함을 알 수있다. 따라서 대한민국 국민이라 하더라도 외국의 영주권을 취득한 자 또는 영주할 목적으로 외국에 거주하고 있는 자는 재외동포가 될 수 있다.

② 법조문 제1호에서 대한민국의 국민으로서 외국의 영주권을 취득한 자 또는 영주할 목적으로 외국에 거주하고 있는 자를 "재외국민"이라 하고, 시행령 제1조 제2항에서 영주할 목적으로 외국에 거주하고 있는 자"라 함은 해외이주자로서 거주국으로부터 영주권을 취득하지 아니한 자를 말함을 알 수 있다. 따라서 거주국의 영주권 취득이 재외국민이 되기 위한 필수 요건은 아니다.

③ 법조문 제1호에서 대한민국의 국민으로서 외국의 영주권을 취득한 자 또는 영주할 목적으로 외국에 거주하고 있는 자를 "재외국민"이라 하고, 재외국민이 되기 위한 요건으로 대한민국의 국민일 것이 요구됨을 알 수 있다. 따라서 할아버지가 대한민국 국적을 보유하였던 미국 국적자, 즉 대한민국의 국민이 아닌 자는 재외국민이 될 수 없다.

④ 법조문 제2호에서 대한민국의 국적을 보유하였던 자(대한민국정부 수립 전에 국외로 이주한 동포를 포함) 또는 그 직계비속으로서 외국국적을 취득한 자 중 대통령령으로 정하는 자를 "외국국적동포"라 한다고 했으므로 외국국적동포가 되려면 대한민국의 국적을 보유하였던 자 또는 그 직계비속이어야 한다. 즉, 당사자에 해당하려면 대한민국의 국적을 보유하였다가 현재는 대한민국 국적을 보유하지 않아야 한다. 따라서 대한민국 국민으로서 회사업무를 위해 중국출장 중인 사람은 현재 대한민국 국민이므로 외국국적동포가 될 수 없음을 알 수 있다.

03 일치부합형

정답 ⑤

난이도 ★☆☆☆☆

핵심포인트

'취소하여야 한다'라는 기속의 표현과 '취소할 수 있다'라는 재량의 표현을 구분할 수 있어야 한다. '기속'의 표현인 경우 취소하는 것 외의 선택을 할 수 없지만, '재량'의 표현인 경우에는 취소할지 말지를 결정할 수 있다.

정답 체크

우수기업인 戊기업이 己기업을 흡수합병하면서 재평가 당시 일시적으로 방재관련 인력이 총 인원의 1.5%가 되었다면 두 번째 조문 제2항 제4호의 요건을 갖추지 못한 것이 된다. 이 경우 세 번째 조문 제3호에 해당하여 A부 장관은 戊기업의 인증을 취소할 수 있다. 그러나 세 번째 조문의 A부 장관의 우수기업 인증을 취소할 수 있는 권한은 재량행위이므로 두 번째 조문 제2항 제4호의 요건을 일시적으로 갖추지 못하였다고 하더라도 A부 장관은 戊기업의 인증을 취소하지 않을 수 있다.

오답 체크

① 甲기업이 우수기업으로 인증을 받고자 한다면 두 번째 조문 제2항 각 호의 요건을 갖추어야 한다. 또한 같은 조 제3항 단서에 의하면 제3호 요건의 경우 최초 평가에 한하여 해당 기준을 3개월 내에 충족할 것을 조건으로 인증할 수 있다. 甲기업이 처음 우수기업 인증을 받고자 하고 총 예산의 4%를 재해경감활동 비용으로 할애하였다면 비록 두 번째 조문 제2항 제3호의 요건을 갖추지는 못하였지만, 같은 조 제2항 제1호, 제2호, 제4호의 요건을 갖춘 경우 제3호의 '재해경감활동 비용으로 총 예산의 5% 이상 할애할 것'이라는 요건은 같은 조 제3항 단서에 의하여 해당 기준을 3개월 내에 충족할 것을 조건으로 인증할 수 있다.

② 세 번째 조문에서 A부 장관은 인증받은 우수기업을 6개월마다 재평가하도록 하고 있다. A부 장관이 乙기업을 평가하여 2022. 2. 25. 우수기업으로 인증한 경우, A부 장관은 6개월 뒤인 2022. 8. 25.까지 재평가를 해야 한다.

③ 두 번째 조문 제4항에서 우수기업 평가 및 인증에 소요되는 비용은 신청하는 자가 부담한다고 정하고 있다. 丙기업이 우수기업 인증을 신청하는 경우, 인증에 소요되는 비용은 A부 장관이 아닌 우수기업 인증을 신청한 丙기업이 부담한다.

④ 네 번째 조문 각 호에서 우수기업 인증 취소에 관한 요건을 정하고 있다. 제2호와 제3호의 경우 '인증을 취소할 수 있다'고 하여 재량이 있는 것으로 해석되는 반면, 제1호의 경우에는 '인증을 취소하여야 한다'고 하여 기속행위로 해석된다. 丁기업이 재난관리 전담조직을 갖춘 것처럼 거짓으로 신청서를 작성하여 우수기업으로 인증을 받은 경우라면 네 번째 조문 제1호의 거짓으로 인증을 받은 경우에 해당되며, 이 경우 A부 장관은 인증을 취소하여야 한다.

04 일치부합형

정답 ⑤

난이도 ★☆☆☆☆

핵심포인트

표제를 잘 활용하여 각 선택지의 정오판단을 하기 위해 필요한 정보를 빠르게 찾을 수 있어야 한다. 이때 도형을 사용하여 다른 조문과 연결시키는 내용을 빠뜨리지 않도록 주의한다.

정답 체크

제△△조 제1항, 제2항 단서에 따르면 지원대상자가 다른 법령에 따른 지원을 받고 있는 경우에도 국가나 지방자치단체는 아동양육비를 지급할 수 있다.

오답 체크

① 제□□조 제1항에 따르면 제○○조 제1호부터 제3호까지의 규정에 해당하는 자는 지원대상자가 된다. 5세인 자녀는 제○○조 제3호의 아동에 해당하므로, 아동인 5세인 자녀를 홀로 양육하는 자는 같은 조 제2호 각 목의 어느 하나에 해당하면 지원대상자가 될 수 있다. 따라서 5세인 자녀를 홀로 양육하는 자가 지원대상자가 되기 위해서는 반드시 제○○조 제2호 라목의 미혼자여야 하는 것은 아니고, 가목 내지 다목의 어느 하나에 해당하는 경우에도 지원대상자가 될 수 있다.

② 제○○조 제3호의 "아동"이란 18세 미만(취학 중인 경우에는 22세 미만을 말하되, 병역의무를 이행하고 취학 중인 경우에는 병역의무를 이행한 기간을 가산한 연령 미만을 말한다)의 자를 말한다. 22세의 대학생 자녀의 경우, 18개월간 병역의무를 이행한 기간을 가산하여 최소 23세 미만이므로 제○○조 제3호의 아동에 해당한다. 따라서 배우자와 사별한 자는 제○○조 제2호 가목에 해당하고 해당 자녀는 아동에 해당하므로, 제○○조 제2호의 "모(母)" 또는 "부(父)"에 해당하여 제□□조 제1항에 따라 지원대상자가 될 수 있다.

③ 6세인 손자는 제○○조 제3호의 아동에 해당한다. 그리고 부모의 생사가 불분명한 6세인 손자를 양육하는 조모는 제○○조 제2항에 따라 지원대상자가 된다. 그러나 제△△조 제1항에 따르면 국가나 지방자치단체는 지원대상자의 복지 급여 신청이 있으면 각 호의 복지 급여를 실시하므로, 복지 급여 신청이 없어도 제△△조 제1호의 생계비를 지급하여야 하는 것은 아니다.

④ 제○○조 제2호, 제3호에 따르면 30세인 미혼모가 5세인 자녀를 양육하는 경우 제□□조 제1항에 따라 지원대상가 된다. 제△△조 제1항 제3호에 따르면 해당 지원대상자의 복지 급여 신청이 있으면 아동양육비를 지급하여야 하고, 같은 조 제3항에 따르면 제1항 제3호의 아동양육비를 지급할 때 제1호의 미혼모가 5세 이하의 아동을 양육하는 경우 예산의 범위에서 추가적인 복지 급여를 실시하여야 한다.

유형 8 | 응용형

p.96

01	02			
④	⑤			

01 응용형

정답 ④

난이도 ★★☆☆☆

핵심포인트

<상황>이 제시되어 있으나 모든 선택지가 다 응용형처럼 해결되는 것은 아니다. 따라서 일치부합형처럼 풀이하는 선택지와 응용형처럼 풀이하는 선택지를 구분하여 빠르게 해결할 수 있어야 한다.

정답 체크

법조문 제4항에 따르면 제3항의 번호변경 통지를 받은 신청인이 운전면허증에 기재된 번호의 변경을 위해서는 그 번호의 변경을 신청해야 한다. 이때 제3항에 따르면 변경위원회로부터 번호변경 인용결정을 통보받은 경우에는 신청인의 번호를 지체 없이 변경하고 이를 신청인에게 통지해야 한다. 즉, 번호변경 통지를 받았다는 것은 신청인의 번호가 변경되었음을 의미한다. 따라서 甲의 주민등록번호가 변경된 경우, 甲이 운전면허증에 기재된 주민등록번호를 변경하기 위해서는 변경신청을 해야 함을 알 수 있다.

오답 체크

① 법조문 제2항에 따르면 제1항의 신청을 받은 주민등록지의 시장·군수·구청장은 ○○부의 주민등록번호변경위원회에 번호변경 여부에 관한 결정을 청구해야 한다. 그런데 제1항에서 주민등록지의 시장은 특별시장·광역시장은 제외하고 특별자치도지사는 포함한다. 따라서 A광역시장은 결정을 청구할 수 있는 주체가 아님을 알 수 있다.

② 법조문 제3항에 따르면 변경위원회로부터 번호변경 인용결정을 통보받은 경우에는 주민등록지의 시장 등이 신청인의 번호를 변경한다. 따라서 번호변경 인용결정은 변경위원회가 하지만, 신청인의 번호를 변경하는 주체는 주민등록지의 시장임을 알 수 있다.

③ 법조문 제3항 제1호, 제2호에 따르면 변경위원회로부터 번호변경 인용결정을 통보받고 주민등록지의 시장 등이 신청인의 번호를 변경할 때, 번호의 앞 6자리(생년월일) 및 뒤 7자리 중 첫째 자리는 변경할 수 없고, 제1호 이외의 나머지 6자리는 임의의 숫자로 변경한다. 따라서 甲의 주민등록번호 뒤 7자리 중 첫째 자리인 '2'는 변경할 수 없음을 알 수 있다.

⑤ 법조문 제5항에 따르면 주민등록지의 시장 등은 변경위원회로부터 번호변경 기각결정을 통보받은 경우에는 그 사실을 신청인에게 통지해야 하며, 신청인은 통지를 받은 날부터 30일 이내에 그 시장 등에게 이의신청을 할 수 있다. 따라서 이의신청은 주민등록번호변경위원회가 아니라 시장 등에게 해야 함을 알 수 있다.

02 응용형

정답 ⑤

난이도 ★★☆☆☆

핵심포인트

선택지에 '몇 개월간 출국을 금지할 수 있다'가 반복하여 제시되고 있으므로 이를 응용하여 풀이하는 응용형 문제임을 확인한다. 제시된 법조문을 꼼꼼히 확인하여 해결에 필요한 내용을 정확하게 정리한다.

정답 체크

제00조(출국의 금지) 제1항 제4호에서 5천만 원 이상의 지방세를 정당한 사유 없이 그 납부기간까지 내지 않은 사람은 출국을 금지할 수 있음을 알 수 있다. 戊는 정당한 사유 없이 2천만 원의 지방세를 납부기한까지 내지 않았다. 따라서 ○○장관은 戊에 대하여 4개월간 출국을 금지할 수 없다.

오답 체크

① 제00조(출국의 금지) 제1항 제1호에서 ○○장관은 형사재판에 계류 중인 사람에 대하여 6개월 이내의 기간을 정하여 출국을 금지할 수 있다고 했고, 유죄판결을 받고 항소심이 진행 중인 甲은 형사재판에 계류 중인 사람에 해당하므로 ○○장관은 甲에 대하여 5개월간 출국을 금지할 수 있다.

② 제00조(출국의 금지) 제1항 제3호에서 2천만 원 이상의 추징금을 내지 아니한 사람에 대하여 6개월 이내의 기간을 정하여 출국을 금지할 수 있다고 했고, 乙은 추징금 2천 5백만 원을 내지 않았으므로 ○○장관은 乙에 대하여 3개월간 출국을 금지할 수 있다.

③ 제00조(출국의 금지) 제2항 제1호에서 ○○장관은 소재를 알 수 없어 기소중지결정이 된 사람에 대하여는 3개월 이내의 기간을 정하여 출국을 금지할 수 있다고 했고, 소재를 알 수 없어 기소중지결정이 된 강도사건 피의자인 丙은 소재를 알 수 없어 기소중지결정이 된 사람에 해당하므로 ○○장관은 丙에 대하여 2개월간을 출국을 금지할 수 있다.

④ 제00조(출국의 금지) 제1항 제2호에서 ○○장관은 징역형의 집행이 끝나지 않은 사람에 대하여는 6개월 이내에 출국을 금지할 수 있다고 했고, 丁은 징역형의 집행이 끝나지 않은 사람에 해당하므로 ○○장관은 丁에 대하여 3개월간 출국을 금지할 수 있다.

유형 9 | 법계산형

p.102

01	02			
③	⑤			

01 법계산형

정답 ③

난이도 ★★☆☆☆

핵심포인트

계산 과정을 정확하게 이해하여 사례에 적용할 수 있어야 한다.

정답 체크

제시된 내용에 따라 순서대로 계산하면 다음과 같다.

부동산 취득 당시 가액	취득자가 신고한 가액과 공시지가(시가표준액) 중 큰 금액	5억 원 =50,000만 원
	단, 신고 또는 신고가액의 표시가 없는 때에는 공시지가를 과세표준으로 함	해당 없음
취득세	부동산 취득 당시 가액에 2%의 세율을 곱하여 산정	50,000×0.02 =1,000만 원
	단, 자경농민이 농지를 상속으로 취득하는 경우에는 취득세가 비과세	해당함 → 따라서 취득세는 비과세
농어촌 특별세	결정된 취득세액에 10%의 세율을 곱하여 산정	취득세가 0원이므로 농어촌특별세 역시 0원
등록세	부동산 취득 당시 가액에 0.8%의 세율을 곱하여 산정	50,000×0.008 =400만 원
	단, 자경농민이 농지를 취득하는 때 등록세의 세율은 상속의 경우 취득가액의 0.3%, 매매의 경우 1%	50,000×0.003 =150만 원
지방 교육세	결정된 등록세액에 20%의 세율을 곱하여 산정	150×0.2=30만 원

따라서 甲이 납부하여야 할 세금액은 등록세 150만 원과 지방교육세 30만 원이므로 총 150+30=180만 원이다.

02 법계산형 정답 ⑤

난이도 ★★★☆☆

핵심포인트

법조문에 따르면 대전 시내 버스요금 및 택시요금은 운임이 아니라 일비에 해당하므로 혼동하지 않도록 유의한다.

정답 체크

법조문에 따라 운임과 일비를 정리하면 다음과 같다.

운임	여행 목적지로 이동하기 위해 교통수단을 이용함에 있어 소요되는 비용을 충당하기 위한 여비
일비	여행 중 출장지에서 소요되는 교통비 등 각종 비용을 충당하기 위한 여비

이에 따라 대전 시내 버스요금 및 택시요금은 운임이 아니라 일비에 해당한다. 이때 여비의 종류에 따른 <甲의 지출내역>을 정리하면 다음과 같다.

여비의 구분	항목	1일차	2일차	3일차
운임 (철도운임)	KTX 운임 (일반실)	20,000		20,000
일비	대전 시내 버스요금	5,000	10,000	2,000
	대전 시내 택시요금			10,000
식비	식비	10,000	30,000	10,000
숙박비	숙박비	45,000	30,000	

- 운임: 40,000원
  철도운임은 실비로 지급되고, 1일차와 3일차에 KTX 비용을 2회 지출했으므로 甲은 일반실 기준 실비운임으로 20,000×2=40,000원을 지급받는다.
- 일비: 60,000원
  일비는 여행일수에 따라 지급되고, 1일당 20,000원이 지급되므로 3일 동안 출장을 간 甲은 일비로 20,000×3=60,000원을 지급받는다.
- 숙박비: 75,000원
  甲의 출장기간이 2박 3일로 출장기간이 2일 이상인 경우이므로 지급액은 출장기간 전체의 총액한도 내 실비로 계산한다. 1박당 상한액이 40,000원이고 2박을 했으므로 40,000원×2=80,000원을 총액으로 하여 총액한도 내 실비만큼 지급받을 수 있다. 甲이 지출한 숙박비는 40,000+35,000=75,000원으로 80,000원 이내이므로 甲은 숙박비로 75,000원을 지급받는다.
- 식비: 60,000원
  甲은 3일 동안 출장을 다녀왔으므로 1일당 20,000원씩 20,000×3=60,000원을 식비로 지급받는다.

따라서 甲이 정산받는 여비의 총액은 40,000+60,000+75,000+60,000=235,000원이다.

유형 10 | 규정형

p.108

01				
①				

01 규정형 정답 ①

난이도 ★★☆☆☆

핵심포인트

제시된 규정을 통해 부양가족을 판단하는 방법을 이해한 후, 이를 사례에 적용한다. 이때 단서 조항, 각주, 주요 용어(직계존·비속, 이상) 등을 명확히 파악한다.

정답 체크

甲과 乙 각각의 부양가족 수를 파악하기 위해 부양가족 해당 여부를 판단해야 할 가족은 다음과 같다.

- 甲: ⓐ 배우자, ⓑ 75세 아버지, ⓒ 15세 자녀, ⓓ 20세 자녀, ⓔ 장애 6급을 가진 39세 처제 1명
- 乙: ⓐ 배우자, ⓑ 58세 장인, ⓒ 56세 장모, ⓓ 16세 조카, ⓔ 18세 조카

우선 ⓐ~ⓔ가 부양가족의 요건을 충족하는지 살펴보면 다음과 같다.

부양가족의 요건	해당 여부
주민등록표상 부양의무자와 세대를 같이 하는 사람으로서 해당 부양의무자의 주소에서 현실적으로 생계를 같이하는 다음 중 어느 하나에 해당하는 사람	O (발문을 통해 파악 가능함)

이후 甲의 세대 구성원이 부양가족에 해당하는지 살펴본다.

부양의무자	직계존·비속	검토	해당 여부
甲	ⓐ 배우자	제1호	O
	ⓑ 75세 아버지	제2호	O
	ⓒ 15세 자녀	제3호	O
	ⓓ 20세 자녀	제3호 (본인 및 배우자의 20세 이상의 직계비속 중 장애의 정도가 심한 사람)	X
	ⓔ 장애 6급을 가진 39세 처제	제4호 (배우자의 형제자매 중 장애의 정도가 심한 사람)	O

따라서 甲의 부양가족 수는 4명이다.

乙의 세대 구성원이 부양가족에 해당하는지 살펴본다.

부양의무자	직계존·비속	검토	해당 여부
乙	ⓐ 배우자	제1호	O
	ⓑ 58세 장인	제2호(본인 및 배우자의 60세(여성인 경우에는 55세) 이상의 직계존속과 60세 미만의 직계존속 중 장애의 정도가 심한 사람	X
	ⓒ 56세 장모	제2호	O
	ⓓ 16세 조카	조카는 배우자, 직계존·비속, 형제자매 중 어디에도 해당하지 않음	X
	ⓔ 18세 동생	본인 및 배우자의 형제자매 중 장애의 정도가 심한 사람	X

따라서 乙의 부양가족 수는 2명이다.

유형 11 | 법조문소재형

p.114

01				
④				

01 법조문소재형 정답 ④

난이도 ★★☆☆☆

핵심포인트

모든 <보기>의 키워드가 '납부'이다. 따라서 단순히 키워드를 매칭해서는 문제를 해결하기 어렵고, 지문의 내용을 어느 정도 이해한 후, 내용을 <보기>에 적용하는 응용형처럼 해결하여야 한다.

정답 체크

ㄱ. 두 번째 단락 (ii)에 따르면 석판화의 원본은 기타소득세의 과세 대상품이나, 석판화의 복제품은 과세대상이 아니다. 또한 첫 번째 단락에서 양도가액이 6,000만 원 이상인 것을 과세 대상으로 규정하고 있다고 했으므로 양도가액이 6,000만 원 미만인 것은 과세 대상이 아니다.

ㄴ. 첫 번째 단락에 따르면 보물 등 국가지정문화재의 거래 및 양도는 과세 대상이 아니다.

ㄹ. 첫 번째 단락에 따르면 양도가액이 6,000만 원 미만인 것은 과세 대상이 아니다.

오답 체크

ㄷ. 첫 번째 단락에 따르면 양도일 현재 생존하고 있는 국내 원작자의 작품은 과세 대상이 아니다.

실전공략문제

p.116

01	02	03	04	05
③	②	①	①	①
06	07	08	09	10
③	⑤	⑤	③	②
11	12	13	14	15
⑤	⑤	③	②	③

01 발문 포인트형 정답 ③

난이도 ★☆☆☆☆

핵심포인트

스프링클러설비를 설치해야 하는 곳을 묻고 있으므로 발문에 포인트가 있는 문제임을 알 수 있다. 지문에 호·목의 형식이 변형되어 제시되었으므로 제시된 항목에서 정답과 관련된 항목을 빠르게 확인한다.

정답 체크

제4호에서 기숙사(교육연구시설·수련시설 내에 있는 학생 수용을 위한 것을 말한다) 또는 복합건축물로서 연면적 5,000m^2 이상인 경우에는 모든 층이 스프링클러설비를 설치해야 하는 곳이므로 연면적 15,000m^2인 복합건축물은 모든 층에 스프링클러설비를 설치해야 한다.

오답 체크

① 제5호에서 경찰서 유치장은 스프링클러설비를 설치해야 하나, 경찰서 민원실은 '경찰서 유치장'과 유사한 장소일뿐, 경찰서 민원실에 스프링클러설비를 설치해야 하는 명확한 근거가 없다.

② 제1호에서 종교시설로서 수용인원이 100명 이상인 경우에는 모든 층에 스프링클러설비를 설치해야 하나, 사찰은 제외한다고 했으므로 수용인원이 500명인 사찰의 모든 층은 스프링클러설비를 설치해야 하는 명확한 근거가 없다.

④ 제2호에서 판매시설, 운수시설 및 창고시설 중 물류터미널로서 층수가 3층 이하인 건축물로 바닥면적 합계가 6,000m^2 이상인 경우에는 모든 층에 스프링글러실비를 실시해야 함을 일 수 있다. 그러나 2층 건축물로서 바닥면적 합계가 5,000m^2인 경우는 바닥면적 합계 요건에 충족되지 않아 스프링클러설비를 설치해야 하는 의무가 없다.

⑤ 제3호에서 의료시설 중 정신의료기관, 노인 및 어린이 시설로서 해당 용도로 사용되는 바닥면적의 합계가 600m^2 이상인 경우에는 모든 층에 스프링클러설비를 설치해야 함을 알 수 있다. 그러나 외부에서 입주한 편의점의 바닥면적을 포함한 바닥면적 합계가 500m^2인 경우, 외부에서 입주한 편의점의 바닥면적을 해당 용도에 사용되는 바닥면적으로 포함하더라도 600m^2 이상의 요건을 충족하지 못하므로 스프링클러설비를 설치해야 하는 의무가 없다.

02 발문 포인트형 정답 ②

난이도 ★★★☆☆

핵심포인트

법조문 소재가 텍스트의 형태로 제시된 문제이다. 지문에서 제시된 국제형사재판소(ICC)가 재판관할권을 행사하기 위한 전제조건을 빠르게 찾고, 각 <보기>에 대입하여 정확하게 판단한다.

정답 체크

두 번째 단락에서 ICC가 재판관할권을 행사하기 위해서는 범죄가 발생한 국가가 범죄발생 당시 ICC 재판관할권을 인정하고 있던 국가이거나, 범죄 가해자의 현재 국적국이 ICC 재판관할권을 인정한 국가이어야 한다고 했으므로 둘 중 하나의 조건에 충족하면 ICC가 재판관할권을 행사할 수 있다.

ㄱ. 인도주의에 반하는 범죄가 발생한 B국은 범죄발생 당시 ICC 재판관할권을 인정하고 있었으므로 가해자 甲의 범죄에 대해 ICC가 재판관할권을 행사할 수 있음을 알 수 있다.

ㄷ. 인도주의에 반하는 범죄가 발생한 F국은 범죄달생 당시 ICC 재판관할권을 인정하고 있었고, 丙은 자국에서 범죄를 저질렀으므로 가해자 丙의 범죄에 대해 ICC가 재판관할권을 행사할 수 있음을 알 수 있다.

오답 체크

ㄴ. 전쟁범죄가 발생한 D국은 범죄 발생 당시 ICC 재판관할권을 인정하지 않았고, 범죄를 저지른 가해자 乙은 ICC 재판관할권을 인정하지 않는 C국 국민이므로 ICC가 재판관할권을 행사할 수 없음을 알 수 있다.

ㄹ. 대량학살 범죄가 발생한 G국은 현재까지 ICC 재판관할권을 인정하지 않고 있다. 범죄 가해자 丁의 현재 국적국도 제시되지 않았으나 만약 丁의 국적이 G국인 경우, 가해자 丁의 범죄에 대해 ICC가 재판관할권을 행사할 수 없음을 알 수 있다.

03 일치부합형

정답 ①

난이도 ★☆☆☆☆

핵심포인트

선택지의 키워드를 파악한 후, 이를 법조문 각 조항의 키워드와 매칭하여 해결한다.

정답 체크

네 번째 법조문 제2항에 따르면 물품출납공무원은 제1항에 따른 물품관리관의 명령이 없으면 물품을 출납할 수 없다.

오답 체크

② 첫 번째 법조문 제1항에 따르면 각 중앙관서의 장은 그 소관 물품관리에 관한 사무를 소속 공무원에게 위임할 수 있고, 필요하면 다른 중앙관서의 소속 공무원에게 위임할 수 있다. 따라서 A중앙관서의 장이 그 소관 물품관리에 관한 사무를 B중앙관서의 소속 공무원에게 위임하는 것도 가능하다.

③ 세 번째 법조문에 따르면 원칙적으로 물품은 국가의 시설에 보관하여야 하지만, 계약담당공무원이 아니라 물품관리관이 국가의 시설에 보관하는 것이 물품의 사용이나 처분에 부적당하다고 인정하거나 그 밖에 특별한 사유가 있으면 예외적으로 국가 외의 자의 시설에 보관할 수 있다.

④ 두 번째 법조문 제1항에 따르면 물품수급관리계획에 정해진 물품 이외의 물품이 필요한 경우, 물품관리관은 물품출납공무원이 아니라 계약담당공무원에게 필요할 때마다 물품의 취득에 관한 필요한 조치를 할 것을 청구하여야 한다.

⑤ 마지막 법조문 제2항에 따르면 물품출납공무원이 아니라 물품관리관이 제1항에 따른 보고에 의하여 수선이나 개조가 필요한 물품이 있다고 인정하면 계약담당공무원이나 그 밖의 관계 공무원에게 그 수선이나 개조를 위한 필요한 조치를 할 것을 청구하여야 한다. 마지막 법조문 제1항에 따라 보고하는 주체는 물품출납공무원이지만 이를 인정하고 청구하는 주체는 제2항에 따른 물품관리관이다. 또한 물품관리관이 제1항에 따른 보고에 의하여 수선이나 개조가 필요한 물품이 있다고 인정하면 계약담당공무원이나 그 밖의 관계 공무원에게 조치를 청구할 수 있으므로 반드시 계약담당공무원에게 청구해야 하는 것도 아니다.

04 일치부합형

정답 ①

난이도 ★★★☆☆

핵심포인트

각 <보기>의 키워드를 파악한 후, 이를 법조문 각 조항의 키워드와 매칭하여 해결한다.

정답 체크

ㄱ. 두 번째 법조문 제1항에 따르면 신청인은 '피신청인의 주소지, 피신청인의 사무소 또는 영업소 소재지, 피신청인의 근무지' 또는 '분쟁의 목적물 소재지, 손해 발생지' 둘 중 어느 하나에 해당하는 곳을 관할하는 지방법원에 조정을 신청해야 한다. 따라서 피신청인의 근무지를 관할하는 지방법원에 조정을 신청하는 것은 가능하다.

ㄷ. 세 번째 법조문 제3항에 따르면 조정담당판사는 신청인과 피신청인 사이에 합의된 사항이 조정조서에 기재되면 조정 성립으로 사건을 종결시키는데, 조정조서는 판결과 동일한 효력이 있다. 따라서 신청인과 피신청인 사이에 합의된 사항이 기재된 조정조서는 판결과 동일한 효력을 갖는다.

오답 체크

ㄴ. 세 번째 법조문 제1항에 따르면 조정담당판사는 사건이 그 성질상 조정을 하기에 적당하지 않다고 인정하거나 신청인이 부당한 목적으로 조정신청을 한 것임을 인정하는 경우에는 조정을 하지 않는 결정으로 사건을 종결시킬 수 있고, 신청인은 이 결정에 대해서 불복할 수 없다.

ㄹ. 마지막 법조문 제2호에 따르면 조정 불성립으로 사건이 종결된 경우에는 조정신청을 한 때에 민사소송이 제기된 것으로 본다. 따라서 사건이 종결된 때가 아니라 조정신청을 한 때 민사소송이 제기된 것으로 보아야 한다.

ㅁ. 세 번째 법조문 제1항과 제2항에 따르면 조정담당판사가 조정 불성립으로 사건을 종결시키는 경우는 신청인과 피신청인 사이에 합의가 성립되지 않은 경우이다.

05 응용형

정답 ①

난이도 ★★☆☆☆

핵심포인트

표제가 없는 법조문이 제시되었으므로 각 항에서 효과 부분을 키워드로 잡아 각 <보기>의 서술어와 매칭시켜 풀이하되, <상황>은 문제 해결에 필요한 정도만 활용한다.

정답 체크

ㄱ. 첫 번째 법조문 제1항에서 기획재정부장관은 각 국제금융기구에 출자를 할 때에는 국무회의의 심의를 거쳐 대통령의 승인을 받아 미합중국통화 또는 그 밖의 자유교환성 통화나 금 또는 내국통화로 그 출자금을 한꺼번에 또는 분할하여 납입할 수 있다고 했으므로 출자금을 자유교환성 통화로 납입할 수 있음을 알 수 있다.

오답 체크

ㄴ. 첫 번째 법조문 제1항에서 기획재정부장관은 각 국제금융기구에 출자를 할 때에는 국무회의의 심의를 거쳐 대통령의 승인을 받아 내국통화로 그 출자금을 한꺼번에 또는 분할하여 납입할 수 있다고 했으므로 출자금을 내국통화로 분할하여 납입할 수 있음을 알 수 있다.

ㄷ. 첫 번째 법조문 제2항에서 기획재정부장관은 각 국제금융기구에 출자를 할 때에는 그 출자금의 전부 또는 일부를 국무회의의 심의를 거쳐 대통령의 승인을 받아 내국통화로 표시된 증권으로 출자할 수 있다고 했으므로 미합중국통화로 표시된 증권이 아니라 내국통화로 표시된 증권으로 출자할 수 있음을 알 수 있다.

ㄹ. 두 번째 법조문 제1항에서 기획재정부장관은 출자한 증권의 전부 또는 일부에 대하여 각 국제금융기구가 지급을 청구하면 지체 없이 이를 지급하여야 한다고 했으므로 만약 출자금을 내국통화로 표시된 증권으로 출자한다면, A국제금융기구가 그 지급을 청구할 경우에 한국은행장이 아닌 기획재정부장관이 지체 없이 지급해야 함을 알 수 있다.

06 응용형 정답 ③

난이도 ★★☆☆☆

핵심포인트

최근 <상황>을 반영하여 틀리게 되는 함정을 파는 경우가 많은 것에 비해, 이 문제는 <상황>이 주어져 있기는 하지만, 甲~戊와 관련된 공통된 정보를 알려주고 있기 때문에 <상황>의 중요도는 높지 않다. 제○○조(허가신청) 제1항의 요건에 甲~戊가 해당함을 알려주는 역할에 그친다.

정답 체크

제△△조 제2항 제2호에 따르면 제○○조 제1항에 따른 허가를 받지 아니하고 사업장을 설치·운영하는 자에 대하여 제△△조 제2항에 따라 환경부장관은 해당 사업장의 폐쇄를 명할 수 있다. 따라서 丙이 제○○조 제1항에 따른 허가를 받지 않고 사업장을 설치·운영한 경우, 환경부장관은 제△△조 제2항에 따라 해당 사업장의 폐쇄를 명할 수 있다.

오답 체크

① 제○○조 제1항 제2문에 따르면 사업장에 대해 허가받은 사항을 변경하는 경우에도 환경부장관으로부터 허가를 받아야 한다. 따라서 甲이 사업장 설치의 허가를 받은 경우, 이후 허가받은 사항을 변경하는 때에도 별도의 허가를 받아야 한다.

② 제◇◇조 제1호에 따르면 제○○조 제1항에 따른 허가를 받지 아니하고 사업장을 설치한 자는 제◇◇조에 따라 7년 이하의 징역 또는 2억 원 이하의 벌금에 처한다. 乙이 제○○조 제1항의 허가를 받지 않고 사업장을 설치한 경우, 7년의 징역과 2억 원의 벌금에 처하는 것이 아니라 7년 이하의 징역 또는 2억 원 이하의 벌금에 처한다.

④ 제□□조에 따르면 제○○조 제1항에 따른 설치 허가신청을 받은 경우, 그 사업장의 설치로 인하여 지역배출허용총량의 범위를 초과하게 되면 이를 허가하여서는 아니 된다. 따라서 丁이 사업장 설치의 허가를 신청한 경우, 그 설치로 인해 지역배출허용총량의 범위를 초과한다면 환경부장관은 이를 허가하여서는 아니 된다.

⑤ 제△△조 제1항에 따르면 사업자가 부정한 방법으로 제○○조 제1항에 따른 허가를 받은 경우, 환경부장관은 그 허가를 취소할 수 있다. 따라서 戊가 사업장 설치의 허가를 부정한 방법으로 받은 경우 환경부장관은 그 허가를 취소할 수 있다.

07 응용형 정답 ⑤

난이도 ★★☆☆☆

핵심포인트

각 선택지에서 '취득한다' 또는 '취득하지 못한다'라는 키워드가 반복해서 등장하고 있으므로 응용형 문제임을 알 수 있다. 이 문제의 경우 지문에서 세 가지 경우가 제시되었으므로 선택지의 사례와 정확하게 매칭하여 풀이한다.

정답 체크

지문에 제시된 세 가지 경우를 각각 ⓐ, ⓑ, ⓒ라고 하여 정리하면 다음과 같다.

ⓐ 계약(예: 매매, 증여 등)에 의하여 부동산의 소유권을 취득하려면 양수인(예: 매수인, 수증자) 명의로 소유권이전등기를 마쳐야 한다.

ⓑ 상속·공용징수(강제수용)·판결·경매나 그 밖의 법률규정에 의하여 부동산의 소유권을 취득하는 경우 등기를 필요로 하지 않는다. 다만 등기를 하지 않으면 그 부동산을 처분하지 못한다.

ⓒ 계약에 의하여 동산의 소유권을 취득하려면 양도인(예: 매도인, 증여자)이 양수인에게 그 동산을 인도하여야 한다.

甲과 乙이 부동산 X에 대한 매매계약을 체결한 것이므로 ⓐ에 해당한다. 따라서 양수인 명의로 소유권이전등기를 마쳐야 하므로 乙이 甲에게 매매대금을 지급했더라도 乙 명의로 부동산 X에 대한 소유권이전등기를 마치지 않은 경우, 乙은 소유권을 취득하지 못한다.

오답 체크

① 甲이 자신의 부동산 X를 乙에게 1억 원에 팔기로 한 경우이므로 ⓐ에 해당한다. 따라서 乙이 甲에게 1억 원을 지급할 때 부동산 X의 소유권을 취득하는 것이 아니라 매수인인 乙의 명의로 소유권이전등기를 마쳐야 한다.

② 甲의 부동산 X를 경매를 통해 乙이 취득했다면 ⓑ에 해당한다. 이 경우 등기를 필요로 하지 않으나, 등기를 하지 않으면 그 부동산을 처분하지 못한다. 이때 乙이 부동산을 丙에게 증여한 것은 경매를 통해 취득한 부동산 X를 처분한 것이므로 등기가 필요한 상황임을 알 수 있다. 따라서 乙이 부동산을 丙에게 증여한 것도 계약에 포함되므로 양수인 丙의 명의로 소유권이전등기를 마쳐야 한다.

③ 甲이 점유하고 있는 자신의 동산 X를 乙에게 증여하기로 한 경우이므로 ⓒ에 해당한다. 이 경우 양도인이 양수인에게 그 동산을 인도하여야 하므로 甲이 乙에게 동산 X를 인도하지 않는다면 乙은 동산 X의 소유권을 취득할 수 없다.

④ 甲의 상속인으로 乙과 丙이 있는 경우이므로 ⓑ에 해당한다. 이 경우 소유권 취득에 등기를 필요로 하지 않으므로 乙과 丙이 상속으로 甲의 부동산 X에 대한 소유권을 취득하기 위해 乙과 丙 명의로 소유권이전등기를 마쳐야 하는 것은 아님을 알 수 있다.

08 법계산형 정답 ⑤

난이도 ★★☆☆☆

핵심포인트

호나 목은 병렬적인 내용을 나열하는 형식임을 알고, 이를 활용하여 각 선택지에 해당하는 호나 목을 빠르게 매칭하여 해결한다.

정답 체크

- 특허출원 5건을 신청한 A가 사망한 후, A의 단독 상속인 B가 출원인을 변경하고자 할 때의 출원인변경신고료: 첫 번째 법조문 제2호 가목에 따르면 매건 6천 5백 원이므로 6천 5백×5건=3만 2천 5백 원이다.
- C가 자기 소유의 특허권 9건을 말소하는 경우의 등록료: 두 번째 법조문 제3호에 따르면 매건 5천 원이므로 5천×9건=4만 5천 원이다.
- D가 특허출원 1건에 대한 40면 분량의 특허출원서를 전자문서로 제출하는 경우의 특허출원료: 첫 번째 법조문 제1호 나목에 따르면 매건 3만 8천 원이다.
- E소유의 특허권 1건의 통상실시권에 대한 보존등록료: 두 번째 법조문 제1호 나목에 따르면 매건 4만 3천 원이다.
- F주식회사가 G주식회사를 합병하면서 획득한 G주식회사 소유의 특허권 4건에 대한 이전등록료: 두 번째 법조문 제2호 나목에 따르면 매건 1만 4천 원이므로 1만 4천×4건=5만 6천 원이다.

따라서 수수료 총액이 가장 많은 것은 F주식회사가 G주식회사를 합병하면서 획득한 G주식회사 소유의 특허권 4건에 대한 이전등록료이다.

09 법계산형 정답 ③

난이도 ★★★☆☆

핵심포인트

여비를 계산하는 과정이 복잡하다. 특히 총일비, 총식비를 계산하는 방식과 총숙박비를 계산하는 방식에는 차이가 있으므로 유의한다. 여비를 계산하는 방식을 정확하게 이해한 후 빠르고 정확하게 계산을 통해 답을 구할 수 있어야 한다.

정답 체크

일정에 따라 총일비, 총숙박비, 총식비를 정리하면 다음과 같다.

구분		1일째	2일째	3일째	4일째	5일째	6일째	총
총일비	국가등급	다			라			450
	비용	80	80	80	70	70	70	
총숙박비	국가등급	-	다	라		-	-	561
	비용		233	164	164			
총식비	국가등급	-	다		라		-	374
	비용		102	102	85	85		

따라서 총일비는 450달러, 총숙박비는 561달러, 총식비는 374달러이다.

10 법조문소재형 정답 ②

난이도 ★★★☆☆

핵심포인트

고액현금거래 보고대상 여부를 판단하는 기준을 명확하게 이해한 후, 이를 <보기>의 A~E 사례에 적용한다.

정답 체크

고액현금거래 보고대상과 관련한 내용을 정리하면 다음과 같다.

보고대상	- 현금이나 어음·수표와 같이 현금과 비슷한 기능의 지급수단 - 1거래일 동안 이루어진 거래 - 같은 사람 명의로 이루어진 금융거래 - 거래상대방에게 지급한 총액이 2,000만 원 이상 또는 영수(領收)한 총액이 2,000만 원 이상인 경우 - 금융기관 창구에서 이루어지는 현금거래뿐만 아니라 현금자동입출금기상에서의 현금입출금 등이 포함
제외	- 현금외국통화 - 금융기관 사이 또는 금융기관과 국가·지방자치단체 사이에서 이루어지는 현금 등의 지급 또는 영수 - 계좌이체, 인터넷뱅킹 등 회계상의 가치이전만 이루어지는 금융거래

A. 자기 명의 계좌에 입금한 100,000달러는 외국통화이기 때문에 고액현금거래 보고대상에서 제외되지만, 자기 명의 즉, 같은 사람 명의의 계좌에서 3,000만 원을 자기앞수표로 인출한 것은 고액현금거래 보고대상이다.

D. 계좌가 a, b로 다르지만 둘 다 자기 명의 계좌이므로 같은 사람 명의로 이루어진 금융거래이고, 각각 현금 1,000만 원씩 총 2,000만 원의 현금을 거래하였으므로 고액현금거래 보고대상이다.

따라서 고액현금거래 보고대상에 해당되는 사람은 A, D이다.

오답 체크

B. 계좌이체는 고액현금거래 보고대상이 아니다.

C. 자기 명의 계좌에서 현금 1,500만 원을 인출하였고, 배우자 명의 즉, 다른 사람 명의의 계좌에서 현금 1,000만 원을 인출하였으므로 같은 사람 명의로 이루어진 금융거래만 보면 금액이 2,000만 원을 넘지 않는다. 따라서 고액현금거래 보고대상이 아니다.

E. 인터넷 뱅킹을 통해 이체한 100만 원은 인터넷 뱅킹을 통한 금융거래가 보고대상에 해당되지 않으며, 거래 금액만 보더라도 1,900만 원으로 2,000만 원 이상에 해당하지 않아 고액현금거래 보고대상이 아니다. 또한 금융거래의 명의를 보면 인터넷뱅킹을 통해 100만 원을 이체한 것은 F 명의 계좌이고, 현금 1,900만 원을 입금한 것은 E 명의 계좌이므로 같은 사람 명의로 이루어진 것도 아니다. 따라서 고액현금거래 보고대상이 아니다.

11 일치부합형

정답 ⑤

난이도 ★☆☆☆☆

핵심포인트

오답인 선택지에서는 단순히 반대로 말하거나, 행위자를 바꾼 함정을 활용한 문제이다. 전형적인 쉬운 함정을 활용한 문제이므로 빠르고 정확하게 해결할 수 있어야 한다.

정답 체크

첫 번째 조문부터 각각 제1조~제3조라고 한다. 제2조 제1항, 제2항에 따르면 관계 중앙행정기관의 장은 연구기관에 클라우드컴퓨팅기술 및 클라우드컴퓨팅서비스에 관한 연구개발사업을 수행하게 하고 그 사업 수행에 드는 비용의 전부 또는 일부를 지원할 수 있다.

오답 체크

① 제1조 제5항에 따르면 실태조사는 현장조사, 서면조사 등의 방법으로 실시하되, 효율적인 실태조사를 위하여 필요한 경우에는 정보통신망 및 전자우편 등의 전자적 방식으로 실시할 수 있다. 즉 실태조사는 전자적 방식이 아니라 현장조사, 서면조사 등의 방법으로 실시하는 것을 원칙으로 하되, 필요한 경우 전자적 방식으로 실시할 수 있다.

② 제3조에 따르면 클라우드컴퓨팅기술 및 클라우드컴퓨팅서비스의 발전과 이용 촉진을 위하여 국가와 지방자치단체가 조세감면을 할 수 있다.

③ 제1조 제4항에 따라 A부장관이 실태조사를 할 때에는 실태조사의 내용에 제3호의 클라우드컴퓨팅 산업의 인력 현황 및 인력 수요 전망을 포함하여야 한다.

④ 제1조 제1항에 따르면 A부장관은 실태조사를 할 수 있고, 제3항에 따르면 A부장관은 관계 중앙행정기관의 장이 요구하는 경우 실태조사 결과를 통보하여야 한다. 제시문에서 관계 중앙행정기관의 장이 실태조사를 할 수 있다거나, A부장관이 관계 중앙행정기관의 장에게 실태조사 결과를 요구할 수 있다는 조문은 없다. 또한 관계 중앙행정기관의 장이 실태조사 결과를 A부장관에게 통보하여야 한다는 조문도 없다.

빠른 문제 풀이 Tip

제시문에서 외형적으로 쉽게 파악할 수 있는 것은, '제00조'이면서 표제가 주어지지 않은 법조문이라는 것이다. 표제를 사용할 수 없는 문제이므로 키워드를 활용하는 것이 좋다. 이 경우 법조문의 각 조 및 각 항에서 키워드를 잡은 후, 이를 키워드를 매칭하듯이 각 선택지의 키워드와 연결시켜 세밀하게 정오를 확인할 때 가장 빠르고 정확한 해결이 가능하다.

12 일치부합형

정답 ⑤

난이도 ★☆☆☆☆

핵심포인트

법조문이 제00조가 아닌 제○○조의 형식이므로 조문 간 연결이 있을 것임을 예상할 수 있다. 제시문을 정확하게 이해하려면 이전 기출문제 분석을 통해 광역지자체장을 의미하는 '시·도지사'와 기초지자체장을 의미하는 '시장·군수·구청장'의 표현을 구분할 수 있어야 한다.

정답 체크

제○○조 제2항에 따르면 시장 등은 문화관광형시장을 지정한 경우에는 그 지정 내용과 육성계획을 시·도지사에게 제출하여야 하고, 제□□조 제1항 제1호에 따르면 시·도지사는 문화관광형시장을 지정한 날부터 3개월 이내에 제○○조 제2항에 따라 지정 내용과 육성계획이 제출되지 아니한 경우에는 그 지정을 해제할 수 있다.

오답 체크

① 제○○조 제1항에 따르면 시·도지사가 아니라 시장 등은, 개별 상인의 신청에 따르는 것이 아니라 직접 또는 상인조직을 대표하는 자가 신청하는 경우 시·도지사의 승인을 받아 문화관광형시장을 지정할 수 있다.

② 제□□조 제3항에 따르면 시·도지사가 문화관광형시장의 지정을 해제한 때에는 그 내용을 중소벤처기업부장관에게 통보하여야 한다.

③ 제□□조 제2항에 따르면 시·도지사가 문화관광형시장의 지정을 해제하려는 경우에는 이해관계인에게 의견진술의 기회를 주어야 한다.

④ 제○○조 제3항 제2호에 따르면 지방자치단체는 기념품 및 지역특산품의 개발과 판매시설 설치를 지원할 수 있다.

빠른 문제 풀이 Tip

'문화관광형시장의 지정·육성' 등의 표제가 주어진 문제이므로 표제를 활용하여 빠르게 해결하여야 한다.

13 일치부합형 정답 ③

난이도 ★★☆☆☆

핵심포인트

첫 번째 조문은 특정 요건에 해당하면 건축주는 건축물 미술작품을 설치해야 하는 의무를 부과하고 있고, 두 번째 조문은 국가 및 지방자치단체를 제외한 건축주는 의무가 부과된 금액을 미술작품의 설치에 사용하는 대신에 문화예술진흥기금에 출연할 수 있도록 재량을 부여하고 있다. 원칙과 예외가 많은 문제이므로 요건에 해당하지 않거나, 제외되는 부분을 정확하게 처리할 것이 요구되는 문제이다.

정답 체크

기존 연면적 7천 제곱미터의 업무시설을 전체 연면적 1만 2천 제곱미터의 업무시설로 증축하려는 경우, 증축되는 부분의 연면적은 5천 제곱미터로서 제○○조 제3항에 해당하지 않는다. 증축하는 경우에는 증축되는 부분의 연면적이 1만 제곱미터 이상이어야 한다. 따라서 요건에 해당하지 않으므로 같은 조 제1항에 따라 미술작품을 설치할 필요가 없다.

오답 체크

① 연면적 1만 5천 제곱미터의 공연장을 건립하려는 경우는 제○○조 제3항 제2호에 해당하므로 같은 조 제1항에 따라 미술작품을 설치해야 한다. 그리고 A지방자치단체가 해당 공연장을 건립하려는 경우이므로, 같은 조 제4항 제3호의 건축주가 지방자치단체인 건축물에 해당하여 건축비용의 1백분의 1을 미술작품의 설치에 사용해야 한다. 따라서 1천 5백만 원이 아니라 30억 원×1백분의 1=3천만 원을 미술작품의 설치에 사용하여야 한다.

② 연면적 1만 제곱미터 이상의 업무시설을 건립하려는 경우는 제○○조 제3항 제3호에 해당하므로 같은 조 제1항에 따라 미술작품을 설치해야 한다. 그리고 B지방자치단체가 해당 업무시설을 건립하려는 경우이므로, 같은 조 제4항 제3호의 건축주가 지방자치단체인 건축물로서 건축비용의 1백분의 1을 미술작품의 설치에 사용해야 한다. 제□□조 제1항에 따르면 제○○조 제4항에 따른 금액을 미술작품의 설치에 사용하는 대신에 문화예술진흥기금에 출연할 수 있도록 규정하고 있으나, 문화예술진흥기금에 출연할 수 있는 건축주에는 지방자치단체가 제외되므로, B지방자치단체는 1,750만 원을 문화예술진흥기금에 출연할 수 없다. 선택지에 주어진 1,750만 원의 액수는 제□□조 제2항에 따라 계산된 금액이다.

④ 제○○조 제3항 제1호에 따르면 같은 조 제1항에 따라 미술작품을 설치해야 하는 건축물에 기숙사는 제외된다. 따라서 D대학교가 건축비용 20억 원으로 연면적 1만 제곱미터의 기숙사를 건립하려는 경우, 미술작품의 설치에 200만 원을 사용하여야 하는 것은 아니다.

⑤ 제□□조 제3항에 따르면 건축물의 설계변경으로 건축비용이 인상됨에 따라 제○○조 제4항에 따른 금액이 종전에 제○○조 제2항에 따른 감정·평가를 거친 금액보다 커진 경우에는 그 차액을 문화예술진흥기금에 출연하는 것으로 미술작품을 변경하여 설치하는 것을 갈음할 수 있다. 즉, 그 차액을 문화예술진흥기금에 출연하거나 미술작품을 변경하여 설치할 수 있다. 따라서 E회사가 건축비용 40억 원으로 연면적 1만 제곱미터의 집회장을 건립하면서 2천만 원의 미술작품을 설치하기로 한 후, 설계변경으로 건축비용이 45억 원으로 늘어났다면 반드시 2천만 원을 문화예술진흥기금에 출연하여야 하는 것은 아니고, 미술작품을 변경하여 설치할 수 있다.

빠른 문제 풀이 Tip

선택지 중에 계산을 요하는 선택지가 많으므로 속도보다는 정확성에 초점을 맞추고 해결해야 하는 문제이다.

14 일치부합형 정답 ②

난이도 ★★☆☆☆

핵심포인트

의료기관과 비의료기관의 용어를 혼동하지 않아야 하고, 수식어도 정확하게 확인하여야 한다. 요건을 확인할 때 'and'요건과 'or' 요건을 구분하는 것이 출제장치로 오랫동안 꾸준히 사용되어 오고 있다.

정답 체크

첫 번째 조문부터 각각 제1조, 제2조라고 할 때, 제2조 제1항 제2호에 따르면 외국인환자를 유치하려는 의료기관은 의료배상공제조합 또는 보건복지부령으로 정하는 의료사고배상책임보험에 가입하고 시·도지사에게 등록하여야 한다. 따라서 외국인환자 유치를 위해 시·도지사에게 등록하려는 의료기관이 제2조 제1항 제2호의 보건복지부령으로 정하는 의료사고배상책임보험에 가입하지 않는다면 의료배상공제조합에는 가입하여야 한다.

오답 체크

① 제1조 제1항에 따르면 의료 해외진출을 하려는 의료기관의 개설자는 시·도지사에게 등록하는 것이 아니라 보건복지부장관에게 신고하여야 한다.

③ 제2조 제4항에 따르면 같은 조 제1항 및 제2항에 따른 등록의 유효기간은 등록일부터 3년으로 하고, 같은 조 제5항에 따르면 제4항에 따른 유효기간이 만료된 후 계속하여 외국인환자를 유치하려는 자는 유효기간이 만료되기 전에 그 등록을 갱신하여야 한다. 따라서 외국인환자 유치사업자는 등록일부터 3년이 지난 후에도 외국인환자를 유치하기 위해서는 유효기간이 만료되지 전에 그 등록을 갱신하여야 하며, 그 등록의 갱신 없이는 계속하여 외국인환자를 유치할 수 없는 것으로 판단할 수 있다.

④ 제2조 제1항 제1호에 따르면 외국인환자를 유치하려는 의료기관은 외국인환자를 유치하려는 진료과목별로 전문의를 1명 이상 두고 시·도지사에게 등록하여야 한다. 그러나 의료기관이 아니라 외국인환자를 유치하려는 비의료기관이 시·도지사에게 등록하기 위해서 진료과목별로 전문의 1명 이상을 두어야 하는 것으로 판단할 수는 없다. 비의료기관에 대하여 규정한 제2조 제2항 각 호에서는 진료과목별로 전문의 1명 이상을 두어야 하는 것으로 규정하고 있지 않다.

⑤ 제2조 제2항 제2호에 따르면 외국인환자를 유치하려는 비의료기관은 국내에 사무소를 설치하고 시·도지사에게 등록하여야 한다. 따라서 시·도지사는 국내에 사무소를 설치하지 않은 비의료기관에 대해 외국인환자 유치사업자 등록증을 발급할 수 없다고 판단할 수 있다.

15 일치부합형

정답 ③

난이도 ★★☆☆☆

핵심포인트

소방활동의 비용을 지급하는 것과 손실보상을 하는 것을 둘 다 돈이 나온다는 점에서 비슷하다고 생각하여 혼동하지 않도록 주의해야 한다.

정답 체크

제□□조 제1항에 따르면 소방대장은 사람을 구출하기 위하여 필요할 때에는 불이 번질 우려가 있는 토지에 대한 일시적 사용제한 등 소방활동에 필요한 처분을 할 수 있다.

오답 체크

① 제○○조 제1항에 따르면 소방 대장은 화재가 발생한 현장에서 소방활동을 위하여 필요할 때에는 그 현장에 있는 사람으로 하여금 사람을 구출하는 일을 하게 할 수 있다. 그리고 같은 조 제2항 본문에 따르면 제1항에 따른 명령에 따라 소방활동에 종사한 사람은 시·도지사로부터 소방활동의 비용을 지급받을 수 있다. 그러나 제2항 단서 및 제1호에 따르면 건물에 화재가 발생한 경우 그 소방대상물의 소유자는 소방활동의 비용을 지급받을 수 없다. 따라서 화재가 발생한 건물의 소유자의 경우 소방대장의 제○○조 제1항에 의한 소방활동 종사명령에 따라 해당 건물에서 사람을 구출하는 일을 하였더라도, 제○○조 제2항 단서 및 제1호에 따라 소방활동의 비용을 지급받을 수 없다.

② 제△△조 제1호에 따르면 소방청장 또는 시·도지사는 제○○조 제1항에 따른 소방활동 종사로 인하여 부상을 입은 자에게 손실보상을 하여야 한다. 이러한 손실보상은 제○○조 제2항에 따른 소방활동의 비용과는 구분하여야 한다. 따라서 과실로 화재를 발생시킨 사람으로서 제○○조 제2항 단서 및 제2호에 따라 소방활동의 비용 지급대상의 예외에 해당한다고 하더라도, 소방대장의 소방활동 종사명령에 따라 불을 끄는 일을 하던 중 부상을 입은 경우에는 제△△조 제1호에 따라 손실보상을 받을 수 있다.

④ 제□□조 제2항에 따르면 소방대장은 소방활동을 위하여 긴급하게 출동할 때에는 소방자동차의 통행과 소방활동에 방해가 되는 주차된 차량을 이동시킬 수 있고, 제△△조 제2호에 따르면 소방청장 또는 시·도지사는 제□□조 제2항에 따른 처분으로 인하여 손실을 입은 자에게 손실보상을 하여야 한다. 그러나 제2호 단서에 따르면 법령을 위반하여 소방자동차의 통행과 소방활동에 방해가 된 경우는 제외한다. 따라서 소방대장이 제□□조 제2항에 따라 화재진압을 위한 소방자동차의 긴급 출동에 방해가 되는 차량을 이동시키던 중 그 차량이 파손된 경우, 해당 차량이 불법 주차 차량이라면 제△△조 제2호 단서에 따라 손실보상의 대상에서 제외되므로 해당 차량을 주차한 소유자는 손실보상을 받을 수 없다.

⑤ 제□□조 제3항에 따르면 소방대장은 소방활동에 방해가 되는 주차 또는 정차된 차량의 제거나 이동을 위하여 관할 지방자치단체 등 관련 기관에 견인차량과 인력 등에 대한 지원을 요청할 수 있고, 같은 조 제4항에 따르면 시·도지사는 같은 조 제3항에 따라 견인차량과 인력 등을 지원한 자에게 비용을 지급할 수 있다고 하여 비용 지급 여부에 관하여는 시·도지사의 재량으로 규정하고 있다. 소방청장은 소방대장의 요청에 따라 견인차량을 지원한 자에게 반드시 견인비용을 지급하여야 하는 것은 아니다.

3 계산형

유형 12 | 정확한 계산형

p.140

01	02	03		
③	④	③		

01 정확한 계산형 정답 ③

난이도 ★★☆☆☆

핵심포인트

계산 조건을 줄글의 형태로 설명하고 있는 문제이므로 계산하는 방법을 정확하게 이해한 후 문제를 빠르게 해결할 수 있어야 한다. 자세점수를 계산하는 방식은 노멀힐과 라지힐이 동일하지만, 거리점수를 계산하는 방식은 노멀힐과 라지힐이 차이가 있음에 유의한다.

정답 체크

합계점수는 거리점수와 자세점수의 합이고, 거리점수와 자세점수의 계산 방식은 다음과 같다.

- 거리점수
  - 도약대로부터 K점을 초과한 경우: 비행거리 1m당 노멀힐은 2점, 라지힐은 1.8점이 기본점수 60점에 가산
  - 도약대로부터 K점에 미달한 경우: 비행거리 1m당 가산점과 같은 점수가 기본점수에서 차감
- 자세점수: 심판들이 매긴 점수 중 가장 높은 것과 가장 낮은 것을 각각 하나씩 제외한 나머지를 합산

이를 적용하여 A와 B의 각 점수를 구하면 다음과 같다.

구분	거리점수	자세점수	합계점수
A	60+4=64	17+17+17=51	115
B	60-3.6=56.4	19+19.5+17.5=56	112.4

따라서 선수 A와 B의 '합계점수'를 더하면, 227.4이다.

02 정확한 계산형 정답 ④

난이도 ★★☆☆☆

핵심포인트

계산할 때 현행과 조정, 주간과 심야에 따라 총 4가지의 계산 방식이 있으므로 혼동하지 않도록 주의한다.

정답 체크

제시된 요금체계에 따르면 택시요금은 기본요금과 초과요금의 합이다.

- 기본요금: 최초 2km까지의 요금
- 초과요금: 2km를 초과한 후 기준거리에 도달할 때마다 매번 10원씩 가산되는 요금

제시된 상황을 정리하면 다음과 같다.

- 갑은 집에서 회사까지의 2.6km를 택시를 이용하여 출퇴근한다.
- 2019년 2월 1일 09시에 집에서 출발하였고, → 현행, 주간 적용
- 22시에 회사에서 퇴근하였다. → 조정, 심야 적용

이에 따라 택시요금을 계산하면 다음과 같다.

구분	기본요금	초과요금	총 택시요금
출근	3,000원	(600/12)×10=500원	3,500원
퇴근	4,600원	(600/5)×10=1,200원	5,800원

따라서 택시요금 총액은 9,300원이다.

03 정확한 계산형 정답 ③

난이도 ★☆☆☆☆

핵심포인트

방정식을 세워서 직접 해결하는 것보다는 선택지를 활용하여 점수를 계산하는 가장 빠르다. 만점(최대 점수)에서 감점해 가는 방식으로 계산하며, 홀수-짝수의 성질을 활용해서 해결한다면 보다 빠르고 정확한 해결이 가능하다.

정답 체크

계산에 필요한 조건을 정리하면 다음과 같다.

- 민경과 혜명은 각각 10개의 화살을 쐈고, 둘이 쏜 화살 중 과녁 밖으로 날아간 화살은 하나도 없다.
- 최종점수는 각 화살이 맞힌 점수의 합으로 한다.
- 0점을 맞힌 화살의 개수는 민경이 3개이고, 혜명이 2개이다.
- 민경과 혜명이 5점을 맞힌 화살의 개수는 동일하다.

민경과 혜명이 5점을 맞힌 화살의 개수를 x라고 하고, 이를 <점수표>에 반영해 보면 다음과 같다.

점수	민경의 화살 수	혜명의 화살 수
0점	3	2
3점	$7-x$	$8-x$
5점	x	x

민경의 점수는 $3(7-x)+5x=21+2x$이므로 홀수+짝수=홀수이고, 혜명의 점수는 $3(8-x)+5x=24+2x$이므로 짝수+짝수=짝수이다. 또한 민경과 혜명의 점수 차이는 혜명이 3점 더 높다.

따라서 민경과 혜명의 최종점수가 될 수 있는 것은 민경이 27점, 혜명이 30점이다.

유형 13 | 상대적 계산형

p.148

01	02	03		
④	①	③		

01 상대적 계산형 정답 ④

난이도 ★★☆☆☆

핵심포인트

상대적 비교를 요구하는 문제이므로 계산 과정에서 공통인 부분을 제외하고 계산한다. 또한 합계점수를 구한 이후 동점 시 처리 조건을 누락하지 않도록 유의한다.

정답 체크

(ㄱ)~(ㅁ)의 항목별 점수 중 공통적으로 8점을 제외할 수 있으므로 이를 제외하여 정리하면 다음과 같다.

평가기준 \ 대안	(ㄱ) 안전그물 설치	(ㄴ) 전담반 편성	(ㄷ) CCTV 설치	(ㄹ) 처벌 강화	(ㅁ) 시민자율 방범
효과성	8	5	5	9	4
기술적 실현 가능성	7	2	1	6	3
경제적 실현 가능성	6	1	3	8	1
행정적 실현 가능성	6	6	5	5	5
법적 실현 가능성	6	5	5	5	5
합계점수	25	11	11	25	10

공통점수를 제외한 합계점수가 25점으로 동일한 (ㄱ) 안전그물 설치와 (ㄹ) 처벌 강화의 비교를 위해 '동점 시 처리 조건'을 확인한다. 합계점수가 같은 경우 법적 실현가능성 점수가 높은 대안이 우선순위가 높으므로 법적 실현가능성 점수가 6점인 (ㄱ) 안전그물 설치가 1순위, 법적 실현가능성 점수가 5점인 (ㄹ) 처벌 강화가 2순위임을 알 수 있다. 또한 (ㄴ) 전담반 편성과 (ㄷ) CCTV 설치의 합계점수가 11점으로 동일하므로 '동점 시 처리 조건'을 확인하면 법적 실현가능성 점수가 5점으로 동일하고, 효과성 점수가 5점으로 동일하다. 이때 행정적 실현가능성 점수는 (ㄴ) 전담반 편성의 행정적 실현가능성 점수가 6점으로 (ㄷ) CCTV 설치의 5점보다 높으므로 (ㄴ) 전담반 편성이 3순위, (ㄷ) CCTV 설치가 4순위임을 알 수 있다.

따라서 2순위는 (ㄹ) 처벌강화, 4순위는 (ㄷ) CCTV 설치이다.

02 상대적 계산형 정답 ①

난이도 ★★☆☆☆

핵심포인트

칼로리의 합이 가장 높은 조합을 찾으면 되므로 정확한 값을 구하지 않아도 상대적 계산을 통해서 답을 도출할 수 있다. 조건이 다소 많은 편이므로 계산 과정에서 조건을 정확하게 적용할 수 있도록 유의해야 한다.

정답 체크

발문에 '10,000원의 예산 내에서 구입하려고 할 때'라는 단서 조건이 있으므로 가격의 합이 10,000원이 넘는 선택지 ②가 소거된다.

<오늘의 행사>를 적용하는 경우, 각 선택지별로 구입한 물건은 다음과 같이 변화한다.

① 피자 2개, 콜라 1개, 아이스크림 3개, 도넛 1개
③ 아이스크림 3개, 도넛 6개
④ 돈가스 3개, 도넛 2개
⑤ 피자 4개, 콜라 1개

이에 따른 칼로리는 다음과 같다.

① $(600\times2)+150+(350\times3)+250=2,650$kcal
③ $(350\times3)+(250\times6)=2,550$kcal
④ $(650\times3)+(250\times2)=2,450$kcal
⑤ $(600\times4)+150=2,550$kcal

따라서 정답은 피자 2개, 아이스크림 2개, 도넛 1개이다.

빠른 문제 풀이 Tip

칼로리 합이 가장 높은 조합을 비교할 때 '가장 간단한 정수비'를 사용하면 계산이 보다 수월해진다.

품목	피자	돈가스	도넛	콜라	아이스크림
칼로리 (kcal/개)	600	650	250	150	350
정수비	12	13	5	3	7

정수비를 활용하여 칼로리를 계산하면 다음과 같다.

① (12×2)+3+(7×3)+5=53

③ (7×3)+(5×6)=51

④ (13×3)+(5×2)=49

⑤ (12×4)+3=51

03 상대적 계산형

정답 ③

난이도 ★★★☆☆

핵심포인트

경기와 관련된 조건이 다소 복잡하므로 우선 세트의 진행방식, 승자를 가리는 방식, 승점, 토너먼트 방식 등을 정확히 이해하는 것이 필요하다. 그리고 각 세트에서 누가 이겼는지를 판단하기 위해서는 상대적 계산을 하는 것만으로도 충분하다.

정답 체크

3차시의 결과에 따른 점수 차이를 비교해 보면 다음과 같다.

· 결선 1조

구분	A 점수	B 점수	최종 결과
A가 이기고 있는 상황 =B가 지고 있는 상황	8	8	2차시까지의 결과 유지
A와 B가 비기고 있는 상황	9	9	2차시까지의 결과 유지
A가 지고 있는 상황 =B가 이기고 있는 상황	10	10	2차시까지의 결과 유지

· 결선 2조

구분	C 점수	D 점수	최종 결과
C가 이기고 있는 상황 =D가 지고 있는 상황	8	10	D가 2점 더 쏨 (=C가 2점 덜 쏨)
C와 D가 비기고 있는 상황	10	8	C가 2점 더 쏨
C가 지고 있는 상황 =D가 이기고 있는 상황	9	9	2차시까지의 결과 유지

이에 따라 3차시까지의 기록지를 나타내면 다음과 같다.

조	선수	차시	합계점수				
			1세트	2세트	3세트	4세트	5세트
결선 1조	A	1차시	9	10	8	9	9
		2차시	9	8	7	10	10
		3차시	9	8	10	9	8
	B	1차시	9	9	10	10	9
		2차시	9	8	8	9	9
		3차시	9	8	10	9	8
	A기준 최종 결과		무	승	패	무	승
결선 2조	C	1차시	10	10	10	9	9
		2차시	8	9	8	9	10
		3차시	8	10	9	8	8
	D	1차시	8	9	10	8	9
		2차시	9	10	10	6	9
		3차시	10	8	9	10	10
	C기준 최종 결과		패	승	패	승	패

이에 따라 A는 최종 2승 2무 1패로 승점 6점(=B 승점 4점)이 되고, C는 최종 2승 4패로 승점 4점(=D 승점 6점)이 된다. 따라서 각 조에서 최종 선발된 2인은 (A, 6점), (D, 6점)이다.

유형 14 | 조건 계산형

p.156

01	02	03	04	05
②	⑤	②	④	①
06				
③				

01 조건 계산형

정답 ②

난이도 ★☆☆☆☆

핵심포인트

제시된 지원기준을 정확하게 파악한 후, <상황>에 적절하게 대입하여 정확한 결과를 도출한다.

정답 체크

<상황>에서 甲은 창호와 쉼터를 수리하고자 하므로 제시된 표에서 해당 항목을 음영 처리하여 아래 표와 같이 정리한다. 1), 2)는 각각 1)의 한도는 1,250만 원, 2)의 한도는 1,200만 원임을 표시한 것이다. 그리고 3)은 담장과 쉼터 중 하나의 항목만 지원함을 표시한 것이다.

구분		사업 A의 지원기준		사업 B의 지원기준	
외부	방수	90%[1]		50%[2]	
	지붕	90%[1]		50%[2]	
	담장	90%[1]		300만 원[3]	
	쉼터	**90%[1]**	**900×90% =810만 원**	**50만 원[3]**	**50만 원**
내부	단열	X		50%[2]	
	설비	X		50%[2]	
	창호	X		**50%[2]**	**500×50% =250만 원**

甲이 사업 A를 선택하는 경우 '쉼터'에 대해서는 810만 원, '창호'에 대해서는 지원을 받지 못하여 총 810만 원의 지원금을 받게 된다. 사업 B를 선택하는 경우 '쉼터'에 대해서는 50만 원, '창호'에 대해서는 250만 원, 총 300만 원의 지원금을 받게 된다. 甲은 사업 A와 B 중 지원금이 많은 사업 A를 신청하여 810만 원의 지원금을 받게 된다.

빠른 문제 풀이 Tip

사업 A의 1), 사업 B의 2), 3)과 같은 한도가 정답을 찾는 데 활용되지 않고, 수리 항목도 2개밖에 없는 간단한 계산문제이다. 실제 문제풀이에서는 표로 정리할 필요 없이 창호와 쉼터에 대응되는 지원기준만 빠르게 찾아내어 계산하여야 한다.

02 조건 계산형

정답 ⑤

난이도 ★★☆☆☆

핵심포인트

甲주무관의 상황을 반영하여 각 주차장 별 '주차요금=기본요금+추가요금-할인'을 정확하게 계산할 수 있어야 한다. 그중 '일 주차권'이 있는 C주차장의 경우에는 주차요금과 일 주차권 중 더 저렴한 것을 선택해야 한다. 계산한 요금이 가장 저렴한 주차장이 정답이 된다.

정답 체크

첫 번째 동그라미부터 각각 조건 i)~v)라고 한다. 조건 i)에 따르면 甲은 09:00~20:00(총 11시간) 동안 주차하며, 조건 ii)에 따르면 甲의 자동차는 중형차, 3종 저공해차량이다.

- A주차장
  甲이 A주차장을 이용한다면 기본요금은 2,000원이고, 이후 10시간 동안 주차해야 하므로 추가요금까지 계산하면 주차요금은 2,000+1,000×20=22,000원이다.
- B주차장
  B주차장은 경차 전용 주차장이므로 중형차인 甲의 차량은 주차할 수 없다.
- C주차장
  甲이 C주차장을 이용한다면 기본요금은 3,000원이고, 이후 10시간 동안 주차해야 하므로 추가요금까지 계산하면 3,000+1,750×20=38,000원이다. C주차장은 당일 00:00~24:00 이용 가능한 일 주차권이 20,000원이므로 조건 iv)에 따라 甲은 일 주차권을 선택한다.
- D주차장
  甲이 D주차장을 이용한다면 기본요금은 5,000원이고, 이후 10시간 동안 주차해야 하므로 추가요금까지 계산하면 주차요금은 5,000+700×20=19,000원이다.
- E주차장
  甲이 E주차장을 이용한다면 기본요금은 5,000원이고, 이후 10시간 동안 주차해야 하는데 18:00부터 익일 07:00까지는 무료이므로 총 9시간의 요금만 계산하면 5,000+1,000×16=21,000원이다. 그리고 E주차장은 3종 저공해차량에 대해 주차요금을 20% 할인해 준다고 했으므로 주차요금은 21,000×0.8=16,800원이다.

따라서 甲주무관이 이용할 주차장은 E주차장이다.

03 조건 계산형

정답 ②

난이도 ★★☆☆☆

핵심포인트

A, B, C 방식에 따라 甲~丙 세 명의 승진후보자의 점수를 빠르고 정확하게 계산할 수 있어야 한다. 이때 다양한 방법으로 점수를 계산할 수 있으므로 여러 방법들을 연습해 두어야 한다. 그중 점수계산을 할 때 가장 빠르고 정확한 해결 스킬을 연습해 두어야 한다. '감점으로 계산' 또는 '상쇄' 등의 스킬이 있다.

정답 체크

세 명의 승진후보자가 맞힌 문제와 틀린 문제를 정리하면 다음과 같다.

	상식		영어	
	O	X	O	X
甲	14	6	7	3
乙	10	10	9	1
丙	18	2	4	6

[방법 1] 정석적 풀이

	상식								영어							
	O	배점			X	배점			O	배점			X	배점		
		A	B	C		A	B	C		A	B	C		A	B	C
甲	14				6				7				3			
乙	10	5	5	10	10		-3		9	10	10	10	1		-5	
丙	18				2				4				6			

계산한 결과는 다음과 같다.

	A 방식			B 방식			C 방식		
	상식	영어	총점	상식	영어	총점	상식	영어	총점
甲	70	70	**140**	52	55	**107**	140	70	**210**
乙	50	90	**140**	20	85	**105**	100	90	**190**
丙	90	40	**130**	84	10	**94**	180	40	**220**

[방법 2] 점수계산의 가장 빠른 스킬

만점 또는 최대점수에서 틀렸을 때 감점을 하는 방식으로 계산하는 것이 가장 빠르다. 감점 또는 문제를 틀린 경우 맞힌 경우와 비교했을 때 얼마만큼의 기회비용이 발생했는지 이해하면 된다.

A방식	상식의 경우 맞히면 한 문제당 5점이고 총 20문제이므로 다 맞히면 100점이 된다. 그런데 한 문제를 맞히지 못하고 틀릴 때마다 5점씩 감점이 되는 셈이다. 영어의 경우 맞히면 한 문제당 10점이고 총 10문제이므로 다 맞히면 100점이 된다. 그런데 한 문제를 맞히지 못하고 틀릴 때마다 10점씩 감점이 되는 셈이다.
B방식	상식의 경우 맞히면 한 문제당 5점인데 틀리면 3점의 감점이 생긴다. 예를 들어 19문제를 맞히고 마지막 문제를 풀었는데 틀렸다고 가정해 보자. 맞혔다면 5점이 더해지겠지만, 틀렸기 때문에 3점이 감점된다. 따라서 맞힌 경우에 비해 문제를 틀리게 되면 8점의 감점이 발생한다. 영어도 마찬가지로 생각해 볼 수 있다. 맞히면 +10점이지만, 틀리면 -5점이므로 틀리게 되면 맞힌 상황에 비해 15점의 감점이 되는 것이다. 정리하면 상식은 틀린 문제당 8점의 감점이, 영어는 틀린 문제당 15점의 감점이 발생한다.
C방식	감점이 없으므로 A방식과 유사하다. 따라서 상식과 영어 모두 틀린 문제마다 10점의 감점이 생긴다.

B 방식으로 채점하면, 乙이 아닌 甲이 107점으로 1등을 하게 된다.

오답 체크

① A 방식으로 채점하면, 甲과 乙은 140점으로 동점이 된다.

③ C 방식으로 채점하면, 丙이 220점으로 1등을 하게 된다.

④ [총점 비교] A 방식, B방식은 상식, 영어 둘 다 100점 만점으로 하는데, C방식은 모든 과목에 정답을 맞힌 개수당 10점씩으로 하므로 상식은 200점 만점, 영어는 100점 만점으로 한다. 따라서 C 방식은 다른 방식에 비해 상식 과목에 더 큰 가중치를 부여하는 방식이다.
[문제당 점수 비교] '총점=개수×문제당 점수'인데 개수는 동일하므로 문제당 점수만 가지고도 비교가 가능하다. A, B방식은 상식의 한 문제당 점수가 영어의 절반이지만, C방식은 한 문제당 점수가 영어와 동일하다.

⑤ B 방식에서 상식의 틀린 개수당 점수를 -5, 영어의 틀린 개수당 점수를 -10으로 한다면 다음과 같다.

	상식		영어		B 방식		
	○(5)	×(-5)	○(10)	×(-10)	상식	영어	총점
甲	14	6	7	3	40	40	**80**
乙	10	10	9	1	0	80	**80**
丙	18	2	4	6	80	-20	**60**

따라서 甲과 乙의 등수는 A 방식으로 계산한 것과 동일하다.

04 조건 계산형

정답 ④

난이도 ★☆☆☆☆

핵심포인트

30회씩 가위바위보 게임을 해서, 각 게임에서 이길 경우 5점, 비길 경우 1점, 질 경우 -1점을 받는다. 이를 30회 가위바위보를 모두 이길 경우 최대 150점이 되는 것에 비해, 비길 경우 -4점이 되고, 질 경우 -6점이 된다고 이해하고 풀어야 빠른 해결이 가능해진다.

정답 체크

[방법 1] 정석적 풀이 1

가위바위보에서 이긴 횟수를 x, 비긴 횟수를 y, 진 횟수를 z라 하면, 총 30회의 게임을 했으므로 다음과 같은 공식이 성립한다.

$x+y+z=30$ …… 공식 1

합산 점수$=5x+y-z$ …… 공식 2

공식 1과 공식 2를 더하면, $6x+2y=30+$합산 점수

합산 점수$=6x+2y-30$인데, $6x$, $2y$, 30 모두 짝수이므로 '짝수+짝수-짝수'를 한 결과는 '짝수'만이 가능하다. 따라서 자신의 얻은 합산 점수가 홀수라 말하는 시윤, 성헌, 은지는 참말이 될 수 없다. 따라서 태우 또는 빛나 만이 참말이 될 수 있다.

이때 학생들이 얻을 수 있는 가장 높은 점수는 30회의 가위바위보를 모두 이겼을 때의 150점이다. 그 다음으로 높은 점수는 30회 중 한 번만 이기지 못하고 비겼을 경우에 얻는 146점이다. 따라서 태우가 말한 148점은 참말이 될 수 없고, 빛나가 참말을 한 사람이 된다.

참고로 빛나는 30회 중 28회를 이기고, 1회를 비기고, 1회를 진 경우에 얻을 수 있는 점수이다.

[방법 2] 정석적 풀이 2

앞서 [방법 1]의 공식 1을 변형해 보면, $z=30-x-y$가 된다. 이길 경우(x)에 5점, 비길 경우(y)에 1점, 질 경우($30-x-y$)에 -1점을 받으므로, 이를 통해 동아리 학생이 받을 수 있는 합산 점수의 공식을 도출해 보면 다음과 같다.

$5x+y-(30-x-y)=6x+2y-30$

이후 분석은 앞서 살펴본 [방법 1]과 동일하다.

[방법 3] 점수 계산의 가장 빠른 스킬

이길 경우 5점을 받는데, 비길 경우 1점을 받으면 이길 경우에 비해 4점의 감점이 생기는 셈이고, 질 경우 -1점을 받으면 이길 경우에 비해 6점의 감점이 생기는 셈이다.

즉, 30회를 모두 이겼을 때 30회×5점=150점의 최대 점수에서 비길 때마다 4점, 질 때마다 6점의 감점이 생기는 셈이다.

따라서 150(짝수)에서 4점(짝수) 또는 6점(짝수)의 점수가 감점되므로 합산 점수는 짝수일 수밖에 없으므로, 홀수 점수를 말하는 시윤, 성헌, 은지는 참말을 한 사람일 수 없다. 태우는 자신이 얻은 점수가 148점이라고 말했으므로 150점에서 2점의 감점이 발생한 셈인데 불가능하다. 따라서 빛나가 참말을 한 사람이다.

참고로 빛나는 140점을 받았다고 했으므로 150점에서 10점의 감점이 생긴 셈이고, 한 경기를 비기고 한 경기를 졌다는 것을 빠르게 확인할 수 있다.

05 조건 계산형 정답 ①

난이도 ★★☆☆☆

핵심포인트

'O' 또는 'X'가 문제를 맞히고 틀리고의 정보가 아니라, 혜민이와 은이가 각 문제에 대해 선택한 결과임에 주의하자. 2번 문제는 혜민이는 'X'를 선택했고, 은이는 'O'를 선택했다. 둘의 선택이 다르기 때문에 둘 중 한 명은 반드시 틀리게 된다.

정답 체크

i) '혜민'과 '은'이는 2, 4, 6, 7번 문제에서 서로 다른 선택을 했다.

ii) '혜민'과 '은'의 총점은 각각 80, 70점이다.

미리 모든 경우의 수를 따지는 것은 쉽지 않다. 경우의 수를 따져 보면 다음과 같다.

- 혜민
  1) 역사 두 문제를 틀렸을 경우
  2) 경제 또는 예술 한 문제를 틀렸을 경우
- '은'
  1) 역사 세 문제를 틀렸을 경우
  2) 경제 또는 예술 한 문제, 역사 한 문제를 틀렸을 경우

그리고 다시 총점에서부터 살펴보면 '혜민', '은'은 합계 50점의 감점이 있는 것인데 4개의 문제(2, 4, 6, 7)에서 서로 다른 선택을 했으므로 최소 40점 감점이다(50점 또는 60점 감점도 가능하다). 그런데 만약 같은 선택을 한 문제에서 또 오답이 나왔다면 추가 20점 또는 40점 감점이다. 그렇다면 최소 60점 또는 80점 감점이 되는데 이러한 경우는 불가능하다. 즉, 총 50점의 감점은 경제 또는 예술 한 문제를 틀리고 역사 세 문제, 총 4문제를 틀리는 데서 발생하고 서로 다른 선택을 한 4개의 문제에서만 발생한다는 것을 알 수 있다. 여기까지 정리되었다면 <보기>를 판단할 수 있다. 아래 해설은 여기까지 정리하였다는 가정하에 서술하였다.

위의 상황을 마저 정리해 보면 '혜민' 1), '은' 2)를 조합한 첫 번째 경우와 '혜민' 2), '은' 1)을 조합한 두 번째 경우로 정리해 볼 수 있다.

	혜민	은
첫 번째	역사 2문제	경제 또는 예술 1문제 역사 1문제
두 번째	경제 또는 예술 1문제	역사 3문제
감점	20점 감점	30점 감점

이렇게 경우의 수를 좁히면 모든 <보기>를 판단할 수 있으나 시간 내에 이러한 아이디어에 반드시 도달한다는 기대를 하는 것보다 <보기>별로 판단하는 것이 좋다.

위에서 언급한 것처럼 미리 경우의 수를 나누어 따지기보다는 <보기>별로 판단이 가능한지 검토한다.

ㄴ. '혜민'만 경제 문제를 틀렸다면 80점인 '혜민'은 경제 문제를 제외한 나머지 문제는 모두 맞힌 것이다. 그렇다면 '혜민'은 예술 문제는 맞혔다. 또한 '혜민'이 틀린 경제 문제는 서로 다른 선택을 한 4문제 중 하나이므로 '은'은 3문제를 틀렸다. 총 70점을 맞기 위해서는 틀린 3문제 모두 역사 문제이어야 하므로 '은'은 예술 문제를 맞혔다. 즉, 예술 문제는 혜민이와 은이 모두 맞혔다.

오답 체크

ㄱ. '혜민'과 '은'이 모두 경제 문제를 틀렸다면 80점인 '혜민'은 경제 문제를 제외한 나머지 문제는 모두 맞힌 것이다. 그렇다면 '은'은 '혜민'과 다른 선택을 한 4문제를 모두 틀린 것이고 이런 경우는 70점을 맞을 수 없다.

ㄷ. '혜민'이 역사 문제 두 문제를 틀렸다면 '은'은 다른 선택을 한 네 문제 중 나머지 두 문제를 틀린 것이다. '은'이 총 30점이 감점되기 위해서는 경제 또는 예술 문제 중 한 문제를 틀려야 한다.

06 조건 계산형

정답 ③

난이도 ★★☆☆☆

핵심포인트

5개 과목에서 평균 60점을 받았는데 2개 과목이 과락(50점 미만)이다.

정답 체크

두 번째 단락 첫 번째 문장에서 갑은 5개 과목 평균이 60점이므로 총점은 300점임을 확인한다. 그리고 2개 과목은 과락(50점 미만)이고, 표 아래 각주에 따르면 각 과목은 10문항, 각 문항별 배점은 10점이다. A과목은 'O'표시가 7개, '×'표시가 3개이다. 이 중 어떤 표시가 정답인지 알 수 없는 상황이므로 'O'표시가 정답인 경우 70점, '×'표시가 정답인 경우 30점이다. 이를 표시된 개수가 많은 O을 먼저 표시하여 O:×=70:30과 같이 정리한다. 다른 과목들도 같은 방법으로 다음과 같이 정리할 수 있다.

A O:×=70:30 … 40점 차
B V:× =70:30 … 40점 차
C O:/ =60:40 … 20점 차
D V:O =60:40 … 20점 차
E /:× =80:20 … 60점 차

甲의 총점은 300점이어야 하는데 표시된 개수가 많은 표시의 점수를 모두 더하면 70(O)+70(V)+60(O)+60(V)+80(/)=340점이다. 총점 300점이 되려면 40점을 감점해야 하므로, A 또는 B 중 하나가 30점이거나, C와 D가 40점이어야 한다. 그런데 A 또는 B 중 하나만 30점이라면 4개 과목이 50점 이상으로 2개 과목이 과락이 아니므로 C와 D가 40점이어야 한다.

A O:×=70:30
B V:× =70:30
C O:/ =60:40
D V:O =60:40
E /:× =80:20

이에 따라 총점은 300점이고, C, D과목 2개 과목이 과락이다.

ㄱ. A과목은 70점이다.

ㄹ. D과목은 40점이다.

ㅁ. E과목은 80점이다.

오답 체크

ㄴ. B과목은 70점이다.

ㄷ. C과목은 40점이다.

실전공략문제

p.162

01	02	03	04	05
③	②	⑤	③	③
06	07	08	09	10
⑤	④	④	③	③
11	12	13	14	15
①	②	⑤	③	③
16	17	18	19	
③	②	③	②	

01 조건 계산형

정답 ③

난이도 ★★☆☆☆

핵심포인트

시장매력도 점수는 하위 3개 항목 간 반영비율이 정확하게 제시되지 않았으므로 각 <보기>에 제시된 내용을 정확하게 확인할 수 있어야 한다. 정보화수준 점수는 전자정부순위를 바탕으로 부여하는데, 순위는 숫자가 작을수록 순위가 높으므로 이를 혼동하지 않도록 주의한다.

정답 체크

제시된 <평가기준>에 따라 <국가별 현황>에 점수를 부여하면 다음과 같다. 이때 시장매력도 점수는 확정할 수 없다.

국가명	시장매력도 점수	정보화수준 점수	접근가능성 점수
A국	-	0	40
B국	-	15	20
C국	-	15	20
D국	-	15	20
E국	-	30	0

ㄱ. 두 번째 <평가기준>에 따르면 정보화수준 점수는 전자정부순위에 따라 부여된다. 따라서 순위가 가장 높은 E국이 30점, 순위가 가장 낮은 A국이 0점이고, 나머지 다른 국가들은 모두 15점이 됨을 알 수 있다.

ㄹ. S/W시장규모가 10억 불 이상이면서 동시에 인구가 5천만 명 이상인 국가는 E국이다. 따라서 E국이 가장 매력적 시장이므로 시장매력도 점수는 30점이 되고, A~D국의 시장매력도 점수는 0 또는 15점이 된다. 이에 따라 E국의 종합점수는 60점이 된다. 이때 정보화수준 점수와 접근가능성 점수만 고려하면 A국이 종합점수 40점으로 가장 높으나, A국이 시장매력도에서 남은 점수 중 가장 높은 15점을 부여받더라도 A국의 종합점수는 55점이므로 E국보다 낮다. 따라서 E국이 시장매력도에서 30점을 받는다면, E국이 선정됨을 알 수 있다.

오답 체크

ㄴ. 마지막 <평가기준>에 따르면 접근가능성 점수는 접근가능성이 가장 높은 국가에 40점, 가장 낮은 국가에 0점, 그 밖의 모든 국가에 20점을 부여하므로 접근가능성 점수는 A국이 40점, E국이 0점이고, 나머지 다른 국가들은 모두 15점임을 알 수 있다.

ㄷ. 시장매력도 점수를 S/W시장규모만을 고려하여 결정할 경우, 각 국가들의 점수를 구하면 다음과 같다.

<table>
<tr><th>국가명</th><th>시장매력도 점수</th><th>정보화수준 점수</th><th>접근가능성 점수</th><th>종합점수</th></tr>
<tr><td>A국</td><td>15</td><td>0</td><td>40</td><td>55</td></tr>
<tr><td>B국</td><td>15</td><td rowspan="3">15</td><td rowspan="3">20</td><td>50</td></tr>
<tr><td>C국</td><td>0</td><td>35</td></tr>
<tr><td>D국</td><td>30</td><td>65</td></tr>
<tr><td>E국</td><td>15</td><td>30</td><td>0</td><td>45</td></tr>
</table>

A국은 15점으로 종합점수 55점, D국은 30점으로 종합점수 65점이다. 따라서 A국과 D국의 종합점수는 동일하지 않다.

빠른 문제 풀이 Tip

ㄷ. <보기>를 ㄱ → ㄷ 순으로 풀이하면, ㄱ에서 정보화수준 점수를 확인하고, ㄷ에서 시장매력도 점수까지만 구하더라도 접근가능성 점수를 구하지 않고도 ㄷ이 옳지 않음을 확인할 수 있다. 시장매력도 점수와 정보화수준 점수는 A국이 15점, D국이 45점이므로 30점 차이가 난다. 이때 A국과 D국의 종합점수가 동일하게 되려면 30점 차이를 동일하게 만들어야 하는데, 접근가능성 점수는 20점 간격으로만 점수 조정이 가능하다. 따라서 A국과 D국의 종합점수를 동일하게 만드는 것은 불가능하다.

02 상대적 계산형

정답 ②

난이도 ★☆☆☆☆

핵심포인트

<후보도시 평가표>의 점수를 비교하는 상대적 계산형 문제이다. 가점 조건과 제외 조건을 누락하지 않도록 주의하고, 점수 계산을 할 때는 공통인 점수는 제외하여 효율적으로 계산한다.

정답 체크

제시된 <후보도시 평가표>와 <국제해양기구의 의견>을 토대로 '회의 시설'에서 C를 받은 도시는 제외해야 하므로 대전과 제주를 제외하고, 나머지 서울, 인천, 부산은 평가에 따라 점수를 부여한 후 합산한다. 또한 '교통'에서 A를 받은 인천에 5점을 더하고, 바다를 끼고 있는 도시인 인천과 부산에 각각 5점을 더한다. 이때 점수 계산 시 각 도시별로 공통 점수인 10점을 제외하고 계산하면 다음과 같다.

구분	서울		인천		부산	
	평가	점수	평가	점수	평가	점수
1) 회의 시설	A	~~10~~	A	~~10~~	B	7
2) 숙박 시설	A	~~10~~	B	7	A	~~10~~
3) 교통	B	7	A	~~10~~	B	7
4) 개최 역량	A	10	C	3	A	~~10~~
가점			교통 A 바다	+5 +5	바다	+5
총점		17		20		19

따라서 국제행사의 개최도시로 선정될 곳은 인천이다.

03 상대적 계산형

정답 ⑤

난이도 ★★☆☆☆

핵심포인트

상대적 계산 유형에 속하는 대안비교류의 문제로 빈출되고 있는 유형의 문제이다. 피지컬로 빠르게 계산해 내는 것도 가능하고, 상대적 계산을 통해 계산 소요를 줄여가면서 비교하는 것도 가능하다.

정답 체크

<상황>의 첫 번째 동그라미부터 각각 상황 i), ii)라고 한다. 지문에서 주어진 각 단계에 따라 점수를 계산한다.

상황 i)에서 지문의 1단계에 따라 부여된 점수가 표로 정리되어 있다. 2단계에 따라 가중치를 부여한 점수를 합산해 보면 다음과 같다.

구분	A	B	C	D	E
인프라	13	12	18	23	12
안전성	36	40	34	28	38
홍보효과	24	25.5	19.5	30	28.5
합산 점수	73	77.5	71.5	81	78.5

그리고 3단계와 상황 ii)에 △△대회를 2회 이상 개최한 적이 있는 C, D에 대해 합산 점수에서 10점을 감점한 결과는 다음과 같다.

구분	A	B	C	D	E
합산 점수	73	77.5	61.5	71	78.5

최종 점수가 높은 상위 2곳은 B, E이다. 정답은 ⑤이다.

빠른 문제 풀이 Tip

2단계에 따르면 인프라 항목에는 가중치를 부여하지 않는다. 그리고 3단계에서 10점을 감점하게 되는데 가중치를 부여하지 않는 인프라 항목에 미리 10점을 감점해서, 상황 i)의 표를 정리해 보면 다음과 같다.

구분	A	B	C	D	E
인프라	13	12	8	13	12
안전성	18	20	17	14	19
홍보효과	16	17	13	20	19

최종 점수가 높은 상위 2곳을 개최지로 선정하기로 하였으므로 다른 2곳의 후보지보다 점수가 낮다면 개최지로 선정될 수 없다. C의 경우 A, B, E와 비교했을 때 세 항목의 점수가 모두 낮으므로 구체적으로 계산하지 않고도 개최지로 선정될 수 없음을 확인할 수 있다. D의 경우 A와 인프라 점수는 같지만 가중치가 높은 안정성 항목 점수가 4점 낮고, 가중치가 상대적으로 낮은 홍보효과 항목 점수가 4점 높으므로 A보다 점수가 낮다. 그리고 B 또는 E와 비교해 봐도 가중치가 없거나 낮은 인프라, 홍보효과 항목 점수가 조금 높지만 안전성 항목 점수는 많이 낮으므로 B, E보다 점수가 낮다는 것을 확인할 수 있다.
같은 방식으로 A도 B, E와 비교해 보면 구체적인 계산 없이도 점수가 낮음을 알 수 있다.

04 정확한 계산형 정답 ③

난이도 ★★★★☆
핵심포인트
계산과 관련한 조건이 많은 편에 속하는 문제이다. 따라서 조건을 빠뜨리지 않도록 주의해서 풀이한다. <관세 관련 규정>은 각 조건마다 중요한 내용을 포함하고 있는데, 첫 번째와 두 번째 조건은 단서 규정에 유의해야 하고, 마지막 조건은 '고시환율'과 '지불시 적용된 환율'을 혼동해서 적용하지 않도록 유의해야 한다.

정답 체크
甲이 전자기기의 구입으로 지출한 총 금액은 ⓐ 전자기기 가격, ⓑ 운송료, ⓒ 관세의 합이다.

ⓐ 전자기기 가격: <甲의 구매 내역>에서 甲이 지불한 전자기기 가격은 $120이다.

ⓑ 운송료: <甲의 구매 내역>에서 甲이 지불한 운송료는 $30이다. 이때 실제 지불한 운송료에 <국제선편요금>을 적용하지 않도록 주의한다. 물품가격+운송료를 원화로 환산할 때는 ₩1,100/$의 고시환율이 아닌 ₩1,200/$의 지불시 적용된 환율을 반영해야 한다. 따라서 전자기기 가격과 운송료의 합은 120+30=$150이고, 지불시 적용된 환율에 따라 甲이 지불한 전자기기 가격과 운송료는 150×1,200=180,000원임을 알 수 있다.

ⓒ 관세
1) 관세=과세표준×품목별 관세율(단, 과세표준이 15만 원 미만이고, 개인이 사용할 목적으로 수입하는 물건에 대해서는 관세 면제)
2) 과세표준=(판매자에게 지급한 물품가격+미국에 납부한 세금+미국내 운송료+미국에서 한국까지의 운송료)를 원화로 환산한 금액(단, 미국에서 한국까지의 운송료는 실제 지불한 운송료가 아닌 <국제선편요금>을 적용)
· 판매자에게 지급한 물품가격: $120
· 미국에 납부한 세금: $0
· 미국 내 운송료: $0
· 미국에서 한국까지의 운송료: <국제선편요금> 적용하므로 10,000원
총 과세표준은 (120×1,100)+10,000=142,000원
이때 과세표준이 15만 원 미만이고, 개인이 사용할 목적으로 수입하는 물건이므로 관세가 면제된다.

따라서 甲이 전자기기의 구입으로 지출한 총 금액은 전자기기 가격과 미국에서 한국까지의 운송료의 합인 144,000+36,000=180,000원이다.

05 조건 계산형 정답 ③

난이도 ★★★☆☆
핵심포인트
제시된 조건을 2×2 행렬의 구조로 정리하여 명확하게 이해한 뒤, 문제에 제시된 진술 건수를 대입해서 정확한 결괏값을 도출한다.

정답 체크
ㄱ. 甲이 사용하는 거짓말 탐지기의 정확도는 80%이므로 틀릴 가능성은 20%이다. 따라서 탐지 대상이 되는 진술이 총 100건이라면, 甲의 거짓말 탐지기는 20건에 대하여 옳지 않은 판단을 내릴 가능성이 가장 높다.

ㄴ. 참인 것을 참으로, 거짓인 것을 거짓으로 옳은 판단을 내릴 확률이 80%이므로 참인 것을 거짓으로, 거짓인 것을 참으로 틀린 판단을 내릴 확률은 20%이다. 이 내용을 표로 정리하면 다음과 같다.

구분	참으로 판단	거짓으로 판단
참인 진술	80%	20%
거짓인 진술	20%	80%

탐지 대상이 되는 진술 100건 가운데 참인 진술이 20건이라면, 거짓인 진술이 80건일 것이다. 이를 위에서 정리한 확률과 결합하여 정리하면 다음과 같다.

구분	참으로 판단	거짓으로 판단
참인 진술(20건)	20×0.8=16	20×0.2=4
거짓인 진술(80건)	80×0.2=16	80×0.8=64
합	32	68

따라서 甲의 거짓말 탐지기가 100건 중 참으로 판단하는 것은 총 32건일 가능성이 가장 높다.

ㄹ. 거짓말 탐지기의 정확도가 90%이므로 틀릴 가능성은 10%이다. 이 내용을 표로 정리하면 다음과 같다.

구분	참으로 판단	거짓으로 판단
참인 진술	90%	10%
거짓인 진술	10%	90%

탐지 대상이 되는 진술 100건 가운데 참인 진술이 10건이므로 거짓인 진술은 90건일 것이다. 이를 위에서 정리한 확률과 결합하여 정리하면 다음과 같다.

구분	참으로 판단	거짓으로 판단
참인 진술(10건)	$10\times0.9=9$	$10\times0.1=1$
거짓인 진술(90건)	$90\times0.1=9$	$90\times0.9=81$
합	18	82

따라서 탐지기가 18건을 참으로 판단했다면 그중 거짓인 진술이 9건일 가능성이 가장 높다.

오답 체크

ㄷ. 甲이 사용하는 거짓말 탐지기의 정확도가 80%일 때와 정확도가 더 높아졌을 때를 비교해야 하므로 특정 건수를 대입하여 계산한다. 정확도가 80%인 경우와 정확도가 90%인 경우, 참·거짓 판단 확률은 다음과 같다.

구분		참으로 판단	거짓으로 판단
정확도 80%	참인 진술	80%	20%
	거짓인 진술	20%	80%
정확도 90%	참인 진술	90%	10%
	거짓인 진술	10%	90%

이를 참인 진술이 10건, 거짓인 진술이 90건인 경우에 대입하여 정리하면 다음과 같다.

구분		참으로 판단	거짓으로 판단
정확도 80%	참인 진술(10건)	8	2
	거짓인 진술(90건)	18	72
	합	26	74
정확두 90%	참인 진술(10건)	9	1
	거짓인 진술(90건)	9	81
	합	18	82

따라서 甲이 사용하는 거짓말 탐지기의 정확도가 높아진다면 참으로 판단하는 진술은 26건에서 18건으로 줄어든다.

이를 수식을 통해 직접 계산하는 방식으로 접근할 수도 있다. 정확도가 x%인 경우를 수식으로 나타내면 다음과 같다.

구분	참으로 판단	거짓으로 판단
참인 진술	x%	$(100-x)$%
거짓인 진술	$(100-x)$%	x%

이를 참인 진술이 10건, 거짓인 진술이 90건인 경우에 대입하여 정리하면 다음과 같다.

구분	참으로 판단	거짓으로 판단
참인 진술(10점)	x%	$(100-x)$%
거짓인 진술(90점)	$(100-x)$%	x%

이때 참으로 판단하는 진술 건수는 $(10\times\frac{x}{100})+\{90\times(\frac{100-x}{100})\}=\frac{9{,}000-80x}{100}$로 구할 수 있다. 따라서 x가 커질수록 공식의 결괏값은 작아지므로 甲이 사용하는 거짓말 탐지기의 정확도가 높아질수록 참으로 판단하는 진술은 줄어듦을 알 수 있다.

06 조건 계산형

정답 ⑤

난이도 ★★☆☆☆

핵심포인트

지원자들은 채용 과정에 적합하거나 적합하지 않는 두 가지 속성으로 구분되고, 채용 결과는 채용되거나 탈락하는 두 가지 속성으로 구분된다.

정답 체크

제시된 글의 내용을 정리하면 다음과 같다.

지원자 \ 채용 결과	채용	탈락	
적합	(1)	(2)	(C)
부적합	(3)	(4)	(D)
	(A)	(B)	(E)

· 오탈락률: 적합한 지원자 중 탈락시킨 지원자의 비율
 오탈락률=(2)/(C)

· 오채용률: 적합하지 않은 지원자 중 채용한 지원자의 비율
 오채용률=(3)/(D)

이에 따라 <상황>을 정리하면 다음과 같다.

(E)=1,200명, (A)=360명, (C)=800명, (D)=400명, (3)=40명, (1)=320명, (2)=480명, (4)=360명, (B)=840명이다.

따라서 오탈락률=(2)/(C)=480/800=60/100=60%, 오채용률=(3)/(D)=40/400=10/100=10%이다.

07 조건 계산형 정답 ④

난이도 ★★☆☆☆
핵심포인트
조건이 줄글로 제시되어 있는데, 그중 문제 해결에 필요한 정보를 위주로 빠르게 확인한다. 31%의 값을 정확하게 구하는 것보다 간단한 분수를 활용하면 보다 빠른 해결이 가능하다.

정답 체크

제시된 조건을 정리하면 다음과 같다.
ⓐ 이 도시의 인구는 1,000명
ⓑ 이 도시 인구의 90%는 백인이고 10%는 흑인
ⓒ 강도짓을 할 가능성은 두 인종 모두 10%로 동일
ⓓ 피해자가 백인을 흑인으로 잘못 보거나 흑인을 백인으로 잘못 볼 가능성은 20%로 동일

이를 지문의 상황에 적용하면 다음과 같다.
- 이같은 전제가 주어졌을 때, 실제 흑인강도 10명 가운데 (8)명만 정확히 흑인으로 인식될 수 있으며 → ⓓ: 잘못 볼 가능성이 20%이므로 정확히 인식할 가능성은 80%이다.
- 실제 백인강도 90명 중 (18)명은 흑인으로 오인된다. → ⓓ: 잘못 볼 가능성은 20%이다.
- 따라서 흑인으로 인식된 (26)명 가운데 (8) 명만이 흑인이므로
  → 흑인으로 보는 경우는 흑인을 정확히 흑인으로 인식하거나, 백인을 흑인으로 오인하는 경우 두 가지이므로 8+18=26이다.
- 피해자가 범인이 흑인이라는 진술을 했을 때 그가 실제로 흑인에게 강도를 당했을 확률은 겨우 (26)분의 (8)

따라서 ㉠에 해당하는 값은 (8/26)×100≒30.8%이므로 소수점 이하 반올림하면 31%이다.

08 조건 계산형 정답 ④

난이도 ★☆☆☆☆
핵심포인트
줄글로 제시된 계산 방식, 계산과 관련한 여러 조건, 표로 제시된 정보 등을 종합적으로 고려해야 한다. 의사결정을 하는 주요 방식은 사슴으로 계속 살 때의 효용보다 맹수로 살 때의 효용이 더 큰 경우 맹수를 선택한다는 점에 유의한다.

정답 체크

ㄴ. 사슴의 남은 수명이 20년이므로 사슴으로 계속 살 때의 총 효용은 40×20=800이다. 독수리를 선택할 때의 총 효용은 (20−5)×50=750이다. 따라서 사슴은 독수리를 선택하지는 않을 것이다.

ㄷ. 사슴의 남은 수명이 확정되지 않았으므로 사슴의 남은 수명을 n년이라고 가정하여 풀이한다.
- 호랑이를 선택했을 때의 효용: 호랑이로 살기 위해 포기해야 하는 수명이 13년이므로 (n−13)×200의 총 효용을 얻는다.
- 사자를 선택했을 때의 효용: 사자로 살기 위해 포기해야 하는 수명이 14년이므로 (n−14)×250의 총 효용을 얻는다.

이에 따라 (n−13)×200=(n−14)×250이므로 n=18임을 알 수 있다. 따라서 사슴의 남은 수명이 18년인 경우에 사자를 선택했을 때와 호랑이를 선택했을 때 여생의 총 효용이 같은 경우가 있다.

오답 체크

ㄱ. 사슴의 남은 수명이 13년이므로 사슴으로 계속 살 때의 총 효용은 40×13=520, 곰을 선택할 때의 총 효용은 (13−11)×170=340이다. 따라서 사슴은 곰을 선택하지 않을 것이다.

09 정확한 계산형 정답 ③

난이도 ★☆☆☆☆
핵심포인트
작년과 올해의 성과급 산정식은 더 이상 간단히 변형하기 어렵고, 계산에 특별한 취급을 요하는 요소도 없어 어렵지 않으므로, 선택지에서 계산이 필요한 경우 바로 계산하되 지문의 표에서 성과급 산정식에 들어갈 성과급 산정비율을 고를 때 실수하지 않도록 주의한다.

정답 체크

甲~丙의 작년과 올해 성과급을 비교해 보며 계산이 필요한 경우만 계산한다.

甲의 경우 작년의 연봉에 곱해질 성과급 산정비율은 부서 성과 등급 S와 개인 성과 등급 A의 산정비율의 평균값 (40%+20%)/2=30%이고, 올해의 연봉에 곱해질 성과급 산정비율은 부서 성과 등급 A와 개인 성과 등급 S의 산정비율 중 더 큰 값인 S의 산정비율 40%이다. 甲은 작년에 비해 올해의 연봉이 500만 원 인상되었으므로 작년에 비해 올해 연봉도 더 높고 연봉에 곱해질 산정비율도 더 크므로 작년대비 올해 성과급이 증가한다.

乙의 경우 甲과 마찬가지로 작년의 연봉에 곱해질 성과급 산정비율은 B와 S의 산정비율의 평균값이고, 올해의 연봉에 곱해질 성과급 산정비율은 S와 A중 더 큰 값인 S의 산정비율이다. 乙은 작년과 올해의 연봉이 같지만 B, S의 평균값과 S값 중 S값이 더 크므로 작년대비 올해 성과급이 증가한다.

丙의 경우 작년의 성과급은 3,000×{(10%+20%)/2}=450만 원이고, 올해의 성과급은 3,500×max{0%, 10%}=350만 원으로 올해의 성과급은 작년 대비 감소하였다.

오답 체크

① 甲의 작년 부서 성과 등급은 S로 부서 산정비율은 40%, 개인 성과 등급은 A로 개인 산정비율은 20%이다. 작년 연봉은 3,500만 원으로, 주어진 식에 따라 작년 성과급을 계산하면 3,500×{(40%+20%)/2} =3,500×30%=1,050만 원이다.

② 甲의 올해 부서 성과 등급은 A, 개인 성과 등급은 S로 성과 등급이 더 높은 개인 산정비율 40%가 성과급 산정에 사용된다. 乙의 올해 부서 성과 등급은 S, 개인 성과 등급은 A로 성과 등급이 더 높은 부서 산정비율 40%가 성과급 산정에 사용된다. 이때 甲과 乙은 연봉이 각각 4,000만 원으로 같고 성과급 산정에 사용되는 산정비율 값도 같으므로 올해의 성과급도 동일하다.

④ 올해 甲~丙의 성과급은 甲이 4,000×40%(S), 乙이 4,000×40%(S), 丙이 3,500×10%(B)이다. 계산하지 않아도 丙의 성과급이 가장 작음을 알 수 있고 연봉 또한 丙이 가장 작으므로 연봉과 성과급의 합이 가장 작은 사람은 丙이다.

⑤ 丙은 작년 대비 올해 성과급이 감소하였으므로 甲과 乙의 성과급만 검토한다.

구분	작년	올해
甲	3,500×{(40%+20%)/2} =1,050	4,000×max{20%, 40%} =1,600
乙	4,000×{(10%+40%)/2} =1,000	4,000×max{40%, 20%} =1,600

성과급 상승률을 구체적으로 계산할 필요는 없고, 올해 甲과 乙의 성과급은 같은 반면 작년의 성과급은 乙이 甲보다 작았으므로 乙의 성과급 상승률이 더 크다.

빠른 문제 풀이 Tip

③ 丙의 경우에 작년에 비해 올해 연봉에 곱해질 성과급 산정비율은 약 33.3% 감소하였으나 연봉의 인상률은 이에 미치지 못하므로 구체적인 계산 전에 감소하였음을 알 수 있다.

10 조건 계산형

정답 ③

난이도 ★★★☆☆

핵심포인트

조건이 줄글로 제시되어 있기 때문에, 문제 해결에 필요한 정보를 정확하게 이해할 수 있어야 한다. 아래처럼 조건 i)~viii)들을 정리하여 <보기>의 공공지출, 주민 1인당 소득대비 공공부문 이득비율의 변화를 확인한다.

정답 체크

문제 해결에 필요한 조건을 정리해 보면 다음과 같다.

i) 중앙정부와 A, B지역의 지방정부는 소득에 비례하여 소득세를 징수함

ii) 소득세 총액은 공공지출의 총액과 동일함

iii) 중앙정부는 두 지역의 주민으로부터 징수한 소득세 전체액수의 50%씩을 두 지역에 이전함

iv) 지방정부는 자체 징수한 소득세와 중앙정부로부터 이전받은 소득세 모두를 공공부문에 지출함

v) A지역의 주민 1인당 소득은 $100, B지역은 $200

vi) 중앙정부의 소득세율은 주민 1인당 소득의 20%이며 지방정부의 주민 1인당 소득세율은 10%

vii) 내년부터 甲국은 중앙정부의 소득세율은 10%로, 지방정부의 소득세율은 20%로 각각 조정할 예정

viii) 주민 1인당 소득대비 공공부문 이득비율 공식

$$=\frac{\text{주민 1인당 공공지출}-\text{주민 1인당 소득세}}{\text{주민 1인당 소득}}\times 100$$

우선 두 지역의 인구수는 같다는 것을 확인한다. 이하 대부분의 수치들도 1인당 수치들로 주어져 있다. 각 지역의 소득과 올해 중앙정부, 지방정부 소득세를 조건 v), vi)에서 확인하면 다음과 같다.

조건 v) 조건 vi)

지역	소득	중앙정부 소득세 (세율: 20%)	지방정부 소득세 (세율: 10%)	주민 1인당 소득세
A	$100	$20	$10	$30
B	$200	$40	$20	$60

여기에 조건 iii)에 의하여 중앙정부는 징수한 소득세 전체액수의 50%씩을 두 지역에 이전한다. 즉, A, B지역에서 1인당 $20, $40씩 징수한 소득세를 각각 $30씩 이전한다. 조건 iv)에 의하면 지방정부는 자체 징수한 소득세와 중앙정부로부터 이전받은 소득세를 모두 공공부문에 지출한다고 하였으므로 각 지역의 공공지출 규모는 지방정부 소득세와 중앙정부 소득세 이전 금액의 합이다.

조건 v) 조건 vi) 조건 iii) 조건 iv)

지역	소득	중앙정부 소득세 (세율: 20%)	지방정부 소득세 (세율: 10%)	주민 1인당 소득세	중앙정부 소득세 이전	공공지출
A	$100	$20	$10	$30	$30	$40
B	$200	$40	$20	$60	$30	$50

ㄴ. 올해 A지역의 주민 1인당 소득대비 공공부문 이득비율은 다음과 같다.

$$=\frac{\$40-\$30}{\$100}\times 100=\frac{\$10}{\$100}\times 100=10\%$$

ㄹ. 내년 B지역의 주민 1인당 소득대비 공공부문 이득비율은 다음과 같다.

$$=\frac{\$55-\$60}{\$200}\times 100=\frac{-\$5}{\$200}\times 100=-2.5\%$$

오답 체크

ㄱ. 甲국의 조세정책 변화는 조건 vii)과 같이 변화하고 조건 vii)에 따라 위의 표와 같이 정리해 보면 내년의 공공지출은 다음과 같다.

	조건 v)	조건 vii)			조건 iii)	조건 iv)
지역	소득	중앙정부 소득세 (세율: 10%)	지방정부 소득세 (세율: 20%)	주민 1인당 소득세	중앙정부 소득세 이전	공공 지출
A	\$100	\$10	\$20	\$30	\$15	\$35
B	\$200	\$20	\$40	\$60	\$15	\$35

A지역의 공공지출은 1인당 \$40에서 \$35로 감소한다.

ㄷ. 내년 A지역의 주민 1인당 소득대비 공공부문 이득비율은 다음과 같다.

$$=\frac{\$35-\$30}{\$100}\times100=\frac{\$5}{\$100}\times100=5\%$$

ㄴ의 결과와 비교해 보면 5%p 감소한다.

빠른 문제 풀이 Tip

ㄱ. 甲국 전체 소득세(중앙정부 소득세+지방정부 소득세)가 변하지 않으므로 A, B지역 모두의 공공지출이 증가할 수는 없다. 별다른 계산 없이 판단이 가능하다.

11 상대적 계산형 정답 ①

난이도 ★★☆☆☆

핵심포인트

지문의 내용과 <표>를 보면 계산을 요하는 문제인 것 같지만, <보기>에서 묻는 내용을 보면 이익이 증가하는지 감소하는지만 파악하면 되므로 이익에 관한 식을 정리한 후, 이익의 증가 또는 감소만 파악하여야 한다.

정답 체크

자영업자의 이익은 매출액에서 변동원가와 고정원가를 뺀 금액으로 지문의 내용을 이용해 식으로 나타내면 다음과 같다.

- 이익=매출액-변동원가-고정원가
  =(판매량×판매가격)-(판매량×단위당 변동원가)-고정원가
  =판매량×(판매가격-단위당 변동원가)-고정원가

이익을 구성하는 항목들의 증감에 따라 이익의 증감 관계를 정리해 보면 다음과 같다.

구분	판매량	판매가격	단위당 변동원가	고정원가
이익	+	+	-	-

표에서 '+'는 양의 상관관계를 나타낸 것으로, 판매량이 증가하면 이익도 증가함을 의미한다. 반대로 '-'는 음의 상관관계를 나타낸 것으로, 단위당 변동원가가 증가하면 이익은 감소함을 의미한다.

ㄴ. ㄴ의 내용을 정리하면 다음과 같다.

구분	판매량	판매가격	단위당 변동원가	고정원가
항목의 변화	불변	감소	불변	불변
이익의 증감	불변	감소	불변	불변

따라서 2020년에 비해 2021년의 이익이 감소하므로 甲은 지원금을 받을 수 있다.

오답 체크

ㄱ. 2021년의 판매량, 판매가격, 단위당 변동원가, 고정원가가 모두 2020년과 같다면 이익을 구성하는 식의 모든 항목이 같은 것이므로 2021년의 이익은 2020년의 이익과 같다. 이익이 감소한 경우가 아니므로 甲은 지원금을 받을 수 없다.

ㄷ. ㄷ의 내용을 정리하면 다음과 같다.

구분	판매량	판매가격	단위당 변동원가	고정원가
항목의 변화	증가	불변	불변	감소
이익의 증감	증가	불변	불변	증가

따라서 2020년에 비해 2021년의 이익이 증가하므로 甲은 지원금을 받을 수 없다.

ㄹ. ㄹ의 내용을 정리하면 다음과 같다.

구분	판매량	판매가격	단위당 변동원가	고정원가
항목의 변화	증가	증가	불변	불변
이익의 증감	증가	증가	불변	불변

따라서 2020년에 비해 2021년의 이익이 증가하므로 甲은 지원금을 받을 수 없다.

빠른 문제 풀이 Tip

항목의 증감에 따라 계산이 필요한 경우가 발생할 수도 있다. 예를 들어 다음과 같은 상황에서는 판매량의 증가는 이익의 증가로, 단위당 변동원가의 증가는 이익의 감소로 나타나므로 항목별 변화 정도에 따라 이익이 증가할지 감소할지 계산으로 확인하여야 한다.

구분	판매량	판매가격	단위당 변동원가	고정원가
항목의 변화	증가	불변	증가	불변
이익의 증감	증가	불변	감소	불변

그러나 해당 문제에서는 이러한 상황이 주어지지 않았으므로 구체적인 이익의 값을 계산하는 일이 없도록 한다.

12 조건 계산형 정답 ②

난이도 ★☆☆☆☆

핵심포인트

이전 5급·7급 기출문제에서는 곱해가는 과정을 추적하는 문제가 주로 출제되었는데, 이 문제는 덧셈을 하는 과정을 추적하면 되는 문제이다. 곱셈 과정보다 수월하므로 빠르고 정확하게 해결할 수 있어야 한다.

정답 체크

제시문의 보이지 않는 다섯 개의 숫자를 다음과 같이 각각 [a]~[e]라고 한다.

甲:	[a]	5	7	0	1
乙:	8	4	[b]	9	8
丙:	8	3	[c]	[d]	4
丁:	[e]	6	7	1	5

주어진 甲~丁의 걸음 수를 모두 더해 그 합이 199,998걸음이 나와야 한다. 우선 일의 자리를 모두 더해보면 다음과 같다.

				1	
甲:	[a]	5	7	0	1
乙:	8	4	[b]	9	8
丙:	8	3	[c]	[d]	4
丁:	[e]	6	7	1	5
					8

그리고 십의 자리를 모두 더하면 9가 되어야 하므로 [d]는 8이다.

			1	1	
甲:	[a]	5	7	0	1
乙:	8	4	[b]	9	8
丙:	8	3	[c]	[d]	4
丁:	[e]	6	7	1	5
				9	8

백의 자리를 모두 더하면 9이어야 하므로 [b]+[c]는 4 또는 14이어야 한다. 그러나 천의 자리를 감안하면, 천의 자리에 1만 올라가야 하므로 [b]+[c]는 4이어야 한다.

	1	1	1		
甲:	[a]	5	7	0	1
乙:	8	4	[b]	9	8
丙:	8	3	[c]	[d]	4
丁:	[e]	6	7	1	5
		9	9	9	8

그러므로 [a]+[e]는 2이어야 한다.

따라서 보이지 않는 숫자를 모두 합한 값은 [a]+[b]+[c]+[d]+[e]=14이다.

빠른 문제 풀이 Tip

[d]는 8이라는 것은 확정할 수 있지만, [b]+[c]는 4, [a]+[e]는 2이어야 한다는 것까지만 확인한 후 빠르게 정답을 찾아야 한다. 발문에서 묻는 것은 '모두 합한 값'이라는 점을 잘 활용하자.

13 조건 계산형 정답 ⑤

난이도 ★★☆☆☆

핵심포인트

주어진 조건을 잘 정리하는 것이 요구되는 문제이다. Q를 100리터 생산하는 데 드는 최소 비용을 따질 수 있는 이유는, A와 B를 혼합하여 가공하면 Q가 생산되는데, A는 원료 X와 Y를 혼합하여 만든다. 여기까지는 최소 비용을 따질 여지가 없는데, B는 원료 Z와 W를 혼합하여 만들거나, Z만 사용하여 만들거나, W만 사용하여 만든다. B를 만드는 세 가지 방법 중 가장 저렴한 비용의 방법을 선택해야 최소 비용으로 Q를 생산해낼 수 있다.

정답 체크

제시문의 첫 번째 동그라미부터 네 번째 동그라미까지 각각 ⅰ)~ⅳ)라고 한다. 발문에 따라 Q를 100리터 생산하기 위해서 필요한 원료를 ⅰ)부터 검토해본다. ⅰ)에 따르면 Q 100리터를 생산하기 위해서는 A 200리터와 B 100리터가 필요하다.

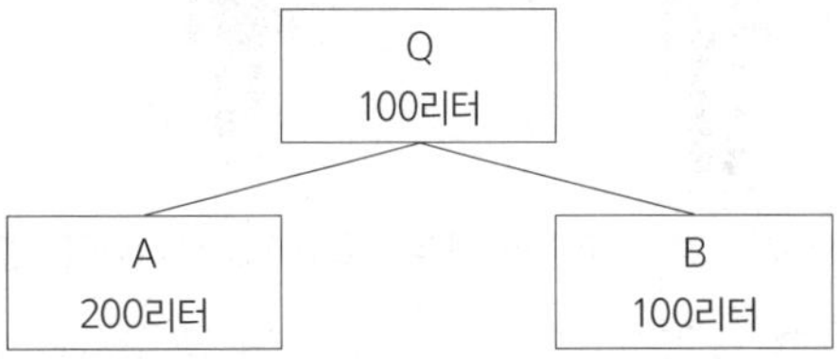

그리고 ⅱ)에 따르면 A를 200리터 생산하기 위해서는 X 200리터와 Y 400리터가 필요하다. 또한 ⅲ)에 따르면 B를 100리터 생산하기 위해서는 Z 200리터 또는 W 200리터 또는 Z 100리터와 W 100리터가 필요하다. 즉, Z이든 W이든 도합 200리터가 필요하다. ⅳ)에 따르면 W의 원료비가 Z보다 저렴하므로 W만 사용하여 B를 만들 때 비용이 더 적다. 이를 정리하면 다음과 같다.

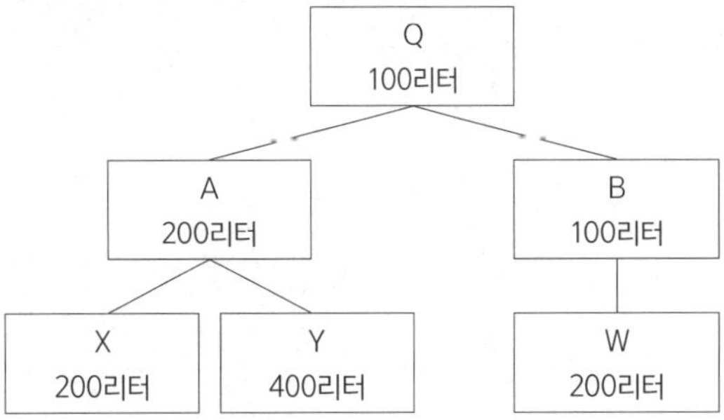

따라서 iv)에 따르면 원료비 이외의 비용은 발생하지 않는다고 하므로 Q를 생산하는 데 드는 X, Y, W의 최소 원료비를 계산해보면 (200리터×1만 원)+(400리터×2만 원)+(200리터×3만 원)=1,600만 원이다.

14 조건 계산형

정답 ③

난이도 ★☆☆☆☆

핵심포인트

문제에서 주어진 상황을 그리고 간단한 공식으로 나타낼 수 있어야 한다.

정답 체크

제시문의 상황을 그림으로 정리해보면 다음과 같다.

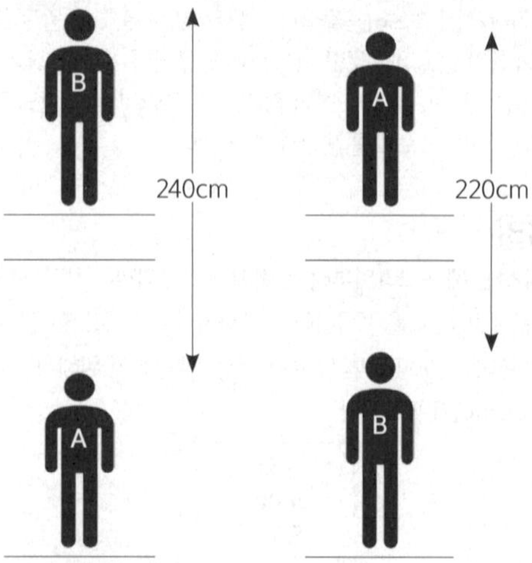

1층 바닥면에서 2층 바닥면까지의 높이를 x라 할 때 이상의 상황에 따라 식을 세워보면 다음과 같다.

x+B−A=240cm

x+A−B=220cm

두 식을 연립하면 x는 230cm임을 알 수 있다.

빠른 문제 풀이 Tip

식이 찾아지기만 하면, 간단한 공식이므로 바닥면의 높이를 어렵지 않게 구할 수 있다. 또한 상황이 잘 이해되기만 하면 220cm와 240cm의 평균으로 바로 230cm를 구할 수도 있다.

15 정확한 계산형

정답 ③

난이도 ★☆☆☆☆

핵심포인트

총 주차 시간 중 최초 1시간의 주차 요금을 면제하는 조건을 정확하게 처리할 수 있어야 한다. 주차 요금을 계산할 때는 30분 단위의 반복임을 활용하면 보다 쉽게 계산할 수 있다. <주차 요금 기준> 표를 세로방향으로 해석해야 한다는 점에 유의하자.

정답 체크

甲은 ○○주차장에 4시간 45분 간 주차했던 차량의 주차 요금을 정산하려고 한다.

[주차 요금 계산방법]

1. 주차 요금은 30분 단위로 부과되고, 잔여시간이 30분 미만일 경우 30분으로 간주한다. → 총 5시간에 해당하는 주차 요금을 계산해야 함
2. 주차요금 기준은 '1시간 초과~3시간 이하인 경우'와 '3시간 초과인 경우'로 구분하여 부과됨 → '3시간 초과인 경우'에 해당함
3. 주차시간이 1시간을 초과하는 시점부터 3시간까지는 30분마다 500원이 부과되고, 3시간을 초과하는 시점부터는 30분마다 2,000원이 부과된다.

주차 시간	0:00	1:00	2:00	2:30	3:00	3:30	4:00	4:30	4:45 →5:00
주차 요금	면제	30분 마다 500원			30분 마다 2,000원				

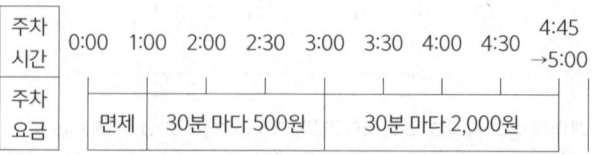

주차 시간이 1시간째 되는 시점부터 3시간째 되는 시점까지 2시간 동안은 30분 마다 500원의 요금이 적용되고, 주차시간이 3시간째 되는 시점부터 4시간 45분째 되는 시점까지 2시간 동안은 30분 마다 2,000원의 요금이 적용된다. 이 때, 2시간은 30분 단위의 4번 반복이다.

따라서 甲이 지불할 금액은 (500원×4)+(2,000원×4)=2,500원×4=10,000원이다.

16 조건계산형

정답 ③

난이도 ★★☆☆☆

핵심포인트

4월 1일에는 같은 시간대에 동일한 종류의 제품만을 생산하므로 ○○공장 전체의 시간당 생산량을 도출해 작업 시간을 구하고 4월 2일에는 작업에 대한 제약이 없기 때문에 작업반별 시간당 생산량의 기회비용을 구해 작업반마다 기회비용이 작은 제품을 먼저 생산해야 한다.

정답 체크

4월 1일, 2일의 생산량은 X 24개와 Y 18개다. 4월 1일에는 작업 여건상 두 작업반이 같은 시간대에 동일한 종류의 제품만을 생산하고, 4월 2일에는 그러한 제약이 없었으므로 4월 1일과 4월 2일에 각각 다른 방법으로 접근한다.

4월 1일의 ○○공장의 제품별 시간당 생산량은 다음과 같다.

구분	X	Y
생산량	3	6

X 24개를 생산하기 위해선 8시간, Y 18개를 생산하기 위해선 3시간이 걸려 4월 1일 총 작업 시간은 11시간이다.

4월 2일에는 작업반별 시간당 생산량에 대한 기회비용을 구해 기회비용이 작은 제품부터 생산하여야 작업시간을 최소화할 수 있다.

구분	X	Y
작업반 A	3/2	2/3
작업반 B	3/1	1/3

X를 생산하는데 있어서는 작업반 A가 생산의 기회비용이 작고($\frac{3}{2}<3$), Y를 생산하는데 있어서는 작업반 B가 생산의 기회비용이 작으므로($\frac{2}{3}<\frac{1}{3}$) X는 작업반 A가, B는 작업반 Y가 먼저 생산해야 한다. 작업반 A에서 X 24개를 생산하는 데 소요되는 시간은 12시간, 작업반 B에서 Y 18개를 생산하는 데 소요되는 시간은 6시간이므로 작업반 B에서 Y 18개 생산한 뒤 X를 생산한다. 6시간 뒤 X는 12개가 생산된 상태이므로 남은 12개를 생산하는 데 소요되는 시간은 4시간으로 4월 2일 총 작업 시간은 10시간이다.

따라서 ○○공장에서 4월 1일과 4월 2일에 작업한 최소 시간은 11+10=21시간이다.

2013년		1월	2월	3월	4월	5월	6월	7월	8월	9월	…
지점 수	A	1	2	3	4	5	6	7	8	9	
	B	–	–	1	1	2	2	3	3	4	
월간 매출액	A	100	200	220	320	340	440	460	560	580	
	B			150	150	300	300	450	450	600	

이상의 내용대로라면 2013년 9월(②)에 A, B 커피전문점 지점 수가 각각 9, 4개가 되면서 B 커피전문점의 월간 매출액이 600만 원으로 A 커피전문점 월간 매출액 580만 원을 최초로 넘어서게 된다.

다른 방식으로도 해결해 보자. 위의 표를 살펴보면 B 커피전문점의 지점 수가 증가하는 달은 2013년 3월부터 매 홀수 번째 달에만 증가하므로 홀수 번째 달에 대해서만 생각하면 된다. 예를 들어 A 커피전문점은 3월에 월간 매출액이 220만 원이고 다음 짝수 번째 달인 4월에는 100만 원, 다음 홀수 번째 달인 5월에는 20만 원이 증가하여, 홀수 번째 달마다 120만 원씩 월간 매출액이 증가한다. B 커피전문점의 경우에는 3월에 월간 매출액이 150만 원이고 홀수 번째 달마다 150만 원씩 증가한다. 해당 규칙만 파악한다면 A 커피전문점의 경우 3월부터 홀수 번째 달마다 220, 340, 460, 580 … 와 같이 월간 매출액이 증가하게 되고, B 커피전문점의 경우 150, 300, 450, 600 … 와 같이 매출액이 증가하게 되는 것을 알 수 있고 쉽게 정답을 찾아낼 수 있다.

또 다른 방법으로도 해결해보자. 해설의 상황을 식으로 나타내어보면 다음과 같다. 고려의 대상이 되는 홀수 번째 달을 3월, 5월, 7월 … 을 각각 첫 번째, 두 번째, 세 번째 … n번째 홀수 달이라고 하자. 즉, n번째 홀수 달은 $2n$+1월이 된다. 각 커피전문점의 월간 매출액을 수식으로 나타내어보면 A는 $120n+100$이고, B는 $150n$이다.

이때 $120n+100<150n$, $100<30n$, $n>\frac{10}{3}$이므로 n은 4 이상이어야 하고 4번째 홀수 달은 2×4+1=9로 9월이 되어야 B 커피전문점의 월간 매출액이 A의 월간 매출액을 넘어서게 된다.

17 조건계산형

정답 ②

난이도 ★★☆☆☆

핵심포인트

주어진 지문의 표대로 커피전문점 A, B의 지점 수, 합계 매출액을 확인하기만 하면 된다. A는 매월마다, B는 홀수달마다 일정한 주기로 변화한다. 변화하는 패턴을 빠르게 파악하는 것이 중요하다.

정답 체크

지문의 표 내용대로 커피전문점 A, B의 지점 수, 합계 매출액을 표로 정리하면 다음과 같다. 아래 표의 월간 매출액은 각 커피전문점의 전체 지점 월간 매출액을 만 원 단위로 나타낸 것이다.

18 조건계산형

정답 ③

난이도 ★★☆☆☆

핵심포인트

가동비용은 고정비용이므로, 경제학에서의 개념으로 이해하자면 공장 A는 고정비용이 있고, 공장 B는 고정비용은 없지만 한계비용(MC)이 공장 A의 2배인 셈이다.

정답 체크

제시문의 공장 A, B에 대하여 각 공장에서 Q개의 제품을 생산할 때의 총비용(TC)을 다음과 같이 정리할 수 있다.

A: $TC_A(Q)=Q+100$

B: $TC_B(Q)=2Q$

또는 다음과 같이 그래프로 생각해볼 수 있다.

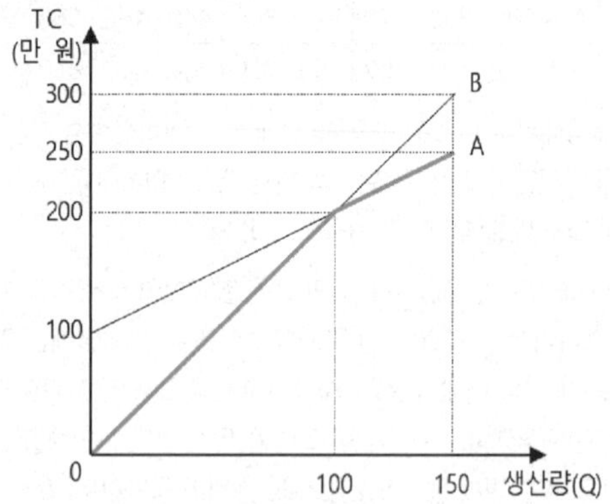

A, B 모두 하루에 각각 최대 150개까지 제품 생산이 가능하다고 하므로 생산량은 150개까지만 표시하였다. 그래프를 해석해보면 한 공장에서만 제품을 생산할 때에는 100개 미만이라면 B공장에서 생산하는 것이, 100개를 초과할 때에는 A공장에서 생산하는 것이 최소 비용을 달성한다. Q가 100인 경우에는 A, B 공장의 총비용은 같다.

ㄱ. Q가 100을 초과하여 120이라면 A에서만 생산하는 것이 최소 비용을 달성할 수 있다.

ㄷ. Q가 200일 때, A의 가동비용이 1일 50만 원으로 감소해도 보기ㄴ과 마찬가지로 A에서 150개를 생산하고 B에서 50개를 생산하는 것이 최소 비용을 달성할 수 있다. A, B에 대한 배분량은 달라지지 않는다.

오답 체크

ㄴ. Q가 200이라면 A에서 150개를 생산하고 B에서 50개를 생산하는 것이 최소 비용을 달성할 수 있다.

19 조건계산형 정답 ②

난이도 ★★★☆☆

핵심포인트

상대적 계산 스킬을 적절하게 활용할 수 있다면 보다 빠른 해결이 가능하다.

정답 체크

이하에서는 월별연금지급액을 (1), 일시불연금지급액을 (2)라고 표시한다. (1) 단서에 월별연금지급액은 최종평균보수월액의 80%를 초과할 수 없다는 것에 유의한다.

A (1): 100×{0.5+0.02×(20−20)}=100×0.5=50만 원

(2): (100×20×2)+{100×(20−5)×0.1}=4,000+150=4,150만 원

B (1): 100×{0.5+0.02×(35−20)}=100×0.8=80만 원

(2): (100×35×2)+{100×(35−5)×0.1}=7,000+300=7,300만 원

C (1): 100×{0.5+0.02×(37−20)}=100×0.84=84만 원

→(1) 단서에 따라 80만 원

(2): (100×37×2)+{100×(37−5)×0.1}=7,400+320=7,720만 원

D (1): 200×{0.5+0.02×(10−20)}=200×0.3=60만 원

(2): (200×10×2)+{200×(10−5)×0.1}=4,000+100=4,100만 원

위의 해설에서는 모든 경우를 다 계산해 놓았지만, 음영 처리한 부분만 <보기>를 판단할 때 필요하므로 실제 문제 풀이에서는 필요한 부분만 계산하면 더 빠르게 해결가능하다.

보기 ㄷ의 경우 어느 한 명의 월별연금지급액을 계산해 보았다면 40만 원이라는 단위만으로 틀린 보기라는 것을 짐작할 수 있다. 특히 B, C는 최종평균보수월액이 같고 근무연수만 2년 밖에 차이나지 않는다.

ㄹ의 경우 10년을 근무한 경우와 10년을 더 근무해 20년을 근무한 경우를 직접 계산하기 이전에 식을 보면

- 10년 근무:(200×10×2)+{200×(10−5)×0.1}
- 20년 근무:(200×20×2)+{200×(20−5)×0.1}

음영처리한 부분이 각각 2배, 3배임을 알 수 있다. 따라서 계산값도 2배 이상임을 알 수 있으므로 직접적으로 계산할 필요가 없다.

ㄴ. A의 일시불연금지급액은 4,150만 원이고 D의 일시불연금지급액은 4,100만 원으로 A의 일시불연금지급액이 더 많다.

ㄹ. D가 월급에 변화없이 10년을 더 근무하는 경우 D의 일시불연금지급액은 (200×20×2)+{200×(20−5)×0.1}=8,000+300=8,300만 원이다. 현재 받을 수 잇는 일시불연금지급액 4,100만 원의 두 배가 넘는다.

오답 체크

ㄱ. A가 100개월밖에 연금을 받을 수 없다면 받게 되는 총 월별연금액지급액은 50만 원×100=5,000만 원이다. 지문에 별다른 언급이 없으므로 이자율 등을 고려하지 않은 것이다. 일시불연금지급액은 4,150만 원이므로 일시불연금보다 월별연금을 선택하는 것이 유리할 것이다.

ㄷ. B의 월별연금지급액은 80만 원이고 C의 월별연금지급액은 (1)의 식에 의하면 84만 원이나 (1) 단서에 따라 80만 원이다. 따라서 B와 C의 월별연금지급액은 같다.

4 규칙형

유형 15 | 규칙 단순확인형

p.190

01	02	03		
⑤	③	④		

01 규칙 단순확인형 정답 ⑤

난이도 ★☆☆☆☆

핵심포인트

근대문물의 도입 시기를 확인하면 해결되는 문제이다. 발문의 의도를 파악하여 각 근대 문물이 수용된 연대를 확인하고 시기적으로 <A 사건>보다 먼저인 것을 파악한다.

정답 체크

경복궁 내에 여러 가지 기계가 설치되었는데, 궁내의 큰 마루와 뜰에 등롱 같은 것이 설치되어 가지 모양의 유리에 휘황한 불빛이 대낮 같이 점화되었다는 내용을 통해 <A 사건>이 '전등(1887년 경복궁 내)'에 해당하는 사건임을 알 수 있다. 이에 따라 선택지 중 1887년보다 시기적으로 먼저인 것이 무엇인지 찾는다. 전신은 1885년에 도입되었으므로 1887년에 이용 가능하다. 따라서 <A 사건>이 발생한 해에 볼 수 있었던 광경은 전신을 이용하여 어머니께 소식을 전하는 아들이다.

오답 체크

① 광혜원(1885년)에서 전화(1896년)를 거는 두 가지가 동시에 충족되려면 1896년 이후여야 함을 알 수 있다.

② 독립문(1897년) 준공식을 보려면 1897년이어야 함을 알 수 있다.

③ 서대문에서 청량리 구간의 전차(1898년)를 타려면 1898년 이후여야 함을 알 수 있다.

④ 한성순보는 1883년에 개간되었지만 1884년 폐간되었으므로 1887년에는 한성순보를 읽을 수 없음을 알 수 있다.

02 규칙 단순확인형 정답 ③

난이도 ★★☆☆☆

핵심포인트

규칙 중 유통이력 신고의무가 있는 사람에 관한 내용을 정확하게 확인한다. 또한 유통이력신고 대상물품의 시행일자부터 지정물품의 유통이력 신고의무가 발생하므로 이를 각 선택지의 지정물품 및 거래시점과 잘 비교한다.

정답 체크

각 선택지별 지정물품을 <표>에서 찾아보면 다음과 같다.

시행일자	지정물품
2009.8.1.	공업용 천일염, ④ 냉동복어, 안경테
2010.2.1.	황기, 백삼, 냉동고추, 뱀장어, ① 선글라스
2010.8.1.	③ 구기자, ② 당귀, 곶감, 냉동송어, 냉동조기
2011.3.1.	건고추, 향어, 활낙지, 지황, 천궁, 설탕
2012.5.1.	산수유, 오미자
2013.2.1.	⑤ 냉동옥돔, 작약, 황금

각 선택지마다 유통단계와 지정물품에만 차이가 있을 뿐, 지정물품을 양도(판매, 재판매 등)한다는 것에는 차이가 없다. 식품 수입자 C는 지정물품인 구기자를 판매하였으며, 거래일자인 2012년 2월은 시행일자인 2010년 8월 1일 이후이므로 유통이력 신고의무가 있음을 알 수 있다.

오답 체크

①, ②, ⑤ 거래일자가 시행일자에 앞서므로 신고의무가 없음을 알 수 있다.

④ 음식점 주인은 수입자와 유통업자에 해당하지 않으므로 신고의무가 없음을 알 수 있다.

03 규칙 단순확인형 정답 ④

난이도 ★☆☆☆☆

핵심포인트

단순 확인을 하면 해결되는 문제로, 주어진 요건에 해당하지 않는 사람을 제거하면 빠른 해결이 가능한 문제이다.

정답 체크

첫 번째 단락부터 각 단락을 ⅰ)~ⅲ)이라고 한다. 甲~戊 중 청년자산형성적금의 가입요건에 해당되지 않는 사람을 제거해 나간다.

단락 ii) 첫 번째 문장에 따르면 청년자산형성적금은 직전과세년도의 근로소득과 사업소득의 합이 5,000만 원 이하이어야 한다. 甲~丁은 모두 직전과세년도의 근로소득과 사업소득의 합이 5,000만 원 이하이지만, 戊는 직전과세년도의 근로소득과 사업소득의 합이 4,000만 원+1,500만 원=5,500만 원이므로 戊는 가입할 수 없다. 이에 따라 선택지 ⑤는 제거된다.

단락 ii) 두 번째 문장에 따르면 직전과세년도에 근로소득과 사업소득이 모두 없는 사람도 가입할 수 없으므로, 甲은 가입할 수 없다. 이에 따라 선택지 ①은 제거된다. 그리고 직전 2개년도 중 한 번이라도 금융소득 종합과세 대상자였던 사람은 가입할 수 없다. 발문에 따르면 현재는 2023년이므로 직전 2개년도인 2021년, 2022년 금융소득 종합과세 대상자였던 丙, 戊는 가입할 수 없다. 이에 따라 선택지 ③은 제거된다.

단락 iii)에 따르면 청년은 19~34세인 사람을 의미하고, 군복무기간은 나이를 계산할 때 포함하지 않는다. 乙은 나이가 36세로 청년에 해당하지 않으므로 청년자산형성적금에 가입할 수 없다. 이에 따라 선택지 ②는 제거된다. 丁은 나이가 35세이지만 군복무기간 2년을 제외하면 33세이므로 청년에 해당한다. 丁은 모든 요건을 충족하므로 청년자산형성적금에 가입할 수 있다. 따라서 정답은 ④이다.

유형 16 | 규칙 정오판단형

p.198

01	02	03		
①	③	⑤		

01 규칙 정오판단형

정답 ①

난이도 ★★★☆☆

핵심포인트

해당 <보기>의 정오를 판단하기 위해 적절한 입증사례와 반증사례를 들어 파악한다. 또한 최소 접종연령 및 최소 접종간격 또는 4차 접종에 관한 예외적인 단서가 있으므로 이를 놓치지 않도록 유의한다.

정답 체크

ㄱ. 백신 A는 최소 접종연령이 12개월이고, 1차 접종을 한 이후 2차 접종까지는 최소 접종간격 12개월이 지켜져야 한다. 이를 정확히 지켰다면 만 2세가 되는 시점에 백신 A의 2회 예방접종이 있었을 것이다. 그런데 최소 접종연령 및 최소 접종간격에서 4일 이내로 앞당기는 것도 유효하다는 예외적인 단서가 있으므로 하루 이틀이라도 앞당겨서 접종을 했다면 만 2세가 되기 전에 백신 A의 예방접종을 2회 모두 유효하게 실시할 수 있음을 알 수 있다.

오답 체크

ㄴ. 백신 B의 4차 접종을 반드시 생략한다는 의미는 백신 B의 3차 접종이 만 4세 이후에 있었다는 것을 의미한다. 생후 45개월에 백신 B를 접종했다면 1차와 2차 접종 사이에, 그리고 2차와 3차 접종 사이에 모두 4주의 최소 접종간격이 지켜져야 하므로 45개월인 시점을 기준으로 4+4=8주 뒤에 3차 접종을 하게 된다. 이때 45개월에서 8주가 지난 시점은 만 4세(48개월)가 되기 전이므로 4차 접종을 반드시 생략하는 것은 아님을 알 수 있다.

ㄷ. 백신 C의 최소 접종연령은 생후 6주(42일)이므로 이보다 이틀 앞당겨 생후 40일에 백신 C를 접종하는 것이 가능하다. 이후 1차 접종과 2차 접종 간에는 4주(28일)의 최소 접종간격이 필요한데, 생후 40일과 생후 60일의 간격은 20일뿐이다. 이는 원래 지켜졌어야 할 최소 접종 간격인 28일에서 8일이나 앞당겨진 것이므로 제시된 조건에 따라 5일 이상 앞당겨서 일찍 접종했다면 무효로 간주하고 최소 접종연령 및 최소 접종간격에 맞춰 다시 접종해야 한다. 따라서 생후 40일에 백신 C를 1차 접종했다면, 생후 60일에 한 2차 접종은 유효하지 않음을 알 수 있다.

02 규칙 정오판단형

정답 ③

난이도 ★★★☆☆

핵심포인트

승경도놀이의 규칙을 정확히 이해한 후, 각 <보기>의 정오를 판단하기 위해 적절한 입증사례 또는 반증사례를 찾아낸다.

정답 체크

ㄱ. <우의정>에서는 <파직>, <좌의정>, <영의정>으로 갈 수 있다. 그중 퇴임을 할 수 있는 것은 <영의정>이다. 따라서 <우의정> → <영의정> → <퇴임>의 단계를 거치면 최소 2회 만에 甲이 먼저 퇴임을 하는 경우가 있다. 따라서 甲이 먼저 퇴임하기 위해서는 윤목을 최소 2회 이상 굴려야 한다.

ㄴ. 입증사례가 있는지 확인한다. 乙이 윤목을 굴리는데 甲이 이기는 경우를 만들려면 乙이 사약을 받는 경우를 찾아야 한다. 사약을 받는 것은 <파직>에서만 가능하므로 <사궤장>에서 2(개)가 나오고 <파직>에서 1(도)이 나온다면, 乙이 이번 차례와 다음 차례에 굴려 나온 값의 합이 3 이하이면서 甲이 이기는 경우가 가능하다.

오답 체크

ㄷ. 반증사례가 있는지 확인한다. 乙이 이번 차례와 다음 차례에 굴려 나온 값의 합이 6 이상이면서 乙이 이기지 못하는 상황을 찾아야 한다. 만약 말이 <사궤장>에 있는 乙이 이번에 2(개)가 나와 <파직>으로 이동한 후 <파직>에서 4(윷) 또는 5(모)가 나온다면 두 차례에 굴려 나온 값의 합이 6 또는 7인 조건을 충족한다. 이때 乙은 <환용>이 적용되어 다시 사궤장으로 돌아가게 될 뿐 乙이 이기는 것은 아니므로 乙이 이기지 않을 수도 있다.

03 규칙 정오판단형 　　　　정답 ⑤

난이도 ★★☆☆☆
핵심포인트
문화상품권 이용 안내를 보고 각 선택지에 주어진 상황에 대입하여 정오를 판단한다. 이 문제의 경우 익숙한 규칙이 제시되었으나 규칙을 확인하여 함정을 대비한다.

정답 체크

제시된 규칙을 <A가 가지고 있는 문화상품권>에 적용해 보면 다음과 같다.

구분	금액	발행일 (상품권의 유효기간은 발행일로부터 5년)	현재 PIN번호 노출 여부 (PIN번호가 노출되면 오프라인 가맹점에서 사용할 수 없음)
ⓐ	10,000원	2007년 3월 1일	노출 안 됨
ⓑ	10,000원	2009년 5월 10일	노출됨 (오프라인 가맹점 사용 불가)
ⓒ	5,000원	2006년 9월 20일 (사용 불가)	사용 불가
ⓓ	5,000원	2010년 12월 15일	노출됨 (오프라인 가맹점 사용 불가)
ⓔ	5,000원	2011년 9월 10일	노출 안 됨

현재 갖고 있는 문화상품권 2매로 온라인 가맹점에서 가격이 15,500원인 공연티켓을 사려면 권면금액이 10,000원인 상품권 2매로 구입을 해야 한다. 제시된 규칙에 따르면 상품권은 현금교환이 불가하지만 권면금액의 80% 이상을 사용한 경우에는 그 잔액을 돌려받을 수 있고, 이는 오프라인 가맹점과 온라인 가맹점에서 동일하게 적용된다. 이에 따라 권면금액의 합계액인 20,000원을 기준으로 15,500원인 공연티켓은 권면금액의 80% 미만이므로 그 잔액을 돌려받을 수 없다.

오답 체크

① 권면금액인 10,000원의 80% 이상을 사용하였으므로 잔액을 돌려받을 수 있다.

② 오프라인 가맹점에서 사용할 수 있는 것은 문화상품권 ⓐ, ⓔ이다. 따라서 최대 15,000원까지 사용 가능하다.

③ 온라인 가맹점에서는 PIN번호 노출여부가 문제되지 않는다. 따라서 문화상품권 ⓐ, ⓑ, ⓓ, ⓔ를 사용할 수 있으므로 최대 30,000원까지 사용 가능하다.

④ 문화상품권 ⓐ~ⓓ는 유효기간이 지나서 사용할 수 없지만 문화상품권 ⓔ는 사용 가능하다.

빠른 문제 풀이 Tip

⑤ 권면금액의 합계액인 20,000원을 기준으로 하는 것이 아니라, 각 상품권의 권면금액인 10,000원을 기준으로 따져보더라도 8,000+7,500=15,500원으로 권면금액의 80% 이상을 사용하지 못한 상품권이 있어 잔액을 돌려받을 수 없다. 또한 (15,500/20,000)×100=77.5%이므로 문화상품권 2매 중 권면금액의 80% 이상을 사용하지 못한 문화상품권이 반드시 존재한다.

유형 17 | 규칙 적용해결형

p.206

01	02	03	04	
⑤	②	②	④	

01 규칙 적용해결형 　　　　정답 ⑤

난이도 ★★☆☆☆
핵심포인트
<정렬 방법>에 제시된 규칙을 이해한 후 그대로 <정렬 대상>에 적용한다.

정답 체크

단계별 과정을 표로 정리하면 다음과 같다.

<정렬 대상> 15, 22, 13, 27, 12, 10, 25, 20	
정렬 방법	결과
(1) 가로로 나열된 수 중 가장 오른쪽의 수를 피벗(pivot)이라 하며, 나열된 수에서 제외시킨다.	피벗: 20
(2) 피벗보다 큰 수 중 가장 왼쪽의 수를 찾는다.	22
(3) 피벗보다 작은 수 중 가장 오른쪽의 수를 찾는다.	10
(4) (2)와 (3)에서 찾은 두 수의 위치를 교환한다.	15, <u>10</u>, 13, 27, 12, <u>22</u>, 25, 20
(5) 피벗보다 작은 모든 수가 피벗보다 큰 모든 수보다 왼쪽에 위치할 때까지 (2)~(4)의 과정을 반복한다.	
(2) 피벗보다 큰 수 중 가장 왼쪽의 수를 찾는다.	27

(3) 피벗보다 작은 수 중 가장 오른쪽의 수를 찾는다.	12
(4) (2)와 (3)에서 찾은 두 수의 위치를 교환한다.	15, 10, 13, <u>12</u>, <u>27</u>, 22, 25, 20

따라서 <정렬 대상>에서 두 번째로 위치를 교환해야 하는 두 수는 27과 12이다.

02 규칙 적용해결형 정답 ②

난이도 ★★☆☆☆

핵심포인트

주어진 암호 변환 방법에 따라 그대로 해결하면 풀리는 문제이다. <자모변환표>에 따라 변환하는 과정까지는 기존의 문제들에서도 많이 다루는 내용이고 암호 숫자로 바꾸는 과정만 이해하면 된다.

정답 체크

우선 <자모변환표>에 따라 '사무관'을 변환하면 변환된 숫자는 다음과 같다.

ㅅ	ㅏ	ㅁ	ㅜ	ㄱ	ㅘ	ㄴ
479	775	537	456	120	189	623

해당 표를 모두 채우는 것이 중요한 것이 아니라 1) 'ㅗ', 'ㅏ'가 아닌 'ㅘ'로 전체 숫자의 자릿수에 의해 선택지 ④, ⑤가 제거되는 점, 2) 예를 들어 첫 번째 자음 'ㅅ'만 암호문으로 바꿔 봤을 때

변환된 숫자	암호문	<난수표>
4		4

이므로 첫 번째 자리가 '0'임을 빠르게 파악하는 것이 중요하다. (선택지 ③도 제거)

이후 선택지 ①, ②에서 일치하지 않는 'ㅜ'의 변환된 숫자를 첫 번째 자리만 암호문으로 바꾸어 보면

변환된 숫자	암호문	<난수표>
4		1

이므로 암호문은 '7'이어야 함을 알 수 있다. 따라서 선택지 ①이 소거되므로 정답은 ②이다.

빠른 문제 풀이 Tip

선택지에 제시된 암호문의 길이도 다르고, 각 자리에 숫자가 다른 경우가 보일 것이다. 따라서 선택지를 적절히 활용하여 변환을 잘못한 선택지를 중간중간 제거하면서 해결할 때 빠른 해결이 가능해진다.

03 규칙 적용해결형 정답 ②

난이도 ★★☆☆☆

핵심포인트

<표 2>의 톤당 수송비용을 활용하여 <정부미 공급 절차>를 <표 1>에 정확하게 적용하여야 한다.

정답 체크

<정부미 공급 절차>에 따라 해결해 보면 다음과 같다.

- 수송 비용표에서 톤당 수송비가 가장 적은 경우를 골라 공급 및 수요 조건의 범위 내에서 가능한 한 많은 양을 할당한다. → 부산보관소에서 A도시로 공급할 때 톤당 수송비용이 4만 원으로 가장 적다.

도시	수요량		보관소	공급량
A도시	~~140~~	부산→A도시 140	서울보관소	120
B도시	300		대전보관소	200
C도시	60		부산보관소	~~180~~ 40
합계	500		합계	500

- 그다음으로 톤당 수송비가 적은 경우를 골라 공급 및 수요 조건의 범위 내에서 가능한 한 많은 양을 할당한다. 다음으로 톤당 수송비가 적은 경우는 서울보관소에서 C도시로 공급할 때 톤당 10만 원의 수송비용이 드는 경우이다.

도시	수요량		보관소	공급량
A도시	~~140~~	부산→A도시 140	서울보관소	~~120~~ 60
B도시	300		대전보관소	200
C도시	~~60~~	서울→C도시 60	부산보관소	~~180~~ 40
합계	500		합계	500

- 위 과정을 공급량과 수요량이 충족될 때까지 계속한다. 만일 두 개 이상의 경우에서 톤당 수송비가 같으면 더 많은 양을 할당할 수 있는 곳에 우선적으로 할당한다. 이 과정을 거치면 서울보관소에서는 60톤을, 대전보관소는 200톤을, 부산보관소에서는 40톤을 B도시에 공급하게 된다.

따라서 서울보관소는 B도시에 정부미 60톤을 공급한다.

오답 체크

① 서울보관소는 A도시에 정부미를 공급하지 않는다.

③ 대전보관소는 A도시에 정부미를 공급하지 않는다.

④ 대전보관소는 B도시에 정부미 200톤을 공급한다.

⑤ 부산보관소는 C도시에 정부미를 공급하지 않는다.

> **빠른 문제 풀이 Tip**
> - 보관소에서 도시로 정부미를 공급할 때 n-1개 해결을 할 수 있다면 보다 빠른 해결이 가능하다.
> - 선택지를 검토할 때도 n-1개 해결을 할 수 있다면 보다 빠른 해결이 가능하다.

04 규칙 적용해결형

정답 ④

> **난이도** ★★☆☆☆
>
> **핵심포인트**
>
> 발문의 내용과 <예시>를 통해 <주행 알고리즘>을 정확하게 이해해야 한다. 이때 보조명령은 주명령을 수행할 수 없을 때만 수행하므로 순차적으로 적용할 수 있어야 한다. 이해과정에서는 주명령과 보조명령을 정확하게 이해해야 한다. 이때는 공통·차이에 대한 인식을 정확하게 해야 한다.

정답 체크

- 주명령: 현재 단위구역(cell)에서 로봇은 ① 왼쪽, 앞쪽, 오른쪽 순으로 벽의 유무를 탐지하여 ② 벽이 없음이 감지되는 방향의 단위구역을 ③ 과거에 주행한 기록이 없다면 ④ 해당 방향으로 한 단위구역만큼 주행한다.
- 보조명령: 현재 단위구역에서 로봇이 ① 왼쪽, 앞쪽, 오른쪽, 뒤쪽 순으로 벽의 유무를 탐지하여 ② 벽이 없음이 감지되는 방향의 단위구역에 ③ 벽이 없음이 감지되는 방향과 반대 방향의 주행기록이 있을 경우에만, ④ 로봇은 그 방향으로 한 단위구역만큼 주행한다.

출발지점부터 <주행 알고리즘>을 정확히 적용해 도착지점에 가는 이동경로를 확인해 보면 된다. 이하부터는 주명령은 '주', 보조명령은 '보조'라고 표시하며 왼쪽, 앞쪽, 오른쪽, 뒤쪽을 각각 L, F, R, B라고 표시한다. 예를 들어 왼쪽에 벽이 없고 왼쪽에 과거 주행한 기록이 없어 주명령에 따라 주행하였다면 '주L'과 같이 표시한다.

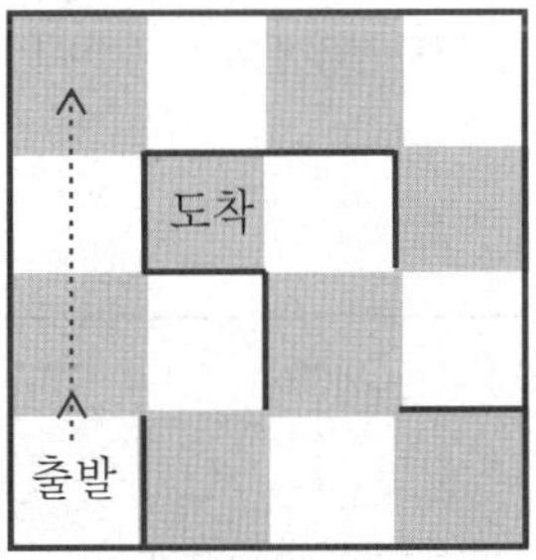

<그림 1>

1) <그림 1>에서 화살표의 끝 지점으로 표시된 구역까지 '주F'에 따라 주행한다. 선택지 ③, ⑤는 제거된다. 이하부터 그림에서 주명령에 따라 주행한 경우는 점선 화살표로, 보조명령에 따라 주행한 경우는 실선 화살표로 표시한다.

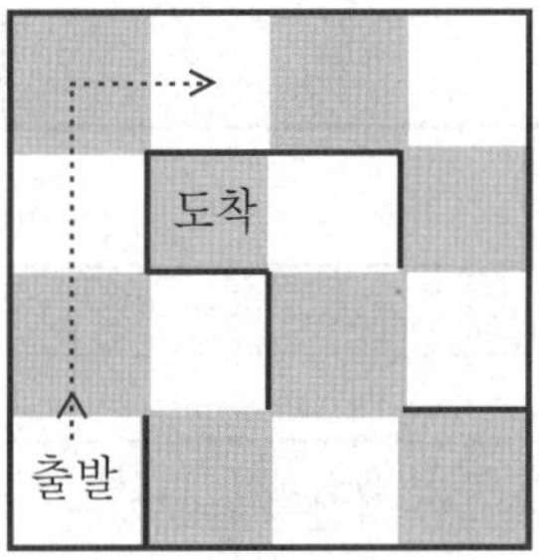

<그림 2>

2) <그림 1>의 화살표 끝 지점에서는 왼쪽, 앞쪽에 벽이 있고 오른쪽에는 벽이 없다. 따라서 화살표의 끝 지점으로 표시된 구역까지 '주R'에 따라 주행한다.

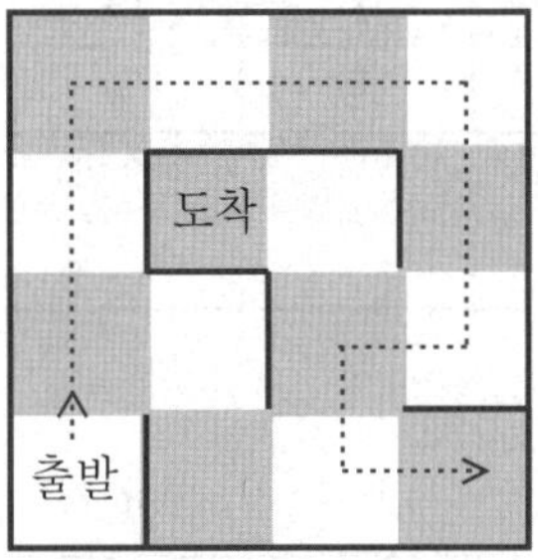

<그림 3>

3) <그림 2>의 화살표 끝 지점부터 각 구역을 '주F', '주F', '주R', '주F', '주R', '주L', '주L'에 따라 주행한다. 선택지 ①은 제거된다.

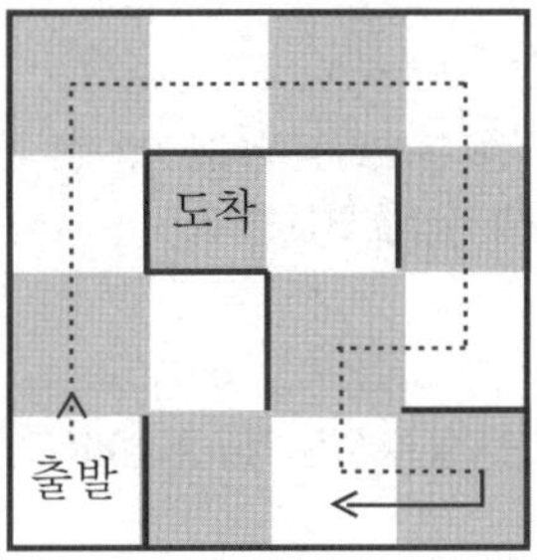

<그림 4>

4) <그림 3>의 화살표 끝 지점에서는 왼쪽, 앞쪽, 오른쪽 모두 벽이 있으므로 주명령에 따라 주행할 수 없다. 따라서 보조명령에 따라 뒤쪽에 벽이 없음이 감지되고, 뒤쪽 방향의 단위구역에 벽이 없음이 감지되는 방향과 반대 방향, 즉 <그림 3>의 화살표 끝 지점으로 온 주행기록이 있으므로 '보조B'에 따라 주행한다.

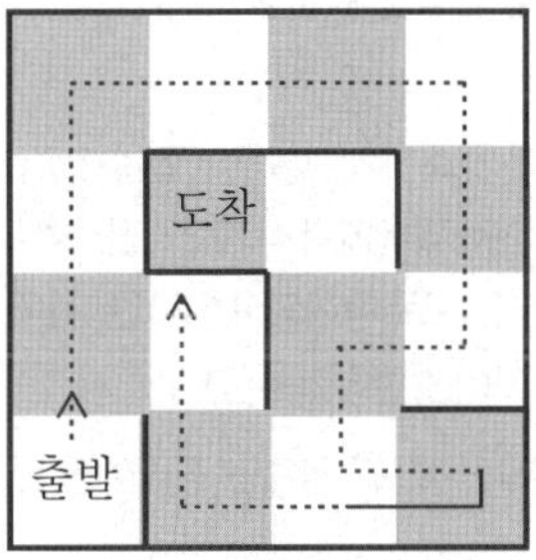

<그림 5>

5) 이후 '주F', '주R'에 따라 화살표 끝 지점까지 이동한다. 선택지 ②가 제거되고 정답은 ④임을 알 수 있다.
화살표의 끝 지점에서는 왼쪽에 벽이 없으니 과거의 주행기록이 있고, 앞쪽, 오른쪽은 벽이 있으므로 보조명령에 따라 주행하게 된다.

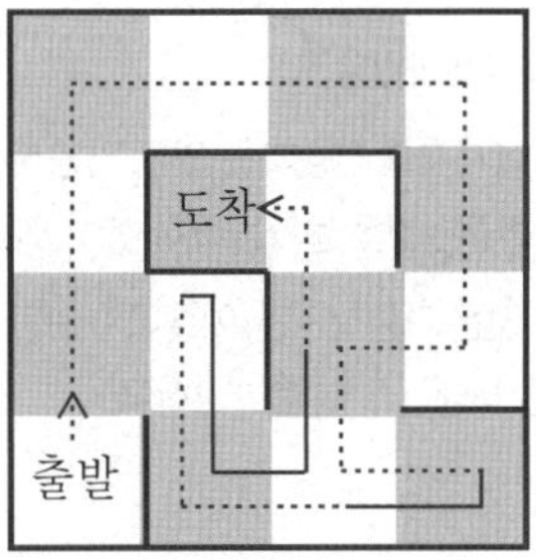

<그림 6>

6) 정답은 확인했지만, 나머지 이동경로도 확인해 보면 <그림 5>의 화살표 끝 지점부터 '보조B', '보조L', '보조L', '주F', '주L'에 따라 주행한다.

실전공략문제

p.210

01	02	03	04	05
②	③	①	①	②
06	07	08	09	10
④	⑤	⑤	④	①
11	12	13	14	15
⑤	④	④	④	⑤
16	17	18		
④	③	③		

01 규칙 정오판단형

정답 ②

난이도 ★★☆☆☆

핵심포인트

MOFA톡 애플리케이션의 메시지 전송 규칙을 정확하게 이해한 후, 이를 각 <보기>의 상황에 적용하여 정오를 판단한다.

정답 체크

먼저 메시지를 전송할 수 없는 경우와 전송할 수 있는 경우를 정리하면 다음과 같다.

· 메시지를 전송할 수 없는 경우
  만약 한 사람(A)이 상대방(B)을 '친구' 목록에서 삭제한 경우, 그 사람(A)은 상대방(B)에게 자신의 메시지를 전송할 수 없다.

· 메시지를 전송할 수 있는 경우
  - 상호 '친구'로 등록한 경우, 두 사람은 서로 메시지를 전송할 수 있다.
  - 만약 한 사람(A)이 상대방(B)을 '친구' 목록에서 삭제했지만, 상대방(B)에게는 여전히 그 사람(A)이 '친구'로 등록되어 있다면, 상대방(B)은 자신의 메시지를 그 사람(A)에게 전송할 수 있다.

여섯 번째 <조건>에서 문제 해결에 필요한 '친구' 관계만 정리하면 다음과 같다.

· 보란은 남헌을 '친구' 목록에서 삭제하였다.

· 예슬은 양동, 보란을 '친구' 목록에서 삭제하였다.

ㄴ. 남헌이 양동에게, 양동이 예슬에게 메시지를 전송하는 것은 가능하지만, 예슬이가 양동에게 메시지를 보내는 것은 불가능하다.

ㄷ. 보란이 예슬에게 메시지를 전송하는 것은 가능하지만, 예슬이가 보란에게 상황이 매우 어렵다는 메시지를 보내는 것은 불가능하다.

오답 체크

ㄱ. 예슬이가 남헌에게, 남헌이 보란에게, 보란이가 양동에게 모두 메시지 전송이 가능하다.

ㄹ. 예슬이가 남헌에게, 남헌이 보란에게, 보란이 예슬에게 모두 메시지 전송이 가능하다.

ㅁ. 예슬이가 남헌에게, 남헌이 보란에게 모두 메시지 전송이 가능하다.

02 규칙 적용해결형

정답 ③

난이도 ★☆☆☆☆

핵심포인트

규칙형 문제에 제시된 규칙은 문제 해결에 모두 활용된다는 점을 이용하면 보다 빠르게 정답을 찾아낼 수 있다.

정답 체크

제시된 규칙을 정리하면 다음과 같다.

· 여섯 사람이 같은 고속버스를 타고 함께 서울을 출발하여 대전으로 돌아가려고 함

· 현재 시각은 오전 11시 50분

· 가은~바솜 중 몇몇은 볼 일이 있고, 이들 각각이 들러야 하는 장소와 소요시간, 돌아오는 시간을 정리하면 다음과 같다.

구분	장소	소요시간	돌아오는 시간
가은	은행	30분	12시 20분
나중	편의점	10분	12시
다동	화장실+패스트푸드점	20+25=45분	12시 35분
라민	서점+화장실	20+20=40분	12시 30분

여섯 사람이 함께 서울을 출발하기로 했으므로 가장 오랜 시간이 소요되는 다동이 돌아오는 시간인 12시 35분 이후에나 서울을 출발할 수 있다. 그 이후에 가장 빨리 출발하는 12시 45분 버스를 타려고 하면 잔여 좌석이 5석뿐이어서 여섯 사람이 함께 탈 수 없다. 따라서 그 다음 차량인 13시에 출발하는 차량을 탑승하면 대전에는 15시 정각에 도착하게 된다.

03 규칙 적용해결형

정답 ①

난이도 ★★★☆☆

핵심포인트

보금자리주택 특별공급 사전예약의 신청자격도, 배점기준에 따라 점수를 부여하는 것도, 최우선 순위의 당첨 대상자를 선정하기 위한 과정도 모두 복잡하다. 따라서 규칙을 빠뜨리지 않도록 유의하며 정확하게 적용해서 최우선 순위의 당첨 대상자를 추려낼 수 있어야 한다.

정답 체크

신청자격은 모두 사전예약 입주자 모집 공고일 현재 기준이며, 다음 자격을 모두 갖추어야 한다.

- 미성년(만 20세 미만)인 자녀 3명 이상
- 서울, 인천, 경기도 등 수도권 지역에 거주
- 무주택 가구주

이에 따라 미성년 자녀가 2명이고, 수도권 지역에 거주하지 않는 선택지 ②가 소거된다. 다음으로 남은 선택지별로 배점 기준에 따라 점수를 부여해 보면 다음과 같다.

구분	미성년 자녀	점수	연령 & 무주택기간	점수	거주 기간	점수	가산	총점
①	4명	40	45세&14년	20	8년	15	-	75
③	4명	40	37세&15년	15	4년	10	10	75
④	3명	35	47세&20년	20	9년	15	-	70
⑤	3명	35	45세&10년	20	15년	20	-	75

①, ③, ⑤가 75점으로 동점이므로 각주를 적용하여 비교한다. 미성년 자녀 수가 4명으로 가장 많은 ①과 ③ 중 가구주의 연령이 많은 ①이 선정된다. 따라서 최우선 순위의 당첨 대상자는 만 7세 이상 만 17세 미만인 자녀 4명을 두고, 인천에서 8년 거주하고 있으며, 14년 동안 무주택자인 만 45세의 가구주이다.

04 응용형(법조문) 정답 ①

난이도 ★★☆☆☆

핵심포인트

법조문 응용형 문제이지만, 규칙형 문제와 마찬가지로 규칙을 활용하는 방법을 잘 알면 빠르게 문제를 해결할 수 있다. 이 문제의 경우 동점 시 처리 규칙을 잘 활용하여야 하며, 규칙형 문제를 빠르게 해결할 수 있는 스킬이 많이 반영되어 있다. 판단은 몇 % 감소했는지를 기준으로 하는데 <표>에서는 현재 비율로 제시되어 있으므로 규칙 적용 시 혼동하지 않도록 유의해야 한다.

정답 체크

도시재생사업 실시를 위해 충족해야 하는 조건은 다음과 같으며, 이 중 2개 이상을 충족하면 된다.

- 조건 1
  - ① 최근 30년간 인구가 가장 많았던 시기 대비 현재 인구가 20% 이상 감소
  - ② 최근 5년간 3년 이상 연속으로 인구가 감소
- 조건 2
  - ① 최근 10년간 사업체 수가 가장 많았던 시기 대비 현재 사업체 수가 5% 이상 감소
  - ② 최근 5년간 3년 이상 연속으로 사업체 수가 감소
- 조건 3: 전체 건축물 중 준공된 후 20년 이상된 건축물이 차지하는 비율이 50% 이상인 지역

각 조건이 <표>의 각 행과 순서대로 대응된다. 이에 따라 조건을 충족하는 지역을 정리하면 다음과 같다.

구분	A지역	B지역	C지역	D지역	E지역
조건 1	○	○	-	○	○
조건 2	○	○	-	-	-
조건 3	○	○	-	○	-
2개 이상 해당여부	충족	충족	미충족	충족	미충족

따라서 도시재생활성화지역으로 가능한 곳은 A, B, D지역이다. 세 번째 법조문에 따르면 도시재생활성화지역으로 가능한 곳이 복수일 경우, 전조 제1항 제1호의 인구기준을 우선시하여 도시재생사업을 순차적으로 진행하되, ㉠ 인구기준의 하위 두 항목은 동등하게 고려하며, ㉡ 최근 30년간 최다 인구 대비 현재 인구 비율이 낮을수록, ㉢ 최근 5년간 인구의 연속 감소 기간이 길수록 그 지역의 사업을 우선적으로 실시한다. ㉡에 따를 때 A지역의 최근 30년간 최다 인구 대비 현재 인구 비율이 68%로 가장 낮고, ㉢에 따를 때 A지역이 5년으로 최근 5년간 인구의 연속 감소 기간이 가장 길다. 따라서 도시재생사업이 가장 먼저 실시되는 지역은 A지역이다.

05 규칙 적용해결형 정답 ②

난이도 ★★★☆☆

핵심포인트

귀농인 주택시설의 개·보수 비용을 지원하는 개선사업의 신청자격, 심사기준 및 산정방식, 지원대상을 판단하는 규칙이 다소 복잡하다. 이를 정확하게 이해한 후 <심사 기초 자료>에 정확히 적용할 수 있어야 한다.

정답 체크

먼저 신청자격에 따를 때, 신청마감일 현재 전입일로부터 거주기간이 6개월 이상이어야 하므로 6개월 미만인 丁은 제외된다. 丁을 제외하고 점수를 정리하면 다음과 같다.

다음 심사기준 및 점수 산정방식에 따라 점수를 부여해 보면 다음 표와 같다.

귀농 가구	전입일	가족 수(명)	영농 규모(ha)	주택 노후도(년)	사업 시급성	총점
甲	2010. 12. 30.	1	0.2	17	매우 시급	
	10	4	4	8	10	36

乙	2013. 5. 30.	3	1.0	13	매우 시급	
	4	8	10	6	10	38
丙	2012. 7. 30.	2	0.6	23	매우 시급	
	6	6	8	10	10	40
戊	2011. 9. 30.		1.2	19	보통	
	8	6	10	8	4	36

점수 순으로 지원대상 가구를 결정하면, 丙>乙>甲=戊 순이지만, 점수가 가장 높은 귀농가구인 乙과 丙은 둘 다 주소지가 B이므로 하나의 읍·면당 1가구만 지원 가능하다는 조건에 의해, 丙만 지원을 받을 수 있다. 또한 甲과 戊는 총점이 동점이기 때문에 가구주의 연령이 더 높은 甲이 지원을 받게 된다. 따라서 지원 대상 가구는 甲, 丙이다.

06 규칙 적용해결형

정답 ④

난이도 ★★★★☆

핵심포인트

지진발생문자 발송 방법과 수신차단에 관련된 단서 규칙을 잘 이해한 후, 상황에 대입하여 적용한다. 이때 가능한 경우의 수를 나누어 그에 따른 결과를 확인한다.

정답 체크

X등급 지진의 경우 발생지점으로부터 반경 1km, Y등급 지진의 경우 발생지점으로부터 반경 2km 이내의 시민들에게 지진발생문자를 발송한다. 단, 수신차단을 해둔 시민에게는 지진발생문자를 보내지 않는다. 이러한 발송 방법을 토대로 각 상황에 따른 의미를 살펴보면 'A~E 중에서 지진발생문자 수신차단을 해둔 시민은 1명뿐이다.'는 A~E 중 1명은 원칙적으로는 지진발생문자를 받아야 하는 경우에도 수신차단을 해두었기 때문에 지진발생문자를 받지 않는다는 의미이다.

상황	의미
8월 26일 14시 정각 '가'지점에서 Y등급 지진이 일어났을 때 A~E 중 2명만 지진발생문자를 받았다.	Y등급 지진이 일어났다면, 발생지점인 '가'지점으로부터 반경 2km 이내의 시민들에게 지진발생문자를 발송해야 한다. A~E 중에서는 A, B, E 3명이 여기에 해당한다. 그런데 2명만 지진발생문자를 받았다는 것은 A, B, E 중 한 명이 수신차단을 했다는 의미이다. 이때 C와 D는 수신차단을 하지 않았음을 알 수 있다.
5분 후 '나'지점에서 X등급 지진이 일어났을 때에는 C와 D만 지진발생문자를 받았다.	X등급 지진이 일어났다면, 발생지점인 '나'지점으로부터 반경 1km 이내의 시민들에게 지진발생문자를 발송해야 한다. 이에 따라 C에서 아래로 내린 직선과 D 사이에 있는 점이 '나'지점임을 알 수 있다.
다시 5분 후 '나'지점에서 정서쪽으로 2km 떨어진 지점에서 Y등급 지진이 일어났을 때에는 (㉠)만 지진발생문자를 받았다.	'나'지점에서 정서쪽으로 2km 떨어진 지점에서 Y등급 지진이 일어났다면, 반경 2km 이내의 시민들에게 지진발생문자를 발송해야 하므로 B와 E가 대상자가 된다.

이를 다시 정리하면 A, B, E 중 한 명이 수신차단을 했고, B와 E가 ㉠의 대상자가 됨을 알 수 있다. 이때 수신차단을 한 시민에 따라 지진발생문자를 받는 사람이 달라지므로 이를 정리하면 다음과 같다.

수신차단	지진발생문자를 받은 사람
A	B, E
B	E
E	B

따라서 Y등급 지진이 일어났을 때 지진발생문자를 받은 사람으로 B, E, B와 E가 가능하다.

07 규칙 단순확인형

정답 ⑤

난이도 ★★☆☆☆

핵심포인트

<기준>에서 대부분의 지표는 '초과 이하'의 구조인 반면, 지방세 징수액 비율과 금고잔액 비율은 '이상 미만'의 구조로 제시되어 있으므로 잘못 확인하여 실수하지 않도록 유의한다. 또한 중점관리대상 지방자치단체 지정기준을 기호로 표시하면서 확인한다.

정답 체크

'주의', '심각'의 경보기준을 <현황>에 적용할 때, '주의'는 △, '심각'은 X로 표시하여 나타내면 다음과 같다.

지표 / 지방자치단체	통합재정수지적자비율	예산대비채무비율	채무상환비비율	지방세징수액비율	금고잔액비율	공기업부채비율
A	30	20	15	60	30	250
	△		△			
B	40	30	10	40	15	350
	△	△		△	△	
C	15	20	6	45	17	650
				△	△	X

D	60	30	30	55	25	150
	X	△	X			

중점관리대상 지방자치단체 지정기준에 따라 6개의 사전경보지표 중 '심각'이 2개 이상이면 중점관리대상으로 지정되고, '주의' 2개는 '심각' 1개로 간주된다.

구분	△	X	심각
A	2개		1개
B	4개		2개
C	2개	1개	2개
D	1개	2개	2개

따라서 중점관리대상 지방자치단체는 B, C, D이다.

08 규칙 적용해결형 정답 ⑤

난이도 ★★☆☆☆

핵심포인트

제시된 규칙에서 숫자를 비교하여 교환하는 방식을 이해한 후, 이를 <보기>에 적용하여 다섯 번째 교환이 이루어진 후의 수열의 모습을 확인한다. 한 라운드가 끝날 때마다 비교 대상에서 제외된 수 중에서 가장 큰 수가 오른쪽으로 이동하여 오름차순의 모습처럼 수열이 정리됨을 알 수 있다. 이때 '교환'은 두 개의 숫자가 서로 자리를 맞바꾸는 것을 말한다. 이를 '비교'의 개념과 혼동하면 않도록 유의한다.

정답 체크

숫자를 교환하는 규칙은 다음과 같다.

- 수열의 맨 앞부터 뒤로 이동하며 인접한 두 숫자의 크기를 비교하여 교환하는 방식으로 정렬한다. 인접한 두 숫자의 크기를 비교했을 때 두 숫자 중 큰 숫자가 오른쪽에 오도록 교환한다.
- 맨 마지막 숫자까지 비교가 이루어져 가장 큰 수가 맨 뒷자리로 이동하게 되면 한 라운드가 종료된다. 즉, 1라운드가 종료되면 가장 큰 수가 수열의 맨 오른쪽에 위치하게 된다. 그리고 이 수는 다음 라운드에서는 비교 및 교환의 대상에서 제외된다.
- 다음 라운드는 맨 뒷자리로 이동한 수를 제외하고 같은 방식으로 비교 및 교환이 이루어진다.
- 더 이상 교환할 숫자가 없을 때 정렬이 완료된다.

이에 따라 교환 단계를 적용하면 다음과 같다.

수열 (괄호 안 두 숫자 비교)	비교 결과 (왼쪽 숫자가 크면 교환)	교환 여부
(37 82) 12 5 56	37 < 82	교환 X
37 (82 12) 5 56	82 > 12	첫 번째 교환
37 12 (82 5) 56	82 > 5	두 번째 교환
37 12 5 (82 56)	82 > 56	세 번째 교환
37 12 5 56 82	1라운드 종료	
(37 12) 5 56 82	37 > 12	네 번째 교환
12 (37 5) 56 82	37 > 5	다섯 번째 교환

따라서 다섯 번째 교환 후 수열의 모습은 12, 5, 37, 56, 82이다.

09 규칙 적용해결형 정답 ④

난이도 ★☆☆☆☆

핵심포인트

휴가지원사업의 '참여 대상'을 설명하면서 참여 대상을 규정하면서 단서로 제외 대상을 정하기도 하고, 반대로 제외 대상을 규정하면서 단서로 예외적인 참여 대상을 정하고 있기도 하다. 혼동하여 실수하지 않도록 주의한다.

정답 체크

甲~戊의 재직정보에 참여 대상 기준을 적용시켜 본다. <상황>의 재직정보는 그 직장에 소속되어 있다는 것으로 해석한다.

- 甲은 의료법인의 근로자로서 휴가지원사업의 참여 대상이 되며, 간호사이므로 단서에 의한 참여 제외 대상도 아니다.
- 乙은 중소기업의 근로자로서 참여 대상 첫 번째 항목에 해당되지만, 두 번째 항목 단서에서 회계법인 소속의 노무사인 근로자는 제외된다고 하였으므로 휴가지원사업의 참여 대상이 아니다.
- 丙은 사회복지법인의 대표로서 참여 대상 첫 번째 항목에 해당되고, 두 번째 항목 단서에 따라 사회복지법인의 대표는 제외되지 않음을 알 수 있다. 이에 따라 丙은 휴가지원사업의 참여 대상이 된다.
- 丁은 대기업 소속의 근로자로서 휴가지원사업의 참여 대상이 아니다.
- 戊는 비영리민간단체의 임원으로 참여 대상 두 번째 항목 단서에 따라 참여가 가능함을 알 수 있다. 또한 戊는 의사이지만 병·의원 소속 의사인 근로자가 아니므로 참여 대상에서 제외되지 않는다.

따라서 휴가지원사업에 참여할 수 있는 사람은 甲, 丙, 戊이다.

10 규칙 적용해결형 정답 ①

난이도 ★★☆☆☆

핵심포인트

법규 체계 순위, 소관 부서명을 적용함에 있어 우선순위를 혼동하지 않도록 주의하고, 이에 대한 예외적인 조건인 한 부서에서 보고해야 하는 개정안이 여럿인 경우와 보고자가 국장인 경우의 진행 방법을 실수하지 않고 적용할 수 있도록 주의한다.

정답 체크

- 세 번째 기준에 따라 보고자가 丙국장인 D법 시행령 개정안을 다른 개정안보다 가장 먼저 보고한다. 나머지 개정안들은 보고자가 국장인 경우가 아니므로 첫 번째 기준부터 적용해 본다.
- 첫 번째 기준에 의하면 A법 개정안, B법 개정안은 법규 체계상 '법'에 해당하여 '시행령'에 해당하는 D법 시행령 개정안보다 먼저 보고하게 되고, D법 시행령 개정안은 '시행규칙'에 해당하는 E법 시행규칙 개정안보다 먼저 보고한다. A법 개정안, B법 개정안은 법규 체계상 '법'에 해당하므로 법규 체계 순위가 같다. 이때 첫 번째 기준의 두 번째 문장을 적용하면 B법 개정안은 소관 부서명이 '기획담당관'으로, 가나다순에 의할 때 소관 부서명이 '예산담당관'인 A법 개정안보다 먼저 보고한다.
- B법 개정안을 두 번째로 보고하므로, 두 번째 기준에 의해 같은 소관 부서인 기획담당관에서 B법 개정안을 보고하고 C법 시행령 개정안을 연달아 보고한다.
- 남아있는 예산담당관의 A법 개정안과 E법 시행규칙 개정안은 다시 첫 번째 기준에 따라 A법 개정안을 먼저 보고하고, 두 번째 기준에 따라 E법 시행규칙 개정안을 연달아 보고한다.

따라서 D법 시행령 개정안-B법 개정안-C법 시행령 개정안-A법 개정안-E법 시행규칙의 순서로 보고하며, 네 번째로 보고되는 개정안은 A법 개정안이다.

11 규칙 적용판단형 정답 ⑤

난이도 ★☆☆☆☆

핵심포인트

발문에서 스크랩의 앞에서부터 5번째에 배치되는 기사 제목을 묻고 있다. 두 번째 동그라미에 따라 지문의 조건들을 '조건 1'부터 순서대로 적용한다. 조건을 적용할 때 먼저 적용한 조건을 위배할 수 없다는 점에 유의한다.

정답 체크

조건 1에 따르면 제목에 정책이라는 단어가 포함된 기사는 다른 기사보다 앞에 배치하고, '△△정책'이 제목에 포함된 기사는 제외하므로 선택지 ②는 제거된다. 기사제목은 간단히 표기하여 아래와 같이 정리할 수 있다.

구분	종류	기사 제목	
조간	논평	규제 샌드박스	
석간	사설	★★정책	조건 1
조간	논평	플랫폼경제	
~~석간~~	~~일반기사~~	~~△△정책~~	
석간	일반기사	□□산업 혁신	
석간	사설	◎◎생태계	
석간	사설	네거티브 규제	
조간	논평	◇◇정책 도입	조건 1
조간	일반기사	▼▼수요 증가	
조간	일반기사	정부 혁신 중간평가	

나중에 조건 2~4를 적용하더라도 조건 1을 위배할 수 없으므로 조건 1에 해당하는 두 기사는 각각 첫 번째 또는 두 번째에 배치된다. 발문에서는 앞에서부터 다섯 번째에 배치되는 기사 제목을 묻고 있으므로 두 기사는 더 이상 확인할 필요가 없다.

조건 2에 따르면 사설과 논평은 일반기사보다 뒤에 배치된다.

구분	종류	기사 제목	
조간	논평	규제 샌드박스	
조간	논평	플랫폼경제	
석간	일반기사	□□산업 혁신	조건 2
석간	사설	◎◎생태계	
석간	사설	네거티브 규제	
조간	일반기사	▼▼수요 증가	조건 2
조간	일반기사	정부 혁신 중간평가	조건 2

마찬가지로 나중에 조건 3, 4를 적용하더라도 조건 2를 위배할 수 없으므로 조건 2에 해당하는 세 기사가 전체 세 번째, 네 번째, 다섯 번째로 배치된다. 나머지 기사는 다섯 번째에 배치될 수 없으므로 더 이상 확인할 필요가 없다. 이에 따라 선택지 ①, ④는 제거된다.

조건 3에 따르면 제목에 '규제'나 '혁신'이라는 단어가 포함된 기사는 다른 기사보다 앞에 배치한다.

구분	종류	기사 제목	
석간	일반기사	□□산업 혁신	조건 3
조간	일반기사	▼▼수요 증가	
조간	일반기사	정부 혁신 중간평가	조건 3

조건 3에 해당하는 두 기사가 각각 세 번째 또는 네 번째에 배치되고, '▼▼수요 증가로 기업들 화색'이 다섯 번째로 배치된다. 따라서 정답은 ⑤이다. 조건 4를 검토하지 않고 정답을 확인할 수 있다.

12 적용해결형 정답 ④

난이도 ★★☆☆☆
핵심포인트
각 환자들의 진료시간을 따질 때, 접수시각을 기본으로 하되 진료예약을 하거나 검진을 받은 경우에 우선순위가 생긴다. (예약) → 접수 → (검진) → 진료의 절차가 있으며, 이 중 예약과 검진은 생략될 수 있다. 예약 또는 검진을 할 경우 진료에서 우선순위가 생긴다. 발문에서 묻는 바에 집중해서 해결한다면 보다 빠른 해결이 가능하다. 우리가 구해야 하는 것은 E의 진료시작 시각이다. E가 후순위로 밀릴 것을 예상하고 뒤쪽 순서부터 신경을 쓰는 것도 좋다.
예약없이 검진을 받은 환자와 반대로 예약은 했으나 검진은 받지 않은 환자가 동시에 대기 중인 경우 어느 환자가 먼저 진료를 받는지는 명확하지 않다. 문제 해결에 필요한 조건(규칙)만 주어진다는 점을 명심해야 한다.

정답 체크
[방법 1]
주어진 조건에 따라 각 환자가 대기를 시작하는 시점과 해당 시점에 우선순위가 있는지 여부를 정리해 보면 다음과 같다.

환자명	접수시각	진료예약 여부	비고	대기시작 시점	우선순위 여부
A	9:28	×	-	10:00	
B	9:30	×	검진	10:10	○
C	9:34	○	-	10:00	○
D	9:46	×	-	10:00	
E	10:00	×	-	10:00	
F	10:03	○	검진	10:13	○
G	10:04	×	-	10:04	
H	10:07	○	검진	10:17	○
I	10:14	○	검진	10:24	○
J	10:31	○	-	10:31	○

진료가 시작되는 10시 시점에는 다음과 같이 4명의 환자가 대기 중이다.

환자명	접수시각	진료예약 여부	비고	대기시작 시점	우선순위 여부
A	9:28	×	-	10:00	
C	9:34	○	-	10:00	○
D	9:46	×	-	10:00	
E	10:00	×	-	10:00	

이 중 우선순위가 있는 C가 먼저 진료를 받고, 진료가 끝나고 나면 10 : 05이 된다. 10 : 05분에 대기 중인 환자는 다음과 같다.

환자명	접수시각	진료예약 여부	비고	대기시작 시점	우선순위 여부
A	9:28	×	-	10:00	
D	9:46	×	-	10:00	
E	10:00	×	-	10:00	
G	10:04	×	-	10:04	

대기 중인 환자 모두 우선순위는 없으므로 접수시각에 따라 A가 두 번째로 진료를 받으며, 진료를 마치고 나면 10 : 10이 된다. 동일한 방식으로 계속 진료 순서를 확인해 나가면, C A B F H I D J E G 순으로 진료를 받게 된다.
따라서 E는 10시 40분에 진료를 받는다.

[방법 2]
예약을 하거나 검진을 받지 않는 일반환자의 경우는 우선순위가 없음에 주목해야 한다. E는 예약을 하지도 검진을 받지도 않았으므로 우선순위가 없고, 진료순위가 밀리게 될 것임을 예상할 수 있다. 우선순위가 없는 일반 환자는 A, D, E, F이고 이들은 접수시각 순으로 진료를 받게 될텐데 접수시각은 A → D → E → F 순이다.
우선 순위가 생기는 예약환자 또는 검진환자를 살펴 보면 C(10:00), B(10:10), F(10:13), H(10:17), I(10:24), J(10:31) 순으로 대기를 시작한다. 이를 고려해서 일반환자의 진료시각을 살펴보면, E는 뒤에서 두 번째로 진료를 받게 될 것임을 알 수 있다.
따라서 E는 9번째로 진료를 받게 되고, 진료시작 시각은 10시 40분이다.

[방법 3]
E와 동일하게 진료예약을 하지 않고, 검진도 받지 않은 상황이 동일한 A, D는 접수시각에 따라 반드시 E보다 먼저 진료를 받는다.

(1) E와 다른 조건은 모두 동일하면서 접수시각이 빠른 A와 D는 반드시 E보다 먼저 진료를 받게 된다.
(2) C는 진료예약을 하였고, E보다 접수시각이 빠르므로 〈조건 2〉에 따라 E보다 먼저 진료를 받게 된다. 따라서 A, C, D는 모두 E보다 먼저 진료를 받게 되므로 E는 적어도 10시 15분이 되어야 진료를 받을 수 있다.
(3) B는 10시 ~ 10시 10분까지 검진을 받으므로 〈조건 5〉에 따라 검진이 끝난 순간인 10시 10분에 바로 진료를 받게 된다. 따라서 E는 적어도 10시 20분이 되어야 진료를 받을 수 있다.
(4) F는 10시 13분, H는 10시 17분에 검진이 끝난다. 두 명 모두 10시 20분 이전에 검진이 끝나므로 〈조건 5〉에 따라 E보다 먼저 진료를 받게 된다. 따라서 E는 적어도 10시 30분이 되어야 진료를 받을 수 있다.
(5) I는 10시 24분에 검진이 끝나므로 〈조건 5〉에 따라 E보다 먼저 진료를 받게 된다. 따라서 E는 적어도 10시 35분이 되어야 진료를 받을 수 있다.

(6) J는 10시 31분에 접수하였고, 진료예약을 하였으므로 E보다 먼저 진료를 받게 된다. 따라서 E는 적어도 10시 40분이 되어야 진료를 받을 수 있다.

(7) G는 다른 조건이 모두 동일하면서 E보다 접수시각이 늦으므로 E는 G보다 먼저 진료를 받게 된다.

(8) 따라서 E보다 진료를 늦게 받는 사람은 오직 G뿐이므로 E의 진료시작 시각은 10시 40분이다.

[방법 4] 정확한 길

시 각	상 황	진료 환자
10:00	B는 검진을 받아야 하므로 대기자 A, C, D, E 중 진료예약환자인 C가 가장 먼저 진료를 받는다.	C
10:05	F는 검진을 받고 있고 대기자 A, D, E, G 중 접수시각이 가장 빠른 A가 진료를 받는다.	A
10:10	H는 검진을 받고 있고 대기자 B, D, E, G 중 10시 10분에 검진이 끝난 B가 바로 진료를 받는다.	B
10:15	I는 검진을 받고 있고 대기자 D, E, F, G 중 10시 13분에 검진이 끝난 F가 바로 진료를 받는다.	F
10:20	대기자 D, E, G, H 중 10시 17분에 검진이 끝난 H가 바로 진료를 받는다.	H
10:25	대기자 D, E, G, I 중 10시 24분에 검진이 끝난 I가 바로 진료를 받는다.	I
10:30	대기자 D, E, G 중 접수시각이 가장 빠른 D가 진료를 받는다.	D
10:35	대기자 E, G, J 중 진료예약을 한 J가 진료를 받는다.	J
10:40	대기자 E, G 중 접수시각이 빠른 E가 진료를 받는다.	E
10:45	마지막 G가 진료를 받는다.	G

13 규칙 단순확인형 정답 ④

난이도 ★☆☆☆☆

핵심포인트

주어진 <상황>을 주어진 조건에 적용하여 각 은행에서 결정하는 최종금리를 정확하게 확인할 수 있다면 수월하게 해결될 수 있는 문제이다. <상황>에 주어진 甲과 乙의 정보가 많으므로 각 은행별로 필요한 우대금리 조건을 실수하지 않고 확인할 수 있어야 한다.

정답 체크

우선 甲이 선택할 은행을 검토한다. 제시문의 표에 甲이 적용받을 수 있는 우대금리를 표시해 보면 다음과 같다.

은행	우대금리 조건	최대가산 우대금리	
A	- 주택청약 보유 0.5% - 공과금 자동이체 0.5% - K카드 실적 월 30만 원 이상 0.5%	1.0%	=1.0%
B	- 최초 신규고객 1.0% - 공과금 자동이체 0.5%	1.5%	=1.5%
C	- 급여이체 0.7% - 최초 신규고객 0.6% - K카드 실적 월 60만 원 이상 0.4%	1.7%	=0.6%

甲은 연소득 2,200만 원으로 특별금리가 적용된다. 각 은행의 최종금리는 다음과 같다.

· A: 4.2%+0.5%+1.0%=5.7%

· B: 4.0%+0.5%+1.5%=6.0%

· C: 3.8%+0.5%+0.6%=4.9%

甲은 B은행을 선택하고 6.0%의 최종금리를 적용받는다. 이에 따라 선택지 ①, ②, ⑤는 제거된다.

乙이 선택할 은행을 검토한다. 제시문의 표에 乙이 적용받을 수 있는 우대금리를 표시해 보면 다음과 같다.

은행	우대금리 조건	최대가산 우대금리	
A	- 주택청약 보유 0.5% - 공과금 자동이체 0.5% - K카드 실적 월 30만 원 이상 0.5%	1.0%	=1.0%
B	- 최초 신규고객 1.0% - 공과금 자동이체 0.5%	1.5%	=0.5%
C	- 급여이체 0.7% - 최초 신규고객 0.6% - K카드 실적 월 60만 원 이상 0.4%	1.7%	=1.7%

乙은 연소득 3,600만 원으로 특별금리가 적용되지 않는다. 각 은행의 최종금리는 다음과 같다.

· A: 4.2%+1.0%=5.2%

· B: 4.0%+0.5%=4.5%

· C: 3.8%+1.7%=5.5%

乙은 C은행을 선택하고 5.5%의 최종금리를 적용받는다. 이에 따라 선택지 ①, ③, ⑤는 제거된다. 정답은 ④이다.

빠른 문제 풀이 Tip

선택지를 적절하게 활용하면 빠른 해결이 가능하다.

14 규칙 정오판단형

정답 ④

난이도 ★☆☆☆☆

핵심포인트

규칙형 중 정오판단형의 전형적인 문제이다. 각 보기의 정오판단을 할 수 있는 적절한 입증사례 또는 반증사례를 찾아낼 수 있어야 한다.

정답 체크

<조건>의 첫 번째 동그라미부터 각각 조건ⅰ), ⅱ)라고 한다. 주어진 총 7개 공 무게의 합은 270g이며, <조건>에 따라 3개의 상자에 나누어 모두 담으려고 한다. 조건ⅰ)에 따라 각 상자에는 100g을 초과해서 담을 수 없으므로, 각 공의 무게를 고려할 때 어느 한 상자에는 총 3개의 공을 담아야 하며, 나머지 두 상자에는 2개의 공을 담아야 한다. 한 상자에 공 4개를 담으면 100g을 초과하며, 한 상자에 공 1개를 담는 경우 나머지 어느 한 상자에서 반드시 100g을 초과하기 때문이다.

한 상자에 공 3개를 담는 것이 가능한 경우를 생각해 보면 빨강×2, 노랑×1을 담아 100g이 되는 것만 가능하다. 따라서 한 상자는 빨강×2, 노랑×1로 확정되고 남은 빨강×1, 노랑×1, 파랑×2를 남은 상자에 담을 수 있는 경우는 다음 두 가지이다.

1)

빨강 빨강 노랑	파랑 파랑	빨강 노랑

2)

빨강 빨강 노랑	파랑 빨강	파랑 노랑

조건ⅱ)에 따르면 각 상자에는 적어도 2가지 색의 공을 담아야 하므로 2)의 경우만 가능하다.

ㄴ. 각 상자에 담긴 공 무게의 합을 계산해 보면 다음과 같다.

빨강 빨강 노랑	파랑 빨강	파랑 노랑
100g	80g	90g

따라서 각 상자에 담긴 공 무게의 합은 서로 다르다.

ㄹ. 3개의 상자 중에서 공 무게의 합이 가장 작은 상자(80g)에는 파란색 공이 담기게 된다.

오답 체크

ㄱ. 빨간색 공 2개가 같은 상자에 담기게 된다. 따라서 빨간색 공 3개가 모두 서로 다른 상자에 각각 담기게 되는 것은 아니다.

ㄷ. 빨간색 공이 담기는 두 개의 상자 중 빨간색 공이 담긴 상자에 파란색 공이 담기는 경우가 있다.

빨강 빨강 노랑	파랑 빨강	파랑 노랑

빠른 문제 풀이 Tip

보기 ㄱ의 정오판단을 위해서는 반례를 찾으려고 시도해야 한다. 그런데 해당하는 반례를 찾으려고 할 때, '빨간색 공은 모두 서로 다른 상자에 담기게 된다.'의 반례가 '빨간색 공은 모두 같은 상자에 담기게 된다.'가 아님에 주의하자. '모두 서로 다른 상자'의 반대가 '모두 같은 상자'의 의미는 아니다. 3개의 상자에 (빨강, 빨강), (빨강), (빨강 없음)으로 담기는 경우 보기 ㄱ의 반례가 될 수 있다.

15 규칙 정오판단형

정답 ⑤

난이도 ★★☆☆☆

핵심포인트

2024년 7급 공채 PSAT 7번 문제와 마찬가지로 각 보기의 정오판단을 할 수 있는 적절한 입증사례 또는 반증사례를 찾아야 하는 문제이다.

정답 체크

제시문의 첫 번째 동그라미부터 각각 ⅰ)~ⅲ)이라고 한다. ⅰ), ⅱ)에 따르면 1번 문제와 같이 3명이 정답을 맞힌 경우, 각각 1점의 기본점수를 받게 되고 1/3점의 추가점수를 받게 된다. 그리고 2번 문제와 같이 2명이 정답을 맞힌 경우, 각각 1점의 기본점수를 받게 되고 2/2=1점의 추가점수를 받게 된다. 4번 문제와 같이 1명만 정답을 맞힌 경우에는 1점의 기본점수와 3/1=3점의 추가점수를 받게 된다.

ㄱ. 甲은 1번 문제에서 4/3점, 3번 문제에서 4/3점, 4번 문제에서 4점을 받았다. 甲이 5번, 6번 문제를 모두 맞힌다면 각각 2점씩을 받게 된다. 따라서 甲이 최종적으로 받을 수 있는 최대 점수는 4/3+4/3+4+2+2=32/3점이다.

ㄴ. 1~4번 문제에서 받은 점수의 합은 甲이 4/3+4/3+4=20/3점, 乙이 4/3+4/3=8/3점, 丙이 4/3+2=10/3점, 丁이 2+4/3=10/3점이다. 따라서 1~4번 문제에서 받은 점수의 합은 乙이 8/3점으로 가장 낮다.

ㄹ. 3명이 정답을 맞힌 경우, 각각 1점의 기본점수를 받게 되고 각각 1/3점의 추가점수를 받게 된다. 3명이 받게 되는 점수의 합은 4점이다. 그리고 2번 문제와 같이 2명이 정답을 맞힌 경우, 각각 1점의 기본점수를 받게 되고 각각 1점의 추가점수를 받게 된다. 2명이 받게 되는 점수의 합은 4점이다. 5번과 6번의 경우도 여기에 해당한다. 4번 문제와 같이 1명만 정답을 맞힌 경우에는 1점의 기본점수와 3점의 추가점수를 받게 된다. 받게 되는 점수의 합은 4점이다. 1번부터 6번까지 어떤 문제의 경우에도 4명이 받게 되는 점수의 합은 4점이므로 6문제를 모두 합산한 4명이 받은 점수의 총합은 24점이다.

오답 체크

ㄷ. iii)에 따르면 총합 점수가 5점 이상인 사람이 합격한다. 보기 ㄴ에서 확인한 바와 같이 甲은 1~4번 문제에서 받은 점수의 합이 20/3점이므로 5번, 6번 문제를 乙, 丙, 丁이 맞혔다고 가정하여 4명 모두가 합격할 수 있는 경우가 있는지 확인해 본다. 점수가 가장 낮은 乙이 5번, 6번을 모두 맞히고, 丙과 丁이 각각 1문제씩 맞힌다면, 乙의 점수는 8/3+2+2=20/3점, 丙과 丁의 점수는 10/3+2=16/3점이 되어 모두 합격할 수 있다.

빠른 문제 풀이 Tip

만약 보기 ㄱ~ㄹ이 주어진 보기형의 문제가 어렵게 느껴지는 경우, 최대한 쉬운 보기부터 해결해 가야 한다.

16 규칙 적용해결형

정답 ④

난이도 ★☆☆☆☆

핵심포인트

청년후계농 선발 공고문의 지원자격을 <상황>에 주어진 지원자(甲~戊)에 관한 정보에 정확하게 적용하면 해결할 수 있는 문제이다. '2023. 1. 1. 현재' 시점에서 모든 조건을 충족해야 한다는 점을 실수하지 않도록 주의한다.

정답 체크

연령이나 독립경영 기간을 계산하기 이전에 지원자격부터 검토한다. 甲, 丙, 丁은 2023. 1. 1. 현재 ①, ②를 충족하였다. 乙은 2023. 1. 1. 현재 ②를 충족하지 못하였고, 戊는 ②를 충족하지 못하였다. 乙, 戊는 지원자격을 충족하지 못하였으므로 청년후계농으로 선발될 수 없다. 이에 따라 선택지 ②, ⑤는 제거된다.

甲, 丙, 丁은 ③도 충족하였으므로 독립경영 3년 이하인지 판단한다. 독립경영 3년 이하인지 판단하는 시점에 대하여 제시문에서 농지를 임차 또는 구입한 시점인지 경영주로 등록한 시점인지, 직접영농개시 시점인지 언급한 바는 없지만, 甲, 丁은 가장 이른 시점인 농지를 임차 또는 구입한 시점으로 판단하여도 독립경영 3년 이하이고, 丙은 가장 늦은 시점인 직접영농개시 시점으로 판단하여도 독립경영 3년 초과이다. 丙은 청년후계농으로 선발될 수 없다. 이에 따라 선택지 ③은 제거된다.

甲은 2023. 1. 1. 현재 만 42세이고 병역이행기간 6개월을 연령 계산 시 미산입하여도 만 42세이다. 甲은 청년후계농으로 선발될 수 없다. 이에 따라 선택지 ①은 제거된다. 丁은 2023. 1. 1. 현재 만 33세이고 병역이행기간 24개월을 연령 계산 시 미산입하면 만 31세이다.

17 규칙 적용해결형

정답 ③

난이도 ★★☆☆☆

핵심포인트

<방식 1>과 <방식 2> 중 보다 쉽게 해결할 수 있는 방식부터 해결하는 것이 좋다.

정답 체크

제시문에 따르면 해당 스포츠 종목은 1점씩 득점한다고 하며, <상황>에서는 A, B 두 팀의 득점 순서가 주어져 있으므로 득점에 따른 점수 상황을 모두 알 수 있다. 득점에 따른 점수 상황을 정리하고 <방식 1>, <방식 2>를 적용해본다.

<상황>의 득점 순서에 따라 A, B팀의 점수를 정리해보면 다음과 같다. A팀을 앞쪽에, B팀을 뒤쪽에 표시하였다.

A	A	B	B	B	A	B	A	A	A	B
첫 번째	두 번째	첫 번째	두 번째	세 번째	세 번째	네 번째	네 번째	다섯 번째	여섯 번째	다섯 번째
1:0	2:0	2:1	2:2	2:3	3:3	3:4	4:4	5:4	6:4	6:5

<방식 1>, <방식 2> 모두 승리한 팀을 기준으로 결승점을 정의한다. 경기 종료 시 더 많은 득점을 한 A팀이 승리하였다.

<방식 1>을 적용해보면 A팀이 B팀보다 1점 많아지는 득점을 한 경우는 A팀의 첫 번째, 다섯 번째 득점이다. 그중 경기 종료 시까지 동점이나 역전을 허용하지 않고 승리한 경우는 A의 다섯 번째 득점이다. 선지 ①, ④, ⑤는 제거된다.

<방식 2>를 적용해보면 A팀의 득점 중 B팀의 최종 점수 5점보다 1점 많아진 때의 득점은 A의 여섯 번째 득점임을 알 수 있다.

18 규칙 적용해결형

정답 ③

난이도 ★☆☆☆☆

핵심포인트

점수따져서 결과를 도출하는 상황판단 규칙형에서의 빈출 유형에 해당하는 문제이다. 정확도와 속도를 모두 잡아야 하는 문제이다. 제외조건과 감점조건을 누락하지 않도록 주의하자.

정답 체크

제시문에 따르면 합산 점수가 7점을 초과하는 경우 세무조사 대상 기업으로 지정하고, 최근 1년 내 세무조사를 받은 기업은 제외한다. 따라서 <상황>에서 기업 C는 제외된다. 첫 번째 동그라미부터 각각 i)~iv)라고 하면 <상황>의 표에서 각 세로 줄은 전년도 매출액부터 각각 i)~iv)에 대응된다.

기업	전년도 매출액 (억 원)	최근 1년간 탈세 의심 민원(건)	전년도 부실 거래 (건)	성실 납세 기업 선정 연도	최근 1년 내 세무조사 여부
A	1,700	5	7	2021년	×
B	480	10	4	2017년	×
C	6,250	6	2	2022년	○
D	3,000	7	5	2023년	×
E	5,000	3	3	2010년	×

이를 토대로 각 기업의 점수를 계산해보면 다음과 같다.

A: 3+2.5+2.1−1=6.6점

B: 1+5+1.2=7.2점

D: 3+3.5+1.5−1=7점

E: 5+1.5+0.9=7.4점

따라서 세무조사 대상으로 지정될 7점을 초과하는 기업은 B, E이다.

5 경우형

유형 18 | 경우 파악형

p.236

01	02	03	04	05
①	①	①	③	①

01 경우 파악형

정답 ①

난이도 ★★☆☆☆

핵심포인트

각 선택지에 제시된 대로 직접 선거구를 통합한 뒤 다섯 개의 결과 중 甲정당에 가장 유리한 통합 방안을 찾아낼 수도 있지만, 선택지를 활용하지 않고 <그림>에서 甲정당에 가장 유리한 선거구를 통합하는 경우를 직접 스스로 찾아낼 수도 있다.

정답 체크

선택지에 제시된 선거구를 통합하는 방법과 甲정당이 세 곳의 선거구에서 이기도록 직접 선거구를 통합하는 방법 두 가지가 가능하다.

- 선택지에서 확인하는 방법
  ① (A+B), (C+D), (E+F), (G+H), (I+J) : 선거구 세 곳에서 선출된다.
  ② (A+B), (C+D), (E+I), (F+J), (G+H) : 선거구 두 곳에서 선출된다.
  ③ (A+B), (C+G), (D+H), (E+I), (F+J) : 선거구 한 곳에서 선출된다.
  ④ (A+E), (B+F), (C+D), (G+H), (I+J) : 선거구 두 곳에서 선출된다.
  ⑤ (A+E), (B+F), (C+G), (D+H), (I+J) : 선거구 한 곳에서 선출된다.
  따라서 선거구 세 곳에서 선출되는 방안이 가장 유리하다.
- 甲정당이 세 곳의 선거구에서 이기도록 직접 선거구를 통합하는 방법
  A~J 10개의 선거구 중 甲정당의 후보자가 선출되는 선거구는 D, F, H 세 곳이고, D 선거구와 H 선거구가 모서리에 위치해 있으므로 D 선거구와 H 선거구는 서로 묶이거나(D+H) 왼쪽에 위치한 선거구와 묶여야 한다(C+D, G+H). 그런데 서로 묶이게 되는 경우에는 甲정당이 세 곳의 선거구에서 이기는 경우를 만들 수 없으므로 먼저 (C+D), (G+H)로 선거구 통합이 이루어져야 한다.
  남은 F 선거구와 통합 가능한 선거구는 B, E, J 세 곳인데, B 선거구와 J 선거구는 30%로 지지율이 같으며, 둘 다 F 선거구와 통합 시에는 95%로 甲정당이 선출되지 못한다. 이에 따라 F 선거구는 E 선거구와 통합했을 때 甲정당에게 유리하다.

따라서 甲정당에 가장 유리한 통합 방안은 (C+D), (E+F), (G+H)를 포함하고 있는 (A+B), (C+D), (E+F), (G+H), (I+J)이다.

02 경우 파악형

정답 ①

난이도 ★★☆☆☆

핵심포인트

문제에서 설명하고 있는 상황을 정확하게 파악해야 하고, 각각의 상자들이 이름표와 실제 들어있는 내용물이 어떻게 매칭되는지 잘 파악해야 한다. 이름표대로 내용물(과일)이 들어 있는 상자가 없다는 제약 조건이 가장 중요하다.

정답 체크

문제에서 제시된 사과 상자, 배 상자, 사과와 배 상자를 각각 A, B, C라고 가정한다. 이때 이름표대로 내용물(과일)이 들어 있는 상자가 없다는 것은 상자 중 하나에서 한 개의 과일을 꺼냈을 때, 이름표와 실제 과일이 달라야 한다는 것을 의미한다.

ㄱ. 이름표는 C인데 실제 상자에는 사과가 들어있다. 사과가 있을 수 있는 상자는 A 또는 C이므로 확인한 상자는 A이다. 이때 나머지 이름표가 A, B인 상자는 실제로는 B, C 상자여야 하고, 이름표와 실제 상자는 알파벳이 달라야 하므로 이름표가 A인 상자가 실제로는 B상자, 이름표가 B인 상자가 실제로는 C 상자여야 한다.

오답 체크

ㄴ. 이름표는 B인데 실제 상자에는 배가 들어있다. 배가 있을 수 있는 상자는 B 또는 C이므로 확인한 상자는 C이다. 이때 나머지 이름표가 A, C인 상자가 실제로는 A, B 상자여야 한다. 이름표와 실제 상자는 알파벳이 달라야 하므로 이름표가 A인 상자가 실제로는 B 상자이고, 이름표가 C인 상자가 실제로는 A 상자여야 한다. 즉, 이름표가 사과 상자(A)이면 실제로는 배 상자(B)여야 한다.

ㄷ. 이름표는 A인데 실제 상자에는 배가 들어있다. 배가 있을 수 있는 상자는 B 또는 C인데, 그중 어느 상자인지 확정되지 않는다.
<경우 1> 이름표가 A인 상자가 실제로 B 상자인 경우
나머지 이름표가 B, C인 상자가 실제로는 A, C 상자여야 한다. 이름표와 실제 상자는 알파벳이 달라야 하므로 이름표가 C인 상자가 실제로는 A 상자이고, 이름표가 B인 상자가 실제로는 C 상자여야 한다.

<경우 2> 이름표가 A인 상자가 실제로 C상자인 경우

나머지 이름표가 B, C인 상자가 실제로는 A, B 상자여야 한다. 이름표와 실제 상자는 알파벳이 달라야 하므로 이름표가 B인 상자가 실제로는 A 상자이고, 이름표가 C인 상자가 실제로는 B 상자여야 한다.

이 두 가지 경우를 종합해 볼 때 이름표가 '배 상자'인 B 상자가 실제로는 A 상자 또는 B 상자일 수 있어, 그중 무엇인지까지는 확정되지 않는다.

03 경우 파악형 정답 ①

난이도 ★☆☆☆☆

핵심포인트

숫자를 영문자로 표현할 때 한 글자 또는 두 글자가 가능하다. 'COW'와 'EA'를 표현할 수 있는 영문자를 정확하게 찾는 것이 중요하다.

정답 체크

숫자	영문자
0	A 또는 B
1	C 또는 E
2	D 또는 I
3	F 또는 O
4	G 또는 U
5	H 또는 W
6	J 또는 Y
7	AI 또는 K
8	EA 또는 M
9	N 또는 OW

'COW'는 'C(1), O(3), W(5)' 또는 'C(1), OW(9)'로 표현된다. 'EA'는 'E(1), A(0)' 또는 'EA(8)'로 표현된다. COW와 EA를 곱한 결과는 다음과 같다.

EA / COW	10	8
135	⑤ 1350	④ 1080
19	③ 190	② 152

COW	EA	곱한 결과
135	10	⑤ 1350
	8	④ 1080
19	10	③ 190
	8	② 152

따라서 COW와 EA를 곱한 결과로 가능하지 않은 수는 '120'이다.

04 경우 파악형 정답 ③

난이도 ★★☆☆☆

핵심포인트

순서·순위를 비교하는 문제이므로 순서·순위와 관련된 조건을 정리하여 정확히 파악한다. 이때 부등호나 수직선으로 나타내거나 게임트리로 정리하면 보다 직관적으로 정보를 파악할 수 있다.

정답 체크

가은, 나영, 다솜, 라라, 마음, 바다, 사랑을 간단히 '가~사'로 나타내어 게임트리로 정리하면 다음과 같다.

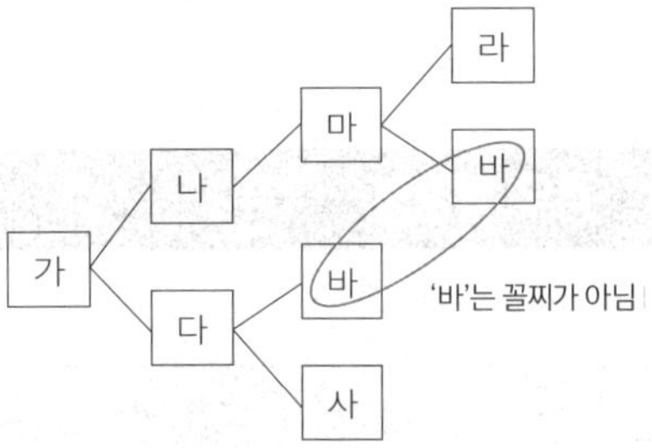

'라'의 점수보다 '가', '나', '마'가 더 높으므로 '라'는 결코 3등이 될 수 없다. 마찬가지로 '바'의 점수보다 '가', '나', '마'가 더 높으므로 '바' 역시 결코 3등이 될 수 없다. '가'는 '나'~'사' 모두보다 점수가 높으므로 1등으로 등수가 확정되며, 결코 3등이 될 수 없다. 따라서 성적이 결코 3등이 될 수 없는 사람으로만 모은 것은 라라, 바다이다.

05 경우 파악형 정답 ①

난이도 ★★★☆☆

핵심포인트

경우형 중 빈출되는 '순서' 소재의 전형적인 문제이다. 주어진 <정보>를 시각적으로 정확하게 정리할 수 있어야 한다.

정답 체크

조건을 정리해 보면 다음과 같다.

ⓐ 철수 > 준모

ⓑ 준모 > 국주

ⓒ 국주 > 민서

ⓓ 영희 > 해주 > 준모, 라영

ⓔ 라영은 꼴찌가 아님

만일 철수가 해주보다 높은 점수를 받았다면, 해주가 3등, 민서가 7등으로 확정되기 때문에 7명 중 자신의 등수를 확실히 알 수 있는 사람은 2명이다.

오답 체크

② 만일 준모가 라영보다 높은 점수를 받았다면, 준모가 4등, 민서가 7등으로 확정되기 때문에 7명 중 자신의 등수를 확실히 알 수 있는 사람은 2명이다.

③ 라영이 국주보다 높은 점수를 받았다면, 국주는 6등인 경우가 있기 때문에 확정적으로 말할 수 없다.

④ 라영이 준모보다 높은 점수를 받았다면, 준모는 5등인 경우가 있기 때문에 확정적으로 말할 수 없다.

⑤ 해주가 국주보다 높은 점수를 받았다는 것은 확정되지만, 국주가 라영보다 높은 점수를 받았는지는 확정되지 않는다.

유형 19 | 경우 확정형

p.242

01	02	03	04	
④	①	⑤	⑤	

01 경우 확정형

정답 ④

난이도 ★★☆☆☆

핵심포인트

낱말퍼즐 조각 4개의 중 2개의 조각만 바꿀 수 있다. 따라서 4글자의 '단어'를 만들 때 두 글자만 바꿀 수 있으므로 만들고자 하는 단어와 두 글자는 일치해야 함에 유의한다.

정답 체크

ㄱ. '6 세'는 '14 민'과, '7 유'는 '4 심' 또는 '10 심'과 바꾸어 '목민심서'라는 단어를 만들 수 있다. 카드 A를 사용하면 '6 세'와 '14 민'을 바꿀 수 있고, 카드 B를 사용하면 '7 유'는 '4 심' 또는 '10 심'과 바꿀 수 있으므로 '목민심서'라는 단어를 만들 수 있다.

1 경	2 표	3 명	4 심
5 목	6 세	7 유	8 서
9 자	10 심	11 보	12 법
13 손	14 민	15 병	16 감

ㄷ. '7 유'는 '4 심' 또는 '10 심'과, '15 병'은 '16 감'과 바꾸어 '명심보감'이라는 단어를 만들 수 있다. 카드 B를 사용하면 '7 유'는 '4 심' 또는 '10 심'과 바꿀 수 있고, 카드 C를 사용하면 '15 병'과 '16 감'을 바꿀 수 있으므로 '명심보감'이라는 단어를 만들 수 있다.

1 경	2 표	3 명	4 심
5 목	6 세	7 유	8 서
9 자	10 심	11 보	12 법
13 손	14 민	15 병	16 감

오답 체크

ㄴ. '1 경'은 '5 목'과, '2 표'는 '8 서'와 바꾸어 '경세유표'라는 단어를 만들 수 있다. '2 표'와 '8 서'는 카드 A를 사용하여 바꿀 수 있지만, '1 경'과 '5 목'은 카드 C를 사용하여서는 바꿀 수 없다. 따라서 '경세유표'라는 단어를 만드는 것은 불가능하다.

1 경	2 표	3 명	4 심
5 목	6 세	7 유	8 서
9 자	10 심	11 보	12 법
13 손	14 민	15 병	16 감

02 경우 확정형

정답 ①

난이도 ★☆☆☆☆

핵심포인트

고정 정보가 제시되지 않고, 두 가지의 경우가 제시되는 문제이다. 따라서 문제를 해결할 때 'A=육각형', 'E=사각형'처럼 덩어리가 큰 것부터 해결하는 것도 좋다.

정답 체크

학생들의 진술 중 하나는 참이고, 하나는 거짓이라고 했으므로 지영의 진술을 기준으로 가능한 경우를 나누어 모순이 발생하는지 확인한다.

<경우 1> 'C=삼각형'이 참이고, 'D=사각형'이 거짓인 경우

지영, 미석, 수연, 길원, 종형 순으로 진술의 참·거짓을 확인한다. 이 경우 'B=오각형', 'D=오각형'이 모두 참이 되어 모순이므로 가능한 경우가 아니다.

학생	진술 1	진술 1의 참·거짓 여부	진술 2	진술 2의 참·거짓 여부
지영	C=삼각형	① 참	D=사각형	① 거짓
종형	B=오각형	⑤ 참	E=사각형	④ 거짓
미석	C=원	② 거짓	D=오각형	③ 참
길원	A=육각형	③ 참	E=사각형	④ 거짓
수연	A=육각형	③ 참	B=삼각형	② 거짓

<경우 2> 'C=삼각형'이 거짓이고, 'D=사각형'이 참인 경우

지영, 종형, 미석, 길원, 수연 순으로 진술의 참·거짓을 확인한다. 이 경우 'A=육각형', 'B=오각형', 'C=원', 'D=사각형'으로 확정되고, 'E=삼각형'으로 확정된다.

학생	진술 1	진술 1의 참·거짓 여부	진술 2	진술 2의 참·거짓 여부
지영	C=삼각형	① 거짓	D=사각형	① 참
종형	B=오각형	③ 참	E=사각형	② 거짓
미석	C=원	③ 참	D=오각형	② 거짓
길원	A=육각형	③ 참	E=사각형	② 거짓
수연	A=육각형	③ 참	B=삼각형	④ 거짓

따라서 도형의 모양을 옳게 짝지은 것은 A=육각형, D=사각형이다.

03 경우 확정형

정답 ⑤

난이도 ★★★☆☆

핵심포인트

5에 인접한 숫자를 모두 더해야 하므로 5가 쓰인 칸을 찾아내고 그와 인접한 칸에 주목한다. 그리고 제시된 <조건>에서 고정 조건을 찾아서 문제 해결의 실마리를 발견한다.

정답 체크

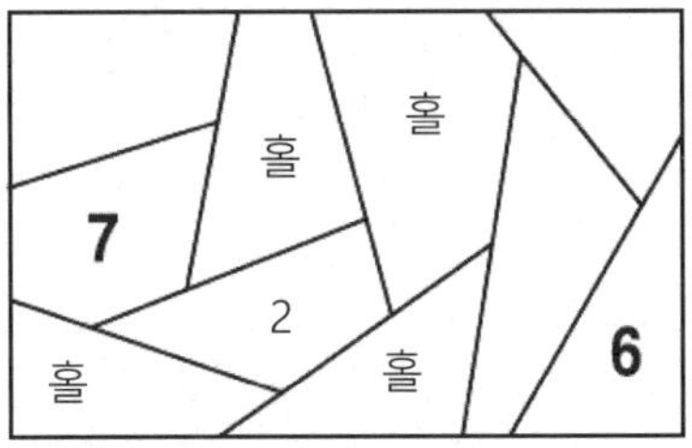

세 번째 <조건>에서 2는 모든 홀수와 인접한다고 했으므로 2와 홀수 5개의 위치가 파악되고, 짝수의 위치도 모두 파악된다.

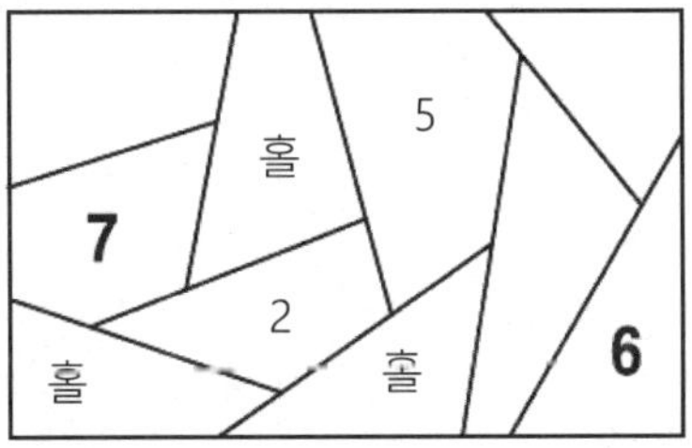

다섯 번째 <조건>에서 5는 가장 많은 짝수와 인접한다고 했으므로 7을 제외한 나머지 홀수 칸 네 개 중 가장 많은 짝수와 인접한 칸에 '5'가 위치한다.

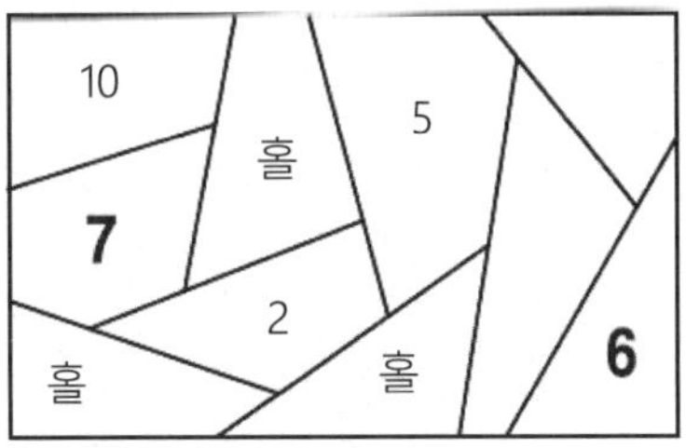

여섯 번째 <조건>에서 10은 어느 짝수와도 인접하지 않는다고 했으므로 비어있는 홀수 칸 중에 어느 짝수와도 인접하지 않으려면 10의 위치가 확정된다.

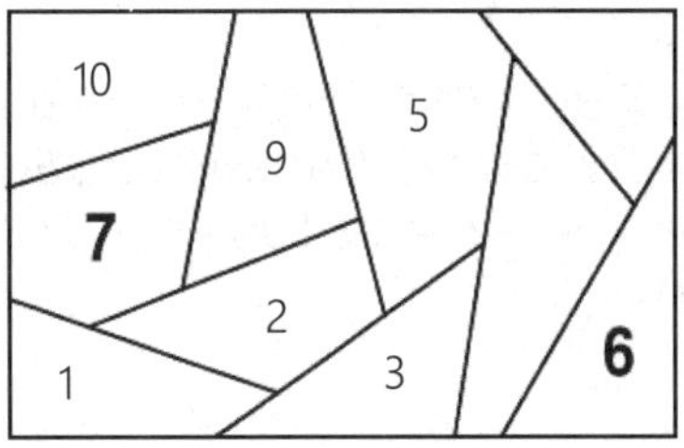

두 번째 <조건>에서 1은 소수와만 인접한다고 했으므로 1은 소수인 2, 3, 5, 7과만 인접해야 함을 알 수 있다. 이에 따라 숫자 1, 3, 9 순으로 위치가 확정된다.

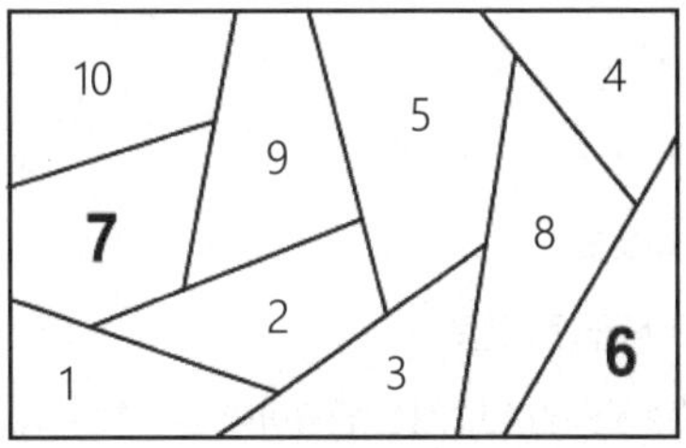

네 번째 <조건>에서 3에 인접한 숫자를 모두 더하면 16이 된다고 했으므로 3과 인접한 칸에는 8이 들어가고, 나머지 마지막 칸에는 4가 들어감을 알 수 있다.

따라서 5에 인접한 숫자는 9, 2, 3, 8, 4이고, 5에 인접한 숫자를 모두 더한 값은 9+2+3+8+4=26이다.

빠른 문제 풀이 Tip

두 번째 <조건>에 따라 숫자 1, 3, 9 순으로 위치가 확정되었다면 추가로 <조건>를 확인하지 않아도 문제에서 요구하는 답을 도출할 수 있다.

1) 4, 8의 위치를 굳이 확정하지 않아도 5와 인접한 칸의 숫자는 이미 모두 제시되어 있다.
2) 5와 인접한 칸을 제외한 나머지 칸은 모두 숫자가 확정되었다.

1) 또는 2)를 생각할 수 있다면, 여기까지만 칸을 채우고도 26을 도출할 수 있다.

04 경우 확정형

정답 ⑤

난이도 ★★★☆☆

핵심포인트

두 번째 조건을 통해서 연속해서 연주되는 두 곡에서는 두 곡의 연주자 수를 합쳤을 때 최대 6명까지 가능하다는 숨겨진 정보를 찾아낼 수 있어야 한다. 실제 악기를 배정할 때는 고정 정보를 찾아낼 수 있어야 한다.

정답 체크

연주자 6명이 연구 가능한 악기를 정리하면 다음과 같다.

· A: 바이올린

· B: 바이올린

· C: 피아노, 첼로

· D: 바이올린, 비올라

· E: 피아노, 비올라

· F: 파아노, 바이올린, 첼로

두 번째 <조건>에서 각 연주자는 연속하여 연주할 수 없으며, 1곡에서 2개 이상의 악기를 연주할 수 없다고 했으므로 악기 1개당 연주자는 1명이며, 곡마다 필요한 악기의 개수의 합은 연주자의 수와 같다. 멘델스존 Op.49 → 베토벤의 '봄' Op.24 → 브람스 Op.25 순으로 연주할 경우, 피아노는 C, E, F가 연주할 수 있으나, 첼로는 C와 F 중 1명이 연주해야 하므로 첼로를 연주하지 않는 나머지 1명과 E는 피아노를 연주해야 한다. 이에 따라 비올라는 D만 연주할 수 있으며, 바이올린은 A와 B가 각 곡을 번갈아 가며 연주할 수 있다. 연주가 가능한 경우 중 하나의 악기 담당자를 나타내면 다음과 같다.

멘델스존 Op.49	베토벤의 '봄' Op.24	브람스 Op.25
· 피아노: E · 바이올린: A · 첼로: F	· 피아노: C · 바이올린: B	· 피아노: E · 바이올린: A · 비올라: D · 첼로: F

따라서 연주자 6명이 연주 가능한 곡을 순서대로 나열한 것은 멘델스존 Op.49 → 베토벤의 '봄' Op.24 → 브람스 Op.25이다.

오답 체크

①, ② 두 번째 <조건>에 따르면 연속한 2곡을 연주하는 데 필요한 악기의 개수는 6개를 초과할 수 없다. 그러나 모차르트 K.488과 베토벤의 '봄' Op.24를 연주하기 위해서는 각각 악기 2개가 필요하고, 슈베르트의 '숭어' Op.114를 연주하기 위해서는 악기 5개가 필요하므로 2곡을 연속하여 연주할 때 필요한 악기의 개수가 6개를 초과한다. 따라서 연주가 가능한 곡의 순서로 적절하지 않다.

③ 베토벤의 '유령' Op.70-1과 멘델스존 Op.49를 연주하기 위해서는 각각 피아노 1대, 바이올린 1대, 첼로 1대가 필요하므로 총 악기 6개가 필요하다. 이때 바이올린은 A와 B가 번갈아 가며 연주할 수 있지만, D는 피아노와 첼로 중 담당할 수 있는 악기가 없다. 이는 다른 어떤 사람이 2개 이상의 악기를 연주해야 한다는 의미이므로 연주가 가능한 곡의 순서로 적절하지 않다.

④ 세 곡 중 모차르트 K.488과 슈만 Op.47을 연속하여 연주할 수 있는지부터 검토한다. 모차르트 K.488을 연주하기 위해서는 피아노 2대, 슈만 Op.47을 연주하기 위해서는 피아노 1대, 바이올린 1대, 비올라 1대, 첼로 1대가 필요하므로 총 악기 6개가 필요하다. 이때 A와 B는 바이올린만 연주할 수 있고, 연주가 필요한 바이올린은 1개이므로 다른 어떤 사람이 2개 이상의 악기를 연주해야 한다. 따라서 모차르트 K.488을 연주한 후 슈만 Op.47을 연주할 수 없으므로 연주가 가능한 곡의 순서로 적절하지 않다.

실전공략문제

p.250

01	02	03	04	05
②	③	①	③	②
06	07	08	09	10
③	④	④	②	①
11	12	13	14	15
④	①	③	②	⑤
16	17	18	19	20
③	⑤	⑤	⑤	④
21	22	23		
④	③	①		

01 경우 확정형 정답 ②

난이도 ★★☆☆☆

핵심포인트

발문에 정보가 제시되므로 발문을 정확히 읽어야 한다. 숨겨진 정보를 찾을 수 있다면 빠른 해결이 가능하다.

정답 체크

먼저 발문에 있는 정보를 정리하면 다음과 같다.

- A, B, C, D, E, F의 총 6명의 직원 중 부처회의에 참석할 4명의 직원을 선발해야 한다.
- E는 회의에 참석할 수 없다.

발문과 조건 2를 결합하면, D가 반드시 참석해야 한다는 고정 정보가 찾아진다. 이때 조건 3은 'C 참석 X → D 참석 X'이고, 이 조건의 대우는 'D 참석 O → C 참석 O'이므로 C는 참석한다.

직원	A	B	C	D	E	F
참석여부			O	O	X	

남은 조건 중 조건 1은 A와 B중 한 사람만 참석 가능하고, 한 사람은 참석 불가능하다는 것이다. 조건 4는 'B 참석 X → F 참석 X'이이므로 조건에 따라 가능한 경우를 나누면 다음과 같다.

<경우 1> A가 참석하고, B가 불참하는 경우

조건 4에 따라 F가 불참하므로 부처회의에 참석하는 직원이 A, C, D 3명이 된다. 이에 따라 4명의 직원으로 팀을 구성하는 것을 불가능하므로 가능한 경우가 아니다.

<경우 2> A가 불참하고, B가 참석하는 경우

조건 1~4 중 F의 참석 여부를 결정하는 조건이 제시되어 있지는 않으므로 4명으로 팀을 구성한다는 조건을 충족하려면 F는 참석해야 한다.

직원	A	B	C	D	E	F
참석여부	X	O	O	O	X	O

따라서 구성될 수 있는 팀은 1개이다.

02 경우 확정형 정답 ③

난이도 ★★★☆☆

핵심포인트

제시된 항목 8개 중 7개를 선택해야 하는 경우, 7개를 선택하는 것보다 8개 중 1개를 빼는 것이 더 간단하다. 이때 최대 매력 지수를 구해야 하므로 시간을 투입했을 때 얻을 수 있는 매력 지수가 낮은 항목을 제외한다.

정답 체크

<표>에 제시된 8개의 화장 단계 중 7개를 선택한다고 했으므로 8개의 화장 단계 중 1개를 빼는 방법을 활용한다. 이때 화장 단계 소요 시간 대비 매력 지수가 낮은 화장 단계를 고려한다. 먼저 8개의 화장 단계 중 '로션 바르기, 수분크림 바르기, 썬크림 바르기, 피부화장 하기'는 생략할 수 없으므로 甲은 10.5분을 사용하여 30점의 매력 지수를 얻는다. 나머지 4개 화장 단계의 소요 시간 대비 매력 지수는 눈썹 그리기가 4점/분, 눈화장 하기가 2.5점/분, 립스틱 바르기는 20점/분, 속눈썹 붙이기는 4점/분이므로 눈화장 하기를 제외한 나머지 3개의 화장 단계의 매력 지수와 소요 시간의 합은 82점, 18.5분이다. 이에 따라 甲이 선택한 7개 화장 단계는 총 112점의 매력 지수를 획득하고, 총 29분이 소요된다. 이때 20분 이후의 시간은 1분당 4점의 매력 지수가 깎인다고 했으므로 총 36점의 매력 지수를 차감해야 한다. 따라서 甲이 얻게 되는 매력 지수는 112-36=76점이다.

빠른 문제 풀이 Tip

8개의 화장 단계 중 1개를 빼는 방법을 활용하여 눈화장 하기를 제외한 나머지 세 단계를 선택할 때 가성비가 높은 립스틱 바르기를 먼저 고려하면 0.5분이 더 소요되어 누적 11분이 소요된다. 이때 눈썹 그리기 또는 속눈썹 붙이기는 1분당 4점의 매력 지수를 얻고, 준비 시간이 20분을 넘게 되면 1분당 4점이 차감되므로 20분을 넘었을 때는 얻게 되는 점수와 차감되는 점수가 동일하다. 따라서 20분까지의 매력 지수만을 고려한다. 즉, 40+36=76점이다.

03 경우 확정형

정답 ①

난이도 ★★★☆☆

핵심포인트

5개의 과업을 최소비용으로 수행할 수 있도록 각 직원에게 하나씩 할당하기 위해 우선 고정 정보를 찾는다.

정답 체크

과업과 비용을 고려하여 각 과업별로 어떤 직원이 전담하는 것이 최선인지를 정리하면 다음과 같다.

· 과업 1

직원 A 또는 직원 E가 전담하는 것이 최선이고, 직원 D가 전담하는 것이 차선이다. 직원 D가 전담하는 경우 3,000만 원이 추가된다.

· 과업 2

직원 B가 전담하는 것이 최선이고, 직원 A 또는 직원 E가 전담하는 것이 차선이다. 직원 A 또는 직원 E가 전담하는 경우 1,000만 원이 추가된다.

· 과업 3

직원 B가 전담하는 것이 최선이고, 직원 A 또는 직원 D가 전담하는 것이 차선이다. 직원 A 또는 직원 D가 전담하는 경우 1,000만 원이 추가된다.

· 과업 4

직원 E가 전담하는 것이 최선이고, 직원 B가 전담하는 것이 차선이다. 직원 B가 전담하는 경우 1,000만 원이 추가된다.

· 과업 5

직원 A 가 전담하는 것이 최선이고, 직원 D가 전담하는 것이 차선이다. 직원 D가 전담하는 경우 3,000만 원이 추가된다.

갑부처는 5개의 과업을 최소비용으로 수행할 수 있도록 각 직원에게 하나씩 할당해야 하므로 과업 1 또는 과업 5의 전담직원을 먼저 선정해야 한다. 과업 1은 직원 A 또는 직원 E가 전담할 수 있지만, 과업 5는 직원 A만 전담할 수 있으므로 과업 5를 직원 A가 전담하도록 가장 먼저 결정이 되고, 그에 따라 과업 1은 직원 E가 전담하게 된다. 이후 과업 4를 직원 B가 전담하게 되고, 나머지 과업 2와 과업 3은 각각 직원 C, 직원 D가 전담하게 된다. 이를 정리하면 다음과 같다.

직원	과업과 비용(단위 : 만 원)				
	1	2	3	4	5
A	3,000	5,000	4,000	8,000	**2,000**
B	9,000	4,000	3,000	**5,000**	7,000
C	11,000	**6,000**	8,000	10,000	9,000
D	6,000	10,000	**4,000**	12,000	5,000
E	**3,000**	5,000	6,000	4,000	9,000

따라서 직원 A는 과업 5, 직원 B는 과업 4를 전담한다.

04 경우 확정형

정답 ③

난이도 ★★★★☆

핵심포인트

경우 확정형에 해당하는 문제는 먼저 고정 정보를 찾아 문제를 해결한다. <조건>에서 주문금액(치킨 가격+배달료)의 총 합계가 최소가 되도록 주문할 것을 요구하고 있으므로 치킨 가격이 저렴한 가게를 찾는다.

정답 체크

조건 2에 따라 동일한 가게에서 두 마리까지는 주문할 수 있으므로 배달료와 배달가능 최소금액을 고려했을 때 동네 치킨 가게 세 군데에서 시키는 것보다는 두 군데에서 시키는 것이 더 적절함을 알 수 있다. 이때 C가게에서 프라이드치킨과 양념치킨 또는 프라이드치킨과 간장치킨을 주문하는 경우의 수를 정리하면 다음과 같다.

<경우 1> C가게에서 프라이드치킨과 양념치킨을 주문하는 경우

동네 치킨 가게	치킨 가격(마리당 가격)			배달료	배달가능 최소금액
	프라이드 치킨	양념 치킨	간장 치킨		
A	7,000	8,000	9,000	0	10,000
B	7,000	7,000	10,000	2,000	5,000
C	**5,000**	**8,000**	8,000	**1,000**	7,000
D	8,000	8,000	**8,000**	**1,000**	5,000

<경우 2> C가게에서 프라이드치킨과 간장치킨을 주문하는 경우

동네 치킨 가게	치킨 가격(마리당 가격)			배달료	배달가능 최소금액
	프라이드 치킨	양념 치킨	간장 치킨		
A	7,000	8,000	9,000	0	10,000
B	7,000	**7,000**	10,000	**2,000**	5,000
C	**5,000**	8,000	**8,000**	**1,000**	7,000
D	8,000	8,000	8,000	1,000	5,000

<경우 3> C가게에서 프라이드치킨과 간장치킨을 주문하는 경우

동네 치킨 가게	치킨 가격(마리당 가격)			배달료	배달가능 최소금액
	프라이드 치킨	양념 치킨	간장 치킨		
A	7,000	8,000	9,000	0	10,000
B	7,000	7,000	10,000	2,000	5,000
C	**5,000**	8,000	**8,000**	**1,000**	7,000
D	8,000	**8,000**	8,000	**1,000**	5,000

따라서 주문이 가능한 경우의 조합은 총 세 가지이다.

오답 체크

① A가게는 치킨 가격은 비싼데 배달가능 최소금액을 충족하려면 두 종류 이상 주문해야 하므로 A가게에 주문하지 않음을 알 수 있다.

② 세 가지 경우 모두 총 주문금액은 항상 23,000원임을 알 수 있다.

④ B가게가 휴업했더라도 <경우 1> 또는 <경우 3>에 따라 총 주문금액은 달라지지 않음을 알 수 있다.

⑤ 조건 2를 고려하지 않는다면 C가게에서 모든 치킨 종류를 시키는 것이 비용을 가장 최소화할 수 있고, 주문금액은 5,000+8,000+8,000+1,000=22,000원임을 알 수 있다.

05 경우 파악형 정답 ②

난이도 ★★☆☆☆

핵심포인트

실전공략문제 03번, 04번과 마찬가지로 열대어와 어항 종류에 따른 비용에서 최선과 차선을 따져봐야 하는 문제이다. 결제금액이 최소가 되기 위해서는 열대어도 어항도 최소 금액으로 구입할 수 있도록 경우를 따져봐야 한다.

정답 체크

첫 번째 동그라미부터 각각 조건 ⅰ)~ⅳ)라고 한다. 조건 ⅰ)에 따르면 베타는 구입하여야 하고, 조건 ⅲ)에 따르면 베타는 다른 종류의 열대어와 한 어항에서 기를 수 없다. 따라서 어항은 2개를 구입하여야 하고, 발문에서 최소 금액을 묻고 있으므로 구피와 몰리 중 가격도 싸고 필요 어항 용적도 작은 구피를 중심으로 생각한다.

구피를 3마리, 베타를 1마리 구입한다면 구피를 기를 어항으로 B형 어항을 구입해야 한다. A형 어항의 가격이 더 싸므로 구피 수를 줄여서 생각해보면 구피를 2마리, 베타를 2마리 구입할 경우, 구피 2마리(6,000원)를 A형 어항(35,000원)에서, 베타 2마리(8,000원)를 A형 어항(35,000원)에서 기를 경우 6,000+35,000+8,000+35,000=84,000원을 결제하여야 한다. 만약 구피를 1마리 더 줄이고 베타를 1마리 늘린다면 B형 어항을 구입해야 하지는 않지만 구피와 베타의 가격 차이인 1,000원을 더 결제해야 한다.

따라서 甲이 결제할 최소 금액은 84,000원이다.

06 경우 확정형 정답 ③

난이도 ★★☆☆☆

핵심포인트

가장 많은 식물을 재배할 수 있는 온도와 상품가치의 총합이 가장 큰 온도를 직접 파악할 수 있지만 선택지에 제시된 온도를 활용하는 것도 가능하다.

정답 체크

가장 많은 식물을 재배할 수 있는 온도는 선택지에 제시된 15°C와 20°C를 고려한다.

· 15°C인 경우
  C를 제외한 A, B, D, E 총 4종류를 재배할 수 있다.
· 20°C인 경우
  A, D, E 총 3종류를 재배할 수 있다.

재배가능 온도의 범위가 가장 낮은 A의 범위는 0 이상 20 이하이고, 재배가능 온도의 범위가 가장 높은 C의 범위는 25 이상 55 이하로 A와 C를 동시에 재배할 수 있는 온도는 없으므로 5종류를 모두 재배하는 것은 불가능하다. 따라서 가장 많은 식물을 재배할 수 있는 온도는 총 4종류를 재배할 수 있는 15°C이다.

상품가치의 총합이 가장 큰 온도는 선택지에 제시된 15°C, 20°C, 25°C를 고려한다.

· 15°C인 경우
  A, B, D, E 4종류를 재배할 수 있고, 이때 상품가치의 총합은 10,000+25,000+15,000+35,000=85,000원이다.
· 20°C인 경우
  A, D, E 3종류를 재배할 수 있고, 이때 상품가치의 총합은 10,000+15,000+35,000=60,000원이다.
· 25°C인 경우
  C, D, E 3종류를 재배할 수 있고, 이때 상품가치의 총합은 50,000+15,000+35,000=100,000원이다.

따라서 상품가치의 총합이 가장 큰 온도는 25°C이다.

빠른 문제 풀이 Tip

상품가치의 총합이 가장 큰 온도를 구할 때 우선적으로 고려해야 하는 식물 종류는 C이다. C의 상품가치는 50,000원으로 다른 식물의 상품가치보다 높기 때문이다. 따라서 C를 재배할 수 있는 온도가 상품가치의 총합이 가장 큰 온도일 가능성이 매우 높다.

07 경우 파악형 정답 ④

난이도 ★★★☆☆

핵심포인트

문제에서 요구하는 것은 작물(A~D)을 재배하여 최대로 얻을 수 있는 소득을 구하는 것이다. 이에 따라 1회 재배로 얻을 수 있는 소득이 큰 작물 위주로 확인하면서 규칙에 어긋나지 않는지 파악한다.

정답 체크

발문에서 甲이 내년 1월 1일부터 12월 31일까지 작물을 재배할 수 있는 것으로 제시되었으나 <표>의 작물 재배 조건에서 1월에 재배 가능한 작물이 없으므로 2월 1일부터 12월 31일까지의 11개월 동안 작물 재배가 가능하다. 따라서 11개월 동안 1회 재배로 얻을 수 있는 소득이 큰 작물 중심으로 고려한다. 어떤 조건을 우선적으로 고려하는가에 따라서 다음과 같은 접근이 가능하다.

- 11개월을 최대한 활용하는 방법
  11개월을 모두 사용하려면 작물 B, C, D를 재배하는 것만 가능하다. B-C-D 순으로 재배하는 경우 재배 가능 시기가 겹치지 않게 재배할 수 있고, 이때 총소득은 1,000+500+350=1,850만 원이다.
- 1회 재배로 얻을 수 있는 소득이 큰 작물부터 고려하는 방법
  작물 B가 1,000만 원으로 1회 재배로 얻을 수 있는 소득이 가장 크고, 작물 A가 800만 원으로 그 다음으로 크다. 이 경우 재배 기간이 9개월로 가능한 작물 재배기간 중 2개월은 재배할 수 없다. 이에 따라 작물 A를 제외하고 그 다음으로 1회 재배로 얻을 수 있는 소득이 큰 작물 C를 재배하면 3개월의 재배 기간만 소요되므로 3개월의 재배 기간이 소요되는 작물 D도 추가로 재배할 수 있다. 이때 작물 A보다 작물 C, D를 재배하는 것이 소득 50만 원을 더 올릴 수 있다. 이에 따라 총소득은 1,000+500+350=1,850만 원이다.

빠른 문제 풀이 Tip

선택지에 甲이 재배하여 얻을 수 있는 소득이 제시되어 있으므로 가장 큰 값인 2,150만 원부터 1,850만 원, 1,800만 원 순으로 재배가 가능한지 확인한다.

08 경우 파악형

정답 ④

난이도 ★★☆☆☆

핵심포인트

'시합은 일대일 대결로 총 3라운드로 진행되며, 한 명의 선수는 하나의 라운드에만 출전할 수 있다'와 '사자바둑기사단은 각 라운드별로 이길 수 있는 확률이 0.6 이상이 되도록 7명의 선수(A~G) 중 3명을 선발한다'는 두 가지 제약 조건에 맞춰서 출전선수를 조합한다. 특히 C는 甲과 乙 모두에게 이길 수 있는 확률이 0.6 이상이므로 C가 중복해서 출전하지 않도록 유의한다.

정답 체크

호랑이바둑기사단은 1라운드에는 甲, 2라운드에는 乙, 3라운드에는 丙을 출전시키고, 사자바둑기사단은 각 라운드별로 이길 수 있는 확률이 0.6 이상이 되도록 7명의 선수(A~G) 중 3명을 선발하므로 <표>에 제시된 A~G가 甲, 乙, 丙에 대하여 이길 수 있는 확률을 반영하여 정리하면 다음과 같다.

선수	甲	乙	丙
A	0.42	0.67	0.31
B	0.35	0.82	0.49
C	0.81	0.72	0.15
D	0.13	0.19	0.76
E	0.66	0.51	0.59
F	0.54	0.28	0.99
G	0.59	0.11	0.64

- 1라운드: C, E
- 2라운드: A, B, C
- 3라운드: D, F, G

C는 1라운드와 2라운드에 모두 출전 가능하므로 중복해서 출전하지 않도록 주의한다. 이때 경우의 수가 적은 1라운드부터 먼저 고려한다. 1라운드에는 C가 출전하거나 E가 출전하거나 두 가지 경우로 나눌 수 있다.

<경우 1> 1라운드에 C가 출전하는 경우

1라운드: 甲	2라운드: 乙	3라운드: 丙
C	A	D
		F
		G
	B	D
		F
		G

1라운드에 C가 출전하면 2라운드에서는 C를 제외한 A와 B가 출전할 수 있고, 3라운드에서는 D, F, G가 모두 출전할 수 있으므로 가능한 경우의 수는 2×3=6가지이다.

<경우 2> 1라운드에 E가 출전하는 경우

1라운드: 甲	2라운드: 乙	3라운드: 丙
E	A	D
		F
		G
	B	D
		F
		G
	C	D
		F
		G

1라운드에 E가 출전하면 2라운드에 A, B, C 모두 출전할 수 있고, 3라운드에 출전하는 D, F, G가 모두 출전할 수 있으므로 가능한 경우의 수는 3×3=9가지이다.

따라서 출전선수 조합의 총 가짓수는 6+9=15가지이다.

빠른 문제 풀이 Tip

출전 가능한 전체 경우의 수 2×3×3=18가지에서 C가 중복해서 출전하는 경우의 수 3가지를 제외하면 출전선수 조합의 총 가짓수는 15가지임을 알 수 있다.

09 경우 파악형

정답 ②

난이도 ★★★☆☆

핵심포인트

조합 공식을 사용할 수 있어야 한다. 단서 조건을 반영하여 경우의 수 가짓수를 정확하게 파악한다.

정답 체크

제시된 <조건>을 정리하면 다음과 같다.

- 5종류의 꽃: 장미, 카네이션, 리시안셔스, 수국, 작약
- 2종류의 잎: 유칼립투스, 루스쿠스
- 기본적으로 꽃다발은 꽃과 잎을 5종류 이상 조합하여 만든다.
- 단, 작약을 넣은 경우에는 작약을 포함하여 꽃과 잎을 4종류만 사용한다.
  → 작약을 넣으면 4종류를, 작약을 넣지 않으면 5종류 또는 6종류를 조합해서 꽃다발을 만든다.
- 잎은 반드시 1종류 이상 포함시켜야 한다.
- 수국과 작약은 동시에 포함될 수 없다.

<경우 1> 작약을 포함하는 경우

작약을 포함하여 꽃과 잎을 4종류만 사용 가능하므로 우선 잎을 1종류 또는 2종류 포함시켜 보면 다음과 같다.

- 조합 1: 작약+유칼립투스 → $_3C_2$
- 조합 2: 작약+루스쿠스 → $_3C_2$
- 조합 3: 작약+유칼립투스+루스쿠스 → $_3C_1$

작약을 포함시켰으므로 수국은 포함될 수 없고, 남은 꽃 종류는 장미, 카네이션, 리시안셔스 3종류이다. 조합 1~3 중 조합 1과 조합 2는 꽃이 2가지 포함될 수 있으므로 가능한 경우의 수는 $_3C_2$=3가지이고, 조합 3은 꽃이 1가지만 포함될 수 있으므로 가능한 경우의 수는 $_3C_1$=3가지이다.

<경우 2> 작약을 포함하지 않는 경우

작약을 포함하지 않으면 꽃과 잎을 5종류 또는 6종류를 조합할 수 있고, 장미, 카네이션, 리시안셔스, 수국의 꽃이 모두 사용 가능하다. 꽃과 잎을 5종류 조합하여 만들 경우, 가능한 조합은 다음과 같다.

- 조합 1: 꽃 4가지+유칼립투스 → $_4C_4$
- 조합 2: 꽃 4가지+루스쿠스 → $_4C_4$
- 조합 3: 꽃 3가지+유칼립투스+루스쿠스 → $_4C_4$

이때 조합 1과 조합 2는 꽃이 4가지 포함될 수 있으므로 가능한 경우의 수는 $_4C_4$=1가지이고, 조합 3으로 가능한 경우의 수는 $_4C_3$=4가지이다. 또한 꽃과 잎을 6종류 조합하여 만들 경우, 작약을 제외한 나머지 종류를 모두 사용하여야 하므로 1가지 경우만 가능하다.

따라서 <조건>에 따라 만들 수 있는 꽃다발의 최대 가짓수는 16가지이다.

10 경우 확정형

정답 ①

난이도 ★★☆☆☆

핵심포인트

고정 정보를 찾아서 연결한 후, 직접 경우의 수를 따질 때는 덩어리가 큰 것부터 실마리를 찾는다.

정답 체크

문제에 제시된 내용을 정리하면 다음과 같다.

- 조건 1: 증액은 최대 2개, 적어도 3개 삭감
- 조건 2: (인건비 ↑ and 조사비 ↑) or (인건비 ↓ and 조사비 ↓)
- 조건 3: (재료비 ↓ and 홍보비 ↓) 불가능
- 조건 4: (운영비 ↑ and 잡비 ↑) 불가능
- 조건 5: 재료비 ↓

조사비	인건비	재료비	운영비	홍보비	잡비
		↓		유지 or ↑	

잡비를 증액한 경우이더라도 홍보비를 증액할 수 있는 반례를 찾아보아야 한다. 잡비와 홍보비를 증액하였기 때문에 조건 1에 따라 더 이상의 증액은 불가능하다. 따라서 조건 2에 따라 인건비와 조사비는 둘 다 삭감된다. 조사비 인건비, 재료비가 삭감되므로 조건 1을 모두 충족한다. 또한 잡비를 증액했기 때문에 조건 4에 따라 운영비의 증액은 불가능하고 유지 또는 삭감이 가능하다. 이를 정리하면 다음과 같은 반례를 찾을 수 있다.

조사비	인건비	재료비	운영비	홍보비	잡비
↓	↓	↓	유지 or ↓	↑	↑

따라서 최 사무관이 내린 판단 중 틀린 것은 '잡비를 증액하면, 홍보비를 증액할 수 없다.'이다.

오답 체크

② 기본조건상 증액이 가능한 항목은 최대 2개이다. 인건비와 조사비는 동시에 증액 또는 감액되어야 하므로, 운영비를 증액하면 인건비&조사비를 증액하는 것은 불가능하다.

③ 기본조건상 증액이 가능한 항목은 최대 2개이다. 인건비와 조사비는 동시에 증액 또는 감액되어야 하므로, 홍보비를 증액하면 인건비&조사비를 증액하는 것은 불가능하다.

④, ⑤ 인건비와 조사비는 동시에 증액 또는 감액되어야 하므로 인건비를 증액한다는 것은 조사비도 증액한다는 것임을 의미한다. 따라서 증액이 가능한 2개 항목을 모두 증액했으므로 최소 3개 항목은 반드시 삭감해야 하는데, 남은 4개 항목 중 운영비는 삭감이 불가능하다. 따라서 운영비를 제외한 나머지 재료비, 홍보비, 잡비는 모두 반드시 삭감하여야 한다.

11 경우 확정형

정답 ④

난이도 ★★☆☆☆

핵심포인트

제시된 <조건>에 따라 블록을 연결해서 덩어리를 키워야 한다. <조건> 중 숨겨진 정보를 찾아내면 빠른 해결이 가능하다.

정답 체크

제시된 <조건>을 취합하여 A~E의 위치만 정리하면 같은 덩어리(블록)가 완성된다.

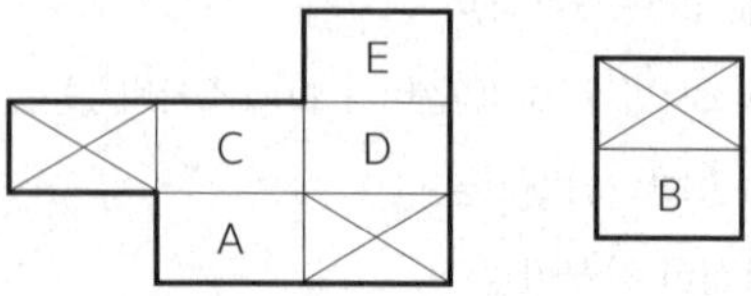

위의 블록을 문제의 호텔 모양에 적용하면 다음과 같이 두 가지의 경우가 가능하다.

<경우 1>

G	X	F	E
I	X	C	D
H	B	A	X

<경우 2>

G	X	E	F
X	C	D	I
B	A	X	H

따라서 반드시 옳은 것은 'G는 301호에 투숙해 있다.'이다.

12 경우 확정형

정답 ①

난이도 ★★☆☆☆

핵심포인트

제시된 조건에 위배되지 않는 청소 요일을 결정해야 한다. 이때 청소 요일을 직접 구하여 선택지와 비교해서 찾는 것보다 선택지를 조건에 대입한 후 조건에 위배되지 않는지를 확인하여 풀이하는 방법이 효율적이다.

정답 체크

甲레스토랑은 매주 1회 휴업일(수요일)을 제외하고 매일 영업한다고 했으므로 다음 주의 상황까지도 고려한다.

일주일 7일 중 휴업일인 수요일을 제외한 6일 동안 A구역 청소는 일주일에 1회, B구역 청소는 일주일에 2회, C구역 청소는 일주일에 3회를 하여 총 6회의 청소를 한다. 이때 청소를 하는 요일을 정할 때, 반영해야 하는 조건은 다음과 같다.

ⓐ 청소를 한 구역은 바로 다음 영업일에는 하지 않는다.

ⓑ B구역 청소를 한 후 영업일과 휴업일을 가리지 않고 이틀 간은 B구역 청소를 하지 않는다.

ⓒ C구역 청소 3회 중 1회는 일요일에 한다.

조건 ⓒ에 따르면 일요일에는 C구역 청소가 확정되고, 나머지 월, 화, 목, 금, 토요일에 A구역 1회, B구역 2회, C구역 2회의 청소 요일을 정해야 한다.

일	월	화	수	목	금	토
C			X			

조건에 따라 직접 각 구역의 청소 요일을 확인해서 해결하는 것과 선택지를 활용해서 해결하는 것이 가능하다.

· 직접 해결하는 방법

조건 ⓐ에 의해서 C구역은 일, 화, 금요일에 청소를 해야 한다. 이때 조건 ⓑ에 의해서 B구역은 월, 목요일에 청소하는 것이 확정된다.

일	월	화	수	목	금	토
C	B	C	X	B	C	

이에 따라 남은 토요일에 A구역을 청소한다.

일	월	화	수	목	금	토
C	B	C	X	B	C	A

따라서 B구역 청소를 하는 요일은 월요일과 목요일이다.

· 선택지를 활용해서 해결하는 방법

① B구역: 월요일과 목요일

B구역을 월, 목요일에 청소를 하면 아래와 같다.

일	월	화	수	목	금	토
C	B		X	B		

조건 ⓐ에 의해서 토요일에는 C구역 청소를 할 수 없으므로 화, 금요일에 C구역 청소를 하고, 남은 토요일에 A구역 청소를 하게 되면 조건에 위배되지 않게 청소 요일을 정할 수 있다.

오답 체크

② B구역: 월요일과 금요일

일	월	화	수	목	금	토
C	B		╳		B	

일요일에 이미 C구역 청소를 했기 때문에 조건 ⓐ에 의해서 토요일은 C구역 청소를 할 수 없으므로 두 번의 청소를 화요일과 목요일에 해야 한다. 그러나 조건 ⓐ에 위배된다.

③ B구역: 월요일과 토요일

일	월	화	수	목	금	토
C	B		╳			B

B구역을 월요일과 토요일에 청소한다는 것은 조건 ⓑ에 위배된다.

④ B구역: 화요일과 금요일

일	월	화	수	목	금	토
C		B	╳		B	

일요일에 이미 C구역 청소를 했기 때문에 조건 ⓐ에 의해서 월요일과 토요일은 C구역 청소를 할 수 없다. 이에 따라 청소는 두 번 남았으나 청소를 할 수 있는 요일은 목요일 한 번뿐이므로 조건에 위배된다.

⑤ B구역: 화요일과 토요일

일	월	화	수	목	금	토
C		B	╳			B

일요일에 이미 C구역 청소를 했기 때문에 조건 ⓐ에 의해서 월요일은 C구역 청소를 할 수 없으므로 두 번의 청소를 목요일과 금요일에 해야 한다. 그러나 조건 ⓐ에 위배된다.

정답 체크

戊의 대화에 따르면 같은 등수는 없다. 甲의 대화에 따르면 甲은 1등 또는 5등인데 丙의 대화에 따르면 甲은 丙보다 앞서 달린 적이 없으므로 甲은 5등이다. 표로 정리하면 다음과 같다.

	1등	2등	3등	4등	5등
甲	×	×	×	×	○
乙					×
丙					×
丁					×
戊					×

乙의 대화에 따르면 乙은 丙과 丁을 제친 후, 누구에게도 추월당하지 않았으므로 丙, 丁보다 순위가 높다. 乙은 3등, 4등이 아니고, 丙, 丁은 1등이 아니다. 丙보다 앞서 달린 적이 있는 사람은 乙과 丁뿐이고, 丁은 丙에게 따라잡힌 적이 없으므로 丁은 丙보다 순위가 높다. 丁은 4등이 아니고, 丙은 2등이 아니다.

	1등	2등	3등	4등	5등
甲	×	×	×	×	○
乙			×	×	×
丙	×	×			×
丁	×			×	×
戊					×

丙의 대화에 따르면 丙보다 앞서 달린 적이 있는 사람은 乙과 丁뿐이므로, 戊는 丙보다 순위가 낮다. 丙은 3등, 戊는 4등이다.

빠른 문제 풀이 Tip

표로 해결하지 않고 더 빠르게 시각적 처리할 수 있는 방법을 고민해 보자.

13 경우 파악형 정답 ③

난이도 ★☆☆☆☆

핵심포인트

앞서 유형 18. 경우 파악형 유형공략 04번, 05번 문제와 유사한 경우 파악형 중 '순서' 소재에 해당하는 유형이다. 달리기를 한 후 순서를 확정할 수 있어야 해결되는 문제이다. 순서는 빈출 소재인 만큼 반드시 대비가 되어 있어야 한다. 조건 중 '나는 중간에 丙과 丁을 제친 후'라는 조건은 기출문제에서 처음 등장한 표현인데, 모의고사 강의에서는 매년 다루고 있던 장치가 기출문제에도 사용되었다. 2등을 제치면 1등이 되는 것이 아니라 2등이 되므로 실수하지 않도록 주의하자.

14 경우 파악형 정답 ②

난이도 ★★★☆☆

핵심포인트

<상황> 자체에서 어려운 내용은 없다. 한 경기에 모든 레인을 사용할 필요는 없다고 하나 최소 경기 수를 찾는 것이므로 가능한 모든 레인을 사용하게 될 것이라는 점, 1등을 선발하는 것은 쉽고 2등을 선발하는 것이 문제의 포인트가 될 것이라는 점 정도는 감을 잡고 문제를 시작한다.

정답 체크

· 36개의 로봇을 6개의 경주 레인에서 달리게 해서 결승점을 먼저 통과하는 순서대로 순위를 정한다.

- 기록 등의 절대적 비교가 아닌 상대적인 경기 결과에 의해서만 순위를 결정한다.

1, 2등 가능성이 없는 로봇을 빠르게 소거하는 방식으로 접근한다. 경주 레인은 총 6개이고 36개의 로봇이 참가하므로 6개의 로봇씩 한 조로 묶어 각각 예선 경기를 치른다(6경기). 이를 A~F조라고 하고 각 조에서 순위에 따라 $\{a_1, a_2, a_3, a_4, a_5, a_6\}$, $\{b_1, b_2, b_3, b_4, b_5, b_6\}$, ⋯ $\{f_1, f_2, f_3, f_4, f_5, f_6\}$이라고 생각하자. 이때 전체 1, 2위 가능성이 없는 $\{a_3, a_4, a_5, a_6\}$, $\{b_3, b_4, b_5, b_6\}$, ⋯ $\{f_3, f_4, f_5, f_6\}$은 모두 소거하고 $\{a_1, a_2\}$, $\{b_1, b_2\}$, ⋯ $\{f_1, f_2\}$만 남겨둔다.

전체 1위를 선발하기 위해 각 조의 1위를 모아 결승 경기를 치른다(1경기). $\{a_1, b_1, c_1, d_1, e_1, f_1\}$의 경기 결과 결승점을 가장 먼저 통과한 로봇이 전체 1위가 된다.

이때 전체 1위로 선발된 로봇이 예선에서 속해있던 조의 2위 로봇은 다른 조 1위 로봇보다 속력이 더 빠를 수 있다. 그러므로 2위 결정전을 치러야 한다(1경기). 예를 들어 결승에서 c_1이 1위, e_1이 2위를 했다면 c_2는 e_1보다 빠를 수도 있기 때문에 $\{c_2, e_1\}$을 묶어 한 경기를 치러 속력이 더 빠른 로봇이 전체 2위가 된다.

따라서 가장 빠른 로봇 1, 2위를 선발하기 위해서는 최소 8경기가 필요하다.

빠른 문제 풀이 Tip

- 최소 8경기는 어떠한 경우에도 36개의 로봇 중 가장 빠른 로봇 1, 2위를 선발하기 위해 필요한 최소 경기 수이다. 즉, 8경기라면 반드시 가장 빠른 로봇 1, 2위를 선발할 수 있다.
- 현재 윷놀이를 하고 있다고 가정해 보자. 남은 결과 중 운이 좋으면 2회 만에 경기를 끝낼 수도 있고, 3회 만에는 반드시 경기를 끝낼 수 있다고 할 때, '최소'가 모든 경우의 수 중 가장 적은 횟수를 의미한다면 최소 2회 만에 경기를 끝낼 수 있다. '반드시', '확실하게'의 의미가 아니라 모든 경우 중 '최소'의 의미라면 7회 만에 경기를 끝내는 것이 가능한 문제이다.

15 경우 확정형

정답 ⑤

난이도 ★★☆☆☆

핵심포인트

두 번째로 전화를 걸 대상을 찾아내기 위해서 순서를 확정해야 하는 문제이다. 이 때 두 번째로 전화를 걸 대상만 확인하면 답을 찾을 수 있는 문제이므로, 네 번째부터 여섯 번째로 전화를 걸 대상을 확인하느라 시간을 지체하지 않도록 주의한다. <자문위원 명단> 표에 정보처리를 하면 보다 쉽게 정보처리를 할 수 있고, 선지를 활용해서도 해결할 수 있는 문제이다.

정답 체크

같은 소속이면 참석경험이 있는 자문위원에게 먼저 전화를 걸어야 하므로 A~F 중에서 같은 소속인 자문위원을 확인해 보면,

'가 대학' 소속 – A, F (참석경험이 있는 A에게 먼저 전화)

'다 연구소' 소속 – C, D (참석경험이 있는 D에게 먼저 전화)

따라서 A > F, D > C의 순으로 전화를 건다. 같은 소속의 자문위원에게 연이어 전화를 걸 수 없으므로 연이어 전화를 걸 수 없고, 중간에 한 명 이상이 있어야 한다.

: A > _ > F, D > _ > C

같은 분야면 참석경험이 있는 자문위원에게 먼저 전화를 걸어야 하므로 A~F 중에서 같은 분야의 자문위원을 확인해 보면,

'세계경제' 분야 – A, B (참석경험이 있는 A에게 먼저 전화)

'경제협력' 분야 – D, F (참석경험이 있는 D에게 먼저 전화)

따라서 A > B, D > F 순으로 전화를 건다. 같은 분야이므로 연이어 전화를 걸 수 없고, 중간에 한 명 이상이 있어야 한다.

: A > _ > B, D > _ > F

지금까지 정리한 조건을 모두 종합해서 처리해 보면, A > _ > B, F D > _ > C, F

따라서 A는 아무리 늦어도 여섯명 중 세 번째까지만 전화를 할 수 있다. D 역시도 아무리 늦어도 세 번째까지만 전화를 할 수 있다.

참석경험이 있는 자문위원에게 연이어 전화를 걸 수 없는데, 참석경험이 있는 자문위원은 A와 D이다. 따라서 이 둘에게는 연이어 전화를 걸 수 없으므로, A > _ > D, 혹은 D > _ > A의 순이 된다.

A > _ > D 또는 D > _ > A			B, C, F		

여섯 명 중 세 번째 전화를 걸 대상까지는 A > _ > D, 혹은 D > _ > A의 순이고, 네 번째부터 여섯 번째까지 전화를 걸 대상은 B, C, F 가 주어진 조건과 상황에 맞게 위치하게 됨을 알 수 있다. 남은 두 번째로 전화를 걸 대상은 E이다.

16 경우 파악형

정답 ③

난이도 ★☆☆☆☆

핵심포인트

선택지에 제시되어 있는 것처럼 어느 과일상자가 더 계산되거나, 어느 과일상자는 덜 계산되면서 다른 과일상자는 더 계산되거나 하는 방식으로 9,300원의 금액 차이를 만들어 낼 수 있어야 한다.

정답 체크

결제해야 하는 금액은 총 228,000원인데 결제한 금액은 총 237,300원이다. 이 금액의 차이는 237,000-228,000=9,300원이다. 사과, 귤, 복숭아, 딸기 총 네 종류의 과일이 있고 각 과일 한 상자의 가격은 최소 14,300원 이상이므로 선택지 ①, ②와 같은 방식으로는 9,300원과 같은 금액 차이를 만들어 낼 수 없다. 그렇다면 어느 과일상자는 덜 계산되면서 다른 과일상자는 더 계산되었다는 것인데 더 계산된 또는 덜 계산된 과일상자가 한 상자라는 보장도 없다. 우선 각 과일별 1상자 가격의 차이부터 파악한다. 과일별 1상자 가격의 차이를 정리하면 아래와 같다.

구분	사과	귤	복숭아	딸기
사과		5,200	16,400	7,100
귤	-5,200		11,200	1,900
복숭아	-16,400	-11,200		- 9,300
딸기	-7,100	- 1,900	9,300	

복숭아 1상자와 딸기 1상자의 가격 차이가 정확히 9,300원이므로 선택지 ④, ⑤의 복잡한 경우까지 생각할 필요없이 딸기 1상자가 더 계산되고 복숭아 1상자가 덜 계산되었음을 알 수 있다.

빠른 문제 풀이 Tip

숫자의 차이를 이용하는 계산 또는 퀴즈 문제가 많으므로 그 차이를 이용해서 문제를 해결한다는 아이디어를 반드시 떠올려야 한다. 선택지의 경우가 가능한지 일일이 확인해보는 것은 경우의 수가 너무 많고 계산 시간도 오래 걸리므로 피해야 한다. 총 결제해야 하는 금액이 228,000원이 맞는지 여부도 굳이 확인할 필요가 없다.

17 경우 파악형 정답 ⑤

난이도 ★★☆☆☆

핵심포인트

한 번에 일정 시점에서 총 마리 수를 파악할 수는 없고 시간 순서대로 따라가면서 구역별로 파악한다.

정답 체크

하이디와 페터는 시간별로 양의 수를 기록하되, 하이디는 특정 시간 특정 구역의 양의 수만을 기록하고, 페터는 양이 구역을 넘나들 때마다 그 시간과 그때 이동한 양의 수를 기록한다.

하이디와 페터가 같은 날 오전 9시부터 오전 10시 15분까지 작성한 기록표가 주어져 있으며, ㉠~㉣을 제외한 모든 기록은 정확하다.

아래의 내용을 지문의 표에 기록해 가면서 판단한다. 우선 09:10을 기준으로 A구역에 17마리의 양이 있는 것을 알 수 있는데 이는 09:08에 B구역에서 A구역으로 3마리가 이동한 결과이다. 이를 정리하면 다음과 같다.

시간	A	B	C	D
09:10	17			

←

시간	A	B	C	D
09:08	+3	−3		

그리고 09:30 시점까지 정리하면 다음과 같다.

시간	A	B	C	D
09:22	22			21
09:30	22	8		21

←

시간	A	B	C	D
09:15		−2		+2
09:18	+5		−5	

그리고 09:45 시점까지 정리하면 다음과 같다.

시간	A	B	C	D
09:45	22	8	11	20

←

시간	A	B	C	D
09:32			+1	−1

09:45 시점의 구역별 양의 마리 수는 총 61마리이다.

시간순으로 확인해 보면 ㉠, ㉡을 동시에 확인할 수 있는데, 이는 다음과 같이 확인할 수 있다.

시간	A	B	C	D
09:58	18	9	12	22
10:04	18	9	12	22

←

시간	A	B	C	D
09:48	−4		+4	
09:50		+1		−1
09:52			−3	+3

이에 따라 ㉠은 옳지 않고, ㉡은 옳다.

㉢, ㉣을 동시에 확인해 보면 다음과 같다.

시간	A	B	C	D
10:10	18	11	10	22
10:15	18	11	10	22

←

시간	A	B	C	D
10:05		+2	−2	

이에 따라 ㉢은 옳지 않고, ㉣은 옳다.

따라서 옳게 기록된 것만을 짝지은 것은 61마리, ㉡, ㉣이다.

빠른 문제 풀이 Tip

하이디와 페터는 오전 9시부터 기록표를 작성했는데 풀이에 반드시 필요한 것은 아니지만 09:00 시점의 구역별 마리 수를 구할 수도 있다. 참고로 다음과 같다.

시간	A	B	C	D
09:00	14	13	15	19

해당 내용을 구하는 것도 별도로 연습해 볼 만하다.

필요한 부분만 골라서 파악하는 것도 가능하다. 예를 들어 ㉠을 계산하는 데 있어 하이디와 페터의 기록표에서 필요한 부분은 아래 음영 부분이다.

하이디의 기록표			페터의 기록표		
시간	구역	마리 수	시간	구역 이동	마리 수
09:10	A	17마리	09:08	B → A	3마리
09:22	D	21마리	09:15	B → D	2마리
09:30	B	8마리	09:18	C → A	5마리
09:45	C	11마리	09:32	D → C	1마리
09:58	D	㉠21마리	09:48	A → C	4마리
10:04	A	㉡18마리	09:50	D → B	1마리
10:10	B	㉢12마리	09:52	C → D	3마리
10:15	C	㉣10마리	10:05	C → B	2마리

해당 부분만 보면 09:22 21마리에서 09:32 C구역으로 1마리, 09:50 B구역으로 1마리 이동하였고, 09:52 C구역에서 3마리가 이동해 왔으므로 09:58 D구역은 21-1-1+3=22마리이다. 따라서 ㉠은 옳지 않고 선택지 ③, ④를 제거할 수 있다.

18 경우 파악형 정답 ⑤

난이도 ★★☆☆☆

핵심포인트

㉠, ㉡을 동시에 해결하기 위해서는 화재 이후 시점의 각 창고별 재고를 파악해야 한다. 우선 시간순으로 각 창고의 재고량을 파악해 본다. 이를 통해 불에 그을리지 않은 것의 개수, 상반기 전체 출고기록이 맞바뀐 두 창고의 경우가 적절하게 그려져야 한다.

정답 체크

제시문에서 문제 풀이에 필요한 조건을 정리하면 다음과 같다.

- 조건 i) 2020년 1월 1일자 재고는 A창고 150개, B창고 100개, C창고 200개
- 조건 ii) 하나의 창고에 화재가 발생
- 조건 iii) ㉡의 상반기 전체 출고기록이 맞바뀜

우선 조건 i)과 표의 내용에 따라 각 창고의 재고량을 시간순으로 함께 정리하면 다음과 같다. 문제 해결을 위해서 반드시 시간순 정리를 요하는 것은 아니고 입고기록과 출고기록을 합산하여 5월 11일 이후 시점의 각 창고별 재고량은 파악하여야 한다.

일자 \ 창고	A			B			C		
	입고	출고	재고	입고	출고	재고	입고	출고	재고
i)1월 1일			150			100			200
2월 18일(출고)		-30	120		-20	80		-10	190
3월 4일(입고)	+50		170	+80		160	0		190
3월 27일(출고)		-10	160		-30	130		-60	130
4월 10일(입고)	0		160	+25		155	+10		140
4월 13일(출고)		-20	140		0	155		-15	125
5월 11일(입고)	+30		170	0		155	0		125
	+80	-60		+105	-50		+10	-85	

이때 조건 ii)의 내용과 같이 하나의 창고 안에 있던 재고가 150개가 될 수 없음을 파악할 수 있고, ㉡을 해결하기 위해서는 조건 iii)의 내용을 적용하여 두 창고의 상반기 전체 '출고'기록을 맞바꿔 재고가 150개가 되는 창고가 있는지 확인하여야 한다.

우선 ㉠부터 해결해 보면 각 창고별 재고가 아닌 甲회사 전체의 재고만 파악하면 된다. 5월 11일 이후부터 화재 직전 시점까지 甲회사 전체의 재고는 170+155+125=450개이고, 5월 25일 화재 발생으로 150개가 불에 그을린 이후 불에 그을리지 않은 재고는 300개이다. 2020년 1월 1일자 재고와 2020년 상반기 입·출고기록에 따라 5월 25일 각 창고의 재고를 구하면 다음과 같다.

- A창고: 150+(50+30)-(30+10+20)=170
- B창고: 100+(80+25)-(20+30)=155
- C창고: 200+10-(10+60+15)=125

5월 25일 총 재고는 170+155+125=450개이고 이 중 불에 그을린 재고는 150개로, 5월 26일 甲회사의 재고 중 그을리지 않은 것은 ㉠ 300개이다.

㉡을 해결해 보면 두 창고의 '출고'기록을 맞바꿔야 하는데 창고가 3개밖에 없으므로 두 창고의 출고기록을 맞바꾸는 경우의 수는 3가지뿐이다. 따라서 직접 계산을 해보되 아래와 같이 5월 11일 이후 각 창고의 재고와 상반기 전체 출고량만 염두에 두고 계산한다.

일자 \ 창고	A			B			C		
	입고	출고	재고	입고	출고	재고	입고	출고	재고
5월 11일			170			155			125
		-60			-50			-85	

예를 들어 창고 A, B를 비교하면 창고 A의 상반기 출고량이 창고 B의 상반기 출고량보다 10개 더 많으므로 두 창고의 출고기록을 바꾸는 경우 창고 A의 재고는 180개가 되고 창고 B의 재고는 145개가 될 것이다. 마찬가지 방법으로 창고 A, C를 비교하면 창고 C의 상반기 출고량이 창고 A의 상반기 출고량보다 25개 더 많으므로 두 창고의 출고기록을 바꾸는 경우 창고 A의 재고량은 25개를 뺀 145개가 되고 창고 C의 출고량은 25개를 더한 150개가 된다. 따라서 출고기록이 바뀐 두 창고는 A와 C이며 화재가 발생한 창고는 C임을 알 수 있다.

조건 ⅱ)에 따르면 하나의 창고에 화재가 발생하여 그 창고 안에 있던 재고 전부가 불에 그을렸는데, 그 개수를 세어보니 150개였고, 조건 ⅲ)에 따르면 ⓒ의 상반기 전체 출고기록이 맞바뀐 것이므로 ⓒ을 적용한 후 A~C 중 하나의 창고의 재고가 150개가 되어야 한다.

㉠이 300이므로 선택지 ④, ⑤만 남기면 ⓒ으로 가능한 것은 A와 B 또는 A와 C이다. ⓒ이 A와 B일 때 창고의 재고는 A가 180개, B가 145개, C가 125개이다. ⓒ이 A와 C일 때 창고의 재고는 A가 145개, B가 155개, C가 150개이다. 이에 따라 ⓒ은 5월 25일의 C창고의 재고가 150개가 되는 A와 C이다.

㉠만 해결하기 위해서는 각 창고별 5월 11일 이후의 재고량을 파악할 필요도 없다. 조건 ⅰ)에 따르면 1월 1일 시점에서 甲회사의 재고량은 150+100+200=450개이다. 표에 따르면 상반기 전체 입고량은 50+80+0+0+25+10+30+0+0=195개이고, 상반기 천체 출고량은 30+20+10+10+30+60+20+0+15=195개이다. 즉, 5월 11일 이후부터 화재 이전까지 甲회사 전체의 재고는 450+195−195=450개이고, 이 중 화재로 150개가 불에 그을렸으므로 5월 26일 화재 직후 불에 그을리지 않은 재고량은 300개임을 알 수 있다.

19 경우 파악형 정답 ⑤

난이도 ★★☆☆☆

핵심포인트

주어진 조건을 기본조건과 세부조건으로 구분할 수 있다면 보다 쉽게 해결할 수 있는 문제이다. <조건> 중 첫 번째 ~ 세 번째 동그라미까지가 세부조건이고 나머지가 기본조건이다. 해설에서 세부조건을 첫 번째 조건부터 반영해서 해결하는 과정에서 두 번째, 세 번째 조건을 해결하지 않더라도, 즉 금주교육, 성교육을 확정하기 전에 첫 번째 조건만 해결해서 금연교육의 실시 일정만 확정하고 선지를 확인해 보면 정답이 ⑤번인 것은 찾아낼 수 있다.

정답 체크

<조건> 중 기본조건들을 먼저 모두 반영해서 4월 중 교육을 실시할 수 있는 날을 정리해 보면 다음과 같다.

일	월	화	수	목	금	토
	1	2	3	4	5	6
7	8	9	10	11	12	13
14	15	16	17	18	19	20
21	22	23	24	25	26	27
28	29	30				

정리한 표에 세부조건의 첫 번째 조건부터 세 번째 조건까지 반영해 보면 다음과 같다.

먼저 첫 번째 조건을 적용해 보면, 금연교육은 해진 같은 요일에만 주 1회 실시하되, 화, 수, 목요일 중에 해야하고, 총 4회를 실시해야 하므로 화요일에만 가능하다.

일	월	화	수	목	금	토
	1	2	3	4	5	6
7	8	9	10	11	12	13
14	15	16	17	18	19	20
21	22	23	24	25	26	27
28	29	30				

금연교육

두 번째 조건을 적용해보면, 금주교육은 월요일과 금요일을 제외한 화요일, 수요일, 목요일 중에 시행하며, 주 2회 이상은 실시하지 않으므로 주 1회만 실시해야하고, 총 3회 실시해야 한다. 따라서 금주교육은 3일 ↔ 4일 중 1회, 10일↔11일 중 1회, 17일 ↔ 18일 중 1회를 실시하면 된다.

세 번째 조건을 적용해 보면, 성교육은 총2회를 실시하되 4월 10일 이전, 같은 주에 이틀 연속으로 실시해야하므로, 성교육은 4일과 5일에만 실시 가능하다. 그러면 첫째 주에 금주교육은 3일 ↔ 4일 중 3일에만 실시할 수 있다.

이를 반영해서 정리해 보면 다음과 같다.

일	월	화	수	목	금	토
	1	2	3	4	5	6
7	8	9	10	11	12	13
14	15	16	17	18	19	20
21	22	23	24	25	26	27
28	29	30				

금연교육

따라서 4월 30일에는 금연교육이 실시된다.

오답 체크

① 금연교육이 가능한 요일은 화요일 뿐이다. 수요일은 가능하지 않다.

② 금주교육은 화요일 또는 수요일에 실시되는 것이 가능하므로, 같은 요일에 실시되는 것은 아니다.

③ 금주교육은 4월 마지막 주에 실시되지 않는다.

④ 성교육은 4일(목)~5일(금)에만 가능하다. 즉, 성교육이 가능한 일정 조합은 한 가지 뿐이다.

20 경우 파악형 정답 ④

난이도 ★★☆☆☆

핵심포인트

어떤 생선을 최대한 많이 먹기 위해서는 격일로 먹어야 한다.

정답 체크

ㄴ. 석봉이가 한 달 동안 먹을 수 있는 삼치의 최대 마리 수는

1) 주(週) 단위로 따지는 경우
3번씩×4주+2번=14번

2) 월(月) 단위로 따지는 경우

일	월	화	수	목	금	토
			1	2	3	4
5	6	7	8	9	10	11
12	13	14	15	16	17(꽁치)	18
19	20	21	22	23	24	25
26	27	28	29	30	31	

음영처리된 칸은 확정적으로 삼치를 먹고,

3일 또는 4일, 10일 또는 11일, 24일 또는 25일 중 한번씩 삼치를 먹는다면 최대 14번 먹을 수 있다.

ㄹ. ㄹ의 진술을 반박할 수 있으려면 삼치, 꽁치, 고등어 중에 1마리 미만 즉, 0마리를 먹는 생선이 있어야 한다.

같은 생선을 연속해서 이틀 이상 먹을 수 없으므로 삼치, 꽁치, 고등어 중에 적어도 두 종류는 먹어야 하고, 홀수일에는 A생선, 짝수일에는 B생선을 먹을 수 있다면 ㄹ의 진술을 반박할 수 있다. 하지만 주어진 조건에 따르면 꽁치가 6일(짝수일)과 17일(홀수일)에 먹어야 하므로 반박은 불가능하다.

오답 체크

ㄱ. 꽁치를 최대한 먹으려면, 1월은 31일까지 있어 홀수날이 더 많고, 현재 주어진 고정조건도 17일인 홀수날에 꽁치를 먹는 것이므로 격일로 홀수날마다 꽁치를 먹으면 된다. 따라서 최대 16마리의 꽁치를 먹을 수 있다.

ㄷ. 석봉이가 한 달 동안 먹을 수 있는 고등어의 최대 마리 수는

1) 짝수날마다 먹는다면: 1부터 31까지 짝수날 15번

2) 홀수날마다 먹는다면: 1부터 31까지 짝수날 16번 중 반드시 꽁치를 먹어야 하는 17을 뺀 나머지 15번

21 경우 확정형 정답 ④

난이도 ★★☆☆☆

핵심포인트

직접 해결하는 것도 가능하고, 선지를 활용해서 해결하는 것도 가능하다.

정답 체크

2주차 월요일에는 단식을 했고, 단식을 하는 날 전후로 각각 최소 2일간은 정상적으로 세 끼 식사를 하였으므로 첫 주 토요일, 일요일은 정상적으로 식사를 한 날이 된다(ⓐ). 아래와 같이 표로 나타낼 수 있다.

첫 주	월	화	수	목	금	토	일	계
아침						○	○	
점심						○	○	
저녁						○	○	
비교						정상	정상	

간헐적 단식 이전에 정상적으로 식사를 하고 있었다고 해도 단식을 하는 날 전후로 각각 최소 2일간은 정상적으로 세 끼 식사를 하므로 첫 주 월~금요일 중 단식을 한 날은 최대 2회이다.

여기에 아침식사 횟수와 저녁식사 횟수가 같다고 하고 단식은 아침 혹은 저녁 식사만 하는 것이므로 첫 주에 2회 단식을 하였고 하루는 아침 식사만, 또 다른 하루는 저녁 식사만 했다는 것을 알 수 있다(ⓑ). 여기에 세 번째, 네 번째 동그라미의 내용을 반영하면 다음과 같다.

첫 주	월	화	수	목	금	토	일	계
아침	○		○		○	○	○	6회
점심				○		○	○	5회
저녁						○	○	6회
비교						정상	정상	

단식은 아침 혹은 저녁 한 끼 식사만 하는 것이므로 점심식사를 한 목요일은 단식을 하지 않은 날이다. 월, 수, 금요일은 모두 아침을 먹었다면 저녁 식사만 한 날은 화요일이다.(ⓒ)

첫 주	월	화	수	목	금	토	일	계
아침	○	×	○	○	○	○	○	6회
점심		×		○		○	○	5회
저녁		○		○		○	○	6회
비교		단식		정상		정상	정상	

단식하는 날 전후로 각각 최소 2일간은 정상적으로 세 깨 식사를 한다고 하므로 월, 수요일은 정상적인 식사를 한 날이다. 따라서 아침 식사만 한 날은 금요일이다.

첫 주	월	화	수	목	금	토	일	계
아침	○	×	○	○	○	○	○	6회
점심	○	×	○	○	×	○	○	5회
저녁	○	○	○	○	×	○	○	6회
비교	정상	단식	정상	정상	단식	정상	정상	

김과장이 단식을 시작한 첫 주 월요일부터 일요일까지 한 끼만 먹은 요일(끼니때)은 화요일(저녁), 금요일(아침)으로 정답은 ④이다.

선지를 활용해서 해결해 보면, 해설의 ⓐ부분에서 선지 ⑤는 토요일에 아침만 먹었다고 하고 있으므로 제거 가능하다. 해설의 ⓑ부분에서 선지 ①은 모두 저녁, 선지 ②는 모두 아침에 단식하고 있다고 하고 있으므로 제거 가능하다. 마지막으로 해설의 ⓒ부분에서 저녁 식사만 한 날은 화요일이므로 선지 ③도 제거 가능하다. 이 경우 표를 끝까지 완성할 필요없이 정답을 찾을 수 있다.

22 경우 확정형 정답 ③

난이도 ★☆☆☆☆

핵심포인트

달력 배치 유형에 해당하는 매우 전형적인 문제이다. 발문의 특징에 따른 힌트를 얻어 (직접 해결하지 않고) 선지를 활용해서 풀면 빠른 해결이 가능한 문제이다.

정답 체크

첫 번째 동그라미부터 각각 조건 i)~v)라고 한다면, <상황>의 내용을 우선 다음과 같이 정리해볼 수 있다.

	7일	8일	9일	10일	11일	12일	13일	14일
	주의보	주의보	경보	주의보	주의보	주의보	경보	주의보
甲								
乙					×			
丙							×	

乙이 출장을 간 날과 丙이 휴가를 간 날을 ×로 표시하였다. 조건 ii)에 따르면 호우경보 발효 중인 13일에는 甲, 乙이 당직을 선다. 조건 v)에 따르면 같은 사람이 이틀 연속 당직을 설 수 없으므로 甲, 乙 모두 12일, 14일에 당직을 설 수 없다. 12일, 14일에는 丙이 당직을 선다. 다음과 같이 정리할 수 있다.

	7일	8일	9일	10일	11일	12일	13일	14일
	주의보	주의보	경보	주의보	주의보	주의보	경보	주의보
甲						×	○	×
乙					×	×	○	×
丙						○	×	○

조건 v)에 따라 丙은 11일에 당직을 설 수 없다. 따라서 11일에는 甲이 당직을 선다. 조건 v)에 따라 甲은 10일에 당직을 설 수 없다. 다음과 같이 정리할 수 있다.

	7일	8일	9일	10일	11일	12일	13일	14일
	주의보	주의보	경보	주의보	주의보	주의보	경보	주의보
甲				×	○	×	○	×
乙					×	×	○	×
丙					×	○	×	○

최솟값은 다음과 같은 경우가 가능하다. 이외에 다른 경우도 가능하다.

	7일	8일	9일	10일	11일	12일	13일	14일
	주의보	주의보	경보	주의보	주의보	주의보	경보	주의보
甲	○	×	○	×	○	×	○	×
乙	×	○	×	○	×	×	○	×
丙	×	×	○	×	×	○	×	○

최댓값은 다음과 같은 경우가 가능하다. 이외에 다른 경우도 가능하다.

	7일	8일	9일	10일	11일	12일	13일	14일
	주의보	주의보	경보	주의보	주의보	주의보	경보	주의보
甲		×	○	×	○	×	○	×
乙		×	○	×	×	×	○	×
丙	×	○	×	○	×	○	×	○

이를 통해 ③이 정답임을 알 수 있다.

23 경우 확정형 정답 ①

난이도 ★★★★☆

핵심포인트

달력 배치 유형에 해당하는 문제로, 산책 횟수를 최대로 하기 위해서는 하루하루 단절적으로 생각하지 말고, 연달아 있는 이틀 이상의 날짜를 동시에 고려하면서 최선의 선택을 하여야 한다. 이 때 당장의 근시안적인 결정이 전체적으로 최대 횟수를 만들기에는 적절하지 않을 수도 있음을 파악해야 한다. 오늘 당장 아침, 점심, 저녁까지 세 번 강아지를 산책시키면 오늘 당장은 세 번을 산책시키기는 하지만, 그다음 이튿날은 세 번 중 두 번을 산책시킬 수 없다. 결론적으로 연이어진 이틀을 묶어서 생각할 때 이틀에 최대 4번까지 산책시킬 수 있음을 발견하는 것이 중요한 문제이다.

정답 체크

첫 번째 문단에서 매주 같은 횟수로 강아지를 산책시키고 있다는 것을 확인한다. 두 번째 문단의 첫 번째 문장부터 각각 i)~vi)이라고 하면 두 번째 문단의 내용을 다음과 같이 정리할 수 있다.

ii):

○	×
○	×
○	

, iii):

	×
○	
○	

, iv):

×	×
×	
×	

v), vi):

	월	화	수	목	금	토	일
아침			×	×			
점심			×				
저녁			×		×		

iv)에 따라서 목요일 아침에는 산책시킬 수 없다는 것까지 정리하였다.

iii)에 따르면 목, 금요일 산책은 최대 다음과 같은 경우가 가능하다.

1)	월	화	수	목	금	토	일
아침			×	×	×		
점심			×	○	○		
저녁			×	○	×		

<table>
<tr><td>2)</td><td>월</td><td>화</td><td>수</td><td>목</td><td>금</td><td>토</td><td>일</td></tr>
<tr><td>아침</td><td></td><td></td><td>×</td><td>×</td><td>○</td><td></td><td></td></tr>
<tr><td>점심</td><td></td><td></td><td>×</td><td rowspan="2">○, ×</td><td>○</td><td></td><td></td></tr>
<tr><td>저녁</td><td></td><td></td><td>×</td><td>×</td><td></td><td></td></tr>
</table>

목, 금요일 최대 산책 횟수는 3회이다.

ⅱ)를 고려하면 이틀간 최대 산책 횟수는 다음과 같다.

○	×
○	×
○	○

,

○	○
○	○
×	×

하루에 세 번 산책시키고 다음 날 한 번 산책시키거나 하루에 두 번씩 산책시킨다. 그러나 ⅴ)에 따르면 수요일은 산책시킬 수 없으므로 화요일은 세 번 산책시킬 수 있다. 강아지를 산책시키는 최대 횟수로 가능한 것을 예를 들면 다음과 같다.

1)	월	화	수	목	금	토	일
아침	○	○	×	×	×	○	○
점심	○	○	×	○	○	○	○
저녁	×	○	×	○	×	×	×

이를 통해 ①이 정답임을 알 수 있다.

기출 엄선 모의고사

p.276

01	①	일치부합형 (법조문형)	6	⑤	응용형 (텍스트형)	11	⑤	일치부합형 (법조문형)	16	①	경우 확정형	21	①	경우 확정형
02	①	일치부합형 (법조문형)	7	①	정확한 계산형	12	④	일치부합형 (법조문형)	17	①	정확한 계산형	22	②	경우 확정형
03	②	응용형 (법조문형)	8	③	조건 계산형	13	④	발문 포인트형 (법조문형)	18	②	조건 계산형	23	①	경우 확정형
04	⑤	일치부합형 (법조문형)	9	②	1지문 2문항형	14	④	조건 계산형	19	③	정확한 계산형	24	④	경우 확정형
05	⑤	일치부합형 (텍스트형)	10	③	1지문 2문항형	15	③	조건 계산형	20	④	경우 파악형	25	①	경우 확정형

복습 가이드

맞힌 문항 수에 따른 복습 가이드를 확인하여 자신의 취약한 부분을 보완해 보세요.

맞힌 문항 수	복습 가이드
21문항 이상	상황판단에 대한 기본기를 충분히 갖추고 있습니다. 자신이 가장 취약하다고 생각하는 유형을 파악하고 해당 유형의 '문제풀이 핵심 전략'을 빠르게 복습합니다. 그 후, 틀린 문제를 반복해서 풀이하여 실전 감각을 유지할 수 있도록 합니다.
16~20문항	상황판단 문제를 제한시간에 맞춰 빠르고 정확하게 푸는 연습이 필요합니다. 따라서 교재의 틀린 문제를 정해진 시간 내에 풀고 맞히는 연습을 합니다. 또한 틀리거나 풀지 못한 유형의 문제는 해설을 꼼꼼히 확인하여 동일한 유형의 문제를 다시 틀리지 않도록 연습해야 합니다.
10~15문항	상황판단에 대한 기본기가 조금 부족한 편입니다. 교재에서 자신이 잘 모르거나 자주 틀리는 유형을 집중적으로 학습하여 부족한 부분을 보완한 후, 문제를 여러 번 반복해서 풀면서 실전 문제 풀이에 대한 정확도를 높일 수 있도록 해야 합니다.
9문항 이하	상황판단에 대한 기본기가 많이 부족한 편입니다. 교재의 '문제풀이 핵심 전략'이 완벽하게 이해될 때까지 여러 번 반복해서 풀이 전략을 적용하는 연습을 해야 합니다. 그 후, 모든 교재에 수록된 문제를 꼼꼼히 풀이하면서 각 유형에 대한 이해가 확실히 되었는지 점검할 수 있도록 합니다.

01 일치부합형(법조문형)

정답 ①

난이도 ★☆☆☆☆

핵심포인트

표제를 사용하거나 키워드를 활용하여 빠른 해결이 가능한 문제이다. 법조문 일치부합형의 문제는 정확도와 속도를 모두 잡아야 한다.

정답 체크

첫 번째 조문부터 각각 제1조~제3조라고 한다면, 제1조 제1항에 따르면 기상청장은 실태조사를 할 수 있지만, 같은 조 제3항에 따르면 기상청장은 실태조사를 기상산업에 관한 전문성을 갖춘 기관 또는 단체에 의뢰하여 실시할 수 있다. 따라서 기상청장은 실태조사를 직접 실시하지 않고 기상산업에 관한 전문성을 갖춘 단체에 의뢰하여 실시할 수 있다고 판단할 수 있다.

오답 체크

② 제1조 제2항에 따르면 기상청장은 실태조사와 자료수집을 위하여 필요하다고 인정하면 관련 기상사업자 등에게 필요한 자료나 의견을 제출하도록 요청할 수 있다. 따라서 기상청장은 실태조사와 자료수집을 위해 필요한 경우, 관련 행정기관뿐만아니라 기상사업자에게도 필요한 자료의 제출을 요청할 수 있다.

③ 제2조 제1항에 따르면 기상청장은 기상사업자가 기상정보의 제공을 신청한 경우 정당한 이유가 없으면 그 정보를 제공하여야 하고, 제3조 제1항에 따르면 기상사업자는 기상정보를 제3자에게 제공하는 경우 그 출처를 밝혀야 한다. 즉, 제3조 제1항은 기상사업자가 기상정보를 제3자에 제공할 수 있는 것을 염두에 둔 규정이므로, 기상사업자는 기상청장으로부터 제공받은 기상정보를 제3자에게 제공할 수 있는 것으로 판단할 수 있다.

④ 제2조 제2항에 따르면 같은 조 제1항에 따라 기상청장이 기상사업자에게 기상정보를 제공할 때에는 그 기상정보의 제공에 드는 비용에 충당하기 위하여 수수료를 징수할 수 있다고 하여 수수료 징수여부를 기상청장의 재량으로 규정하고 있다. 따라서 기상청장이 기상사업자에게 기상정보를 제공할 때 반드시 기상정보의 경제적 가치에 해당하는 수수료를 징수하여야 하는 것은 아니다.

⑤ 제1조 제4항에 따르면 기상청장은 실태조사를 실시한 경우 그 결과를 기상청의 인터넷 홈페이지에 공표해야 한다. 그러나 같은 조 제1항의 자료수집의 경우 이러한 공표에 관하여 규정하고 있지 않다. 따라서 기상청장이 기상산업 진흥을 위한 자료수집을 한 경우, 그 결과를 기상청 인터넷 홈페이지에 공표해야 하는 것으로 판단해서는 안 된다.

02 일치부합형(법조문형)

정답 ①

난이도 ★☆☆☆☆

핵심포인트

'정의'조문이 활용되는 점, '제외'가 중요하다는 점, 키워드를 활용하면 빠른 해결이 가능하다는 점 등 최근 출제경향이 반영된 문제로, 속도와 정확도를 모두 잡아야 하는 문제이다.

정답 체크

첫 번째 조문부터 각각 제1조~제3조라고 한다면, 제2조 제2항 제2호에 따르면 위원회는 중앙행정기관별 다음 연도 국제기구 분담금 납부계획을 심의·조정한다.

오답 체크

② 제3조 제1항에 따르면 위원회가 아니라 중앙행정기관의 장은 소관 국제기구 분담금의 납부목적 부합 여부에 대하여 매년 자체평가를 실시하여야 한다.

③ 제3조 제2항에 따르면 중앙행정기관의 장은 소관 국제기구 분담금의 전년도 납부실적을 위원회에 제출하여야 한다. 그러나 제1조에 따르면 국제기구 분담금에는 녹색기후기금에 납입하는 출연금은 제외한다. 따라서 환경부가 녹색기후기금에 출연금을 납입하였다다고 해도 녹색기후기금에 납입한 출연금은 국제기구 분담금에 해당하지 않으므로, 환경부장관이 해당 납입실적을 위원회에 제출하여야 하는 것은 아니다.

④ 제3조 제2항에 따르면 중앙행정기관의 장은 소관 국제기구 분담금의 전년도 납부실적을 위원회에 제출하여야 하고, 제2조 제2항 제1호에 따르면 중앙행정기관별 전년도 국제기구 분담금 납부실적을 심의·조정한다. 그리고 제3조 제3항에 따르면 외교부장관은 같은 조 제2항에 따라 제출된 납부실적 등에 대한 위원회의 심의·조정 결과를 매년 5월 31일까지 기획재정부장관에게 송부한다. 즉, 외교부장관은 중앙행정기관의 장이 제출한 납부실적이 아니라 제3조 제2항에 따라 제출된 납부실적 등에 대한 위원회의 심의·조정 결과를, 매년 3월 31일까지가 아니라 매년 5월 31일까지 기획재정부장관에게 송부한다.

⑤ 제1조에 따르면 '국제기구 분담금'이란 정부가 국제기구에 의무적으로 납부하여야 하는 경비 또는 국제기구와 협력사업 추진을 위하여 재량적으로 납부하는 경비를 말한다. 따라서 정부가 아닌 시민단체가 스스로 국제기구에 납부하는 경비는 국제기구 분담금에 해당하지 않는다.

03 응용형(법조문) 정답 ②

난이도 ★☆☆☆☆

핵심포인트

'~에도 불구하고'는 최근 7급 공채 시험에서 중요하게 활용되고 있는 출제장치이다. 최근 출제경향을 잘 분석해두면, 최근 시험을 보다 쉽게 해결할 수 있다.

정답 체크

제□□조 제1항에 따르면 원장은 각 심판사건에 대하여 합의체를 구성할 심판관을 지정하여야 하고, 같은 조 제2항에 따르면 원장은 제1항에 따라 지정된 심판관 중에서 1명을 심판장으로 지정하여야 한다. 그러나 같은 조 제3항에 따르면 제2항에도 불구하고 원장은 특히 중요하다고 인정되는 심판사건에 대해서는 원장 스스로 심판장이 될 수 있고, 같은 조 제4항에 따르면 심판장은 그 심판사건에 관한 사무를 총괄한다.

따라서 원장이 특히 중요하다고 인정되는 심판사건에 대해서는 원장 스스로 심판장이 되어 그 심판사건에 관한 사무를 총괄하는 경우가 있을 것으로 판단할 수 있다.

오답 체크

① 제△△조 제1항에 따르면 심판은 3명 또는 5명의 심판관으로 구성되는 합의체가 한다. 따라서 심판의 합의체는 심판장 1명과 심판관 1명, 총2명으로 구성될 수 없다.

③ 제△△조 제1항에 따르면 심판은 심판관으로 구성되는 합의체가 하고, 같은 조 제2항에 따르면 제1항의 합의체의 합의는 과반수로 결정한다. 따라서 합의체의 합의는 심판관 전원의 일치된 의견으로 결정하는 것이 아니다.

④ 제△△조 제3항 단서에 따르면 당사자가 구술심리를 신청하였을 때에는 서면심리만으로 결정할 수 있다고 인정되는 경우 외에는 구술심리를 하여야 한다. 따라서 당사자가 구술심리를 신청하였다고 하더라도 서면심리만으로 결정할 수 있다고 인정되는 경우에는 반드시 구술심리를 하여야 하는 것은 아니고, 서면심리로 심판할 수 있다고 판단할 수 있다.

⑤ 제△△조 제4항에 따르면 구술심리는 공개하여야 한다. 그러나 서면심리로 심판하는 경우에도 그 심리를 공개하여야 하는것으로 판단해서는 안 된다.

04 일치부합형(법조문형) 정답 ⑤

난이도 ★☆☆☆☆

핵심포인트

선택지에서 키워드를 잡은 후 연결되는 법조문을 빠르게 매칭해서 해결할 수 있어야 한다. 각 선택지에서 키워드를 잡으면 ①, ②는 '사용', ③은 '벌금, 처해질 수 있다', ④는 '징역, 처해질 수 있다', ⑤는 '자격정지, 처해질 수 있다'이다.

정답 체크

우편물을 불법으로 검열한 경우 첫 번째 법조문 제2항 제1호의 요건에 위배된다. 이 경우 1년 이상 10년 이하의 징역과 5년 이하의 자격정지에 처한다. 즉, 선택 재량이 있는 것이므로 2년의 징역과 3년의 자격정지에 처해질 수 있다.

오답 체크

① 두 번째 법조문에 따라 불법검열에 의하여 취득한 우편물은 재판 또는 징계절차에서 증거로 사용할 수 없다.

② 두 번째 법조문에 따라 공개되지 아니한 타인 상호간의 대화를 녹음 또는 청취한 내용은 재판 또는 징계절차에서 증거로 사용할 수 없다.

③ 첫 번째 법조문 제2항에 따르면 공개되지 아니한 타인 상호간의 대화를 녹음하거나 공개한 자는 벌금이 아니라 1년 이상 10년 이하의 징역과 5년 이하의 자격정지에 처해진다.

④ 첫 번째 법조문 제3항에 따르면 이동통신사업자가 단말기의 개통처리 등 정당한 업무의 이행을 위하여 단말기기 고유번호를 제공받는 것은 가능하다. 따라서 단말기를 개통하기 위하여 단말기기 고유번호를 제공받았다면 징역에 처해지지 않는다.

05 일치부합형(텍스트형) 정답 ⑤

난이도 ★☆☆☆☆

핵심포인트

평이한 난도의 텍스트 일치부합형에 속하는 문제로, 제시문의 길이도 짧기 때문에 빠른 해결이 가능한 문제이다.

정답 체크

첫 번째 문단부터 각각 문단 ⅰ)~ⅲ)이라고 한다면, 문단 ⅱ)에 따르면 해안가에 염전을 만들어 자연 증발을 통해 얻은 소금을 천일염이라고 한다. 조선시대에 천일염은 염전에서 얻을 수 있었다고 판단할 수 있다.

오답 체크

① 문단 ⅱ)에 따르면 동해안의 소금 생산 방법은 서해안이나 남해안과 달랐고, 동해안에서는 바닷물을 끓여서 소금을 만들었던 반면, 서해안과 남해안은 조석 간만의 차를 이용했다.

② 문단 iii)에 따르면 조선시대 경기도 일대의 소금은 대부분 한강의 마포나루에 집결되었는데, 경강상인은 마포나루를 비롯한 한강 일대의 나루터에서 소금 등을 거래하였다. 조선시대에 경강산인에 의한 소금 거래가 이루어졌다고 판단할 수 있다.

③ 문단 i)에 따르면 조선시대 소금의 최대 생산지는 남해안의 갯벌 지대가 아니라 평안도에서 전라도에 이르는 서해안의 갯벌 지대이다.

④ 문단 iii)에 따르면 조선시대 경기도 일대 소금은 대부분 한강의 마포나루에 집결된 까닭에 조선시대에는 마포염이라는 말이 있을 정도였다고 한다. 마포염이 마포에서 생산된 소금을 이르는 말은 아닌 것으로 판단할 수 있다.

06 응용형(텍스트형) 정답 ⑤

난이도 ★★☆☆☆

핵심포인트

<조건>이 제시되어 있고, <보기>에 유사한 표현이 반복됨을 통해서 응용형 문제임을 확인할 수 있다.

정답 체크

ㄷ. 중등 요호 7급 丁에게 정해진 권분량은 벼 40석이다. <조건>에 따를 때 대여시점인 봄에는 벼 1석의 시가가 6냥이므로 총 시가는 40×6=240냥이고, 상환시점인 가을에는 벼 1석의 시가가 1.5냥이므로 총 시가는 40×1.5=60냥이다. 따라서 대여시점과 상환시점의 시가 차액은 240-60=180냥이다.

ㄹ. 상등 요호 9급 戊에게 정해진 권분량은 벼 200석이고, 상등 요호가 권분을 행하는 시기는 봄이다. <조건>에 따를 때 봄에는 벼 1석의 시가가 6냥이므로, 상등 요호 9급 戊에게 정해진 권분량의 권분 당시 시가는 200×6=1,200냥이다.

오답 체크

ㄱ. 상등 요호 1급 甲에게 정해진 권분량은 벼 1,000석이고, 하등 요호 9급 乙에게 정해진 권분량은 벼 2석이다. 따라서 둘 간의 차이는 벼 999석이 아니라, 998석이다.

ㄴ. 세 번째 단락에 따르면 조선시대 국법은 벼 50석 이상 권분을 행한 자부터 시상할 수 있도록 규정하였는데, 중등 요호 6급 丙이 권분을 다한 경우 벼 50석의 권분을 행하게 되므로 丙은 조선시대 국법에 의하면 시상할 수 있다.

07 정확한 계산형 정답 ①

난이도 ★☆☆☆☆

핵심포인트

이 문제는 매우 단순한 문제이지만, 최근 출제 경향을 보면 복잡해 보이는 계산문제일수록 가능하다면 방정식으로 문제를 해결하는 것은 지양하는 것이 바람직하다.

정답 체크

甲과 乙의 대화를 순서대로 정리해본다. 甲과 乙의 첫 번째 대화에 따르면 분식집에 낸 총액은 15,000원이다. 그리고 甲의 두 번째 대화에 따르면 어묵, 떡볶이, 만두 각각 한 단위당 1,000원, 3,000원, 2,000원이다. 乙의 두 번째 대화에 따르면 甲과 乙은 떡볶이 한 접시와 만두 한 접시, 그리고 어묵을 여러 개 먹었지만 분식집 사장님이 만둣값은 안 받았다고 한다. 식으로 다음과 같이 정리할 수 있다.

떡볶이 한 접시×3,000원+어묵 n개×1,000원=15,000원

어묵 n개×1,000원=12,000원

따라서n=12개이다.

甲과 乙의 세 번째 대화에 따르면 甲은 乙보다 어묵을 2개 더 먹었다. 甲과 乙이 먹은 어묵의 개수를 각각 $n_{甲}$, $n_{乙}$이라고 한다면 $n_{甲}=n_{乙}+2$이고, $n=n_{甲}+n_{乙}$이다. 즉 $n=n_{甲}+n_{乙}=12$이고, $n=n_{乙}+n_{乙}+2=2n_{乙}+2=12$이므로, $n_{乙}=5$가 된다.

08 조건계산형 정답 ③

난이도 ★★☆☆☆

핵심포인트

최근 출제 장치로 중요하게 활용되고 있는 합의 장치를 발견할 수 있다면 보다 수월하게 해결할 수 있는 문제이다. 발문을 정확하게 읽어 '乙이 사망하는 날'의 '甲의 나이'를 구해야 한다는 점에 실수하지 않도록 주의하자.

정답 체크

제시문의 첫 번째 문장에 따르면 甲은 0세의 나이에 75세의 얼굴을 지녔으며, 나이를 한 살 먹을 때마다 얼굴은 한 살씩 어려진다. 두 번째 문장에 따르면 乙은 21세가 되는 날, 乙의 나이보다 30세가 더 많아 보이는 甲과 결혼했다고 한다. 즉, 1) 乙이 21세가 되는 날 甲의 얼굴은 21세보다 30세가 더 많아 보이는 51세로 보인다.

세 번째 문장에 따르면 甲과 乙은 결혼한 지 1년이 되는 날에 아들을 낳았다. 甲은 나이를 한 살 먹을 때마다 얼굴이 한 살씩 어려지므로 2) 결혼한지 1년이 되는 날(=아들을 낳은 날) 甲의 얼굴은 50세로 보인다. 그리고 네 번째 문장에 따르면 甲의 얼굴이 아들과 동일한 나이로 보이게 되는 날에 乙은 사망하였다고 한다. 甲의 얼굴이 50세로 보이는 시점에서 아들은 0세이므로 3) 甲의 얼굴이 아들과 동일한 나이로 보이게 되는 날(=乙이 사망하던 날)은 甲과 아들의 얼굴이 각각 25세로 보인다.

따라서 乙이 사망하던 날 甲의 얼굴은 25세로 보이므로 甲의 나이는 75-25=50세이다.

09 1지문 2문항형 정답 ②

난이도 ★☆☆☆☆

핵심포인트

각 보기에서 묻는 바를 먼저 확인하고 해결에 필요한 정보를 제시문에서 빠르게 찾아 해결하면 쉽게 풀리는 문제이다. '관광효과', '직접효과', '일차효과', '간접효과', '이차효과', '유발효과' 등의 용어를 혼동하지 않도록 잘 구분해서 이해해야 한다.

정답 체크

첫 번째 문단부터 각각 문단 ⅰ)~ⅴ)라고 한다.

ㄷ. 문단 ⅴ) 마지막 문장에 따르면 일반승수는 직접효과·간접효과·유발효과의 합을 관광객의 최초 관광지출로 나눈 값이다. 그리고 문단 ⅱ) 두 번째 문장에 따르면 직접효과를 일차효과라고도 부르며, 문단 ⅳ) 마지막 두 번째 문장에 따르면 이차효과는 간접효과와 유발효과의 합이다. 따라서 직접효과+간접효과+유발효과=일차효과+이차효과이다.

오답 체크

ㄱ. 문단 ⅳ) 마지막 문장에 따르면 관광효과는 직접효과와 간접효과, 유발효과를 모두 합한 값이다. 따라서 관광효과에서 유발효과를 제외한 값은 직접효과가 아니라 직접효과+간접효과이다.

ㄴ. 문단 ⅱ) 두 번째 문장에 따르면 '직접효과'란 관광객이 어떤 지역에서 그 지역 관광사업자에게 직접적으로 지출한 경비(최초 관광지출)가 그 지역에 일차적으로 발생시키는 효과로 일차효과라고도 부른다. 따라서 관광지 소재 식당이 관광객에게 직접 받은 식대는 최초 관광지출에 해당되고, 유발효과에 해당되지 않는다.

10 1지문 2문항형 정답 ③

난이도 ★☆☆☆☆

핵심포인트

문제 해결에 필요한 근거가 제시문 맨 마지막 문단에 있음을 쉽게 찾을 수 있는 문제이다. '승수', '비율승수', '일반승수'를 잘 구분하여 공식을 파악하여야 한다.

정답 체크

문단 ⅴ) 마지막 문장에 따르면 일반승수$=\frac{\text{직접효과+간접효과+유발효과}}{\text{최초 관광지출}}$이다. 직접효과를 A라고 하면, 최초 관광지출은 2A, 간접효과는 A+10(억 원), 유발효과는 2A이다. A시의 일반승수가 2.5라고 하므로 다음과 같이 식을 세워볼 수 있다.

$2.5=\frac{A+A+10+2A}{2A}$

정리하면 5A=4A+10, A=10억 원이다. 이에 따라 선택지 ①, ④, ⑤는 제거된다.

문단 ⅴ) 마지막 두 번째 문장에 따르면

비율승수$=\frac{\text{직접효과+간접효과+유발효과}}{\text{직접효과}}$이다.

A=10이므로 다음과 같이 비율승수를 구할 수 있다.

비율승수$=\frac{A+A+10+2A}{A}=\frac{50}{10}=5$

따라서 직접효과는 10억 원, 비율승수는 5이다.

빠른 문제 풀이 Tip

선택지를 적절하게 활용하면 빠른 해결이 가능한 문제이다.

11 일치부합형(법조문형) 정답 ⑤

난이도 ★★☆☆☆

핵심포인트

최근 호·목의 형식이 중요하게 활용되고 있다. 주체, 객체, 대상 등 행위자의 함정이 많은 문제에서 매우 높은 빈도로 활용되고 있으므로, 함정에 빠지지 않도록 주의하자.

정답 체크

첫 번째 조문부터 각각 제1조, 제2조라고 할 때, 제2조 제2호에 따르면 환경부장관은 특정도서의 지정 목적에 지장이 없다고 인정하는 경우 자연생태계의 연구·조사를 목적으로 하는 행위를 허가할 수 있다. 따라서 특정도서에서 자연생태계의 연구·조사를 목적으로 하는 행위에 대해서는 환경부장관의 허가를 얻으면 그 행위를 할 수 있다.

오답 체크

① 제1조 제2항 제1호에 따르면 같은 조 제1항에 따른 특정도서에서 행위 제한에도 불구하고 군사 행위의 경우 같은 조 제1항을 적용하지 아니한다. 그리고 같은 조 제3항에 따르면 제2항에 따른 행위를 한 자는 그 행위의 내용과 결과를 환경부장관에게 통보하여야 한다.그러므로 특정도서에서의 도로 신설이 군사 행위인 경우 제1조 제3항에 따라 그 행위의 내용과 결과를 환경부장관에게 통보하여야 한다.

② 제1조 제1호에 따르면 특정도서에서는 공작물의 신축 행위를 할 수 없지만, 제2항 제2호에 따르면 같은 조 제1항에 따른 특정도서에서 행위 제한에도 불구하고 재해의 발생 방지 및 대응을 위하여 필요한 행위의 경우 같은 조 제1항을 적용하지 아니한다. 따라서 특정도서에 거주하는 주민은 제1조 제1호에 따라 공장물의 신축 행위를 할 수 없지만, 같은 조 제2항 제2호에 따르면 재해발생 방지를 위해 필요한 경우는 특정도서에서의 공작물 신축 행위를 할 수 있는 것으로 해석할 수 있다.

③ 제2조 제2문에 따르면 환경부장관은 문화유산으로 지정된 특정도서에 대하여 각 호의 어느 하나에 해당하는 행위를 허가하기 위해서는 미리 국가유산청장과 협의하여야 한다. 그러므로 문화유산으로 지정된 특정도서가 아니라면 환경부장관이 특정도서에서 건축물의 증축을 허가하기 위해서 항상 미리 국가유산청장과 협의하여야 하는 것은 아니고, 건축물의 증축이 제2조 제1호의 행위에 해당하는지도 불분명하다.

④ 제2조 제1호에 따르면 환경부장관은 특정도서의 지정 목적에 지장이 없다고 인정하는 경우에는 국가나 지방자치단체가 산책로를 설치하는 행위를 허가할 수 있다. 그러나 국가가 지방자치단체가 아닌 민간기업이 영리 목적으로 특정도서에 산책로를 설치하려는 경우에는 환경부장관이 이를 허가할 수 있는 것으로 판단할 수 없다.

12 일치부합형(법조문형) 정답 ④

난이도 ★★☆☆☆

핵심포인트

괄호형식의 정보가 중요하게 활용되는 것도 최근 출제경향이다. 기출문제를 통해 최근 중요한 출제장치, 함정 등을 분석해 두는 것이 필요하다.

정답 체크

제△△조 제3항에 따르면 고용노동부장관은 같은 조 제2항에 따른 특수건강진단기관의 진단·분석능력의 확인 결과를 포함하여 특수건강진단기관에 대한 평가 결과를 공개할 수 있다.

오답 체크

① 제□□조 제1항에 따르면 사업주는 특수건강진단을 실시하는 경우 고용노동부장관이 아니라 근로자대표가 요구하면 근로자대표를 참석시켜야 한다.

② 제□□조 제2항에 따르면 사업주는 산업안전보건위원회 또는 근로자대표가 요구할 때에는 특수건강진단 결과에 대하여 설명하여야 하고, 단서에 따르면 개별 근로자의 특수건강진단 결과는 본인의 동의 없이 공개해서는 아니 된다. 그러나 근로자대표가 사업주에 대하여 특수건강진단 결과에 대한 설명을 요구함에 있어 산업안전보건위원회의 동의를 얻도록 규정하고 있지는 않다.

③ 제□□조 제3항에 따르면 산업안전보건위원회가 아니라 사업주는 특수건강진단의 결과 근로자의 건강을 유지하기 위하여 필요하다고 인정할 때에는 야간근로의 제한 등 적절한 조치를 하여야 한다.

⑤ 제□□조 제2항에 따르면 사업주는 근로자대표가 요구할 때에는 특수건강진단 결과에 대하여 설명하여야 하고, 단서에 따르면 개별 근로자의 특수건강진단 결과는 본인의 동의 없이 공개해서는 아니 된다. 따라서 사업주는 근로자대표의 요구가 있다고 해도 개별 근로자의 특수건강진단 결과는 본인 동의 없이 공개할 수 없다.

13 발문 포인트형(법조문형) 정답 ④

난이도 ★★☆☆☆

핵심포인트

재산등록 의무와 관련된 내용을 선택지의 사례에 대입하여 재산등록 의무자의 재산등록 대상이 맞는지 판단한다. 이때 각주와 단서 조건에 유의한다.

정답 체크

공무원 D는 정부부처 4급 공무원 상당의 보수를 받는 별정직 공무원에 해당하고, D의 아들이 소유한 승용차는 직계비속이 소유하고 있는 등록대상 재산인 자동차에 해당하므로 D는 재산등록 의무자, D의 아들이 소유한 승용차는 재산등록 대상임을 알 수 있다.

재산등록 의무자	4급 이상의 일반직·지방직 공무원 및 이에 상당하는 보수를 받는 별정지 공무원	정부부처 4급 공무원 상당의 보수를 받는 별정직 공무원 D
등록대상 친족의 범위	본인의 직계존·비속	D의 아들
등록대상 재산	자동차·건설기계·선박 및 항공기	승용차

오답 체크

① 시청에 근무하는 4급 공무원은 재산등록 의무자에 해당하고, 아파트의 소유권은 등록대상 재산에 해당하지만, A의 동생은 본인의 직계존·비속에 해당하지 않으므로 등록대상 친족의 범위에 포함되지 않음을 알 수 있다.

② 시장 B는 지방자치단체장 등 국가 및 지방자치단체의 정무직 공무원으로 재산등록 의무자에 해당하지만, 시장 B의 결혼한 딸은 등록대상 친족의 범위의 내용 중 '혼인한 직계비속인 여성'이라는 단서 조건에 해당하므로 등록대상 친족의 범위에 포함되지 않음을 알 수 있다.

③ 도지사 C는 지방자치단체장 등 국가 및 지방자치단체의 정무직 공무원에 해당하고, C의 아버지는 직계존속이므로 등록대상 친족의 범위에 포함된다. 그러나 C의 아버지가 소유한 연간 600만 원의 소득이 있는 지식재산권은 연간 1천만 원 미만의 소득이므로 등록대상 재산에 해당하지 않음을 알 수 있다.

⑤ 정부부처 4급 공무원 E는 4급 이상의 일반직·지방직 공무원 및 이에 상당하는 보수를 받는 별정직 공무원에 해당하고, E의 전처가 소유한 1,000만 원 상당의 다이아몬드는 품목당 5백만 원 이상의 보석류에 해당한다. 그러나 E의 이혼한 전처는 현재 배우자에 해당하지 않아 등록대상 친족의 범위에 포함되지 않음을 알 수 있다.

14 조건 계산형 정답 ④

난이도 ★★☆☆☆

핵심포인트

<인쇄 규칙>을 정확하게 이해한 후 이를 표의 정보에 정확하게 적용하면 해결할 수 있는 문제이다. 계산 문제의 경우 조건을 하나라도 놓치거나 부정확하게 적용하는 경우 계산 결괏값이 달라지고 문제를 틀리게 되므로, 실수하지 않도록 주의해야 한다.

정답 체크

<인쇄 규칙>의 첫 번째 동그라미부터 네 번째 동그라미까지 각각 i)~iv)라고 한다. iv)에 따르면 한 장의 A4용지에는 한 종류의 문서만 인쇄한다고 하므로 각 문서의 종류별로 몇 장의 A4용지가 필요한지 각각 검토한다.

- A: ii)에 따르면 문서는 A4용지 한 면에 2쪽씩 인쇄하지만, 중요도가 상에 해당하는 보도자료는 A4용지 한 면에 1쪽씩 인쇄한다. A는 중요도가 상에 해당하는 보도자료이므로 A4용지 한 면에 1쪽씩 인쇄한다. 그리고 iii)에 따르면 단면 인쇄를 기본으로 하므로 총 2쪽인 A를 인쇄하기 위해서는 총 2장의 A4용지가 필요하다.
- B: ii), iii)에 따르면 문서는 A4용지 한 면에 2쪽씩 인쇄하고, 단면 인쇄를 기본으로 한다. 따라서 총 34쪽인 B를 인쇄하기 위해서는 단면 인쇄로 한 면에 2쪽씩 34÷2=총 17장의 A4용지가 필요하다.
- C: ii)에 따르면 문서는 A4용지 한 면에 2쪽씩 인쇄한다. 그리고 iii)에 따르면 단면 인쇄를 기본으로 하지만 중요도가 하에 해당하는 문서는 양면 인쇄한다. 따라서 총 5쪽인 C를 인쇄하기 위해서는 양면 인쇄로 한 면에 2쪽씩 총 2장의 A4용지가 필요하다.
- D: ii), iii)에 따르면 문서는 A4용지 한 면에 2쪽씩 인쇄하고, 단면 인쇄를 기본으로 한다. 따라서 총 3쪽인 D를 인쇄하기 위해서는 단면 인쇄로 한 면에 2쪽씩 총 2장의 A4용지가 필요하다. 유형이 보도자료가 아니라 설명자료임에 실수하지 않도록 주의해야 한다.

따라서 인쇄에 필요한 A4용지의 장수를 모두 더하면 2+17+2+2=23장이다.

빠른 문제 풀이 Tip

기본적으로 A4용지 한 면에 2쪽씩 인쇄하고, 단면 인쇄를 기본으로 한다. 이 두 개의 기본조건에 더해 두 개의 단서조건이 추가된 문제이다. 중요도가 상에 해당하는 보도자료는 A4용지 한 면에 1쪽씩 인쇄하고, 중요도가 하에 해당하는 문서는 양면 인쇄한다. 규칙을 이해하고 적용하는 과정에서 실수하지 않도록 주의해야 한다.

15 조건계산형 정답 ③

난이도 ★★☆☆☆

핵심포인트

각 테이블 별 주문 내역과 그에 따른 총액이 주어져 있다. 이를 토대로 짜장면 1그릇의 가격을 찾아내야 한다. 짜장면 1그릇의 가격을 구하는 방법이 여러 가지가 있다. 자신에게 맞는 가장 빠르고 정확한 방법을 연습해 두도록 하자.

정답 체크

[방법 1] 공식 도출

계산을 간단하게 하기 위해 각 음식의 첫 글자만 쓰고, 천원 단위까지만 유효자리로만 나타내보면 다음과 같다.

짜 + 탕 = 17 … 식Ⓐ

짬 + 깐 = 20 … 식Ⓑ

짜 + 볶 = 14 … 식Ⓒ

짬 + 탕 = 18 … 식Ⓓ

볶 + 깐 = 21 … 식Ⓔ

이 때 5개의 테이블에서 총 10개의 음식이 주문되었는데, 5개의 음식이 모두 두 번씩 주문되었음을 알 수 있다. 따라서 식을 모두 더하면

2(짜 + 탕 + 짬 + 깐 + 볶) = 90이고

짜 + 탕 + 짬 + 깐 + 볶 = 45이다.

구해야 하는 건 짜장면 1그릇의 가격인데,

짜 + 탕 + 짬 + 깐 + 볶 = 45
　　식Ⓓ = 18　식Ⓔ = 21

이다. 따라서 짜장면의 가격은 45 − (18 + 21) = 6이다.

[방법 2] 식 간 비교 (1)

공통인 음식을 바탕으로 차이값을 보는 방법이다.

식Ⓐ와 식Ⓓ는 '탕'이 공통이므로 '짜 + 1 = 짬'임을 알 수 있다.

식Ⓑ와 식Ⓔ는 '깐'이 공통이므로 '짬 + 1 = 볶'임을 알 수 있다.
이를 종합하면 '짜 + 2 = 볶'이다. 이를
'짜 + 볶 = 14 … 식Ⓒ'에 대입하면 짜장면의 가격은 6,000원이다.

- 식 간 비교하는 연습을 더 해보면 다음과 같다 식Ⓐ와 식Ⓒ는 '짜'가 공통이므로 '볶 + 3 = 탕'임을 알 수 있다. 식Ⓐ와 식Ⓓ는 '탕'이 공통이므로 '짜 + 1 = 짬'임을 알 수 있다. 식Ⓑ와 식Ⓓ는 '짬'이 공통이므로 '탕 + 2 = 깐'임을 알 수 있다. 식Ⓑ와 식Ⓔ는 '깐'이 공통이므로 '짬 + 1 = 볶'임을 알 수 있다. 식Ⓒ와 식Ⓔ는 '볶'이 공통이므로 '짜 + 7 = 깐'임을 알 수 있다.

[방법 3] 선지 대입
짜장면이 6이라고 하면 : 짜 + 탕 = 17 … 식Ⓐ에서 '탕'은 11
'탕'이 11이라고 하면 : 짬 + 탕 = 18 … 식Ⓓ에서 '짬'은 7
'짬'이 7이라고 하면 : 짬 + 깐 = 20 … 식Ⓑ에서 '깐'은 13
'깐'이 13이라고 하면 : 볶 + 깐 = 21 … 식Ⓔ에서 '볶'이 8
'짜'가 6임을 가정했을 때 '볶'은 8이 되는데 이 경우
짜 + 볶 = 14 … 식Ⓒ도 충족한다. 따라서 짜장면의 가격은 6,000원이다.

16 확정형 정답 ①

난이도 ★★☆☆☆
핵심포인트
'직위'와 '직급'의 용어를 혼동하지 않도록 주의하자. A > B 이면 A는 가장 낮을 수 없다는 장치가 활용된 문제이다. 이 장치는 같은 해 다른 과목인, 25년 7급 공채 자료해석 인책형 8번 문제 매칭형에서도 활용되었다.

정답 체크
첫 번째 동그라미부터 각각 ⅰ), ⅱ)라고 한다. ⅰ)에서 甲, 乙, 丙이 서로 다른 우체국에서 근무한다는 것을 확인한다. 그리고 직급과 직위를 구분한다. 甲의 첫 번째 대화에 따라 제시문에 다음과 같이 표시할 수 있다.

- A우체국: 3급 1명(국장), 4급 2명(과장), 5급 1명(팀장) - B우체국: 4급 1명(국장), 5급 3명(과장) - C우체국: 5급 1명(국장) 甲x

그리고 乙의 대화에 따르면 甲과 乙은 직급이 같다. 따라서 甲과 乙은 3급이 아니고, 각각 4급이거나 각각 5급이다.

- A우체국: 3급 1명(국장) 甲x, 乙x, 4급 2명(과장), 5급 1명(팀장) - B우체국: 4급 1명(국장), 5급 3명(과장) - C우체국: 5급 1명(국장)

丙의 대화에 따르면 丙은 A우체국에서 근무하지 않고 乙이 근무하는 우체국의 어느 공무원보다도 직급이 높다. 따라서 丙은 C우체국에도 근무하지 않고, 丙은 B우체국의 4급(국장)이어야 한다. 丙은 乙이 근무하는 우체국의 어느 공무원보다도 직급이 높으므로 乙은 A우체국에 근무할 수 없다. 따라서 乙은 C우체국에 근무하는 5급이다. 甲과 乙은 직급이 같으므로 甲은 A우체국에 근무하는 5급(팀장)임을 알 수 있다.

17 정확한 계산형 정답 ①

난이도 ★★★☆☆
핵심포인트
줄글로 제시된 정보에서 Broca 보정식과 체질량 지수를 구하는 공식을 파악한다. 이때 체질량 지수를 구할 때, 신장의 단위에서 cm와 m를 혼동하지 않도록 유의한다.

정답 체크
지문에 제시된 Broca 보정식과 체질량 지수를 구하는 공식을 정리하면 다음과 같다.

Broca 보정식	표준체중(kg)=(신장(cm)-100)×0.9 · 체중과잉: 표준체중의 110% 이상 120% 미만의 체중 · 비만: 표준체중의 120% 이상의 체중
체질량 지수	체질량 지수=$\frac{\text{체중(kg)}}{(\text{신장(m)})^2}$

이에 따라 신장 180cm, 체중 85kg인 甲의 비만 정도를 측정해 보면 다음과 같다.

- Broca 보정식
  표준체중(kg)=(180-100)×0.9=72kg이고, 甲의 체중은 85kg으로 표준체중보다 13kg가 더 나간다. 13kg은 72kg의 10~20%에 있는 값이므로 <표>에 따라 '체중과잉'에 해당한다.
- 체질량 지수
  85/(1.8)^2≒26.2이므로 <표>에 따라 '경도비만'에 해당한다.

따라서 甲은 Broca 보정식에 따를 때 '체중과잉', 체질량 지수에 따를 때 '경도비만'에 해당한다.

18 조건 계산형 정답 ②

난이도 ★★★☆☆
핵심포인트
마일리지를 제공하는 규칙을 정확하게 이해한 후, 신용카드 이용금액에 따른 마일리지를 파악한다. 또한 <보기>에서 반례를 고려할 경우 극단적인 값을 설정하여 비교한다.

정답 체크

ㄷ.

이용금액	A신용카드	B신용카드
월 100만 원 초과 200만 원 이하	100만 원 이하 이용금액은 1,000원 당 1마일리지, 100만 원 초과 이용금액은 1,000원 당 2마일리지 제공	100만 원 이하 이용금액은 1,000원 당 2마일리지, 100만 원 초과 이용금액은 1,000원 당 1마일리지 제공

신용카드 이용금액이 월 100만 원을 초과하여 200만 원이라면, A신용카드가 제공하는 마일리지와 B신용카드가 제공하는 마일리지가 3,000마일리지로 같은 경우가 발생할 수 있다.

오답 체크

ㄱ. 신용카드 이용금액이 월 120만 원이라면, A신용카드가 제공하는 마일리지는 1,400마일리지이고, B신용카드가 제공하는 마일리지는 2,200마일리지로 A신용카드가 B신용카드보다 마일리지를 더 적게 제공한다.

ㄷ.

이용금액	A신용카드	B신용카드
월 200만 원 초과	100만 원 이하 이용금액은 1,000원 당 1마일리지, 100만 원 초과 200만 원 이하 이용금액은 1,000원 당 2마일리지, 200만 원 초과 이용금액은 1,000원 당 3마일리지 제공	70만 원 이하 이용금액은 1,000원 당 3마일리지, 70만 원 초과 이용금액은 1,000원 당 1마일리지 제공

신용카드 이용금액이 월 200만 원인 경우 A 신용카드는 100만 원까지 1,000마일리지, 200만 원까지 2,000마일리지가 제공되어 총 3,000마일리지가 제공된다. 이때 이후의 금액에는 1,000원 당 3마일리지가 제공된다. 반면 B신용카드는 70만 원까지 2,100마일리지가 제공되고, 200만 원까지 130만 원에 해당하는 금액에 1,300마일리지가 제공되어 3,400마일리지가 제공된다. 이때 이후의 금액에는 1,000원 당 1마일리지가 제공된다. 이에 따라 카드 이용금액 월 200만 원일 때는 A신용카드의 마일리지가 400마일리지 적은 상태이지만 그 이후 1,000원 당 2마일리지가 더 많이 제공되므로 카드 이용금액이 월 220만 원이 되면 A신용카드와 B신용카드의 마일리지가 3,600마일리지로 동일해지고, 월 220만 원 초과할 경우 A신용카드의 마일리지가 B신용카드의 마일리지보다 더 많아진다.

빠른 문제 풀이 Tip

ㄷ. 200만 원을 초과하는 구간에서 A신용카드는 200만 원 초과 이용금액에 1,000원 당 3마일리지를 제공하지만 B신용카드는 여전히 1,000원 당 1마일리지가 제공된다. 이에 따라 200만 원을 초과한 이후 A신용카드가 B신용카드보다 많은 마일리지가 제공되므로 월 이용금액이 많을수록 A신용카드에는 유리하다. 따라서 월 200만 원 '초과'라는 구간의 성질을 이용하여 월 300만 원을 쓴다고 가정한다면 A신용카드가 B신용카드보다 마일리지를 더 많이 제공함을 알 수 있다.

19 정확한 계산형 정답 ③

난이도 ★★☆☆☆

핵심포인트

각 막대의 윗면에는 가장 위에 있는 블록부터, 아랫면에는 가장 아래에 있는 블록부터 세어 검은 블록이 몇 번째 블록인지 나타내는 숫자를 쓴다. 이를 통해 검은 블록이 포함된 막대의 윗면과 아랫면에 쓰인 숫자의 합을 찾는다.

정답 체크

검은 블록 없이 하얀 블록 6개를 일렬로 붙인 6개의 막대는 검은 블록이 없으므로 윗면과 아랫면 모두 0을 쓰게 되고, 총합을 구할 때는 고려하지 않는다. 이에 따라 정육면체인 하얀 블록 5개와 검은 블록 1개를 일렬로 붙인 30개의 막대만 고려한다.
큰 정육면체의 윗면과 아랫면 모든 숫자의 총합을 고려했을 때 정육면체인 하얀 블록 5개와 검은 블록 1개를 일렬로 붙인 30개의 막대는 막대마다 윗면과 아랫면에 쓰인 숫자의 합은 항상 7로 유지됨을 알 수 있다. 즉, 검은 블록이 있는 막대 윗면과 아랫면에 쓰인 숫자의 합과 하얀 블록 5개와 검은 블록 1개를 일렬로 붙인 30개의 막대를 곱한 값은 7×30=210으로 큰 정육면체의 윗면과 아랫면 모든 숫자의 총합과 같다. 이때 큰 정육면체 윗면에 쓰인 36개 숫자의 합이 109라고 했으므로 정육면체 아랫면에 쓰인 36개 숫자의 합은 210-109=101이다.

20 경우파악형 정답 ④

난이도 ★☆☆☆☆

핵심포인트

유사한 장치가 5급 공채 18년 나책형 13번 문제 (기출엄선 모의고사 21번 문제), 민경채 19년 나책형 22번 문제 (기출엄선 모의고사 22번 문제)에서도 활용되었다. 반복해서 출제되고 있는 출제장치, 함정을 분석해 두는 것이 매우 중요하다.

정답 체크

우선 제시문의 내용에 따르면 △△과는 직원 6명(甲~己)에 대해 매년 성과평가를 실시하여 1명에게는 가장 높은 S등급, 2명에게는 A등급, 3명에게는 가장 낮은 B등급을 부여한다. 각 직원의 가능한 성과 등급 변동을 다음과 같이 정리할 수 있다.

1.작년보다 등급이 오른 경우
(1) A→S: +1, (2)B→S: +2, (3)B→A: +1

2.작년보다 등급이 내려간 경우
(4) S→A: −1, (5)S→B: −2, (6)A→B: −1

그런데 매년 S등급은 1명이므로 1), 2)가 동시에 존재할 수는 없고, 4), 5)가 동시에 존재할 수 없다. 또한 1, 2에 해당하는 숫자의 합이 0이어야 한다.

<대화>에 따르면 甲, 乙은 작년보다 등급이 올랐다고 하므로 甲, 乙은 [(1), (3)], [(2), (3)], [(3), (3)]의 세 가지 조합 중 하나이어야 한다. 그리고 丁의 대화에 따르면 丁은 甲, 乙, 丙의 대화를 듣고 甲, 乙, 丙이 작년이랑 올해 어떤 성과평가 등급을 받았는지 알겠다고 한다.

이 때 실마리가 되는 것은 등급이 그대로인 경우는 많기 때문에 경우가 더 적은 등급이 오른 경우에 집중해야 한다는 것이고, 등급이 오른 경우에 (1)과 (2)는 동시에 있을 수 없으며, 한 명에게만 가능한 상황이지만, (3)은 최대 두 명에게 가능한 상황이라는 것이다. 아래 표에서 甲과 乙이 둘 다 작년보다 등급이 오르는 경우를 떠올려보자.

	S	A	A	B	B	B
작년						
올해	丁					

甲과 乙이 동일하게 말했음에도 둘 다 경우가 확정되기 위해서는, 丁이 올해 S등급을 받고 있으면 甲과 乙 모두 (3)의 경우로 확정된다. 즉, 오를 수 있는 자리가 (S, A, A) 3개인데, 그 중 내가 S를 차지하고 있다면 나머지는 A, A 가 될 수 밖에 없는 것이다.

	S	A	A	B	B	B
작년				甲	乙	
올해	丁	甲	乙			

다음 丙은 등급이 그대로 유지되어야 하므로 B등급으로 유지되는 것만 가능하다.

	S	A	A	B	B	B
작년				甲	乙	丙
올해	丁	甲	乙			丙

이 다음에 戊가 직원 6명 모두의 작년과 올해 성과평가 등급을 알게 되어야 하는데, 이 때 역시도 작년 등급으로 남은 자리가 (S, A, A) 이므로 그 중 내가 S를 차지하고 있다면 나머지는 A,, A가 될 수 밖에 없다.

이를 통해 戊의 작년 등급이 S임을 알 수 있다.

	S	A	A	B	B	B
작년	戊			甲	乙	丙
올해	丁	甲	乙			丙

이제는 남은 자리에 아직 등급이 확정되지 않고 남은 직원들을 채워넣으면 된다.

	S	A	A	B	B	B
작년	戊	(丁, 己)		甲	乙	丙
올해	丁	甲	乙	(戊 ,己)		丙

따라서 己가 받은 작년의 성과평가 등급은 A이고 올해 성과평가 등급은 B이므로 정답은 ④이다.

21 경우확정형 정답 ①

난이도 ★★☆☆☆

핵심포인트

표를 그리지 않고 해결하는 방법도 있고, 선지를 활용하는 방법도 있는 문제이다. 아래 표에서 특정 부분부터 확정해 나아갈 수 없고 丁, 戊의 진을 고려하면 1) 甲이 사과, 딸기 사탕 2개를 먹은 경우, 2) 戊가 사과, 딸기 사탕 2개를 먹은 경우로 나누어 생각해본다.

정답 체크

일반적인 칸 채우기 문제이다. 아래와 같은 표를 생각해보자.

	사과	사과	포도	포도	딸기	딸기
甲	×		×	×		
乙	○	×	×	×	×	×
丙	×	×				
丁	×					
戊	×					

사탕별로 세로로 한 줄씩 표시해도 좋지만, 생각해야 할 사탕 개수를 별도로 표시하지 않기 위해 위와 같이 표를 구성하였다. 사탕 개수가 너무 많지 않으면서 사탕 개수가 같지 않을 때(예를 들어 사과, 포도, 딸기 사탕 각각 1, 2, 3개인 경우 등)는 위와 같은 표가 더 유용할 수도 있다. 위의 표는 우선 甲, 乙, 丙의 진술 내용을 단순히 정리한 것이다.

1) 甲이 사탕을 2개 먹은 경우를 우선 아래와 같이 정리한다.

	사과	사과	포도	포도	딸기	딸기
甲	×	○	×	×	○	×
乙	○	×	×	×	×	×
丙	×	×			×	
丁	×	×			×	
戊	×	×			×	

戊의 입장에서 생각해보면 戊도 乙, 丙, 丁은 사과, 딸기 사탕 2개를 먹지 못하고 甲, 戊만 사탕을 2개 먹을 수 있다는 사실을 알고 있다. 그렇다면 만약 본인이 딸기 사탕 1개만 먹은 경우라면 자동적으로 甲이 사과, 딸기 사탕 2개를 먹은 것이고 본인과 甲이 딸기 사탕을 먹었다는 사실을 알게되므로 본인의 진술에 위배된다. 따라서 戊는 딸기 사탕이 아닌 포도 사탕을 먹었다.

	사과	사과	포도	포도	딸기	딸기
甲	×	○	×	×	○	×
乙	○	×	×	×	×	×
丙	×	×	×		×	
丁	×	×	×		×	
戊	×	×	○	×	×	×

이 상황에서 丙과 丁이 어떤 사탕을 먹었는지 확정할 수 없으므로 모두의 진술에 부합하는 상황이다. 사과 사탕 1개와 딸기 사탕 1개를 함께 먹은 사람은 甲이고 戊는 포도 사탕을 먹었다.→ 정답:①

2) 戊가 사탕을 2개 먹은 경우는 다음과 같이

	사과	사과	포도	포도	딸기	딸기
甲	×	×	×	×	×	○
乙	○	×	×	×	×	×
丙	×	×	○	×	×	×
丁	×	×	×	○	×	×
戊	×	○	×	×	○	×

甲~戊가 먹은 사탕을 모두 알 수 있게 되므로 戊의 진술에 위배된다.

22 경우 확정형 정답 ②

난이도 ★★☆☆☆

핵심포인트

<대화>에서 "그럴 수도 있지만 확실히는 모르겠어."의 의미를 정확하게 파악할 수 있어야 한다.

정답 체크

이 <대화>는 5명이 한자리에 모여 나눈 대화를 순서대로 기록한 것이고, 5명은 <대화>의 진행에 따라 상황을 논리적으로 판단하며 솔직하게 대답한다는 것이 중요하다. 5명은 자신을 제외한 나머지 4명의 생일이 언제인지는 모르지만, 3월생이 2명, 6월생이 1명, 9월생이 2명이라는 사실은 알고 있다. 이에 따라 5명의 생일 순서를 파악하면 다음과 같다.

3월		6월		9월
□				□
=	>	□	>	=
□				□

<대화>를 통해 5명의 생일을 파악한다.

· 민경과 지나의 <대화>

> 민경: 지나야, 네 생일이 5명 중에서 제일 빠르니?
> 지나: 그럴 수도 있지만 확실히는 모르겠어.

만약 지나의 생일이 6월 또는 9월이라면 자신의 생일이 5명 중에서 제일 빠르다고 말할 수 없으므로 지나의 생일은 3월이다.

· 정선과 혜명의 <대화>

> 정선: 혜명아, 네가 지나보다 생일이 빠르니?
> 혜명: 그럴 수도 있지만 확실히는 모르겠어.

앞선 <대화>를 들은 혜명은 지나의 생일이 3월이라는 것을 판단할 수 있다. 그런데 지나보다 생일이 빠를 수도 있다고 대답한 점에서 혜명의 생일은 3월이다. 만약 혜명의 생일이 6월 또는 9월이라면 솔직하게 대답해야 하므로 지나보다 빠를 수도 있다고 대답할 수 없다. 지나와 혜명이 모두 3월생이며, 몇 일생인지에 따라 생일의 차이가 날 수 있다.

· 지나와 민경의 <대화>

> 지나: 민경아, 넌 정선이가 몇 월생인지 알겠니?
> 민경: 아니, 모르겠어.

민경이 6월생이라면 나머지 2명은 9월생으로 확정된다. 그런데 민경이 정선이가 몇 월생인지 모르겠다고 대답한 점에서 민경은 6월생이 아니라 9월생이 됨을 알 수 있다.

· 혜명과 효인의 <대화>

> 혜명: 효인아, 넌 민경이보다 생일이 빠르니?
> 효인: 그럴 수도 있지만 확실히는 모르겠어.

민경이 9월생이라는 것을 알고 있는 효인은 만약 자신의 생일이 6월이라면 민경보다 생일이 빠르다고 확실하게 말했을 것이다. 그런데 확실히는 모르겠다고 대답한 점에서 효인의 생일은 9월이다.

따라서 6월생은 정선이다.

23 경우 확정형 정답 ①

난이도 ★★★☆☆

핵심포인트

제시된 조건을 통해 대장 두더지가 2번 맞았다는 숨겨진 정보를 찾아낸다. 또한 두더지 A~E가 맞은 횟수를 모두 구하는 것이 아니라 대장 두더지가 맞은 횟수만 구해서 문제를 빠르게 풀이한다.

정답 체크

제시된 조건과 <대화>를 통해 각 두더지가 맞은 횟수를 정리한다.

· 두더지 D가 우리 중에 한 번도 맞지 않은 두더지가 1마리 있다고 했으므로 뿅망치에 맞은 두더지는 4마리이다.

- 두더지 E가 우리가 맞은 횟수를 모두 더하면 12번이라고 했으므로 뿅망치에 맞은 두더지 4마리는 한 마리당 평균 3번씩 맞았다는 것을 알 수 있다.
- 두더지 A의 <대화>에서 맞은 두더지 중에 가장 적게 맞았다고 했으므로 평균인 3번보다는 적게 맞았어야 한다. 그러나 맞은 횟수가 짝수이므로 두더지 A는 2번을 맞을 수밖에 없다.

따라서 대장 두더지는 두더지 A이다.

24 경우 확정형 정답 ④

난이도 ★★☆☆☆

핵심포인트

고정 정보를 찾아서 각 종목별 참가하는 사람을 확정한다. 각 종목별로 누가 참가할지를 보는 것보다 각 선수 후보가 어떤 종목을 참가할지를 보면 더 빠른 해결이 가능하다.

정답 체크

팔씨름은 4명이 참가해야 하는데 참가할 수 있는 사람이 가영, 다솜, 라임, 마야 4명뿐이므로 이들이 모두 팔씨름에 참가해야 한다는 것은 고정 정보이다. 이후 오래달리기 참가자를 기준으로 가능한 경우를 나누면 다음과 같다.

<경우 1> 가영이가 오래달리기에 참가하는 경우

한 사람이 두 종목까지만 참가할 수 있으므로 가영이는 공굴리기에 참가할 수 없고, 공굴리기에는 4명이 참가해야 하므로 가영이를 제외한 나머지 4명이 공굴리기에 참가해야 한다. 이에 따라 참가가 확정된 것을 나타내면 다음과 같다.

종목 \ 선수 후보	가영	나리	다솜	라임	마야	바다	사랑
오래달리기	O	X	~~O~~	X	X	X	X
팔씨름	O	X	O	O	O	X	X
3인 4각	X	O	O	O	O	X	O
공굴리기	~~O~~	X	O	X	O	O	O

이때 한 사람이 두 종목까지만 참가할 수 있으므로 다솜과 마야는 3인 4각에 참가할 수 없다. 따라서 다솜과 마야를 제외한 나리, 라임, 사랑이 3인 4각에 참가하게 된다.

종목 \ 선수 후보	가영	나리	다솜	라임	마야	바다	사랑
오래달리기	O	X	~~O~~	X	X	X	X
팔씨름	O	X	O	O	O	X	X
3인 4각	X	O	O	O	O	X	O
공굴리기	~~O~~	X	O	X	O	O	O

<경우 2> 다솜이 오래달리기에 참여하는 경우

한 사람이 두 종목까지만 참가할 수 있으므로 다솜은 3인 4각과 공굴리기에 참가할 수 없고, 공굴리기는 4명이 참가해야 하므로 다솜을 제외한 나머지 4명이 공굴리기에 참가해야 한다. 이에 따라 참가가 확정된 것을 나타내면 다음과 같다.

종목 \ 선수 후보	가영	나리	다솜	라임	마야	바다	사랑
오래달리기	~~O~~	X	O	X	X	X	X
팔씨름	O	X	O	O	O	X	X
3인 4각	X	O	~~O~~	O	O	X	O
공굴리기	O	X	~~O~~	X	O	O	O

이때 한 사람이 두 종목까지만 참가할 수 있으므로 마야는 3인 4각에 참가할 수 없다. 따라서 다솜과 마야를 제외한 나리, 라임, 사랑이 3인 4각에 참가하게 된다.

따라서 3인 4각 선수로 참가해야 하는 사람은 나리, 라임, 사랑이다.

25 경우 확정형 정답 ①

난이도 ★★★☆☆

핵심포인트

경우 확정형은 고정 정보를 찾아야 문제를 빠르게 해결할 수 있다. 또한 문제 풀이의 실마리를 잡을 때는 경우의 수가 적은 것부터 파악해야 수월하게 문제를 해결할 수 있다.

정답 체크

동일 매체 및 동일 시간대에 2일 연속 출연하지 않으며, 한 번 출연한 프로그램에 다시 출연하지 않는다고 했으므로 가장 쉽게 생각할 수 있는 방법은 월, 수, 금에 라디오 프로그램을 배치하고, TV 프로그램을 화, 목에 배치하는 것이다. 만약 TV 프로그램 3개를 월, 수, 금에 배치하면 오전, 오후가 중복되어 라디오 프로그램을 배치할 수 없다. 이때 TV 프로그램은 오전에 1개, 오후에 2개인 반면, 라디오 프로그램은 오전에 3개, 오후에 1개이므로 TV 프로그램은 오후 위주로 배치하고, 라디오 프로그램은 오전 위주로 배치할 수 있다. 이에 따라 월요일 오전에 펭귄파워(라디오), 화요일 오후에 펭귄극장(TV), 수요일 오전에 지금은 남극시대(라디오), 목요일 오후에 남극의 법칙(TV), 금요일 오전에 굿모닝 남극대행진(라디오)를 배치할 수 있다.

따라서 甲이 출연할 요일과 프로그램을 옳게 짝지은 것은 월요일, 펭귄파워이다.

해커스PSAT **7급 PSAT 기본서** 상황판단

부록

기출 출처 인덱스

기출 출처 인덱스

교재에 수록된 문제의 출처를 쉽게 확인할 수 있도록 출제 연도, 시험 유형, 책형, 문제 번호, 교재 수록 페이지 순으로 정리하였습니다. 기출 문제 학습 후 해당 유형을 찾을 때 활용할 수 있습니다.

7급공채 예시 문제

7급공채 모의평가

7급공채

민경채

5급공채

외교관

입법고시

Note

Note

Note

2026 대비 최신개정판

해커스PSAT 7급PSAT 기본서 상황판단

개정 6판 1쇄 발행 2025년 9월 5일

지은이	길규범
펴낸곳	해커스패스
펴낸이	해커스PSAT 출판팀
주소	서울특별시 강남구 강남대로 428 해커스PSAT
고객센터	1588-4055
교재 관련 문의	gosi@hackerspass.com 해커스PSAT 사이트(psat.Hackers.com) 1:1 문의 게시판
학원 강의 및 동영상강의	psat.Hackers.com
ISBN	979-11-7404-416-7 (13320)
Serial Number	06-01-01